《中国检察官》智库成果
（案例选编丛书）

破坏社会主义市场经济秩序犯罪精品案例精释精解

主　编　周洪波
副主编　韩　彬　陈　冰

POHUAI SHEHUIZHUYI SHICHANGJINGJI ZHIXU FANZUI
JINGPIN ANLI JINGSHI JINGJIE

中国检察出版社

图书在版编目（CIP）数据

破坏社会主义市场经济秩序犯罪精品案例精释精解 / 周洪波主编 . -- 北京 : 中国检察出版社 , 2025. 3.

ISBN 978-7-5102-3189-6

Ⅰ. D924.335

中国国家版本馆 CIP 数据核字第 2025W5C978 号

破坏社会主义市场经济秩序犯罪精品案例精释精解

周洪波　主编

韩　彬　陈　冰　副主编

责任编辑：葛晓湄

技术编辑：王英英

封面设计：龙　惠

出版发行：中国检察出版社

社　　址：北京市石景山区香山南路 109 号（100144）

网　　址：中国检察出版社（www.zgjccbs.com）

编辑电话：（010）86423784

发行电话：（010）86423726　86423727　86423728

（010）86423730　86423732

经　　销：新华书店

印　　刷：河北宝昌佳彩印刷有限公司

开　　本：710 mm × 1000 mm　16 开

印　　张：24.5

字　　数：363 千字

版　　次：2025 年 3 月第一版　　2025 年 3 月第一次印刷

书　　号：ISBN 978-7-5102-3189-6

定　　价：88.00 元

《破坏社会主义市场经济秩序犯罪精品案例精释精解》
编 委 会

序　言

《中国检察官》实务和案例选编丛书，系《中国检察官》杂志的创新智库成果。自1999年创刊以来，《中国检察官》始终贴近检察实务、贴近办案一线、贴近检察人，以刊发高品质文章、开展高质量征文及学术活动，在检察系统内外获得广泛关注。因应理论界和实务界对集纳杂志相关实务与案例文章以便集中参考、使用的强烈需求，《中国检察官》杂志社在充分考虑汇编形式及评估成果价值的基础上，以系列丛书的形式定期对杂志刊文及征文成果汇编出版，从而最大化发挥杂志的智库作用。

根据汇编文章内容和体例的不同，丛书分为实务选编和案例选编两个系列。实务选编主要是汇集杂志上半月司法实务版所刊发高品质文章以及所开展实务征文活动的优秀成果，案例选编主要是集合杂志下半月经典案例版所刊发文章以及所开展案例征集等活动的优秀成果。丛书首批包括4部，其中《中国特色社会主义检察理论与实务研究》《"高质效办好每一个案件"刑事精品案例精释精解》为主题征文获奖文章选编；《破坏社会主义市场经济秩序犯罪精品案例精释精解》《新型犯罪精品案例精释精解》为近五年杂志刊发的案例文章的分类汇编。系列成果注重习近平法治思想在检察工作中的贯彻落实，注重对"高质效办好每一个案件"的系统阐释，注重"三个善于"的具体运用，突出文章的实务价值。

丛书的出版得到最高人民检察院相关厅局、国家检察官学院以及专家学者的鼎力支持和精心指导。汇编过程中，各位编辑人员付出艰辛劳动，对文章内容及体例进行认真核校、精细调整。编审环节，中国检察出版社的编辑又多次提出完善意见，进一步优化组合，增强丛书的体系性。在此，向各位的关心支持与辛勤付出，致以诚挚的敬意与谢意！

丛书的汇编出版是一项长期工作，也是新时代《中国检察官》杂志智库功能发挥的使命与担当。下一步，我们将继续坚守检察期刊初心使命，全景式展现各地检察机关为大局服务、为人民司法、为法治担当的生动实践，以高品质刊文及征文成果的聚合，带动提升检察调研的积极性与检察调研成果的影响力，以高质量检察调研践行“高质效办好每一个案件”的基本价值追求，助力以检察工作现代化服务中国式现代化。

丛书编写组

2025 年 1 月

目　录

专题一　非法吸收公众存款、集资诈骗相关犯罪

专题二　走私洗钱犯罪

■ 专题三　侵犯知识产权类犯罪

专题一

非法吸收公众存款、集资诈骗相关犯罪

P2P平台犯罪司法实务研究

周婷婷 *

摘　要　P2P平台犯罪涉案人员多、范围广、犯罪行为复杂，罪名和犯罪数额的认定存在诸多难点。司法实践具体认定时，应从P2P平台的运营模式出发，辨析行为人的犯罪本质，结合犯罪构成理论，合理确定犯罪主体，缩小共同犯罪的认定范围；以"数额+情节"为基础，综合考虑量刑；完善电子数据的收集，准确确定犯罪金额，以做到精准起诉，正确适用法律，不枉不纵。

关键词　P2P　集资诈骗　非法吸收公众存款　犯罪数额

随着互联网金融的繁荣和P2P平台的兴起，利用网络借贷平台进行诈骗和吸收资金的犯罪倍增，"爆雷""跑路"成为网络热词，严重侵犯公民的财产安全，扰乱社会金融秩序，更因涉及投资者广泛引发集体上访事件，成为影响社会和谐稳定的一大问题。本文以笔者参与办理的"妥妥当""融和贷"P2P平台犯罪案件为切入，分析该案刑法适用中遇到的难点，提出案件办理的建议。

[基本案情]　被告人李某自2015年1月设立"融和贷"P2P平台，同年12月，被告人张某入股该平台并虚构其有国资背景。2016年4月起，李某开始冒用借款人名义通过平台发布虚假标的，以支付高额

* 周婷婷，安徽省合肥市人民检察院第二检察部副主任、二级检察官。

利息等方式吸引社会投资，所吸收资金进入其实际控制账户，由其支配和使用。张某作为平台股东在明知李某采用上述方式吸收资金的情况下从平台大量借款。至当年9月，李某在明知“融和贷”平台存在亏空难以维持运转且张某身负巨额债务急需用款的情况下，将其平台股份转让给张某，张某接手平台后继续用上述方式吸收资金直至案发。“融和贷”平台累计吸收5.6万名投资人资金高达约11亿元，造成损失1.4亿元。被告人周某、刘某、夏某、吕某作为平台高级管理人员、被告人马某作为公司会计，在明知平台发布虚假标的的情况下，仍然帮助吸收资金以及对资金进行转账和管理。

2016年10月，张某设立“妥妥当”P2P平台，采用与“融和贷”平台相同的方式吸收资金，所吸收资金绝大部分用于归还前期投资人到期本金收益、支付高额提成返点、维持平台运营以及归还个人债务。至案发，“妥妥当”平台累计吸收约16万名投资人资金高达9.3亿元，造成损失约1.5亿元。被告人刘某、张某等作为平台高级管理人员，被告人于某、张某作为平台标的发布人，马某作为公司会计均在明知平台发布虚假标的的情况下，仍然帮助吸收资金及管理资金。同时，被告人宛某在明知张某通过“妥妥当”平台发布虚假标的吸收资金的情况下，仍然通过其实际控制的恒亦财富管理有限公司帮助“妥妥当”平台进行推广，吸引大量投资人进行投资，并从中收取高额提成返点。

本案涉案人员13人，可以划分为四个层级：第一层级为平台实际控制人张某和李某；第二层级为平台高级管理人员周某等6人和会计马某，马某独立于平台之外，并不参与平台的运营和管理，但是其直接受控于张某，按照张某的要求对平台资金进行转账管理；第三层级为普通员工吕某等3人，吕某等人的工作内容是制作和发布虚假标的；第四层级是第三方推广公司的负责人宛某。

侦查机关以张某涉嫌集资诈骗罪，李某等12人涉嫌非法吸收公众存款罪移送起诉。

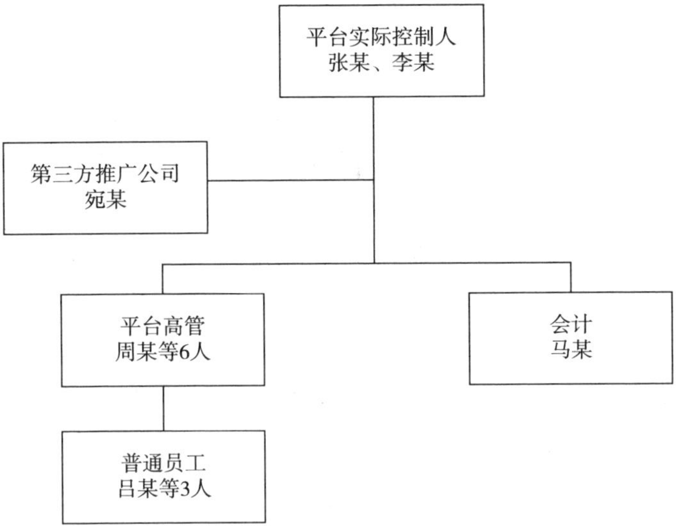

经审查，公诉机关以集资诈骗罪起诉张某、李某，以非法吸收公众存款罪起诉周某等 9 人。其中，变更了侦查机关对李某的移送起诉罪名。

一、本案刑法适用中的难点

（一）定性分歧

本案涉案人员多，犯罪事实既有交叉又相互独立，审查起诉过程中，对实际控制人李某和高管人员周某等人的定性出现了较大争议，罪名认定在集资诈骗罪和非法吸收公众存款罪之间摇摆，这两个罪名也恰是 P2P 平台犯罪中最常涉及的两个罪名。区分两罪的关键在于行为人主观上是否具有非法占有目的。笔者将从本案事实出发予以论证。

1. 李某应当构成集资诈骗罪。本案中，李某是“融和贷”P2P 平台的设立者和实际控制人，平台在设立之初，是存在真实借款人且资金按照标的确定的投资用途予以使用的，但在张某加入成为股东后，平台开始虚构借款人、发布虚假标的，吸收资金进入李某实际控制的账户，并且借给当时是股东的张某大量资金。平台虚假发标一段时间之后，李某认识到此种方式平台无法维持迟早“爆雷”，同时在明知张某接手平台的目的是继续吸收资金用于归还债务的情况下，将“融和贷”

平台转让给张某。从客观形式上看，李某将平台“卖”给了张某，对前期投资者的债务自然转移给了张某，资金无法兑付时投资人的追偿对象也是张某。基于此，李某的行为起初被评价为债权债务的合法转让，其对平台资金不具有非法占有的目的，对于资金最终失控无法兑付也不承担法律责任，仅构成非法吸收公众存款罪。

笔者认为，认定非法占有目的不能仅根据形式上的交易行为来简单判断，而应当全面分析案件事实，综合前因后果加以判断。本案中，认定李某具有非法占有目的的理由是：第一，李某在吸收资金过程中使用了欺骗手段。李某在张某加入平台之后，与其一起虚构平台具有国资背景，有充足的资金实力和安全保障，在没有真实借款人的情况下虚构借款标的，以高额利息为诱饵吸引社会公众投资，吸收的资金进入其实际控制的账户。第二，李某明知吸收资金将无法兑付。李某吸收的资金并未投入到实际的生产经营，而是用于支付投资人的高额利息、维持平台运转以及对外放贷。其支付的高额利息和平台运转所需的高额费用本身不存在增值以归还投资人的可能性，同时其放贷的主要对象即是张某，且张某的借款没有抵押和担保，李某对于巨额资金的使用情况可以推断其明知资金难以归还、平台难以维持运营。第三，李某对于张某接手平台之后继续从事犯罪有明确认知。在认识到平台即将“爆雷”且张某无法偿还平台资金时，李某提出将平台“卖”给张某，对于张某利用平台继续吸收资金以归还债务李某是明知的，且按照平台的运营模式，继续吸收资金只能是以新债还旧债，将造成更多投资人更大的损失，李某对于该结果是持放任心理。李某行为的实质，是将已经偏离合法经营成为吸收资金供个人使用的P2P平台交给了张某，任其成为张某继续进行集资诈骗的犯罪工具。因此，综合全案情况，从主客观一致的角度，应当认定李某构成集资诈骗罪。

2. 高管人员构成非法吸收公众存款罪。本案中周某等6名平台高级管理人员，分别是“融和贷”“妥妥当”P2P平台的主要运营、管理、营销负责人，在平台吸收资金的过程中，明知平台发布虚假标的，仍然帮助张某吸收资金，并且在张某的授意下安排员工制作假标、进行虚假宣传，以及通过发红包提高返点等多种手段吸引客户投资。审查起诉阶段，部分观点认为周某等人应当以集资诈骗罪追究刑事责任。

在传统诈骗类犯罪中，司法实践达成的共识认为不能仅依据存在欺骗手段就推断具有非法占有目的，还要看获得的资金或财物如何处置，以及是否有归还的意愿和可能性。P2P 平台诈骗案件具有很强的专业性和复杂性，在判断行为人是否具有非法占有目的时，更要关注行为人对资金用途的认识以及平台偿付能力的了解。具体到本案，笔者认为不能够认定周某等人有非法占有目的的理由如下：首先，周某等人不具备金融领域和 P2P 行业的专业知识，受李某或张某雇佣后，逐步了解 P2P 平台的运行模式后，基本按照张某的指示运营。其次，周某等人虽然明知发布虚假标的以及公司存在资金池，但是对于资金的用途和去向并不了解。同时在张某的刻意影响下，对公司实力充分信任，并不清楚平台资金被张某用于还债。最后，周某等人也作为普通投资人参与平台投资，并且在平台“爆雷”后没有得到偿付，间接说明其等对于平台已不具有还本付息的情况并不知情。因此，周某等人虽然全面参与平台运营，也使用了欺骗手段，但主观目的在于帮助张某、李某吸收资金用于生产经营，而非帮助非法占有吸收资金，从主客观相一致和罪责刑相适应的角度，不宜认定为集资诈骗罪。同时，本案的其他被告人，也是在 P2P 平台运营的某一环节中起到关键作用，客观上帮助张某吸收资金，但对资金用途均不知情，也应当认定为非法吸收公众存款罪。

（二）共同犯罪中主从犯的认定

P2P 平台的运营模式复杂，涉案人员众多，准确认定共同犯罪及区分主从犯有利于做到精准起诉，同时也体现刑法宽严相济的刑事政策。

共同犯罪的认定要从 P2P 平台的内部结构和外部联络两方面分别考量。从内部结构来看，平台运营环节多，流程复杂，部分行为人可能仅涉及某一环节，但从共同犯罪的角度仍然要求各行为人之间具有犯意联络，尽管因为主观明知程度的不同，行为人可能触犯的罪名不尽相同，但在一定程度内的犯意联络，是共同犯罪的基础。从外部联络来看，平台运营过程中，存在推广公司或为平台提供虚假标的的公司或自然人等第三方，该行为人能否构成共同犯罪，也要考察行为人之间是否具有犯意联络，主要在于外部人员对于平台运营模式的了解程度，是否明知提供材料的使用目的等，依据主观目的的不同，结合共同犯罪的相关理论，分别认定是共同犯罪还是分别犯罪。

在主从犯的认定过程中，不能仅根据行为人在公司的地位高低简单判断，还需要结合涉嫌的罪名、共同犯罪中的作用、吸收资金的规模、参与平台运营的时间、是否吸收资金、是否获取提成等多个维度来综合评价。本案中，周某等高管人员虽然受雇于张某，按照张某的指示运营平台，但是对于平台发布假标以及用高额利息为诱饵的方式吸收投资的模式非常了解，参与平台运营时间长，主观明知性强，行为积极主动，帮助吸收资金规模巨大，从平台领取高工资，部分行为人还参与平台分红，应当认定为主犯。而吕某等普通员工，仅参与发标一个环节，且在不了解 P2P 运营模式的情况下按照张某、周某等直接领导的安排行事，参与时间较短，仅领取较低的基本工资，虽然帮助吸收资金的规模较大，但如果认定为主犯，在量刑时难以与其他行为人予以区分，罪责刑不相适应，应当认定为从犯。

（三）犯罪数额的认定

司法实践中对于 P2P 平台吸收资金的规模如何认定存在一定争议。第一种观点认为，因投资人大多有收回本金后重复投资的行为，结合 P2P 平台的吸收资金的运营本质，且投资具有重复性，因此在计算非法吸收公众存款规模的时候，应当将重复投资的部分予以扣除；第二种观点认为不应予以扣除。笔者同意第二种观点，P2P 平台的投资性质和功能属性并不影响其集资诈骗的行为本质，投资人收回本金或者获得回报后又重复投资的数额不应予以扣除，符合 2019 年《最高人民法院、最高人民检察院、公安部关于办理非法集资刑事案件若干问题的意见》中的相关规定。对于平台为了吸引投资人投资而发放的红包、奖励是否应当在犯罪数额中予以扣除的问题，笔者认为，P2P 平台为了吸引投资发放红包或奖励的行为，本质上是其犯罪的手段之一，尽管该部分资金最终回到投资人手中，但不影响其犯罪本质，应当作为犯罪数额，不应扣减。

二、办理 P2P 网络借贷平台犯罪案件的建议

（一）合理确定犯罪主体，缩小共同犯罪的认定范围

P2P 平台涉嫌犯罪时，共同犯罪的人数往往很多，不仅包括平台实际控制人、公司高管，还包括普通业务员以及推广人员等。作为互联网金融的新业态，政府应当合理管控，刑法作为“万法之法”以及司法的最后一道防线，打击金融犯罪的同时也要注重保持刑法的谦抑性以及宽严相济的刑事政策，体现在 P2P 平台犯罪中，主要在于犯罪主体的确定，不应扩大共同犯罪的范围，在对主观恶性深的主犯进行严厉打击的同时，对于非积极参加者以及被动参与犯罪的帮助者，可以从轻或减轻处罚，或者不作为犯罪处理。

在 P2P 平台共同犯罪中，有一部分普通业务员，对互联网金融的理论知识欠缺，入职时间较短，在平台仅领取基本工资，对于平台的违法性有初步认识但尚不明确，客观上对于平台非法集资虽然起到一定帮助作用，但是主观恶性较小，归案后能够配合侦查机关查明案情，认识到行为的违法性，同时将在平台工作期间的违法所得均予以退赃，在此种情况下，笔者认为可以对此类犯罪嫌疑人做相对不起诉处理或认定为从犯从轻处罚。

（二）以“数额 + 情节”为基础，综合考虑量刑

非法吸收公众存款罪和集资诈骗罪与普通财产型犯罪一样，在量刑时主要以数额作为标准，但单纯以数额为标准不能全面体现 P2P 平台犯罪的社会危害性，且由于平台涉案金额一般较大，但共同犯罪人之间的金额难以准确区分计算，如依旧以数额作为主要量刑标准，可能会造成量刑失衡。本案中，负责发假标的普通工作人员，其工作性质是发标，但由于平台数据量大，每天发放的标的都有数百之多，无法区分该工作人员具体发放了哪些标的，因此在计算犯罪数额时只能按照工作时长进行统计，数额可能高于其实际参与的数额；再比如负责转账的财务人员，其明知平台有资金池，仍然帮助汇集流转资金，构成非法吸收公众存款的帮助犯，但因资金流巨大，无法逐笔辨别其转账金额，也是按照其工作时间，计算该时间段内平台募集资金的规模；

以上两种行为人从犯罪情节上来看，是帮助犯，对于平台吸收公众存款在一定程度上起到帮助作用，但是如果从数额上看，涉案规模均过亿元。此种情况下，如果单纯按照数额标准进行量刑，将难以区分其与主犯之间的量刑差异，也会导致罪责刑不相适应。

笔者认为，在对P2P平台共同犯罪进行量刑时，应将各被告人的犯罪金额和犯罪情节以及在共同犯罪中所起到的作用综合加以评判。对于仅参与平台某一环节的工作、非平台主要负责人、领取基本工资不参与提成或分红的普通员工，应当在法定刑幅度内从轻处罚。

（三）完善电子数据的收集，准确确定犯罪金额

P2P网络借贷的所有流程都是通过网络平台来完成，犯罪证据如受害人信息、涉案资金、犯罪手段等都以电子数据的形式存在，证据收集程度直接决定了案件办理的进度和效果。随着互联网技术的不断发展，电子数据的形式、载体出现了许多新的变化，对电子数据的勘验、提取、审查提出了更高的要求，处理不当甚至可能会对电子数据的真实性、合法性造成不可逆转的损害。目前在电子数据收集提取方面，2016年“两高一部”曾出台《关于办理刑事案件收集提取和审查判断电子数据若干问题的规定》，2019年2月公安部也出台了《公安机关办理刑事案件电子数据取证规则》，以上两个文件对于电子数据的收集、固定起到指导作用，进一步明确了电子数据的侦查主体、收集程序、扣押封存程序等。

在办理P2P平台犯罪案件中，电子数据对于确定犯罪金额起到至关重要的作用，投资人数量、投资项目、还本付息情况、资金去向等往往都体现在电子数据中。目前刑事案件侦查已经越来越重视电子数据的收集，但数据采集的范围相对较窄，一般都是采取先扣押犯罪嫌疑人的电脑、光盘等，然后再进行数据提取、分析工作。随着案件的不断高发，一部分犯罪分子的反侦查能力也与日俱增，有些会在案发前销毁电脑、清空硬盘，大大增加了取证难度。笔者在办理P2P平台犯罪案件中发现，因为互联网的联通性、P2P平台中介机构属性，许多平台数据需要借助第三方机构，例如阿里云数据库、银行数据系统、

第三方支付系统等，这些系统部分存在于平台的办公场所之外，有些有时间限制，会在一定期限内自动关闭封存，如何及时、全面地调取第三方系统的数据，可以作为将来侦查 P2P 平台犯罪案件，收集电子证据的一个突破口。

协助转移非法集资犯罪所得的行为定性

杜倩楠 *

摘　要　在办理协助转移非法集资犯罪所得类洗钱案件中，准确认定洗钱罪需要把握三个维度：一是准确把握洗钱罪主观明知的程度，避免机械适用法律；二是合理区分洗钱罪与上游犯罪的界限，避免罪名适用混乱；三是妥当适用从犯等量刑情节，避免罪责刑不一致。

关键词　洗钱罪　非法集资　主观要件　共同犯罪

[基本案情] 2016 年底，浙江省杭州腾信堂投资管理咨询有限公司（以下简称腾信堂公司）实际控制人朱某某（另案处理）出资成立一家商务咨询公司，聘请雷某某为其从事调查工作。其间，雷某某多次参观腾信堂公司，知道该公司对外公开宣传、发售外汇理财产品，从客户处吸收大量资金。2017 年 2 月，雷某某向朱某某提供多张本人银行卡用于接收腾信堂公司的非法集资款。2017 年 6 月至 2018 年 1 月，雷某某为获取每月 1 万元的好处费，配合腾信堂公司财务人员罗某某等人（另案处理）通过银行以同柜取存、取现、转账等方式协助转移非法集资款。经查，雷某某转移犯罪所得及其产生的收益共计人民币 6300 余万元。另，朱某某等人实施集资诈骗、非法吸收公众存款的犯罪事实已查证属实。

* 杜倩楠，浙江省杭州市拱墅区人民检察院第一检察部副主任、一级检察官。

一、分歧意见

第一种意见认为，雷某某的行为构成掩饰、隐瞒犯罪所得、犯罪所得收益罪。理由是：雷某某具有中专文化程度，其通过同柜取存、大额取现等常见的掩饰、隐瞒手段转移赃款，并收取明显高于市场的好处费，可认定其主观上明知所转移的财物是犯罪所得及其产生的收益。但是由于雷某某不是腾信堂公司的员工，对于转移的财物属于《刑法》第 191 条洗钱罪所规定的七类犯罪的所得及其产生的收益没有明确的认识。即便雷某某对此可能存在认识，但他实施行为的动因并非出于洗钱目的，而是单纯为获取好处费，因此也不符合《刑法》第 191 条洗钱罪所规定的“为掩饰、隐瞒来源和性质”这一目的要素。

第二种意见认为，雷某某的行为构成非法吸收公众存款罪的共犯。理由是：不论是洗钱，抑或是掩饰、隐瞒犯罪所得，均是在上游犯罪既遂状态完成之后而实施的独立犯罪。雷某某转移非法集资款的行为发生于上游犯罪进行过程中，上游犯罪尚未既遂。雷某某明知前述款项系上游犯罪持续进行中获取的非法财物，通过掩饰、隐瞒其来源和性质的行为以帮助上游犯罪继续完成。按照承继共犯的理论，应与上游犯罪行为人构成事先无通谋的共犯。因而，雷某某在非法吸收公众存款罪的范围内与朱某某等人成立共同犯罪。

第三种意见认为，雷某某的行为构成洗钱罪。理由是：雷某某除了实施借助金融机构转移赃款的客观行为外，主观上对于钱款来源系《刑法》第 191 条所规定的七类犯罪具有可能性认识。洗钱罪不是目的犯，并不要求行为人具有“掩饰、隐瞒来源和性质”的主观目的，洗钱罪的主观要件可以包括间接故意。雷某某的洗钱行为虽然发生在上游犯罪持续进程中，但就单次非法集资款的转移行为而言，上游犯罪在转移行为发生之前已达到既遂。

二、评析意见

笔者同意第三种意见。通过金融机构协助犯罪分子将非法集资犯罪的所得及其产生的收益进行转移，是洗钱犯罪的一种客观表现形式。但当前司法实践中对于洗钱罪的主观要件、与上游犯罪的关系、量刑情节如何认定等问题仍然存在较大争议。本文拟以雷某某洗钱案为例，围绕前述三大争议焦点展开分析。

（一）洗钱罪的主观要件

关于洗钱罪的明知，刑法学界的主流观点是，明知既可以是确定性认识，也可以是可能性认识。可能性认识的证明需要借助客观事实进行推定。只要现有证据足以推定行为人可能对于所掩饰、隐瞒的财物系七类上游犯罪所得及其产生的收益具有认识，就足以成立明知。从本案具体情况看，主观方面，雷某某知道腾信堂公司从事借新还旧的外汇理财业务。基于社会一般人的理解与判断，应认定雷某某对于通过其账户走账的资金系非法吸收的公众存款具有可能性认识。客观方面，雷某某明知开设个人账户供腾信堂公司走账不妥，但为获取高额好处费仍铤而走险，并以同柜取存、大额取现等方式配合转移巨额资金。综合上述主客观条件，能够认定雷某某对转移的资金属于破坏金融管理秩序犯罪的所得及其产生的收益具有主观上的可能性认识。

关于洗钱罪的故意种类，通说认为洗钱罪以明知作为构成要件，因而只能成立故意犯罪，不可能成立过失犯罪。至于间接故意能否成立洗钱罪，理论上则存有争议。否定说认为洗钱罪是目的犯，《刑法》第191条要求行为人必须出于“为掩饰、隐瞒来源和性质”这一特定目的。而理论上，目的犯只能由直接故意构成。但陈兴良、张明楷等知名学者均认为，洗钱罪行为本身就是在掩饰、隐瞒特定犯罪所得及其收益的来源和性质，“为掩饰、隐瞒来源和性质”属于构成要件的内容，是对《刑法》所列举的五种洗钱具体方式所加的限制，而不是洗钱罪的主观超过要素。[①] 因此，不能单纯以洗钱罪是目的犯为由排除间接故意的成立。

笔者在总结本案办理经验后认为，洗钱罪可以由间接故意构成。第一，雷某某的主观心态更接近于放任破坏金融管理秩序的危害后果发生。雷某某明知转移的财物可能来源于上游破坏金融管理秩序犯罪，

---

① 参见张明楷:《刑法学》，法律出版社2021年版，第1023页。

但出于追求高额好处费的目的，仍实施转账、取现等隐匿资金流向、切断资金链条的行为，放任法益侵害结果的发生。此种放任行为与积极追求危害结果的直接故意在本质上并没有区别。第二，排除间接故意会极大地增加证明难度。雷某某不是腾信堂公司的员工，其对于财物的来源和性质的确有可能没有确切性认识。如苛求证明雷某某具有洗钱罪的直接故意，不符合司法办案实际。第三，排除间接故意不利于打击愈演愈烈的洗钱犯罪。尽管历经三次立法修订，我国洗钱罪的上游犯罪种类已囊括七类严重犯罪，但实务中洗钱犯罪的查处率仍然较低。如将间接故意排除于洗钱罪的故意种类之外，则大量无法证明直接故意的洗钱案件只能被迫以掩饰、隐瞒犯罪所得、犯罪所得收益罪处理。较之于洗钱罪，掩饰、隐瞒犯罪所得、犯罪所得收益罪的法定刑明显偏轻，与洗钱犯罪对国家金融管理秩序造成的严重法益侵害后果不相匹配，有重罪轻罚之嫌。

（二）洗钱罪与上游犯罪的关系

虽然《联合国反腐败公约》规定上游犯罪行为人可以成为洗钱罪的主体，但我国学界通说曾长期对此予以否定。理由在于上游犯罪行为人的前一行为与洗钱行为之间存在吸收关系，上游犯罪行为人掩饰、隐瞒犯罪所得及其产生的收益，是实现上游犯罪结果的自然延伸，属于不可罚的事后行为。对于该争议问题，2020年《刑法修正案（十一）》通过删除洗钱行为中的“明知”和“协助”字样，从理论上，将“自洗钱”纳入了《刑法》第191条规定的调节范畴。也即，行为人自己实施上述七类上游犯罪后，又实施洗钱行为，也可以构成洗钱罪。而由他人实施洗钱犯罪相较于上游犯罪而言，是刑法理论上的连累犯，也即事前与他人没有通谋，在他人犯罪以后，明知他人的犯罪情况，而故意以各种形式予以帮助，依法应受处罚的行为。[①]

连累犯与上游犯罪共犯的本质区别在于洗钱行为人与上游犯罪行为人之间有无事先通谋。如何准确判断有无事先通谋是司法认定难点。

---

① 参见陈兴良：《共同犯罪论》，中国人民大学出版社2006年版，第426页。

对此笔者认为应综合主客观因素，充分考察洗钱行为人与上游犯罪行为人之间的意思联络程度。如果行为人的主观认知仅是被动的、片面的、事后的，则不能认定其已经与上游犯罪行为人达成紧密的意思联络。具体到本案，第一，从洗钱行为人的身份上看，雷某某不是腾信堂公司的员工，未实施非法吸收公众存款的实行行为。第二，从意思联络的时间上看，实际控制人朱某某每次都是在犯罪所得到账后才指示雷某某转移赃款，双方达成合意的时间发生于事后。第三，从意思联络的内容上看，朱某某及财务人员并没有将赃款的后续流向告诉过雷某某。因此雷某某与上游犯罪行为人之间的意思联络是松散的、滞后的，应认定没有事先通谋。

通说认为，洗钱罪中的上游犯罪应该是已经既遂的犯罪，否则就有可能因行为人中途加入而成立上游犯罪的承继共犯。而在非法集资类案件中，洗钱罪与上游犯罪之间联系紧密，往往存在“边吸边洗”的情况。司法实务中应当正确理解非法吸收公众存款罪的既遂问题。笔者认为，上游犯罪行为人从每名投资人处吸收资金的行为是相互独立的，当单笔投资款被汇入行为人指定的账户时，就应当认定单个犯罪行为已达到既遂，这与上游犯罪整体处于持续进程中的事实并不矛盾。换言之，由于雷某某每次转移的赃款均是上游犯罪单次或多次得手后的既遂数额，可以认定其实施的洗钱行为发生于上游犯罪既遂之后。而实务界有观点认为，洗钱犯罪只能发生在上游犯罪全盘终止以后。笔者认为，该观点不仅缺乏法理依据，还在某种程度上不恰当地限缩了洗钱罪的适用范围。笔者通过查阅近年来为非法集资犯罪洗钱的判例后发现，洗钱行为大多与上游犯罪相伴而生，非法集资类犯罪的完成形态不应成为认定洗钱罪的障碍。

（三）洗钱罪量刑情节的认定

本案中上游犯罪行为人朱某某等人尚未依法裁判，但是根据2024年《最高人民法院、最高人民检察院关于办理洗钱刑事案件适用法律若干问题的解释》（以下简称《洗钱罪司法解释》）第7条之规定，上游犯罪尚未依法裁判，但有证据证明确实存在的，不影响洗钱罪的认定。故法院仍然可以对雷某某进行审判。量刑情节方面，围绕是否认定雷某某犯洗钱罪“情节严重”、是否构成从犯等问题，笔者持以下观点。

《刑法》第191条规定，犯洗钱罪情节严重的，处5年以上10年以下有期徒刑，并处罚金。关于何谓“情节严重”，2024年《洗钱罪司法解释》第4条已作出明确规定，即洗钱数额在500万元以上，且具有多次实施洗钱行为，拒不配合财物追缴、致使赃款赃物无法追缴，造成损失250万元以上和造成其他严重后果等四种情形的，应当认定为“情节严重”。笔者认为，参照该标准，雷某某转移赃款数额已达人民币6300余万元，足以认定为“情节严重”。

关于洗钱行为人能否认定为从犯，笔者认为关键在于判断洗钱行为人与上游犯罪行为人是否在洗钱罪范围内成立共同犯罪，以及洗钱行为人是否起次要或者辅助作用。依据以往学界通说，上游犯罪行为人不能成立洗钱罪的主体，但2020年《刑法修正案（十一）》将“自洗钱”纳入洗钱罪，对此予以修正，即认可如果上游犯罪行为人与洗钱行为人共同实施洗钱，则可以构成共同犯罪。区别于协助组织卖淫罪等“共犯正犯化”的罪名，洗钱罪具有其独特罪质，共同犯罪中起次要或辅助作用的人可以认定为从犯。本案中，朱某某在洗钱活动中起组织、策划、指挥作用，财务人员罗某某等人起执行作用，而雷某某起的作用仅是提供账户和配合转账。相比于上游犯罪行为人深度参与洗钱，雷某某的角色更偏向于“犯罪工具”，即雷某某的主观恶性和客观危害性都明显小于上游犯罪行为人。如果对雷某某以洗钱罪的主犯定罪处罚，而对罗某某等人以法定刑较轻的非法吸收公众存款罪的从犯论处，则会出现司法不公现象。因此在充分考虑上游共犯刑事责任的基础上，依据罪责刑相适应原则，应认定雷某某为洗钱罪的从犯。

综上所述，雷某某主观上明知是破坏金融管理秩序犯罪的所得及其产生的收益，客观上协助他人借助金融机构转移赃款，放任发生危害社会的结果，其行为符合洗钱罪的构成要件。雷某某实施洗钱犯罪时间久、次数多，且金额特别巨大，应认定为“情节严重”；雷某某在共同犯罪中起次要作用，应认定为从犯。党的十八届四中全会提出，公正是法治的生命线。雷某某的行为有别于专业洗钱机构所实施的组织化、职业化犯罪，司法机关在确保对其严厉打击的同时，应积极贯彻宽严相济刑事政策。

网络非法集资犯罪认定问题研究

蓝学友*

摘　要　既有的非法集资犯罪认定标准主要是以线下非法集资案为原型归纳形成的。司法者在将这些既定标准运用到网络非法集资案件时有必要作相应的调整。一方面，在区分合法融资与非法吸收公众存款时，“非法性”的认定应从“部门许可”导向转变为“依法许可”导向；“公开性”的认定应从“媒介”导向转变为“对象”导向，且被害对象的认定应从“不特定”标准转变为“非合格投资者”标准；“利诱性”的认定不仅要考虑保本付息的承诺，还要考虑涉案资金的使用去向。另一方面，非法吸收公众存款罪与集资诈骗罪并非一般法与特别法的关系，“非法占有目的”只是区分两罪的要素“之一”而非“唯一”；“诈骗行为”与“非法占有目的”是两个相互独立的构成要件，既不能从诈骗行为中推导出非法占有目的，也不能从非法占有目的中推导出诈骗行为；在区分两罪的过程中应严格遵循“先客观、后主观”“先违法、后责任”的检验逻辑。

关键词　非法集资　非法吸收公众存款罪　集资诈骗罪

*　蓝学友，上海交通大学凯原法学院助理教授。

一、非法集资犯罪认定的两大难题

在绝大多数非法集资案件中，司法者都面临两大难题：一是如何区分合法融资行为与非法吸收公众存款行为；二是如何区分非法吸收公众存款罪与集资诈骗罪。对于前一问题，既有的区分标准是2022年《最高人民法院关于审理非法集资刑事案件具体应用法律若干问题的解释》(以下简称《非法集资刑案解释》)第1条第1款所规定的“四性”标准，即满足“非法性”“公开性”“利诱性”“社会性”四个条件的融资行为就是非法吸收公众存款行为[①]；对于后一问题，目前的主流观点认为，区分集资诈骗罪与非法吸收公众存款罪的关键是看行为人主观上有无“非法占有目的”。[②]但是，在将这些认定标准适用到网络非法集资案上时，出现了一系列争议问题。

一方面，《非法集资刑案解释》所归纳的“四性”标准与“无顶点、去中心”的互联网情境不相适应。其一，将非法吸收公众存款罪中的“非法”要件解释为“未经有关部门依法许可”的前提是，相关行为需要获得有关部门许可才能实施。此时“有关部门”被预设为决定相关行为合法与否的“顶点”。然而，网络环境恰恰是一个“无顶点”的平面环境[③]，要求一个网络行为必须经过有关部门许可后才能实施，其可行性和正当性都有待商榷。其二，从“公开宣传”和“面向不特定对象集资”这两方面界定“公众”要件也不符合“去中心化”的网络环境特点。在线下非法集资案中信息传递方式相对单一，我们能够清晰地看到以行为人为中心向外扩散的信息传播结构。而在“去

---

① 参见2022年《最高人民法院关于审理非法集资刑事案件具体应用法律若干问题的解释》(法释〔2022〕5号)第1条第1款。另见刘为波:《〈关于审理非法集资刑事案件具体应用法律若干问题的解释〉的理解与适用》,《人民司法》2011年第5期。

② 参见人民法院出版社编:《最高人民法院司法观点集成(刑事卷2)》(第3版)，人民法院出版社2017年版，第624页；陈增宝:《经济犯罪疑难问题司法认定与要案判解》,法律出版社2019年版，第206页；方彬微:《集资诈骗罪与非法吸收公众存款罪的区分》,《人民司法》2016年第29期。

③ 参见［美］托马斯·弗里德曼:《世界是平的——21世纪简史》，何帆、肖莹莹等译，湖南科学技术出版社2014年版，第48页。

中心”的互联网环境中，每一个网络用户都是一个相对独立的信息中心。从直接关联的角度看，每一个网络用户都只面向“特定”对象；如果算上间接关联，那么每一个网络用户都可以说是面向“不特定”对象。此时，如果固守“公开宣传+不特定对象”的认定标准，就不可避免地会陷入“全有”或“全无”的两难境地。其三，将“存款”要件解释为行为人承诺还本付息，本身就难以有效区分非法吸收公众存款与合法的民间借贷，因为无论是非法吸收公众存款还是合法的民间借贷，借款方都会承诺还本付息。

另一方面，以“非法占有目的”为重心区分集资诈骗罪与非法吸收公众存款罪容易引发主观归罪、结果归罪和裁判标准不一等问题。首先，司法者一旦笃定区分两罪的重心是“主观”目的，就很可能会在收集证据、归纳案件事实等环节都有意无意地采取“先主观、后客观”“重主观、轻客观”的思维方式，而这其中就蕴藏着主观归罪的风险。其次，为了降低主观归罪的风险，司法解释列举了一系列用于推定非法占有目的的客观情形。[①]但是，此举在降低主观归罪风险的同时却增加了结果归罪的风险。原本，从“行为人无法归还集资款”的结果到“行为人具有非法占有目的”的定罪结论之间尚缺少一个逻辑环节，控辩双方可以围绕“还不上集资款的原因”“还款义务的性质”等事由展开对抗。而司法解释的列举式规定却使得控方得以越过这一环节，直接根据所列举的情形推定行为人具有非法占有目的，被告方的辩护空间被严重挤压。最后，以主观目的为重心区分两罪还会导致裁判标准不一。因为不同行为人的主观目的及其表达方式各不相同，即便是同一行为人在不同时期的主观目的及其表达方式也可能有所变化。这意味着被司法者用于证明不同行为人或同一行为人在不同时期具有非法占有目的的情节不可能完全相同。如果把区分两罪的重心放在主观目的上，就会使得两罪的区分问题沦为个案情节的归纳问题，而个案情节的多样性决定了裁判标准很难达成统一。

① 参见《非法集资刑案解释》第7条第2款；2017年《最高人民检察院公诉厅关于办理涉互联网金融犯罪案件有关问题座谈会纪要》（以下简称《涉网金融案件纪要》）第14条。

虽然互联网金融的本质是金融，但是这并不意味着传统金融的规制模式可以照搬到互联网金融上。无论是用于区分罪与非罪的“四性”标准，还是用于区分此罪与彼罪的“有无非法占有目的”标准，其实都是以传统线下非法集资案为原型归纳形成的经验性规则。司法者在将这些经验性规则适用到网络非法集资案件时，有必要作出相应的调整。有鉴于此，本文拟结合互联网情境的特殊性，重新阐释非法集资犯罪的“罪与非罪”“此罪与彼罪”的区分标准。

二、合法融资与非法吸收公众存款的界线

根据《刑法》第 176 条规定，非法吸收公众存款罪包含“非法”“公众”“存款”“扰乱金融秩序”这四个构成要件。实践中，司法者并不是直接根据这四个构成要件认定本罪，而是根据《非法集资刑案解释》第 1 条第 1 款所规定的“四性”标准认定本罪。根据该款规定，本罪的“非法”要件被解释为“未经有关部门依法许可”（非法性），“公众”要件被解释为公开宣传（公开性）和吸收不特定对象的资金（社会性），“存款”要件被解释为承诺保本付息（利诱性）。当涉案行为同时满足这四个条件时，就认定该行为“扰乱金融秩序”。单从操作层面上讲，将本罪的四个构成要件具体化为更易于把握的四个性质，的确有助于提高司法效率。不过，这四个性质主要是以线下非法集资案为原型归纳形成的，在迁移适用到网络非法集资案件上时有必要进行相应的情境转化。

第一，“非法性”的认定应从“部门许可”导向转变为“依法许可”导向。“未经有关部门依法许可”实际上包含两个评价维度：一是“未经有关部门许可”；二是“未经依法许可”。前者的评价依据是有关部门的政策，后者的评价依据是事前公布的金融法律法规。在相关金融法律法规齐备的理想状态下，这两个评价维度是一致的。但在金融法律法规并不齐备的现实情境中，这两个评价维度往往出现分离。尤其是在相关金融法律法规缺位或不明确的情况下，有关部门只能沿着以往的行政惯性，根据一时的政策作出非法性认定，由此形成“部门许可”导向型的认定方式。这种认定方式勉强能够应付线下非法集

资案件，因为这类案件大多局限在一时一地，当时当地的有关部门往往有能力把握全案信息、控制全案风险，进而作出符合当时当地情境的违法性评价。可是，在跨越多时多地的网络非法集资案件中，“部门许可”导向型的非法性认定方式就常常显得捉襟见肘。因为区域性部门往往无法掌握全案信息，对本地区案件在其他地区可能引发的风险更是无从判断，在此情况下地方部门往往不敢或不愿作出明确的违法性评价。更何况，各地区经济发展不平衡的现实决定了不同地区之间的经济政策或有差异，甚至可能存在矛盾或冲突，在此情况下也很难明确应当以何时、何地、哪一层级的政策为评价标准。此外，由于行政部门不受严格的“同案同判”原则约束，所以“部门许可”导向型的非法性认定方式很难给社会公众提供稳定的规范性预期。因此，本文认为，对于网络非法集资案件而言，“非法性”的认定应从“部门许可”导向转变为“依法许可”导向，即严格按照事前颁布的金融法律法规认定“非法性”。而且，这里的金融法律法规应当限制在《刑法》第96条规定的“国家规定”范围内，不包括部门规章和地方性法规。

第二，“公开性”的认定应从“媒介”导向转变为“对象”导向，而且被害对象的认定应从“不特定”标准转变为“非合格投资者”标准。《非法集资刑案解释》将“公开性”和“社会性”分开规定，前者是指“通过网络、媒体、推介会、传单、手机短信等途径向社会公开宣传”，后者是指“向社会公众即社会不特定对象吸收资金”。这种区分“公开性”与“社会性”的解释模式，其实也是受线下非法集资案的影响所致。实际上，对于“扰乱金融秩序”这一刑事违法性而言，“公开性”和“社会性”的内容是互补的，它们共同表明涉案行为是面向“公众”实施的。在网络非法集资案件中，“公开性”与“社会性”明显是一体两面的关系，前者强调的是“公众”之“公”，后者强调的是“公众”之“众”，两者共同构成“公众”要件。正是这种一体两面的关系决定了，“公开性”的认定不应以传播媒介为导向，而应当以传播对象为导向。不管使用何种传播媒介（包括口口相传），如果客观上使得公众获悉集资信息并作出投资的，就都符合“公开性”特征。同时，对“社会性”的理解不应停留在“特定人”与“不特定人”的形式性区分，而应当代之以更加实质的“合格投资者”与“非合格投资者”的区分。[①]只有面向非合格投资者吸收资金才符合“社会性”特征。

第三，“利诱性”的认定不仅要考虑保本付息的承诺，还要考虑涉案资金的去向。“利诱性”是对“存款”要件的解释，其本应反映出涉案资金系具有特定金融意义的“存款”。这里的特定金融意义是指“先以一定利率吸收资金，再以更高的利率把这笔资金转贷出去”。如果只在“承诺保本付息”或“高额利率”的意义上理解“利诱性”特征，就不足以说明涉案资金是“存款”，因为单凭“承诺保本付息”和“高额利率”并不能证明行为人正在从事只有银行等正规金融机构才能从事的存贷款业务。要想让“利诱性”特征能够准确反映“存款”要件，就应当在“承诺保本付息”和“高额利率”之外，再考虑涉案资金的使用去向。一方面，没有进入银行或金融机构的社会闲散资金不属于本罪中的“存款”；另一方面，行为人如果没有将集资款用于放贷、风险投资等金融运作的，此时的“集资款”也不能被评价为“存款”。

三、非法吸收公众存款罪与集资诈骗罪的区分

除了罪与非罪的区分问题外，非法吸收公众存款罪与集资诈骗罪的区分问题也是非法集资案件中经常出现的问题。对此，2011年《全国法院审理金融犯罪案件工作座谈会纪要》、2022年《非法集资刑案解释》、2017年《涉网金融案件纪要》等司法指导文件以及“吴英案”“e租宝案”“周辉案”等一系列典型个案的裁判理由一再强调区

① 根据《私募投资基金监督管理暂行办法》第12条规定，私募基金的合格投资者应满足以下三个条件：（1）具备相应风险识别能力和风险承担能力；（2）投资于单只私募基金的金额不低于100万元；（3）净资产不低于1000万元的单位，或金融资产不低于300万元或者最近三年个人年均收入不低于50万元的个人。虽然普通民间集资有别于私募基金，但是在认定非法吸收存款的“社会性”特征时，可以借鉴私募基金有关“合格投资者”的界定标准，从投资者的风险识别能力、风险承担能力以及自有资金三方面加以规定。

分两罪的关键是有无非法占有目的。[①] 该观点也得到了理论界的广泛支持。[②] 诚如前述，以主观目的为重心区分两罪容易导致主观归罪、结果归罪和裁判标准不一。因此，司法者在区分两罪的过程中应注意“非法占有目的”只是区分两罪的要素“之一”而非“唯一”，“诈骗行为”与“非法占有目的”是两个相互独立的构成要件，应严格遵循“先客观、后主观”“先违法、后责任”的检验逻辑。

首先，集资诈骗罪不是非法吸收公众存款罪的特别法，“非法占有目的”只是区分两罪的要素“之一”而非“唯一”。只需比较两罪的立法表述，就会发现除了有无“以非法占有为目的”这一主观要件外，两罪在构成要件行为和结果上也都存在差异。在构成要件行为方面，《刑法》第 176 条的表述是“非法吸收公众存款”，而第 192 条的表述则是“使用诈骗方法非法集资”；在构成要件结果方面，第 176 条的表述是“扰乱金融秩序”，而第 192 条的表述则是“数额较大”。遗憾

---

① 参见“周辉案”裁判理由，《最高人民检察院公报》2018 年第 5 号（总第 166 号），第 27 页；“吴英案”“e 租宝案”裁判理由，最高人民法院刑事审判第一至五庭主办：《刑事审判参考》（总第 118 集），法律出版社 2019 年版，第 252、337—342 页；“高远案”裁判理由，最高人民法院刑事审判第一至五庭主办：《中国刑事审判指导案例（第 3 卷）》，法律出版社 2017 年版，第 143—146 页；“李传柱案”裁判理由，最高人民法院中国应用法学研究所编：《人民法院案例选（2014 年第 2 辑）》，人民法院出版社 2015 年版，第 47 页；“张安均案”裁判理由，最高人民法院中国应用法学研究所编：《人民法院案例选（2015 年第 1 辑）》，人民法院出版社 2016 年版，第 30 页；“陈斌凯、陈瑜路案”裁判理由，最高人民检察院法律政策研究室组织编写：《金融犯罪指导性案例实务指引》，中国检察出版社 2018 年版，第 250 页；“吴晓华案”裁判理由，国家法官学院案例开发研究中心编：《中国法院 2017 年度案例·刑法分则案例》，中国法制出版社 2017 年版，第 32 页；“周兆会案”裁判理由，国家法官学院案例开发研究中心编：《中国法院 2018 年度案例·刑事案例二》，中国法制出版社 2018 年版，第 145 页；“国光案”“方志强案”“尹康鸿、黎天某案”“马永祥、余春华案”“张浩杰案”裁判理由，国家法官学院案例开发研究中心编：《中国法院 2019 年度案例·刑事案例二》，中国法制出版社 2019 年版，第 123、127、130、140、143 页。

② 参见高铭暄、马克昌主编：《刑法学》（第九版），北京大学出版社、高等教育出版社 2019 年版，第 415 页；马克昌主编：《百罪通论（上卷）》，北京大学出版社 2014 年版，第 284 页；李永升主编：《金融犯罪研究》，中国检察出版社 2010 年版，第 170 页；刘宪权：《刑法严惩非法集资行为之反思》，《法商研究》2012 年第 4 期；李勤：《非法吸收公众存款罪与集资诈骗罪区分之间——以“二元双层次”犯罪构成理论为视角》，《东方法学》2017 年第 2 期。

的是，这种差异既没有引起理论研究者的足够重视，也没有被贯彻到司法实践中。相反地，既有理论和实务普遍认为两罪行为在客观上都表现为“向社会公众非法募集资金”，也都造成了“扰乱金融秩序”和“侵犯被害人财产”的结果。这其中存在以下两点认识误区：一是混淆了案件事实与立法规范。虽然（在事实层面）集资诈骗案和非法吸收公众存款案都包含向社会公众非法募集资金的行为，但是不能就此反推出（在规范层面）两罪的构成要件行为都是向社会公众非法募集资金。二是混淆了规范保护目的与附随保护效果。集资诈骗罪与非法吸收公众存款罪虽然都能起到保护金融秩序和被害人财产的效果，但是两罪的规范保护目的并不相同。非法吸收公众存款罪是以保护金融秩序为目的，至于保护投资人财产只是其附随效果。相反地，集资诈骗罪是以保护投资人财产为目的，并间接地产生保护金融秩序的附随效果。一旦将案件事实与立法规范、规范保护目的与附随保护效果都区分开来，就会发现在不同的规范目的指导下，即便是针对相同的危害结果，两罪所作的规范评价也是不同的。

其次，“诈骗行为”与“非法占有目的”是两个相互独立的构成要件，既不能从诈骗行为中推导出非法占有目的，也不能从非法占有目的中推导出诈骗行为。根据《刑法》第176条和第192条的规定，“非法占有目的”和“诈骗行为”都是集资诈骗罪有别于非法吸收公众存款罪的构成要件。虽然诈骗行为已经实现类型化，但是在以非法占有目的为重心的区分体系中，诈骗行为很容易沦为佐证行为人具有非法占有目的的论据，丧失其作为构成要件的独立性。比如，将“行为人隐瞒资金或经营亏损”作为推定行为人具有非法占有目的的证据。事实上，“隐瞒资金用途或经营亏损”最多只能作为认定“诈骗方法”的依据，并不能从中推导出行为人具有“非法占有目的”。另外，同一案件事实既被拿来证明行为人在客观上实施了“诈骗行为”，也被拿来证明行为人在主观上具有非法占有目的，这种做法也违背了“非法占有目的”与“诈骗方法”的相互独立性。

最后，在区分两罪时应严格遵循“先客观、后主观”“先违法、后责任”的检验逻辑。在区分两罪的过程中，如果过分强调非法占有目的要件，忽视两罪在客观方面的区别，就很容易陷入“先主观、后客观”“先责任，后违法”的思维定式。这不仅会造成主观归罪的后果，而且很可能从行为人具有“非法占有目的”反推出行为人实施了“诈骗行为”，如此一来“非法占有目的”与“诈骗行为”也会丧失各自作为构成要件的独立性。有鉴于此，本文认为区分两罪的重心应从“非法占有目的”要件转移到“诈骗行为”要件上，先从行为人客观上有无实施诈骗行为区分两罪，再看行为人主观上有无非法占有目的。而且，在认定集资诈骗罪中的“诈骗行为”时应充分考虑集资行为所处的金融语境。诈骗行为的违法性表现为侵犯财产法益，但是财产法益在金融语境中的受保护程度理应低于在日常生活语境中的受保护程度。这是因为由法益主体主动投入金融市场的这部分财产有可能获得相应的风险收益作为补偿。主观上的自陷风险以及客观上的风险收益补偿共同决定了集资诈骗罪中的“诈骗行为”与普通诈骗罪的“诈骗行为”在认定门槛上存在高低之分。正因如此，对于相同诈骗数额，集资诈骗罪的处罚相对较轻，而普通诈骗罪的处罚相对较重。

四、结论

网络非法集资犯罪并非线下非法集资犯罪的网络化。从线下到网上的情境变化虽然没有改变集资行为的金融本质，但是对“罪与非罪”“此罪与彼罪”的区分标准却产生了实质影响。既有的认定标准主要是以线下非法集资案件为原型归纳形成的，在将这些标准运用到网络非法集资案件上时需要作出相应的调整：一方面，在区分合法融资与非法吸收公众存款时，“非法性”的认定应从“部门许可”导向转变为“依法许可”导向；“公开性”的认定应从“媒介”导向转变为“对象”导向，被害对象的认定应从“不特定”标准转变为“非合格投资者”标准；“利诱性”的认定不仅要考虑保本付息的承诺，也要考虑涉案资金的使用去向。另一方面，在区分非法吸收公众存款罪与集资诈骗罪时，应认识到“非法占有目的”只是区分两罪的要素“之一”而非“唯一”；“诈骗行为”与“非法占有目的”是两个相互独立的构成要件，既不能从诈骗行为中推导出非法占有目的，也不能从非法占有目的中推导出诈骗行为；在区分两罪的过程中应严格遵循“先客观、后主观”“先违法、后责任”的检验逻辑。

非法集资本金应否返还集资参与人

杨慧琼*

摘　要　司法实践中对非法集资的行为人从集资参与人处非法吸收的本金应否返还存在认识分歧。集资本金对于不同的对象性质不同，对于未被评价为犯罪嫌疑人的集资参与人而言，从刑事角度看，既然不符合刑事立案标准，在案件中处于被害人身份，其参与集资的本金属于其私有的合法财产，依法应受保护；从民事视角分析，集资人与集资参与人之间存在借贷合同的法律关系，是以合法形式掩盖了违反国家有关规定的非法筹集资金的非法集资合同，系无效合同，集资人有义务把因合同而取得的集资参与人的本金返还给集资参与人。

关键词　非法吸收公众存款罪　集资本金　返还参与人

"标会"也叫互助会，是流行于我国南方的一种民间信用融资借贷行为，具有筹集资金和赚取利息的双重功能。"标会"一般由发起人（会头）邀请若干人（会脚）参加，会脚依照约定按期交纳会款后轮流交由中标人使用，中标人按约定还本付息，标会参与者可通过"标会"借贷资金赚取一定的利息。

［基本案情］　甲自己担任会头，组织多个"标会"活动，吸引乙

*　杨慧琼，福建省南平市延平区人民检察院党组成员、检察委员会专职委员、四级高级检察官，福建省检察业务专家。

等55人入会，并于每月14日、28日收取会金，甲将收来的会款借贷给需要资金的中标者，集资参与人收取利息，集资人从中牟取私利。甲非法吸收乙等55名参与人本金共计人民币7356130元，甲组织的民间互助会因所吸收的资金被他人占有而未能收回，造成集资参与人本金全部损失的后果。检察院提起公诉，法院作出一审判决，认定被告人甲犯非法吸收公众存款罪，判处有期徒刑4年3个月，并处罚金人民币18万元。被告人甲非法吸收的公众存款人民币7356130元，继续予以追缴，上缴国库。

一、分歧意见

根据我国法律规定，任何非金融机构和个人不得从事吸收公众存款业务，否则侵犯国家金融管理制度，触犯非法吸收公众存款罪。司法实践中，以“标会”集资形式非法吸收公众存款而触犯非法吸收公众存款罪的刑事案件，在对“标会”集资参与人的本金如何处理的判项上各地判决不一，有判决返还本金的，也有判决上缴国库的，本案亦存在两种不同的意见。

第一种意见认为，同意法院判决，追回的集资参与人本金上缴国库。民间“标会”实际上行使着银行融资借贷的功能，为我国法律所禁止。由于民间“标会”不受法律保护，当事人按月交纳会费的行为属于不法原因给付，是违法行为，依法应予以收缴。

第二种意见认为，法院判决“非法吸收的公众存款人民币7356130元，继续予以追缴，上缴国库”错误，追回的“标会”集资参与人的本金应当返还给集资参与人。对于非法吸收的行为人而言，其向众人非法吸收的资金属于违法所得；对于集资参与人来说，其参与集资的本金属于其合法财产，国家在法律规定及允许的范围内应依法予以保护。

二、评析意见

笔者同意第二种意见。“标会”行为人主观上若不是以非法占有为目的，在法律上其实质就是非法吸收公众存款的行为，对于集资参与人的本金处理上，从以人为本、维护公民合法财产权益、保护合同相对人的公平性、促进社会和谐稳定等角度综合考量，集资参与人参与标会集资的本金是集资参与人的合法私有财产，立法精神以及相关司法解释亦作出了予以返还的意思表达，因此，集资参与人的本金应当予以返还。具体分析如下：

（一）非法吸收的资金属于违法所得与将集资参与人的本金返还给集资参与人并不矛盾

首先，以“标会”形式非法吸收公众存款的行为与以投资公司等形式非法吸收公众存款的行为在本质上是一样的，都是违反国家金融管理秩序，违法吸收或者变相吸收公众存款的行为，集资参与人都有交付本金赚取利息的目的，均实施了违法集资的行为。对于投资公司等非法吸收公众存款，虽然公司本身合法成立，但在非法集资这一行为上同样是违反法律规定的。在司法实践中，对于投资公司等主体实施非法集资，参与人的本金是判决返还的，若不返还被追回的“标会”集资参与人本金，则存在相同犯罪行为不同判决的情形。换言之，无论是以“标会”抑或是以其他形式非法吸收公众存款，对同一犯罪行为在法律上的处理也应当是相同的。依据2022年《最高人民检察院、公安部关于公安机关管辖的刑事案件立案追诉标准的规定（二）》，非法吸收或者变相吸收公众存款数额在100万元以上的；非法吸收或者变相吸收公众存款对象150人以上的；非法吸收或者变相吸收公众存款，给集资参与人造成直接经济损失数额在50万元以上的；均应当以非法吸收公众存款罪追究其刑事责任，不必纠结于非法集资的具体形式。

其次，对非法吸收的资金的处理应依法将集资参与人的本金返还给集资参与人。集资款由于对应的对象不同性质也随之而改变，对于集资人而言，非法吸收的资金属于违法所得亦即赃款；对集资参与人来说，其参与集资的本金是其合法财产。根据《刑法》第64条的规定，对于犯罪分子违法所得的一切财物，应当予以追缴或者责令退赔；对被害人的合法财产，应当及时返还；违禁品和供犯罪所用的本人财物，应当予以没收。集资人符合上述刑事立案追诉条件的，应当对集资人予以定罪量刑；集资参与人不符合刑事立案标准，不是犯罪分子，合法财产应受保护。因此，对于集资人非法吸收的资金这一违法所得，在处理上不能搞“一刀切”一概追缴，应区别对待，即对于非法吸收的资金所产生的孳息应当追缴国库；对于集资参与人的本金应当返还给集资参与人。

（二）要准确把握刑事司法解释的相关规定，对集资参与人的本金归属作出客观评判

2014年3月，《最高人民法院、最高人民检察院、公安部关于办理非法集资刑事案件适用法律若干问题的意见》第5条对非法吸收的集资款性质以及产生的收益的处置作了详细的表述。据此，可以理解为，一是对于非法吸收公众存款的集资人而言，其向社会公众非法吸收的资金属于违法所得，并非指集资参与人的本金相对于集资参与人来说是违法所得，对于集资参与人来说，其参与集资的本金是其合法的私有财产。二是对于集资参与人本金尚未收回的，其收到的利息、分红等回报小于本金的，可将其折抵本金，不用被追缴，也就是说并不是非法吸收的资金产生的孳息都一律上缴国库，如果已经以利息、分红的形式给了集资参与人，集资参与人本金尚未全部收回的，可以用此折抵本金；对于集资参与人本金已经收回，如果其收取的投资回报属于集资主体以非法吸收的资金予以支付的，则应当予以追缴。三是查封、扣押、冻结的涉案财物，应当在诉讼终结后返还集资参与人，即涉案财物足以返还集资参与人本金的应当予以返还，涉案财物不足以全部返还的，按照集资参与人的集资额比例返还。2022年3月，最高人民法院施行的《关于审理非法集资刑事案件具体应用法律若干问题的解释》第6条作了类似立法精神的规定，“在提起公诉前清退所吸收资金，可以免予刑事处罚；情节显著轻微危害不大的，不作为犯罪处理”。由此可见，立法本意是将集资参与人的本金返还给集资参与人。

（三）对“标会”集资参与人本金应当判决“‘责令退赔’，且具有优先执行性”于法有据

2019年1月，“两高一部”联合印发的《关于办理非法集资刑事案件若干问题的意见》第9条关于涉案财物追缴处置问题又进一步作了明确的规定，对审判时尚未追缴到案或者尚未足额退赔的违法所得，

人民法院应当判决继续追缴或者责令退赔；退赔集资参与人的损失一般优先于其他民事债务以及罚金、没收财产的执行。第10条关于集资参与人权利保障问题明确作出了规定，“集资参与人，是指向非法集资活动投入资金的单位和个人”“人民法院、人民检察院、公安机关应当通过及时公布案件进展、涉案资产处置情况等方式，依法保障集资参与人的合法权利”。根据该意见规定，对于在审判时集资参与人的本金尚未足额退赔的应当判决责令退赔，同时明确规定退赔集资参与人的损失的优先性，一般优先于其他民事债务以及罚金、没收财产的执行。如前所述，“标会”是非法集资其中的一种具体形式，因“标会”倒会，多数会脚往往血本无归，会头涉嫌非法吸收公众存款罪。作为司法人员在树牢法治思维的同时，要坚持以人民为中心，落实到具体司法工作中，就是要以善良之心去评判运用好法律规定，法律已作出明确规定的，就按照法律规定去执行；法律没有作出明确规定的，按照有利于行为人的准则去执行。现有法律并没有对以“标会”形式构成的非法吸收公众存款罪在集资参与人的本金处理上作出特别的规定，在仅有一般规定的情况下，“标会”形式的非法吸收公众存款罪理应严格遵照该规定执行，切实维护好集资参与人的合法权益。

（四）从公平原则出发，合同无效其本金亦应当返还

《宪法》第13条明确规定，公民合法的私有财产不受侵犯。国家依照法律规定保护公民的私有财产权和继承权。集资参与人参与“标会”集资的本金是集资参与人的合法私有财产，尤其是一些认知受限的集资参与人，其在主观上存在不了解“标会”是不受法律保护的非法集资形式的可能，并不清楚“标会”的非法性与危害性，也没有召集其他人员参加，因为不懂法或受身边人影响甚至有的是因生活所需借款而参与了非法集资，属于受害者。集资参与人与“标会”会头之间签订了借贷合同，从合同本身的形式来看具有合法性，是以合法形式掩盖未经依法许可或者违反国家有关规定而进行的筹集资金的非法目的，是约定了还本付息或者说是具有给付回报的非法集资合同，其扰乱了社会经济秩序，属于无效合同范畴。但从集资参与人的个体角度来看，有因不懂法等认知因素制约下的借贷行为，从公平原则而言，

既然是无效合同，自始就不发生法律效力，集资人有义务把因合同而取得的集资款返还给集资参与人。因此，集资参与人的本金应由集资人予以返还。但在现实中，一旦非法集资案发，更多的是集资人已无力偿还，这意味着经人民法院执行、集资人仍不能返还集资款的，集资参与人因其参与的集资行为是违反法律规定的，在借贷合同的相对方履约不能的情况下，究竟该承担怎样的后果？2021 年 5 月 1 日起实施的《防范和处置非法集资条例》第 25、26、32 条对此作出了规定，“非法集资人、非法集资协助人应当向集资参与人清退集资资金”“因参与非法集资受到的损失，由集资参与人自行承担”“清退集资资金来源包括：（一）非法集资资金余额”“非法集资人、非法集资协助人不能同时履行所承担的清退集资资金和缴纳罚款义务时，先清退集资资金”。即非法集资的参与人在集资人有资金清退时，其参与的集资款得以返还，若因集资人资金链断裂，司法机关无法追回集资本金的，只能由集资参与人自行承担因参与非法集资而导致的“投资”损失后果，这是对集资参与人的集资款不受法律保护的准确理解。

（五）案件处理应有利于维护公平正义与社会和谐

社会和谐是人们孜孜不懈追求的理想状态。这就要求代表国家履行公权力的司法部门，应当公正处理每一个案件，既不能简单机械司法，也不能不顾社情民意，要在每一个司法环节、每一项事项的处理中融入天理、国法、人情的思虑。当某个行为具有一定的群体性或普遍性时，对其处理更应具体问题具体分析，综合考量，而不能一味只予以惩戒，不体恤具体民情。司法人员在办案过程中要做到以人民为中心，切实让人民群众在每一个案件的办理中感受到公平正义，极力维护好人民群众的根本利益。“标会”的集资参与人参与集资，其因素是多方面的，有其自身认知局限的原因，也有为了获利抱侥幸心理的想法。且“标会”的集资参与人多数是生活相对困难、文化层次较低的人，有些参与人因家庭急需用钱，又没有条件向银行贷款，才去参与“标会”筹钱。为此，我们不能简单就案办案，要力求达到办案的最佳效果，即政治效果、法律效果、社会效果的有机统一。笔者认为，在办案过程中要做到将心比心，将人民根植于内心，放在心中最高位置，以人民满意作为工作的最高标准。在考量是否完全由行为人承担行为后果的同时，也要思考可能产生这一行为的其他因素，如社会管理、宣传力度及行为人主观故意等，只有公正司法，才能达到预期的理想效果。

综上所述，不论是从法律规定上予以分析理解，还是从坚持以人民为中心、维护公平正义及社会和谐稳定等角度综合评判，“标会”集资参与人的本金应当返还给集资参与人。

集资犯罪中事务型帮助犯违法所得退赔责任的确定 *

张庆立 **

摘　要　在集资犯罪中，对事务型帮助犯责令退赔采用连带责任的做法，是一种司法粗疏的表现。错误地将“共同犯罪、责任连带”这一判断视为刑法理论通说，既不符合刑罚目的和刑法基本原则，也不利于维护司法权威和司法公信，应予以纠正。责令退赔数额应与犯罪行为在共同犯罪中的地位作用相适应，具体可考虑以实际佣金为基数乘以适当倍数的方式加以确定，至于具体倍数，则由法官根据不同案件的具体情况裁量确定。

关键词　集资犯罪　事务型帮助犯　违法所得　责令退赔　责任界限

追赃挽损是办理非法集资刑事案件的重要目标，而违法所得追缴与退赔又直接关系追赃挽损的成效，但现行刑法对违法所得追缴与退赔具体规则并未明确，实践中往往以“共同犯罪、责任连带”为由，要

* 本文为2022年度上海市检察官协会重点课题“检察大数据赋能法律监督的探索与创新”（SH2022309）、2022年度国家信访局信访理论研究课题“检察机关防范和化解信访矛盾风险研究”（202207001）的阶段性成果。

** 张庆立，上海市松江区人民检察院第六检察部四级高级检察官，华东政法大学博士后研究人员。

求所有共犯对全案违法所得承担连带责任，除追缴工资等实际收入以外，仍责令继续退赔数百万元乃至数亿元的集资损失。由于以往裁判文书对退赔表述较为原则，加之司法实践中对责令退赔是否属于判项长期存有争议，判后并不移交执行，这一问题没有凸显，但随着《最高人民法院关于刑事裁判涉财产部分执行的若干规定》逐步落实，责令退赔作为财产刑执行内容之一被明确，具体刑事执行工作则困难重重，连带退赔合法性问题也开始被实务部门所关注。其中，由于集资犯罪往往涉及退赔数额巨大，与从犯实际违法所得差额悬殊，特别是事务型帮助犯违法所得退赔问题最为棘手，亟待研究。

一、违法所得退赔责任之争议

［基本案情］ 2020年9月23日，S市S区人民法院认定：被告人王某（1991年生，大专文化）参与某公司非法吸收公众存款，担任该公司实际控制人的秘书，从事广告宣传等具体工作，获利人民币20万元左右，并认定在王某工作期间，该公司非法吸收公众存款所造成的实际损失数额为4亿余元。因王某认罪认罚，且主动退出违法所得20万元，据此，以非法吸收公众存款罪判处王某有期徒刑3年，缓刑3年，罚金6万元，扣押、冻结在案的违法所得发还各投资参与人，不足部分责令继续退赔后发还，扣押在案的涉案物品，予以没收。该判决生效后，2021年5月12日，该法院发出《执行通知书》，要求王某缴纳罚金6万元和未退出的违法所得4亿余元。2021年6月15日，王某提出执行异议。2021年6月16日，法院驳回执行异议。尽管异议被驳回但王某依然不服，多次信访。

针对上述案例中王某是否应对全案损失承担连带退赔责任，实践中并非没有争议。肯定的观点认为，王某作为帮助犯，应对全案犯罪数额承担连带退赔责任，理由是：在人身损害赔偿案件中，由共同侵权人对被害人人身损害承担连带责任，有法律明确规定；共同犯罪、责任连带是刑法理论通说，而且符合以往司法实践惯例；只有让所有共犯都对被害人损失承担连带退赔责任，才更有利于追赃挽损；采用连带责任还有利于平复被害人感情，有利于在涉众型案件中维护社会稳定。相反，否定的观点认为，王某作为从犯，不应对全案犯罪数额承担连带退赔责任，而只应承担与其犯罪地位作用相适应的退赔责任，理由是：根据罪责刑相适应原则，从犯承担的退赔责任只能是与其犯罪地位作用相适应的责任；如果要求从犯承担超过与其犯罪地位相适应的责任，就有权力滥用之嫌，而且也完全堵死了从犯改过自新的道路，不符合刑罚预防犯罪的目的；让从犯对被害人损失承担连带退赔责任，难以得到从犯及其家属配合，结果并不一定真的有利于追赃挽损，降低责任反而有可能激发从犯及其家属退赔的积极性。

二、违法所得退赔连带责任之否定

在非法集资刑事案件中，所谓业务型帮助犯往往指直接从事集资业务，并从集资业务分成或者领取高额固定工资的帮助犯，如业务员、业务主管、业务经理等。与业务型帮助犯不同，事务型帮助犯是指不从事集资业务，仅负责行政事务，不从集资业务中提成，仅领取正常、固定工资的帮助犯，如上述案例中王某就属于事务型帮助犯。如果说业务型帮助犯因其直接开展集资业务，对集资成功作用较大，部分甚至经手集资款，领取高额回报，判决仅要求其对参与数额承担连带退赔责任尚可理解的话，那么要求不从事集资业务、不领高额回报的事务型帮助犯对全案数额承担连带退赔责任，确实值得商榷，这也是连带退赔在事务型帮助犯中矛盾最为尖锐的原因所在。

（一）“共同犯罪、责任连带”并非刑法理论的通说

实践中，法院责令事务型帮助犯对集资参与人损失承担连带责任时，往往以“共同犯罪、责任连带”为由，认为此乃刑法理论的通说。对此，必须要说明的是，刑法理论中从来没有“共同犯罪、责任连带”的说法，与之相似的表述为“部分实行、全部责任”[①]。刑法中就共同犯罪采取“部分实行、全部责任”原则，是指在共同犯罪中，部分犯罪人分担了部分实行行为，或者仅实施了帮助、教唆的非实行行为，也要对全部危害结果承担刑事责任。然而，这一原则既不意味着共同犯

① 参见柏浪涛：《刑法攻略》，中国法制出版社2017年版，第113页。

罪人之间责任是无差别的，也不意味着共同犯罪人之间责任是连带的。相反，根据理论界权威观点，“由于各共同犯罪人在共同犯罪中的地位和作用不同，对各共同犯罪人处理时需要区别对待”[①]，“共同犯罪人的社会危害程度不同，需要根据一定标准进行分类，据以确定不同的刑事责任”[②]。可见，理论界真正的通说乃“共同犯罪、责任自负”，或者说“违法共同，责任个别”。从目前理论界最为有力的阶层犯罪论体系看，犯罪实体即不法与有责，而不法具有一般性，责任具有个别性，共同犯罪理论作为刑罚扩大事由，不可能解决责任层面的问题，而是主要解决违法事实归属问题，回答不直接导致危害结果发生的共犯行为为何具有可罚性的问题。共同犯罪中，尽管共犯行为并不直接导致危害结果发生，但刑法也要求共犯对危害结果负责，似有连带表象，但实际上共犯所承担的责任并非连带责任，而是与共犯行为对结果实现的加功相联系，是共犯对自己行为负责的表现，并非代人受过、为人所累。前述案例中，王某作为非法吸收公众存款罪的从犯，其所承担的责任应当归因于自身的帮助行为，而不是受主犯行为的牵连。

（二）退赔采连带责任不符合刑罚目的和刑法原则

一方面，从刑罚目的看，不同于刑罚本质与正当化依据，刑罚目的只能在于预防，[③]如果犯罪分子无法通过刑罚改恶从善，就意味着特殊预防彻底失效。对事务型帮助犯，按照连带责任要求就全案犯罪数额退赔违法所得，虽然有利于保护被害人权益，但往往使犯罪人背负了难以承担的经济负担，几乎堵死了其悔过自新、回归正常生活的出路。在羁押执行期间，因不可能全额退赔，其无法减刑、假释，即使是在刑满释放后，由于仍不能全额退赔，其不仅将终生被列入失信黑名单，还将陷入随时可能被强制执行的恐惧，这对于那些刚刚踏入社会、失

---

① 高铭暄、马克昌主编:《刑法学》(第六版)，北京大学出版社、高等教育出版社2014年版，第171页。

② 马克昌:《犯罪通论》，武汉大学出版社2015年版，第535页。

③ 参见李冠煜:《从绝对到相对：晚近德日报应刑论中量刑基准的变迁及其启示》，《东方法学》2016年第1期。

足触犯刑律的年轻人而言，几乎剥夺了其悔过自新的机会。前述案例中，王某作为一个参加工作不久的大专毕业生，家庭条件也比较一般，如让其承担4亿余元的退赔责任，无疑意味着剥夺了其回归正常生活的可能。

另一方面，从刑法原则看，违反了罪责刑相一致原则。所谓罪责刑相一致原则是指“刑罚的轻重必须与犯罪的轻重相适应，不能重罪轻判，也不能轻罪重判，也即犯罪社会危害性程度的大小，是决定刑罚轻重的重要依据，犯多大的罪就处多重的刑，做到重罪重罚、轻罪轻罚，罪刑相当、罚当其罪”。在共同犯罪中，事务型帮助犯作为从犯，与组织犯等主犯和业务型帮助犯等从犯相比，显然地位和作用不同，社会危害性程度也不同，从主刑和附加刑的裁判结果看也存在显著差别，但在责令退赔方面却都一致要求对全案犯罪数额承担连带责任，有罚过其罪之虞。从王某的判决结果看，法院以非法吸收公众存款罪判处王某有期徒刑3年，缓刑3年，罚金人民币6万元，可见王某在共同犯罪中的地位和作用远远小于主犯，甚至小于部分从犯，这种情况下让其对全案犯罪数额承担连带责任，过于严厉。

（三）退赔采连带责任不利于维护司法权威和公信

在集资类案件中，将全案犯罪数额作为违法所得数额，要求事务型帮助犯承担连带退赔责任，实际上根本不可能追缴到位。事务型帮助犯主要从事行政事务，领取正常固定工资，实践中往往是一些依靠工资收入维持日常生活的人员，本人及其家庭并不具有雄厚的经济实力，即使是经济条件相对较好，与集资犯罪全案犯罪数额相比也是杯水车薪。这容易造成“司法打白条”的现象，致使程序空转，对司法权威有害无益。在王某一案中，王某本人根本无法承担连带赔偿责任，还导致了长期多次信访，不利于维护审判权威。

实践中，集资类犯罪数额往往特别巨大，而从犯罪获利角度而言，事务型帮助犯仅领取正常、固定工资，二者相差极其悬殊，从行为人对资金的控制程度而言，事务型帮助犯对集资财物也不能起到支配的作用。在主犯不到案或实际损失巨大的情况下，让每月仅领取几千元固定工资的事务型帮助犯对全案犯罪数额承担连带退赔责任，即使连带责任并非独立责任，人民群众也往往难以接受。当然，普通群众的朴素正义观对于司法办案并不具有决定意义，从法律引导或教导意义而言，被所谓民意驱从的法律也是不可取的，如对于偷换二维码取财行为的定性，即使在群众中也存在一般盗窃说、盗窃罪间接正犯说、一般诈骗说、诈骗罪间接正犯说、三角诈骗说、双向诈骗说等多种观点[①]，这就需要法律给予专业上的结论。但无论如何，作为人民司法，民意和普通民众的法感情都是我们需要考虑的因素之一。实践中，针对王某一案中连带退赔的做法，部分人大代表也提出了质疑，远非“此乃司法实践的惯例”所能遮蔽的，需要引起重视。

三、与犯罪地位作用相适应的违法所得退赔责任之提倡

实践中，有观点认为违法所得退赔本质系由犯罪人承担的民事责任。对此，我们不能赞同，违法所得退赔是保护集资参与人财产权利的方式，这一点毋庸置疑，但保护财产权利的法律途径，既可以是民事的，也可以是刑事的，而违法所得退赔就是保护财产权利的刑事手段之一。从立法角度看，违法所得退赔规定在刑法之中，从实践角度看，违法所得退赔客观上也无法通过民事诉讼获得救济。因此，违法所得退赔就是承担刑事责任的内容之一。至于退赔数额的界限，建议遵循罪责刑相一致原则，明确集资犯罪中事务型帮助犯违法所得退赔数额，应当与其自身犯罪行为在共同犯罪中的地位作用相匹配，具体可考虑以实际获得的佣金为基数，再乘以适当倍数的方式确定最终退赔数额。需要说明的是，交由法官具体裁量并非意味着允许法官恣意，法官确定具体倍数时，既要考虑被害人损失的数额，也要考虑犯罪人作用的大小，还要考虑犯罪人退赔的实际可行性等多种因素综合确定。

司法实践中有观点认为，应按照事务型帮助犯实际所得佣金退赔，而不必再乘以相应倍数。对此，我们认为，上述观点实质上是从单个共犯实际获得少量佣金的视角出发，将其违法所得仅限于佣金，从而

---

① 参见张庆立:《偷换二维码取财的行为宜认定为诈骗罪》,《东方法学》2017 年第 2 期。

认为追缴与退赔的对象只能是实际获得的佣金，如此追缴与退赔总额将远远小于集资参与人损失额，其结果必将损害集资参与人的利益。事实上，这是对刑法中“违法所得”这一概念的误读。刑法用语的解释，不仅要采用文义解释方法，还应采用体系解释、目的解释等多种解释方法，从而找到刑法用语的合理界限，明确刑法适用边界。[①] 即使在特殊情况下，司法在合理解释范围之内适当偏离了刑法用语最常用的意义，但只要具有实质正当根据，也可以视为一种仅仅属于形式偏离的趋向正义，仍然可以被接纳。[②]

通常认为刑法中违法所得系指犯罪分子通过犯罪行为的得利；根据刑事诉讼法有关司法解释，系指通过实施犯罪直接或者间接产生、获得的任何财产。可见，违法所得即从犯罪人角度出发，以“所得”为标准计算的数额。与之不同，《最高人民法院、最高人民检察院、公安部关于办理非法集资刑事案件适用法律若干问题的意见》第5条规定，向社会公众非法吸收的资金属于违法所得。这就意味着集资犯罪中违法所得是以集资参与人为视角，以“所失”为标准计算数额。两相对比来看，无论是从“犯罪人所得”角度出发，还是从“集资参与人所失”角度出发，只要将共同犯罪人视为一个整体，从全案来看，二者数额都应当是一致的，即集资参与人集资损失就是所有犯罪分子违法所得的一切财物。站在这一立场上，事务型帮助犯退赔范围就并非个人实际违法所得，而是全案违法所得中与其犯罪地位作用相适应的那部分违法所得，由于犯罪过程中以及犯罪后犯罪分子往往存在处置、挥霍财物的行为，因此，与犯罪地位作用相适应的那部分违法所得数额往往大于犯罪分子个人实际违法所得数额，至于二者具体的差额，应交由法官在具体案件中根据事实、证据的不同情况加以确定。可见，考虑以实际获得佣金为基数，再乘以适当倍数的方式确定最终退赔数额，不仅有利于填平补齐被害人损失，保护被害人利益，而且有利于维护罪责刑相一致原则，给予事务型帮助犯改过自新的机会，这不仅

---

① 参见张庆立:《“情节严重（恶劣）”的法律解释》,《法律方法（第33卷）》，科学出版社2021年版，第332—335页。

② 参见孙海波:《超越裁判的可能、形式与根据》,《东方法学》2019年第5期。

是合适的，而且值得被借鉴推广。对于前述案例中的王某，考虑到其在共同犯罪中具体的地位和作用（不同从犯地位作用也存在差别）等全案事实和情节，可在追缴佣金的前提下，责令其按照1倍标准继续退赔违法所得，从而既有利于实现刑罚目的，也有利于维护司法权威，还有利于保护被害人的利益。

商事领域“非吸”犯罪案件的审查认定

李梦微　李沃幸*

摘　要　在商事领域中，“非吸”犯罪常以合法经营形式存在，其大量吸收社会公众资金，扰乱国家金融管理秩序，实难防范。《最高人民法院关于审理非法集资刑事案件具体应用法律若干问题的解释》列举了多种以开展正常商事活动名义实施的非法集资犯罪行为模式，并指出该类犯罪的实质审查要件为非法性、公开性、利诱性及社会性。审查该类案件，除了要准确把握涉案行为的性质，做好罪与非罪、此罪与彼罪的区分，还要处理好自然人犯罪与单位犯罪的区分、主从犯认定、犯罪数额认定及退赃退赔行为对量刑的影响等问题。

关键词　商事领域　“非吸”犯罪　四要件　审查认定

[基本案情]　2017 年至 2019 年，被告人叶某某、苏某某以某语公司名义经营酵素销售，在未经依法批准的情况下，通过微信宣传方式，向社会公开宣传以代理酵素产品模式进行营销能获取高额提成和代理费退回。经司法审计，共发展了郑某某等 43 个代理，收取代理商资金金额有 1707760 元。案发后，叶某某、苏某某分期退款，直到 2020 年 12 月份，尚有 645035 元未退还。

2019 年 6 月至 2020 年 3 月，被告人叶某某、苏某某在肥西县流转

*　李梦微，安徽省肥西县人民检察院第二检察部主任、二级检察官；李沃幸，安徽省肥西县人民检察院第二检察部检察官助理。

共312亩山地，准备打造中医药产业项目，通过在微信朋友圈发信息或打电话告诉身边的朋友，项目前景很好，并邀请来实地考察，如果介绍他人投资还可以拿到8%的提成，同时承诺保本和保利润，年利润不低于20%，在未经依法批准的情况下，采取认租或入股形式非法吸收公众存款。经司法审计，共吸收陈某某等23人金额3029916元，截至2020年12月31日已退款、支付收益、提成342160元。在这个过程中，被告人朱某某直接参与宣传、介绍他人投资约199万元，并获取提成。

2020年4月，被告人叶某某、苏某某、朱某某等人在未经依法批准的情况下，通过微信宣传某晖公司产业前景，通过微信小程序“养蚕”平台吸收不特定社会公众的存款。承诺投入398元一单，得到蚕桑产业礼包一组，投入三单可变现一次，赚58元以及产品一组，推广每单赚30元。200余人参与投资。经司法审计，投资资金为5118464元，奖励等提现资金1268099.68元。

2020年七八月，微信小程序“养蚕”平台不能正常运营，投资客户要收回投资款，被告人叶某某与李某某合作开发“某街”平台，用以解决投资人损失，并继续经营发展某晖公司。被告人叶某某、苏某某、朱某某在未经依法批准的情况下，通过微信宣传让人投资，允诺高额介绍提成。经司法审计，杨某某等11人投资资金153200元。

案发后，被告人朱某某退出非法所得20万元。

2021年10月20日，检察机关以叶某某、苏某某、朱某某涉嫌非法吸收公众存款罪向当地法院提起公诉。法院经审理，于2022年1月24日依法以非法吸收公众存款罪判处被告人叶某某有期徒刑5年，并处罚金人民币10万元；判处被告人苏某某有期徒刑4年，并处罚金人民币8万元；判处被告人朱某某有期徒刑3年，缓刑4年，并处罚金人民币5万元。被告人朱某某已退缴的违法所得20万元，依法退赔集资参与人的实际损失；责令被告人叶某某、苏某某依法退赔各集资参与人的实际损失。被告人叶某某不服判决提起上诉，二审法院经审理维持原判。①

---

① 参见安徽省肥西县人民法院刑事判决书，(2021)皖0123刑初411号。

一、争议焦点

从该案审理过程中可以看出，控辩双方就案件的定性争议较大。叶某某、苏某某主要辩护观点在于其主观上无非法吸收公众存款犯罪（以下简称“非吸”犯罪）的故意，客观上亦无扰乱金融管理秩序的行为，其行为属于发展销售代理、邀请投资入股及线上开展营销活动等正常商事行为，所产生的纠纷属于商事纠纷，可以通过民商事纠纷化解渠道解决，不应作为刑事犯罪处理，且已退赔部分资金，没退部分也已签订了还款协议书，其行为社会危害性较小，即使认为构成犯罪，也应该是单位犯罪；另外，部分客户的投资系正常的股权投资，对应的投资金额不应认定为犯罪数额等。朱某某主要辩护观点在于其不是资金需求方、集资者，而是投资者、资金提供者，属于案件受害人之一，无“非吸”犯罪主观故意，其作为公司总经理只是虚假头衔，无组织、决策权，仅根据要求转发信息，所起作用不大，其行为不构成帮助犯。再者很多出资客户都是其亲戚、同事、同学，对象特定、范围有限，虽有个别客户不是，但也是基于对公司的信任而出资，不属于面向社会公众吸收资金，没有达到破坏国家金融管理秩序的程度，并对“非吸”犯罪数额提出异议。

经梳理，该案主要争议点为商事纠纷与“非吸”犯罪的区分，“非吸”犯罪中自然人犯罪与单位犯罪的区分、主从犯的区分、犯罪数额的认定，以及退赃退赔情节对量刑的影响等。

二、商事领域中“非吸”犯罪案件的审查定性

该案被告人以其没有“非吸”犯罪故意及“非吸”犯罪行为进行辩解，辩称其从事的是正常商事活动。审查该类案件，关键在于查清涉案行为本质，并根据客观证据判断行为人主观目的，以此作出准确定性。

（一）罪与非罪的认定

《民法典》第 502 条规定依法成立的合同，自成立时生效，但是法律另有规定或者当事人另有约定的除外；第 153 条规定违反法律、行

政法规的强制性规定的民事法律行为无效。该案被告人以发展商事代理、山林认租或者入股、通过微信小程序卖产品等商事活动名义吸引社会公众缴纳出资，从表面上看确实具有开展民商事活动的形式，至于被告人的行为是否属于正常的民商事法律行为，仍需透过现象看本质。

《刑法》第176条规定了“非吸”犯罪行为包括非法吸收和变相吸收公众存款两种类型，前者表现为非法集资人出具存款凭证并承诺在一定期限内还本付息的行为，行为模式比较单一，容易认定，而变相吸收类型常常借用合法经营形式存在，迷惑性较强，难以识别。《最高人民法院关于审理非法集资刑事案件具体应用法律若干问题的解释》（以下简称《解释》）[①]融合了司法新实践和犯罪新形式，列举了非法集资犯罪十余种行为模式，其中既有以民间“会”“社”等组织形式进行的非法吸收资金行为，也有以各种商事活动名义进行的非法吸收资金行为，涉及的行业和领域有房产销售、林业、种养业、商品销售、股票或者债券发行、募集资金、保险销售、网络借贷、投资入股、虚拟货币交易、委托理财、融资租赁、养老服务等，具体行为模式种类繁多，花样百出。

判断涉案行为属于一般商事行为还是非法集资犯罪，《解释》总结了非法集资犯罪行为的四个审查要件，也即非法性、公开性、利诱性及社会性。具体可以从犯罪嫌疑人的经营模式，其所吸收资金的用途、给付利息或者回报的资金来源等方面审查，判断犯罪嫌疑人有无经营实体，再从犯罪嫌疑人有无获得吸收公众资金相关许可，其吸收资金过程中有无向社会公开宣传，有无承诺在一定期限内以货币、实物、股权等方式还本付息或者给付回报，是否向社会不特定对象吸收资金等方面进行审查。若犯罪嫌疑人既无实际经营实体，亦未获得吸收公众资金相关许可，却以开展商事活动名义承诺利益回报向社会公开宣

① 《最高人民法院关于审理非法集资刑事案件具体应用法律若干问题的解释》于2010年11月22日通过，自2011年1月4日起施行，后于2021年12月30日修订，修订版本自2022年3月1日起施行，下文就该解释内容方面需要进行区分的，分别简称2010年版《解释》、2021年版《解释》。

传并大量吸收社会公众资金，扰乱国家金融管理秩序，其行为显然不属于正常的商事行为，而是非法集资行为，应受刑法规制。

具体到本文案例，发展酵素销售代理项目虽然表面上看是卖酵素，实际上该项目的经营模式是拉人头吸收资金给予高额提成，酵素只是免费的附赠品，且要求购买人转发被告人的推广视频宣传这种赚钱方式，推广重点是赚快钱的项目前景，而不是酵素产品本身；同时，购买人得到的酵素数量远低于投资金额，两者明显不成比例。微信小程序“养蚕”项目中虽涉及蚕桑礼包等产品，实际上在案证据证实相关产品均系免费赠送；同时，被告人销售涉案套餐时保证会员每购买三单都能变现一次，保底保收益，被告人的行为实质并不是销售产品，而属于《解释》中所列举的以销售商品为幌子的非法吸收资金行为。在山林认租或者入股项目中，涉案某晖公司虽然对外宣称流转了数百亩土地，有实体产业支撑，但在案证据显示该公司并未开展多少实质性准备工作，实体产业未实质运营，公司没有盈利，也基本没有从事实质意义上的正常经营行为。被告人以保底保收益的承诺吸引他人投资，其行为实质上属于《解释》中所列举的以投资入股方式非法吸收资金的行为。至于因微信小程序“养蚕”项目不能正常运转后为解决投资人损失而另行开发的“某街”平台项目，其名义上是为了补偿投资人的损失而开发，然而其宣传时强调介绍他人投资可以得到高额提成，并实际吸收了社会公众资金。上述四个项目均系被告人围绕发展某晖公司所展开的一系列行为，在宣传方面均采取了微信朋友圈或者电话宣传的模式，均以投资和高回报的方式吸收资金，造成了大量不特定投资人的损失，其行为符合非法集资犯罪的构成要件，已不能简单评价为一般商事行为，而应认定为非法集资犯罪行为。

至于朱某某辩称部分出资客户都是其亲戚、同事、同学，虽有部分客户不是其亲友，但也是基于对公司的信任而出资，不属于面向社会公众吸收资金，意图通过否定涉案行为的“社会性”而否认其行为构成犯罪。实际上，朱某某发展客户的目的均系基于协助叶某某吸收资金，均按照叶某某的高额回报承诺进行推广、宣传，吸引有意向的人员参与投资。朱某某并未特定向亲友吸收资金，而是无论发展亲友还是社会不特定对象均不违反其意志，故其行为应作整体评价，而认定涉案行为具有社会性，属于非法集资犯罪行为。

此外，值得注意的是，2021年版《解释》中还规定，对商事领域中情节显著轻微的“非吸”行为，可以不作为犯罪处理。也即，非法吸收或者变相吸收公众存款，主要用于正常的生产经营活动，能够在提起公诉前清退所吸收资金，可以免予刑事处罚；情节显著轻微危害不大的，不作为犯罪处理。对依法不需要追究刑事责任或者免予刑事处罚的，应当依法将案件移送有关行政机关。上述规定体现了国家严格区分中小微企业正当融资与非法集资的界限，防止以刑事手段干预中小微企业经济纠纷，并规定了对该类不予刑事打击的非法集资行为的非刑罚处置方式。

（二）此罪与彼罪的区分

“非吸”犯罪和集资诈骗犯罪都是常见的非法集资犯罪类型，二者在犯罪行为模式上基本一致，区别在于后者非法集资人使用了诈骗方法且具有非法占有目的。判断非法集资人是否使用了诈骗方法，主要看非法资金人是否虚构事实或者隐瞒真相使投资人陷入错误认识，以及是否使投资人基于认识错误而自愿出资。判断非法集资人是否具有非法占有目的，主要看非法集资人吸收公众资金后是否主要用于生产经营活动，有无肆意挥霍、携款潜逃或者逃避返还资金、将集资款用于违法犯罪活动等行为。

除了“非吸”犯罪和集资诈骗犯罪类型，非法集资人也可能使用组织、领导传销活动犯罪行为模式进行非法集资。对于“非吸”犯罪或者集资诈骗犯罪与组织、领导传销活动犯罪发生竞合的，2021年版《解释》规定了依照处罚较重规定定罪处罚的规则。因此，审查商事领域中非法集资刑事案件，也要注意对上述三类犯罪做好区分。组织、领导传销活动犯罪与前两类犯罪的重要区别在于其虽然也以推销商品、提供服务为名要求参加人员交纳费用或者购买商品、服务，但同时还要求加入人员之间存在层级关系以及以发展人员的数量作为计酬或者返利依据，并以此为诱饵引诱或者胁迫参加者继续发展他人加入。

具体到本文案例，被告人虽以发展酵素销售代理、山林认租或者入股、以微信小程序营销“蚕桑礼包”等商事活动为幌子吸收公众资金，但并无证据证实集资参与人因涉案行为陷入错误认识及基于错误认识缴纳资金。以微信小程序营销“蚕桑礼包”项目为例，集资参与人对被告人的集资模式心知肚明，集资参与人也不是为了购买产品而出资，而是基于信任被告人关于“百分百变现、稳赚不赔”的承诺而“下单”并意图根据游戏规则获取相应的投资报酬。同时，该案也无证据证明被告人有非法占有集资款的目的。实际上，被告人也试图按照承诺给付投资回报，尽管后期因资金链断裂导致部分高额返利承诺无法兑现，但在集资参与人要求收回出资款时，被告人也积极筹措资金予以返还，并在案发后积极与集资参与人达成和解或者制定补偿方案等，由此可以认定被告人并无非法占有集资款的目的。该案被告人并未使用诈骗方法，亦无非法占有目的，其行为不符合集资诈骗犯罪的构成要件。该案被告人虽存在以承诺高额介绍提成方式引诱集资参与人继续发展他人加入的行为，但并未将发展人员组成一定层级及以发展人员的数量作为计酬或者返利依据，其行为亦不符合组织、领导传销活动罪的犯罪构成。综上认定，该案属于一般非法集资犯罪类型，应定性为非法吸收公众存款罪。

三、“非吸”犯罪案件的其他审查要点

（一）自然人犯罪与单位犯罪的区分

《刑法》第30、31条概括性地规定了单位犯罪的概念和处罚原则。根据文义解释，单位犯罪除了要求具备单位资格，还要求其实施的行为系为了单位的利益并体现单位的意志。而单位资格，除了要求具备单位的组织形式，还要求具有刑事责任能力。《最高人民法院关于审理单位犯罪案件具体应用法律有关问题的解释》规定，个人为进行违法犯罪活动而设立公司、企业、事业单位实施犯罪的，或者公司、企业、事业单位设立后，以实施犯罪为主要活动的，不以单位犯罪论处。上述规定中行为主体虽然具有单位组织形式，但司法解释否定了在上述情形中行为主体的单位犯罪主体资格。

该案叶某某、苏某某夫妻二人虽以其所在的公司名义对外签订多份投资合同，然而涉案相关项目主要是叶某某、苏某某夫妻二人负责

经营，涉案集资行为所体现的主要还是该二人的个人意志，而不是单位的意志，且涉案公司成立期间并无实质意义上的经营行为，公司的主要业务活动和工作内容表现为招揽客户参与融资，也即主要以吸收公众存款方式实施非法融资的违法犯罪行为。根据上述司法解释规定，案涉公司并不具备单位犯罪的主体资格。故，该案不以单位犯罪论处，而应以自然人犯罪处理。

此外，值得说明的是，《解释》修订前的版本规定“非吸”犯罪的单位犯罪与自然人犯罪在入罪标准及影响罪刑轻重标准的犯罪数额方面存在一定差异，也即2010年版《解释》规定个人“非吸”犯罪的入罪标准为“20万元以上”，“数额巨大”的标准为“100万元以上”；单位“非吸”犯罪的入罪标准为“100万元以上”，“数额巨大”的标准为“500万元以上”。而2021年版《解释》在适当提高“非吸”犯罪入罪门槛的同时，已不再区分单位犯罪与自然人犯罪的入罪标准及“数额巨大”“数额特别巨大”标准，进一步统一了该类犯罪的法律适用。

（二）主从犯认定

《刑法》第26、27条分别规定了主从犯的概念。共同犯罪中主从犯的区分，可以从犯罪嫌疑人在共同犯罪中所处地位及所起作用进行认定。

该案叶某某负责策划文案和项目、接洽出资者并获取资金，苏某某负责找人开发小程序，接洽出资者及资金使用等，二者在共同犯罪中均起主要作用，均应认定为主犯。至于朱某某辩称其作为公司总经理只是虚假头衔，其不是直接负责的主管人员，没有决定、批准、指挥非法吸收公众存款的职责、行为，起不到帮助犯的作用。实际上，朱某某不仅担任公司总经理职务，而且积极利用其人脉关系直接参与投资项目的宣传推介，介绍并促成多人出资，还拿到了叶某某、苏某某给予的明显高于其他集资参与人的提成，其与其他集资参与人的行为性质、地位和作用存在明显区别，应认定为叶某某、苏某某“非吸”犯罪的共同犯罪，应当以“非吸”犯罪追究其刑事责任。同时，鉴于朱某某系协助参与宣传、介绍投资者，协助叶某某、苏某某吸引他人出资及接洽出资者，其在共同犯罪中起辅助作用，应认定为从犯，依法可以从轻处罚。

（三）犯罪数额认定

《解释》规定非法吸收或者变相吸收公众存款的数额，以行为人所吸收的资金金额全额计算，案发前后已经归还的数额，可以作为量刑情节酌情考虑。据此，“非吸”犯罪案件，犯罪数额要以“非吸”资金总额认定，案发前后已归还的部分，只能作为量刑情节予以考虑，而不应成为犯罪金额的扣除部分。故该案被告人提出的关于部分集资参与人已经提现或者偿还的金额应当扣除的辩护意见，不符合该解释的规定。

《刑法修正案（十一）》就非法吸收公众存款罪法律条文进行了修正，将该罪的量刑结构由原来的“两档”调整为“三档”，将法定最高刑由原来的10年有期徒刑调整为15年有期徒刑，将罚金刑由原来的限额调整为无限额[①]，体现了对“非吸”犯罪复杂形势变化及原有刑罚结构不合理等问题所作的积极回应，总体上加大了对“非吸”犯罪的处罚力度。面对“非吸”犯罪量刑结构新变化，2021年版《解释》对“非吸”犯罪入罪标准及“数额巨大”“数额特别巨大”标准均作出了相应调整，即分别规定了非法吸收或者变相吸收公众存款“100万元以上”“500万元以上”“5000万元以上”作为上述三档量刑结构对应的犯罪数额标准。

因该案发生在《刑法修正案（十一）》施行以前，根据“从旧兼从轻”原则，该案裁判时适用“旧法”。同时，因该案审理期间，2021年版《解释》尚未施行，故援引2010年版《解释》规定。该案叶某某、苏某某共计吸收资金1009万余元，朱某某参与吸收资金共计726万余元，该三人犯罪情节均属于“犯罪数额巨大”，根据“旧法”规定，法定刑均为3年以上10年以下有期徒刑，并处5万元以上50万元以下罚金。

---

① 参见郭华：《非法集资犯罪的司法扩张与刑法修正案的省察——基于〈刑法修正案（十一）（草案）〉对非法吸收公众存款罪、集资诈骗罪修改的展开》，《法治研究》2020年第6期。

（四）退赃退赔情节对罪刑的影响

"非吸"犯罪涉及面广、影响大，受损的社会关系亟待修整、恢复，该类犯罪案发后的退赃退赔行为显然值得肯定和鼓励。对此，2010年版《解释》规定，案发前后已归还的数额可以作为量刑情节酌情考虑。《刑法修正案（十一）》也就非法吸收公众存款罪法律条文增加了一款，即"有前两款行为，在提起公诉前积极退赃退赔，减少损害结果发生的，可以从轻或者减轻处罚"。具体到本文案例，该案案发后，朱某某退出非法所得20万元并获得部分集资参与人的谅解，叶某某与部分投资人达成和解，取得部分投资人的谅解，该二人在量刑上均可以获得相应的从宽处理。

此外，2021年版《解释》也进一步明确了"非吸"犯罪案发前后退赃退赔情节的适用，也即在提起公诉前积极退赃退赔的，可以从轻或者减轻处罚，在提起公诉后退赃退赔的，可以作为量刑情节酌情考虑。该量刑情节作出调整的意义在于进一步激励非法集资人尽早退赔受害人，以尽快恢复受损的社会关系。

虚拟币交易型非法集资案件犯罪数额的审查与认定

成　华　丁亚男　杨海燕*

摘　要　由于虚拟币不属于法定货币，在虚拟币交易型非法集资案件中，犯罪数额的审查与认定存在价值认定困难、价格评估缺乏一致性依据、证据印证审查难等问题，亟须针对虚拟币特殊价值属性与去中心化特性，构建犯罪数额审查与认定的新方式。检察机关可在贯彻罪刑相适应原则的基础上，秉持损害填平原则，审查证据关联性、客观性与优势性，正确认识虚拟币的价值属性，以集资参与人初始购入价格为基准，根据犯罪事实调整计算要素，准确认定犯罪数额。

关键词　非法集资　虚拟币　犯罪数额　证据标准　认定方式

2022年2月23日，最高人民法院发布《关于修改〈最高人民法院关于审理非法集资刑事案件具体应用法律若干问题的解释〉的决定》，结合司法实践，增加网络借贷、虚拟币交易、融资租赁等新型非法吸收资金的行为方式，为依法惩治P2P、虚拟币交易等非法集资犯罪提供依据。检察机关在审查此类新型非法集资案件时，使用传统的犯罪数

* 成华，江苏省南京江宁经济技术开发区人民检察院副检察长、四级高级检察官；丁亚男，江苏省南京江宁经济技术开发区人民检察院第一检察部五级检察官助理；杨海燕，东南大学法学院刑法学硕士研究生。

额认定方法即以换算为人民币价格或鉴定机构价值认定等审查，难以准确认定犯罪金额，必须根据虚拟币的价值属性、交易规律、处置方式等因素，寻求不同于传统刑事案件犯罪数额审查认定的方式。

［基本案情］ 被告人张某等人在未取得相关金融资质的情况下，宣传在其开发运营的网上购物平台UCAR平台可以通过消费、充值等方式获得高额回报，向社会不特定人员吸收资金。张某等7人要求用户事先在火币网上使用人民币购买USDT虚拟币，之后在UCAR平台使用USDT虚拟币充值，换取相应的平台虚拟币，宣称用户使用平台虚拟币消费达到一定金额后，便会返还相等数量的积分，该积分能够继续购物或直接提现。张某等7人通过出售自集资参与人处获取的USDT虚拟币非法获利。检察机关先以实际报案金额提起公诉，后以平台交易数据确定的犯罪金额变更起诉，最终法院采纳检察机关指控的犯罪数额，以非法吸收公众存款罪判处张某等7人有期徒刑9个月至3年不等，并处罚金。

虚拟币交易型非法集资案件中犯罪数额的认定不仅与行为人是否构成犯罪直接相关，还影响着量刑轻重。因此，如何认定虚拟币在法律事实中的性质与地位，以及如何审查认定数额是检察机关办理该类案件时必须面对的问题。

一、虚拟币的价值属性及其与传统数额认定模式的冲突

（一）虚拟币的价值属性不因非法交易排除而丧失

2021年中国人民银行联合九部委共同制发的《关于进一步防范和处置虚拟货币交易炒作风险的通知》中全面禁止了虚拟币的相关交易活动。虽然在法律层面虚拟币并不属于法定货币，但从法律规制的一致性与延续性出发，不能简单将虚拟币排除在非法集资所针对的资金象限外。以比特币为代表的虚拟币不仅蕴含着较高的劳动价值，还具有交换功能，能够在交易市场顺利流通。我国虽不承认虚拟币交易合法，但其仍具有交易工具属性和财产属性，虚拟币客观上已经实现类似银行转账的功能。当前支付工具日渐多元，人们的存款对象也随之异化，变种后的存款对象也相应地具有传统法定货币的转账支付与结

算流通的功能，针对此种虚拟币实施的吸收行为所具备的社会危害性达到了“吸收行为的变相”的程度，因此应当对“变相”进行扩大化解释[①]，故应将虚拟币划归于非法集资的行为客体范围之内，具备构成财产类犯罪的基本条件，即虚拟币的价值属性。

案例中，集资参与人将其持有的人民币通过公开交易市场按照一定比例购换为虚拟币，之后购买被告人所开发的平台货币，在这一过程中，虚拟币替代了一般情形中法定货币在非法集资过程中的作用，并因交换价值而被被告人用于置换法定货币。虚拟币具有锚定性与流动性，锚定性是指虚拟币以固定发行比值锚定某一法定货币实现兑换价格，具有稳定预期，流动性则是指虚拟币作为现实资金的附着载体可通过计算机技术实现人与人之间的占有转移。因此，虚拟币在具有法定货币支付替代功能的同时，也具有一定融资属性。如案例中 USDT 作为较为稳定的虚拟币，其具有交易数量大、价格稳定与认可程度高等特点，能够发挥交易媒介、价值尺度和价值贮藏等货币职能。[②]

（二）传统数额认定模式难以完全认定虚拟币数额

传统财物数额的认定多以财物本身的生产等成本要素为基础，价格与生产成本在市场规律的调节下基本能够形成较为稳定的对应关系，物品的价格总体能够反映其中蕴含的价值。[③]由此，传统的数额认定方式注重财物的现实市场对价，若仅关涉现实货币，只需按照原始的人民币数额累计叠加即可。然而虚拟币的成本与其价值之间不存在此种高度稳定的对应关系，价值规律在虚拟币市场中的作用明显小于传统实物交易市场。在虚拟币生成之后，用户在账户中后续维护与运营状况也会改变虚拟币的实际价值。除此之外，虚拟币持有人与二级交易市场中的潜在“观望者”对于币值的主观估价与期望也会引发虚拟

① 参见“涉众型经济犯罪问题研究”课题组:《非法吸收公众存款罪构成要件的解释与认定》,《政治与法律》2012 年第 11 期。

② 参见柯达:《论区块链数字货币的非法集资刑法规制》,《东北大学学报（社会科学版）》2020 年第 6 期。

③ 参见余剑:《财产性数据的刑法规制与价值认定》,《法学》2022 年第 4 期。

币价格的波动。由此可见，虚拟币的价值特征不同于传统的实物价值，其受到多方面因素的综合影响。

案例中，张某等人借助实现犯罪目的的USDT虚拟币虽不具有物理上的现实存在性，但其凝结了用户利用复杂的计算“挖矿”以获取货币的成本，蕴含着社会的抽象劳动，因而具备客观价值。[①] 虚拟币作为一种无体物只能以数据代码的形式显示，但这并未使得虚拟币与其所有人之间的控制关系变得松散。相反，虚拟币所有人通过特定的账号与密钥实现其控制，虚拟币由此便与普通财物一样具有可控性与可支配性。案例中，张某等人正是通过此种控制方式，成功实现了对虚拟币的价值变现。集资参与人的现实财富通过虚拟币，出现了两个不同数值，而这两个数值又确实都是基于同一虚拟币产生的。因而，虚拟币交易型非法集资案件中，究竟是以集资参与人初始投入的人民币金额作为行为人非法吸收公众存款的数额，还是以行为人利用虚拟币兑换人民币后累计的金额作为最终认定的数额，传统的财物数额认定模式难以给出恰当的回应。若是以集资参与人初始投入的人民币数额为准，则可能产生无法全面客观地评价行为人犯罪行为的缺陷；若是以行为人事后利用虚拟币兑换成人民币的数额为准，则会出现对于还未来得及兑换的虚拟币无法确定以哪个时间段的兑换比率为标准进行数额计算的问题。

二、虚拟币交易型非法集资案件犯罪数额的证据困境与认定规则

（一）“去中心化”下虚拟币数额认定的证据困境

在区块链技术的支撑下，虚拟币采取全体用户共同管理与流通的分散模式[②]，不以固定的物质形式为载体，采用分散式记账与密钥验证模式，实现了“去中心化”。这导致虚拟币非法集资犯罪往往呈现集资

---

① 参见叶良芳:《数据抑或财物：以虚拟货币为犯罪对象的案件之定性分析》,《中国应用法学》2023年第3期。

② 参见李威:《论网络虚拟货币的财产属性》,《河北法学》2015年第8期。

参与人身份隐蔽、证据种类复杂、平台交易数据海量等特性。本案张某等人利用虚拟币非法集资被公安机关立案侦查后，由于虚拟币匿名性导致集资参与人身份很难确认，即便公安机关能够在公开的区块链网络中找到交易使用的地址，也很难在现实中确定其身份。混币平台、隐私币等匿名技术的出现更加剧了资金追踪的难度。

首先，在资金流走向的调查方面，由于不存在统一的管理与运营机构，现实法定货币兑换成虚拟币后再于二级交易市场中转换成其他种类的虚拟币，这一系列的复杂交易过程无法一一实名记录于类似现实法定货币的银行机构中，从而导致虚拟币的资金流向难以查明，对办案机关锁定犯罪嫌疑人、计算涉案金额与追赃挽损等造成了较大障碍。其次，依托于虚拟币的“去中心化”和匿名性特征，所有与货币交易有关的行为人在计算机中仅被显示为一串数据代码，且虚拟币本身存储在网络地址中，此种网络地址以网络数据字符为表现形式，在无相关证据印证的情况下，虚拟币的真实持有人难以明确。[①] 除此以外，虚拟币的“去中心化”特征也对针对虚拟币的价格评估机构的成立造成了阻碍。[②] 实践中司法机关在遇到虚拟币相关的财产犯罪案件时，难以求诸于第三方独立价格评估机构作出客观的价格认定，对案件办理带来一定困难。

（二）虚拟币交易型非法集资案件犯罪数额的证据认定规则

司法实践中，对于虚拟币的认定方法一般有三种。一是司法机关以集资参与人使用法定货币进行投资的金额认定，这种方式能够依据银行流水进行核算，比较容易确定，但是当资金流向复杂并且集资参与人难以提供明确的客观证据时，该种方式就难以实行。二是以集资参与人投资的虚拟币投入、赎回金额认定，这种情形发生在投资平台不接受法定货币的情况下，此时要根据投入和赎回时虚拟币的市场价

① 参见孙宇:《涉虚拟货币犯罪的刑事法规制困境及出路》,《青少年犯罪问题》2021年第5期。

② 参见谢杰、张建:《“去中心化”数字支付时代经济刑法的选择——基于比特币的法律与经济分析》,《法学》2014年第8期。

值差额来认定。虽然虚拟币的市场价格是波动的，但是价格也是有迹可循的，可以在价格区间内进行核算。三是以兑换后的代币进行认定，这种方式主要是针对集资参与人在涉案平台充值的虚拟币数额难以确定，但是通过银行流水、电子证据可以查清兑换后的金额，本案即采取了此种认定方式。笔者认为，可围绕以下三个方面确立证据认定规则。

1. 有效证据印证规则。虚拟币交易型非法集资案件认定犯罪数额不能仅以集资参与人的报案陈述认定，还要求有两项以上的有效证据相互印证。除集资参与人的报案陈述以外，需要有购买虚拟币的银行流水、转账记录等交易信息相佐证，或者以平台交易数据，如充值、提现凭证等证据印证。如果仅有集资参与人的报案陈述，该部分金额原则上不宜认定。

2. 客观证据优先规则。若涉案公司的平台交易数据系公安机关合法调取，且有证据证明平台交易数据在某一时间段的完整性，行为人及经手人员对数据真实性没有提出辩解，可按照公安机关合法调取的平台交易汇总数据作为认定虚拟币交易型非法集资案件犯罪数额认定的基础。为更加准确地认定该类案件的犯罪数额，可以采取抽样方式，将平台交易数据与部分集资参与人的交易明细进行匹配，来印证平台交易数据的对应性，或者通过技术手段对涉案虚拟币进行地址追踪，查明虚拟币流转情况，核查平台交易数据是否准确。

3. 优势证据认定规则。在集资参与人的报案人数和金额明显低于平台交易数据的情况下，如果仅以集资参与人实际报案金额和银行转账流水等书证相互印证来认定犯罪数额，会造成非法集资犯罪金额缩水，不利于从案件整体来全面保障金融市场秩序。因此，可以根据虚拟币对应的电子身份对应集资参与人，因为客观的平台交易数据具有优先证明力，且通过对行为人实际控制的银行账户的资金往来进行审计，能够审计出涉案虚拟币出售、回购、兑付与行为人实际控制的银行账户相关联，可作为真实性较强的优势证据进行综合判断认定集资参与人的人数和犯罪数额。本案中集资参与人实际报案人数远低于真实人数，检察机关引导公安机关将收集证据方向锁定在追踪涉案地址资金链，通过确定虚拟币平台交易数据中电子身份的唯一性并去除重复的代码，研判手续费来源、地址余额、交易习惯，并借助大数据模型来梳理资金来源、资金去向、全部交易对手等，刻画出该地址完整的资金链。最终以虚拟币钱包电子身份信息数量而非报案的集资参与人认定集资参与人人数。

三、虚拟币交易型非法集资案件犯罪数额的审查与认定方式

面对虚拟币犯罪，传统财物数额认定模式略显乏力，司法机关亟须针对虚拟币财产犯罪构建新型的数额认定方式，以顺应大数据与互联网时代的新发展。针对前述案件中虚拟币犯罪数额难以计算的困惑，检察机关应在有效性证据支持下，秉持损害填平原则，从以下两个方面着手，力求精准客观认定犯罪数额，贯彻落实好罪责刑相适应原则。

（一）虚拟币数额认定应以集资参与人初始购入价格为基准

司法实践中，由于损失金额与虚拟币认定数额密切相关，虚拟币数额的认定对于非法集资行为人与集资参与人都有重要的现实意义。财产犯罪的数额不仅是犯罪构成要件，还是量刑要件，直接决定了法律对于行为人的评价结果。同时对于集资参与人而言，对被告人定罪处罚并不是唯一目的或者说关键诉求，挽回经济损失才是集资参与人现实的需求。此时，在法律事实中得到承认的犯罪数额成为评判集资参与人损失、分配集资参与人赔偿的标准。检察机关需要通过法律事实的构建，取得集资参与人与非法集资行为人在权利与义务上的平衡。在对犯罪数额进行认定时需秉持损害填平原则，将填平法益主体的损失作为重要考量因素，这也是贯彻罪责刑相适应原则的体现，实现权益诉求与法律秩序之间的平衡。①

首先，对于非法集资行为人而言，即使其日后利用虚拟币自身交易价值，在交易市场内高位出售虚拟币获得了远超过集资参与人初始购买时的对价数额，这种价格变动也不能简单归为集资参与人的经济损失。因为从法律规制上看，我国已经禁止虚拟币相关交易，交易行为

① 参见余剑:《财产性数据的刑法规制与价值认定》,《法学》2022年第4期。

本身便不为法律所保护。且行为人还未来得及兑换或转让的虚拟币在案发后不再具备变现能力，故这部分虚拟币在行为人持有过程中的升值变化不应算作犯罪金额。[①]其次，出于集资参与人权益的考量，其经济损失的认定，不能低于其现实损失。因此，对于虚拟币交易市场上的价格贬损不能纳入认定因素，与此相对，基于对非法集资行为人权益的保护，虚拟币价格升涨也不能予以考量。对此，笔者认为可以借鉴利用虚拟币实施洗钱犯罪时的犯罪数额计算方式。2021 年 3 月 19 日，最高人民检察院、中国人民银行联合发布了惩治洗钱犯罪典型案例，其中“陈某枝洗钱案”作为典型案例提出将犯罪所得及收益转换为境外法定货币或者财产的，洗钱数额应当以兑换虚拟货币实际支付的资金数额计算。本文案例中，虚拟币数额的认定，即以有确实证据材料为限度，以集资参与人使用法定货币购置虚拟币时付出的数额为基准。

（二）虚拟币数额计算应根据具体犯罪事实精准认定

本文案例中，集资参与人实际资金支出与被告人事实违法所得之间，是借由 USDT 这一虚拟币的变现交换实现的。虚拟币数额的认定虽应以集资参与人实际购买时的支出金额为基准，但由于证据材料等因素，现实案件中很难逐一有效确证集资参与人的支付对价数额。在认定虚拟币的数额与价值时通常会涉及多个时间点，如虚拟币产生时、集资参与人购进时、被告人兑换时等，不同时间对应的兑换汇率往往相去甚远。[②]在具体的认定过程中，需要通过技术性方法修正乃至回溯当时的购入价格，这可以参考侵财犯罪中，对于外币的认定方法，即按照犯罪时中国外汇交易中心或者中国人民银行授权机构公布的人民币对该货币的中间价，折合成人民币计算或按人民币对该货币的中间价进行套算。

由于货币交易市场出售 USDT 采取了“锚定美元”发行机制，即

---

① 参见肖怡、赵时仑:《虚拟币交易型非法集资犯罪司法认定中的若干问题研究》,《法律适用》2022 年第 9 期。

② 参见周振杰:《虚拟货币的基本刑法问题分析》,《河南警察学院学报》2022 年第 5 期。

发行一USDT虚拟币则交易市场提供一美元作为保障金，故其具有稳定兑换的特点，换言之，USDT虚拟币对于人民币汇率，等同于美元对于人民币汇率，并随现实汇率而同数变动。因此，在本案办理中，检察机关需要根据不同日期，回溯性地计算不同集资参与人的购入价格。由于虚拟币在计算机中是以数据代码的形式表现其自身存在和交易状态，时间要素得到了准确而完整的反映。此时，需要解决的问题便是汇率选择。检察机关应选择中国人民银行汇率这一国内权威依据，检索当日人民币对美元汇率的具体分时数值情况，一一核对、计算；对于汇率变动时间认定困难、无法确认的，应当从有利于被告人原则出发，以某一日或某一段时期的最低汇率为依据换算成人民币来计算犯罪数额。

尽管目前虚拟币交易在国内属于非法状态，但由于虚拟币自身特性以及犯罪手段演变，虚拟币已经成为经济犯罪中一种特殊而显见的犯罪工具；在域外，以虚拟币为交易对象的交易市场层出不穷，交易行为日趋活跃。因此，为保护集资参与人权益，对于缺乏购入价格证据材料的情形，检察机关应当积极调查涉案交易市场的“货币发行与交易”机制，为后续的汇率换算与数额认定提供依据。

四、结语

对于虚拟币交易型非法集资案件的刑事规制是信息时代的新挑战。由于新兴技术使用与犯罪场景拓展，传统数额审查与认定模式已然无法适应现实需要。检察机关应当在充分审慎考察涉案个体遭受的具体利益侵害情形[①]、审视前沿领域趋向特性与技术背景、检视证据材料的准确性与完整性的前提下，秉持损害填平原则，完整、准确、适时认定非法集资虚拟币的犯罪数额，充分评判犯罪行为，维护法律公正与社会稳定。

---

① 参见郭旨龙:《侵犯虚拟货币刑法定性的三层秩序观——从司法秩序、法秩序到数字经济秩序》,《政治与法律》2023年第5期。

专题二
走私洗钱犯罪

网络洗钱犯罪的刑事规制

王　新*

摘　要　随着信息网络技术的快速发展，洗钱犯罪行为人依托于金融科技的发展和新出现的金融产品，衍生出翻新变化和日趋复杂化的洗钱犯罪手段，这不仅给传统的反洗钱法律机制带来挑战，而且导致在办理洗钱刑事案件司法实践中出现许多新问题。对此，我们应在司法观念上进一步提升打击洗钱犯罪重要性的认识，在抓住洗钱本质特征的基础上，辩证地确立打击网络洗钱犯罪的司法理念，透过网络外在的表象来进行穿透式的审定，并且结合网络洗钱的特性来予以刑事规制。

关键词　互联网　洗钱　国家安全　金融行动特别工作组（FATF）

一、网络洗钱活动的出现与蔓延

洗钱是毒品交易所衍生的“怪胎”，并且是有组织犯罪和腐败活动的继续发展和必经过程。在 20 世纪 70 年代，犯罪分子实施洗钱的平台和载体主要是金融机构，而且手段比较单一。正是考虑到金融机构是洗钱的重灾区，也是监测犯罪资金流动的核心领域，在早期，世界主要国家和地区将反洗钱的重心置于对金融机构的义务要求上。例如，全球反洗钱和恐怖融资的最具权威性的政府间国际组织——金融行动

* 王新，北京大学法学院教授、博士生导师。

特别工作组（Financial Action Task Force，FATF）在1990年第一版的《40项建议》中，就将反洗钱的核心内容聚焦在“增强金融机构的作用”。在我国，对于洗钱罪的客观行为方式，1997年《刑法》第191条列举以下五种洗钱方式：（1）提供资金账户；（2）协助将财产转换为现金、金融票据、有价证券；（3）通过转账或者其他结算方式协助资金转移；（4）协助将资金汇往境外；（5）以其他方法掩饰、隐瞒犯罪的违法所得及其收益的性质和来源。这可以高度概括为：一个“提供”、三个“协助”和一个“兜底”，而且前四种洗钱的平台和载体均是金融机构。可以说，上述洗钱罪行为方式的设定契合我国当时所处的反洗钱时代背景。

随着时代的发展，在国际社会与各国监管机构严密反洗钱机制的同时，行为人为了支配、享用从上游犯罪中获取的犯罪所得和犯罪收益，以及为了逃避打击和切断自己与上游犯罪产生的“黑金”联系，上游犯罪行为人必然会寻觅其中的薄弱环节实施洗钱活动。可以说，每当一种金融服务和产品出现，在为我们的生活带来便利的同时，也一定会被天生嗅觉敏锐的洗钱分子所利用。伴随各国在法律机制上强化金融机构履行反洗钱的义务规定，犯罪分子为了切断犯罪所得和犯罪收益交易的追溯链条，开始寻找其他洗钱渠道，例如交叉组合地使用银行、证券、保险、非银行支付、房地产、珠宝和贵金属交易等多种行业和业务，特别是利用日新月异的科技发展技术，这已成为洗钱方式的新样态。面对洗钱手段不断翻新和复杂缜密的态势，国际社会和世界各国与时俱进地进行立法反应和法律规制。例如，FATF为了有针对性地应对新出现的洗钱威胁，阶段性地修订《40项建议》。在1996年，为了应对不断变化更新的洗钱趋势和手段，FATF对《40项建议》进行第一次修订，专门在第13项建议中，要求各国特别关注伴随新科技而产生的洗钱新技术，并且采取适当的措施，以便防止新技术被用于洗钱。后来，FATF在2012年版的《40项建议》中，也特别设置第15项“新技术和虚拟资产”，更为具体地要求各国和金融机构应当识别、评估可能由下列情形带来的洗钱与恐怖融资风险：（1）新产品、新业务以及新交割机制的发展；（2）新产品、现有产品中新技术或研发中技术的应用。金融机构应当在发布新产品、开展新业务以及应用新技术（研发中的技术）前进行风险评估，采取适当措施管理和降低此类风险。再例如，在“9·11事件”后，美国强调反洗钱是维护国家安全战略的重要组成部分。2005年，由美国国土安全部、财政部、司法部、联邦储备委员会、美国邮政服务等跨部门的反洗钱专家组成的工作小组，发布《美国洗钱威胁评估》，详尽列出犯罪分子通过银行业、汇款、支票、货币兑换、汇票、储值卡、在线支付系统、非正式转账系统、大规模现金走私、贸易、保险公司、空壳公司、赌场等13种洗钱方法，这其中既包括将“黑钱”混入金融机构系统的比较成熟的方法，也包括运用全球支付网络、互联网的新型洗钱方法，有针对性地采取了一系列的遏制对策。

在我国，除了利用金融机构进行洗钱的传统方式之外，目前网络洗钱犯罪也在不断增多。特别是随着大数据、人工智能、区块链等前沿科技技术的快速发展和应用，洗钱犯罪手段也在不断翻新，其隐蔽性和破坏性在不断增强。2021年3月19日，为了以更加生动具体的方式指导洗钱办案实践，提炼在指控证明思路、法律适用等方面的亮点，最高人民检察院、中国人民银行联合发布6个惩治洗钱犯罪典型案例。其中，在第2号“雷某、李某洗钱案”中指出，在实践中，除了利用银行支付结算业务采取了多种手段实施洗钱犯罪方式外，还有利用汇兑、托收承付、委托收款或者开立票据、信用证以及利用第三方支付、第四方支付等互联网支付业务实施的洗钱犯罪；在第3号“陈某枝洗钱案”中，指出利用虚拟货币跨境兑换，将犯罪所得及收益转换成境外法定货币或者财产，是洗钱犯罪新手段。同时，通过境外虚拟货币服务商、交易所可以实现虚拟货币与法定货币的自由兑换，虚拟货币也被利用成为跨境清洗资金的新手段。[①]可以说，洗钱在搭上迅猛发展的信息网络“快车”之后，针对办理洗钱刑事案件司法实践中出现的新问题，就需要我们在抓住洗钱本质特征的基础上，结合网络洗钱的特性来予以刑事规制。

---

① 参见孙风娟：《最高检、央行联合发布惩治洗钱犯罪典型案例》，《检察日报》2021年3月20日。

二、网络洗钱犯罪的特性与挑战

新技术的广泛应用，使得传统的金融业务模式发生显著的变化，并且必然衍生出对反洗钱传统机制的挑战。首先，在银行普遍使用互联网来方便顾客开通或使用银行账户的情形下，尽管银行负有进行客户身份识别的义务，但互联网所带来的减少面对面的客户服务，则对传统反洗钱机制中客户尽职调查业务提出挑战；其次，在线支付服务功能的出现，在快速和便捷地实现国际范围内个人之间转移资金的同时，也跨越了国与国之间的管辖领域，这些服务可能为执法或采取其他法律行动带来困难；再次，依附信息网络活动的发展，第三方支付工具、虚拟货币等新业态也随之出现，其所具有的瞬间、远程和匿名的大规模资金快速流动特点，经常会被洗钱犯罪分子所滥用，致使信息网络成为洗钱犯罪的重灾区，对当前的反洗钱监管机制和实务构成极大的挑战；最后，网络赌博和跨境赌博在提供高科技的账户服务的同时，也提供了更多的洗钱机会，例如在赌场的不合法活动通常是客户策划交易来避免记录或者报告门槛，或者使用代理人与匿名的人进行多重的现金交易，或者提供错误的文件或信息来隐瞒黑钱的来源。

以比特币为代表的虚拟货币为例，比特币从诞生之日起，就具有自己独特的交易特征，即匿名性、去中心化和跨国性。这正是比特币有别于传统货币的重要方面，也是比特币带来洗钱风险的重要渊源。具体而言，传统的资金交易都是基于实名制认证为基础的银行账号之间流转，彼此之间的交易可以直接借以后台的实名认证而连接到实体个人。与此相反，比特币的匿名性则表现在彼此之间的交易确实发生，但却无法连接到现实世界中的实体个人机构。这种匿名性使得交易双方并不知悉实际的交易人，致使客户身份识别的业务难以实现，也使得可疑交易报告制度无法落实，这与现代反洗钱机制所要求的透明性和可追踪性形成天然的对立，给反洗钱义务措施的履行带来了根本性障碍。另外，比特币的跨国性造成国际社会对比特币监管的混乱和真空状态，世界各国对于比特币的态度不一，致使反洗钱国际合作和协助机制难以应对，给当前国际社会跨区域的反洗钱法律协调机制带来挑战。

在我国，随着互联网技术的快速发展，互联网金融在一段时期内成为鼓励创新的热点领域。金融机构，特别是支付机构和网络借贷机构，均广泛地依赖新技术提供服务，并且主要应用于客户身份识别、交付渠道和开展交易等方面。尽管我国相关规定要求银行机构和支付机构在推出新金融业务、采用新营销渠道或者运用新技术之前，应该开展风险评估，而且银行机构和部分保险公司在跨境汇款、电子银行、现金等业务领域能够识别容易受到洗钱威胁的产品或服务，但大多数金融机构认为非面对面业务（包括在线业务）是容易受到洗钱威胁的交付渠道。同时，部分保险公司、支付机构、网络借贷机构等非银行金融机构，对新产品的洗钱风险管理不当，认为非面对面客户和非居民客户的身份识别存在挑战，尤其是网络借贷机构在建立业务关系时，对由支付机构引荐的客户所采取的客户尽职调查措施尤为薄弱，并且因此受到中国人民银行的处罚。正是基于上述因素的综合考量，在2019年4月，FATF评估团对我国落实第15项建议“新技术和虚拟资产”的评级为“部分合规”。[①] 另外，在FATF对全球成员国进行的第四轮互评估体系中，设置了11个进行“有效性”评级的直接目标。其中，对于第四个直接目标“预防措施”，FATF评估团在对我国实施的有效性进行多方面评估后，给予“低水平”的最差等级。[②] 根据FATF相关的程序要求，我国必须在互评估的后续整改期内，采取措施来改进在新技术方面预防和打击洗钱的薄弱环节，以便在FATF后续的再评价报告将上述低分项目的评级上调至达标水平。值得肯定的是，经过我国各部门共同努力，2020年10月1日，在FATF公布《中国反洗钱和反恐怖融资第一次后续评估报告》中，将包括第15项“新技术和虚拟资产”在内的三个项目的评级予以提升，从“部分合规”上调到达标评级的“大致合规”，由此体现出我国的整改效果。

---

① FATF, Anti-Money Laundering and Counter-terrorist Financing Measures-People's Republic of China, Fourth Round Mutual Evaluation Report, April 2019, para. 22, para. 290-300, Criterion 15.1.

② FATF, Anti-Money Laundering and Counter-terrorist Financing Measures-People's Republic of China, Fourth Round Mutual Evaluation Report, April 2019, para. 318.

三、对网络洗钱犯罪刑事规制的思考

在我国长期的司法实践中，司法人员普遍认为洗钱是下游犯罪，完全依附于上游犯罪，由此产生“重上游犯罪，轻下游犯罪”的落后理念。FATF 评估团在 2019 年对我国“洗钱的调查和起诉”的有效性进行多方面评估时，在肯定洗钱罪定罪数量不断增加的同时，认为我国追踪资金是为了最终查明上游犯罪，对洗钱罪的起诉频率并不高，指出这与大量的上游犯罪数量相比较少。我国也认可这一结论，表示我国的司法人员在观念上相对保守，有必要提高对洗钱罪适用的认识。[①]可以说，打击洗钱犯罪在司法实践中的落伍局面，与司法人员的早期执法理念存在密切的联系，必须从多方面予以改变。值得肯定的是，最高人民检察院于 2020 年 7 月 22 日颁布《关于充分发挥检察职能服务保障“六稳”“六保”的意见》，明确提出加大惩治洗钱犯罪的力度，切实转变“重上游犯罪，轻洗钱犯罪”的做法，办理上游犯罪案件时要同步审查是否涉嫌洗钱犯罪。

鉴于洗钱的危害性与日趋严峻的态势，我国一直重视对洗钱犯罪的打击，并且在许多层面付诸努力。特别是在 2014 年确立总体国家安全观后，我国对反洗钱重要性的认识有了质的提升，开始从维护国家安全和国际政治稳定的整体战略高度来认识反洗钱问题，并且在顶层进行制度设计。2017 年 4 月，中央全面深化改革领导小组第 34 次会议经过审议，将“完善反洗钱、反恐怖融资、反逃税监管体制机制”列为深化改革的重点任务，明确指出:“反洗钱、反恐怖融资和反逃税监管体制机制是建设中国特色社会主义法治体系和现代金融监管体系的重要内容，是推进国家治理体系和治理能力现代化、维护经济社会安全稳定的重要保障，是参与全球治理、扩大金融业双向开放的重要手段。”为此，我们需要在观念上进一步提升打击洗钱犯罪重要性的认识，在刑事规制网络洗钱犯罪方面呈现出积极的反应。

随着互联网的快速发展，洗钱犯罪分子依托于金融科技的发展，衍

① 参见王新:《〈刑法修正案（十一）〉对洗钱罪的立法发展和辐射影响》,《中国刑事法杂志》2021 年第 2 期。

生出翻新变化和日趋复杂化的洗钱手段，致使在司法实践中出现认定难点。对此解决之道，我们在基础层面应澄清本质与表象之间的辩证关系。在金融学界，普遍认为互联网改变了金融生态，尤其是渠道的拓展和交易方式的变化，但这无法改变金融的基本功能和本质。[①] 在此认识的原理上，我们可以认为，网络洗钱犯罪没有改变洗钱犯罪的本质。我们在认识和处理新型的网络洗钱犯罪时，需要辩证地确立打击网络洗钱犯罪的司法理念，应该透过表象看本质，体现出“重行为性质”的价值取向，不应简单地被外在的网络“外衣”所迷惑，应该进行穿透式的审定。

① 参见朱小黄:《互联网能改变金融生态却不能改变金融的基本功能》，新浪财经网，http://bank.cnfol.com/yinhangyeneidongtai/20201211/28582822.shtml，最后访问日期：2021 年 6 月 5 日。

毒品“自洗钱”主客观要件研究

郭　军*

摘　要　为明晰主客观分界，简化证明结构，认定自洗钱犯罪需坚持“为掩饰、隐瞒”的主观要件性质。毒品犯罪上下游联系紧密，可根据犯意延续由上游收取毒资的掩饰性推定和证明下游掩饰、隐瞒主观的非法性。同时，“为掩饰、隐瞒”与犯罪客体密切相关，可通过赃款赃物有无“合法化”危险判断具体行为是否符合洗钱罪的客观要件，具体可采用“阻断说”即作为非法性表征的法律关系有无被阻断，作为判断方法。

关键词　毒品自洗钱　目的犯　犯意延续　阻断说

《刑法修正案（十一）》（以下简称《刑修（十一）》）删除了第191条法律文本中的“明知”“协助”等表述，将自洗钱入罪。而本罪对行为对象来源于七类特定上游犯罪是不证自明的，此时，如何理解“为掩饰、隐瞒”，成为自洗钱认定要解决的逻辑起点。同时，形形色色的自洗钱犯罪手法有无共性的客观标准也成为亟待解决的问题。因毒品犯罪暴利大、刑期重，犯罪分子往往在实施犯罪过程中会有大量的掩饰、隐瞒手段，并与对毒资的转移、占有、使用交织在一起，笔者试以具体的案例为引子，充分反映上述实务问题，以期促发更多思考。

* 郭军，浙江省湖州市人民检察院宣传教育处副处长、一级主任科员。

一、毒品自洗钱问题的提出

［**基本案情**］2020年11月至2021年4月13日，李某使用盛某实名注册的微信账户联系购毒人员岳某，先后30余次向其邮寄毒品，再利用盛某的多个微信账户收取毒资（仅有1次以其个人微信账户收取），共计2万余元。其中，2021年3月1日之后，李某向岳某贩毒25次，收取毒资1.8万余元。李某于每次收取毒资后即从盛某微信账户转至其本人A银行账户，资金混同后，立即购买货币基金、股票，或再转至其本人B银行后购买。李某收取毒资及其后的处置模式见图1。

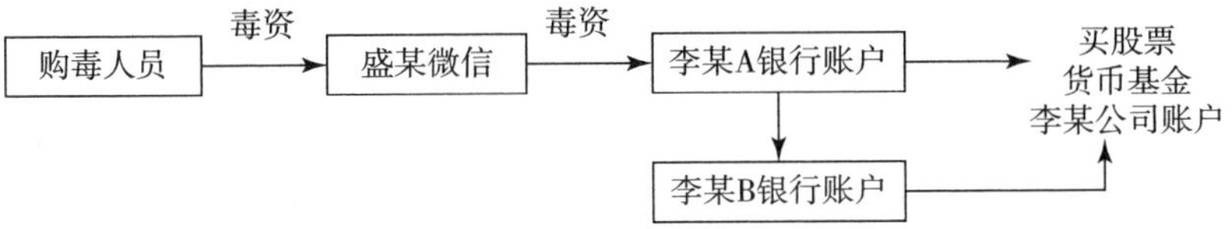

图1

上述案例中，李某在贩卖毒品时用他人账户联系购毒人员和收取毒资，嗣后对毒资进行归集、混同、转账和进一步使用（购买理财、基金、股票），可能涉及自洗钱犯罪。但如何理解“为掩饰、隐瞒……来源和性质”，如何证明、判断自洗钱的客观行为方式，既涉及对法条的理解，也涉及目的犯、传统赃物犯罪等法理问题。

二、“为掩饰、隐瞒……来源和性质”的性质与理解

（一）洗钱罪的主观罪过

早在《刑修（十一）》之前，对于《刑法》第191条洗钱罪条文中的“为掩饰、隐瞒其来源和性质”，就存在主观目的和客观行为两种截然不同的理解。两种观点其实一开始讨论的是洗钱罪的主观是否包含间接故意这一问题，由此引申出对洗钱罪是否属于目的犯的不同结论。有观点认为，立法要求“明知”而实施掩饰、隐瞒其非法性质和来源的行为，已表明行为人持直接故意的心理态度，“为掩饰、隐瞒其来源和性质”而实施洗钱行为，就表明本罪在主观要件上需要超过的

主观要素，即犯罪目的，因犯罪目的仅存在于直接故意中，所以洗钱罪排除了间接故意的可能性。[①]也有观点认为，洗钱罪没有间接故意，但也不属于目的犯。“因为洗钱罪的行为本身就是掩饰、隐瞒其来源和性质，不能同时又把这一内容当作主观的超过要素——目的犯的目的”“‘为掩饰、隐瞒其来源和性质’实际上是对刑法所列举的5种洗钱的具体方式所加的限制”。[②]还有观点认为，“为掩饰、隐瞒其来源和性质”是在进一步归纳洗钱罪的5种行为方式，而不是关于犯罪目的的描述，类似于受贿罪中的“为他人谋利益”，是客观要件而不是主观要件。[③]

笔者认为，根据我国刑法通说，犯罪故意分为直接故意与间接故意，核心区别在于意志要素，是一心追求还是两可心态。但我国刑法上并没有只能由其中一类故意才能构成的故意犯罪情形，认定和区分两种故意除作为酌定情节可能影响量刑外，并无罪与非罪、此罪与彼罪的意义。“为掩饰、隐瞒其来源和性质”从文义上排除了过失的心态，因此，洗钱罪作为故意犯罪是明确的，但这一表述不具有更进一步区分直接还是间接故意的指向性，无法据此论证洗钱罪包含间接故意。同时，由是否目的犯推导是否包含间接故意有互为因果的循环论证之嫌，其前提“目的犯只能由直接故意构成”也存在商榷。[④]从刑法上的故意犯罪既可以是直接故意，也可以是间接故意这一大前提出发，洗钱罪当然可以包括间接故意。实践中，他洗钱人提供账户帮助洗钱，本犯可能使用也可能不使用，他洗钱人基于这种认知，心态上持两可的放任，可以支撑洗钱罪中间接故意的存在。本犯与帮助犯在主观罪过上并无质的差异，因此，自洗钱的本犯与他洗钱的帮助犯一样，主

---

① 参见赵金成:《洗钱犯罪研究》，吉林大学2005年博士学位论文。

② 陈兴良:《协助他人掩饰毒品犯罪所得行为之定性研究——以汪照洗钱案为例的分析》,《北方法学》2009年第4期。

③ 参见何萍:《论洗钱罪的明知及其罪过形式》，正义网，http://www.jcrb.com/procuratorate/theories/essay/201201/t20120109_787987.html，最后访问日期: 2021年8月9日。

④ 张明楷教授认为，目的犯属于故意犯罪，既可以由直接故意构成，也可以有间接故意。目的犯只是将不具有特定目的的行为排除在犯罪之外，而非将间接故意排除在外。参见张明楷:《刑法学》，法律出版社2016年版，第300页。

观为故意，并允许有间接故意。

洗钱罪的主观罪过为故意，排除过失而不深究直接还是间接故意，在司法实务中具有简化证明结构的重要意义。即只需要证明行为人认识到了对象来源于七类特定上游犯罪和行为并且遮隐非法性，只要意志上不反对即可，不需要查明心态到底是追求还是放任。在明知对象来源于七类特定上游犯罪的情况下实施了特定类型的行为，即可推定其具有该故意，除非有反对此社会危害性的例外行为或者事实。

（二）将“为掩饰、隐瞒……来源和性质”解释为目的有利于明晰主客观分界和限缩打击范围

将“为掩饰、隐瞒…来源和性质”解释为洗钱罪的客观要件，可能导致客观行为根据主观要素来定义、判断，既混淆了主客观要件的界限，又会导致难以提炼客观行为方式的真正共性。根据文义解释的方法，“为掩饰、隐瞒……来源和性质”叙述的是人的主观心理，并且在法律条文中与“有下列行为之一”一前一后、相互并列，说明前者与后者的性质不同，系主观方面的要素。此外，《刑法》第191条在列举了四项洗钱行为方式后加了兜底条款“（五）以其他方法掩饰、隐瞒犯罪所得及其收益的来源和性质的”，说明洗钱的行为方式、手段是可以多种多样的，但都还需要具有掩隐的主观意思。与其认为“为掩饰、隐瞒……来源和性质”是对洗钱罪行为方式的进一步归纳，毋宁承认主观归主观，客观是客观，但根据主客观相统一的原则，在认定洗钱行为时需要从主观要素进行限定，即再次强调了构罪所必需的主观构成要件。

如果将洗钱罪的故意内容认为是明知行为会转移或者转换上游七类特定犯罪所得及其收益，而希望或者放任这种事实的发生，那么“为掩饰、隐瞒……来源和性质”就应该是洗钱罪的目的要素；如果将社会危害性引入故意的概念，将犯罪客体作为行为人认识要素的内容，认为洗钱罪的故意是明知行为会产生上游七类特定犯罪所得及其收益非法性被遮盖、隐藏的危害后果，而希望或者放任这种后果的发生，则“为掩饰、隐瞒”的目的与犯罪客体紧密相连，内涵于上述故意内容中，则无须再强调“为掩饰、隐瞒”是目的要素。上述两种故意内

容，实际上反映了德日刑法理论与我国刑法通说对故意范畴的不同认识，从个人倾向上，笔者更赞同前者，因为后者“将行为所造成的危害结果作为犯罪故意的认识和意欲的对象不符合犯罪的本来面目”，“让行为人在行为前认识作为事后判断的对犯罪客体损害的危害结果是不现实的”。①

按照前一种故意范畴，将目的从故意范畴中抽离独立，既有助于简化故意内容的证明，即只要证明行为人认识到构成要件的事实，而无须认识到行为背后的社会危害性，同时又可以根据目的与犯罪客体的联系，通过对行为有无社会危害性的客观判断来推定和证明有无该目的，进而论证是否构罪，这也是强调目的犯的最大意义。正如伪造货币罪，构罪之所以需要以使用为目的，是因为没有使用目的的行为没有实质扰乱国家正常金融货币市场和秩序的危害性，通过强调犯罪目的来凸显犯罪客体的构罪必需，进而保证刑法的谦抑性。并且强调目的犯也不妨碍根据形势变化及时扩大或调整洗钱的行为手段方式。在洗钱罪中，没有遮掩非法性目的的转移、处置赃物赃款，不论转手了几道，抑或是形态发生了变化，都没有侵犯到法律所保护的犯罪客体或者是缺少主观有责性。如以增加账户流水为目的，在若干账户之间频繁划转赃款的，如为了备足去外地的现金需要，从账户上提取部分现金的。上述行为符合《刑法》第191条列举的行为方式，如按“为掩饰、隐瞒”是客观要件的解释观点，可能将上述行为直接推定为掩饰、隐瞒行为，陷入“以财产不能归还就按金融诈骗罪处罚”“单纯根据损失结果客观归罪”等类似的归罪误区。而如果按照目的的解释观点，审查时将更为注意主观和目的的独立要素性，对于主观的证明将更为慎重，应通过客观行为且结合辩解和全部事实进行推定。因此，将“为掩饰、隐瞒……来源和性质”解释为目的是有益的。

有观点认为不应把“掩饰、隐瞒……来源和性质”解释为目的，因为它不是目的犯中的主观超过要素，并且认为只有目的内容不能被客

① 廖梅：《目的犯目的与故意关系探讨》，《华南理工大学学报（社会科学版）》2013年第2期。

观行为所当然包括，才是主观的超过因素，如以勒索为目的不为劫持人质的客观行为所包含，这才是主观超过要素。但实际上，一方面，目的犯分为断绝的结果犯和短缩的二行为犯，两者的目的都是主观的超过要素。主观的超过要素其真实含义为可以不存在与目的相应的客观事实，即目的可以客观不发生。对于断绝的结果犯，目的与客观行为可同时完成，实施了客观行为就可以实现目的，但目的不必然实现，此时的目的相对于未必发生目的（结果）的客观而言就是主观的超过要素。像洗钱罪第四项“跨境转移资产”，因司法主权范围所限，一般就可以因追索链条中断而实现掩饰、隐瞒目的但并不要求一定实现，此时掩饰、隐瞒的目的就是主观的超过（客观）要素，即符合断绝的结果犯。另一方面，这种观点将“掩饰、隐瞒……来源和性质”既解释成目的，又解释成客观行为，当然得出目的内容与客观相等同的结论，目的只是从主观层面要求构罪所具备的共性，而非客观行为本身。本罪目的为“使犯罪所得及其收益的非法性不被发现”，客观行为是“（协助）转移、转换犯罪所得及其收益”，两者显然具有交叉，目的（或者说目的行为[①]）并没有为客观所当然包括，如毁灭行为完全符合该目的要素的内容，但该行为显然不在法条列举的提供资金账户、转移（非跨境）、转换（形态为现金、金融票据、有价证券）等客观行为之列。同时，如单纯将赃钱转移到自己的户头，不作其他掩饰、隐瞒，虽然属于转移资金，但一般还不能实现掩饰、隐瞒非法性的目的，但如果行为人事前与对方约定了投资用途，以投资的形式转移资金，则无疑具有了掩盖、隐匿犯罪所得非法性的目的。此时，第一个转移资金行为只有再加上投资收益的目的行为才能实现完整的犯罪，将第二个（目的）行为短缩为目的，即目的行为不要求现实实施（如具有长期投资合作关系，转移大额资金到合作方，未必需要实施后续的协议投资行为），就属于短缩的二行为犯。洗钱罪与目的犯的关系见图 2。

---

① 目的是主观对客观的预设，如果将之付诸实践，就成了客观行为，将主观预设中的客观提取出来，可以称为目的行为。如勒索目的，以索取财物为预设，索取财物也可以称为勒索目的的目的行为。

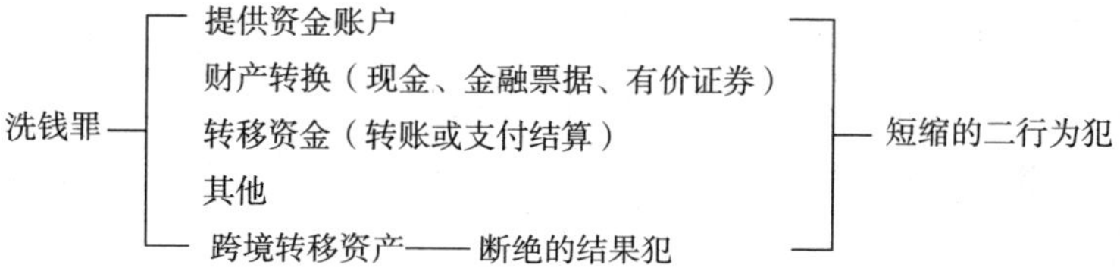

图 2

（三）洗钱罪主观故意与目的的证明

强调目的要素，并不意味提高了证明门槛，因为任何故意犯罪，在司法实务中都会面临证据判断和证明标准问题，而包括目的在内的主观要素往往可以通过客观进行推定。

以往在阐述洗钱罪（他洗钱）的主观故意时，往往有三种大致的提法，即“认识到自己的行为会妨害司法和破坏金融管理秩序，希望或者放任该结果的发生”，或者概括为“掩饰、隐瞒”的故意，又或者是“合法化”的故意。第一种表述从认识和意志要素着眼，但以法益损害作为认识具体内容，过于抽象；第二种提法较为精简，但掩饰、隐瞒本身是需要再解释的概念，内涵和外延不够清晰；第三种“合法化”的提法是按照“洗”的本义去解释的，便于理解，但“遮掩非法性”与“合法化”之间仍然有一定差距，并会误使人觉得洗钱是“高大上”犯罪。

上述三种犯罪故意的表述不便于洗钱主观故意的司法实操，可以借鉴德日刑法对故意的范畴界定，以对构成要件的事实作为认识和意志的对象，即洗钱罪的故意为明知行为会转移或者转换上游七类特定犯罪所得及其收益，而希望或者放任这一事实的发生。按此结构，对故意的证明难度将大大降低。对犯罪目的即“为掩饰、隐瞒……来源和性质”的证明，可以根据行为是否具有遮掩赃物赃款非法性的危害性进行推定。行为具有上述危害性而仍然实施的，可以推定具有该犯罪目的，同时允许反证。如此就把主观要素的证明，转化为一种社会性的客观判断。

自洗钱入罪前，对他洗钱的证明结构符合上述方法。认定他洗钱只需证明行为人主观明知是上游七类犯罪的所得及其收益，客观上有协助转移、转换或者提供资金账户等行为即可[①]。表面上看，这种证明结构，并没有对遮掩对象非法性的目的进行单独证明。但实际上，对于帮助犯而言，一旦认知到财物来源于上游七类犯罪，并且其实施了协助转移、转换的行为，就自主地将与上游犯罪无关的自己置于与赃物有关联的状态之中，已经内含了因自身参与可能增加司法追赃难度的社会危害性。对于提供协助行为的他洗钱人而言，证明其认识到存在七类上游犯罪且其协助行为的对象（财物）来源于此，即可证明其已经认识到行为具有遮掩非法性的社会危害，也就可以当然推定其具有“为掩饰、隐瞒……来源和性质”，无须额外再证明有此目的。尽管《刑修（十一）》对洗钱罪的条文进行了修改，但并未对他洗钱的构罪要件产生影响[②]，因此对于他洗钱的证明结构，不需要也没有理由作出改变，可以继续沿袭。

对于自洗钱人而言，其是上游犯罪的本犯，当然明知转移、转换的财物来自上游七类犯罪，但单凭这种程度的明知显然还无法证明其认识到自洗钱行为掩饰、隐瞒非法性的危害及其相应目的，仍需通过具体客观方式进行推定。一些特定类型的客观方式，与犯罪客体和犯罪目的具有一般对应关系。如跨境转移资产，一般即可作上述推定。因各国具有独立的司法主权，“跨境转移资产”在目前的司法语境下具有导致赃款赃物脱离本国司法追赃的当然危险性，对赃款赃物的追索因司法主权的范围所限，链条中断。因此，故意实施该行为的，可以一般推定其具有遮掩对象非法性的目的和危害，也因为此，笔者认为可以界定该种行为符合断绝的结果犯定义。又比如可以由上游犯罪对收取赃款赃物的掩饰行径推定下游自洗钱的犯罪目的，而不必机械拘泥于上下游犯罪的界分，因为上下游犯罪的犯意是贯通和延续的，不能

---

① 笔者从中国裁判文书网下载的2020年至今的洗钱犯罪判例（215份）显示，构罪的证明结构均为“明知行为对象来源于上游七类犯罪”，而实施“提供资金账户、协助转账”等协助行为。

② 全国人民代表大会宪法和法律委员会关于《中华人民共和国刑法修正案（十一）（草案）修改情况的汇报》指出本次修改洗钱罪，是“将实施一些严重犯罪后的‘自洗钱’明确为犯罪”，同时“完善有关洗钱行为方式”。

以事后的评价和阶段划分来代替行为人行为时的主观内容。

三、洗钱客观行为方式的理解与范围

洗钱罪是从传统赃物犯罪中分立出来的罪名，根据《刑法修正案（六）》等的草案说明和2009年《最高人民法院关于审理洗钱等刑事案件具体应用法律若干问题的解释》（以下简称2009年洗钱司法解释）的理解与适用，《刑法》第191条洗钱罪与第312条掩饰、隐瞒犯罪所得、犯罪所得收益罪的区分关键在于上游犯罪的不同，后者的客观行为范围囊括前者。[①]易言之，二者在客观方式上并不存在很大的差别，第312条的行为方式可以成为第191条洗钱罪的观照。此外，从“为掩饰、隐瞒”的犯罪目的以及其与犯罪客体的联系出发，洗钱行为通常有阻断作为非法性表征的法律关系这一特点，因此，可以采取阻断说作为认定洗钱客观行为的具体标准。

（一）洗钱的行为对象不限于资金，可以是赃物

《刑修（十一）》将洗钱罪的行为方式做了一些修改，如将第4项“协助将资金汇往境外的”修改为“跨境转移资产的”。从文义解释的角度，将资金修改为资产，已经表明立法者认为洗钱的对象不应局限于资金，也包括赃物等，如跨境转移车辆，这一立场与此前2009年洗钱司法解释观点也保持了一致。[②]自洗钱入罪并不会也不应对洗钱行为的对象包括赃物产生任何影响。因此，洗钱的行为对象不仅包含赃款，也包含赃物。

---

① 《〈刑法修正案（六）〉的理解与适用（下）》提到“对于掩饰隐瞒其他犯罪所得的，也应追究刑事责任。可对刑法第三百一十二条进行修改，将窝藏、转移、收购、销售犯罪所得的赃物扩大到对明知是任何犯罪的所得而予以掩饰、隐瞒的，都可按犯罪追究刑事责任，只是具体罪名不称为洗钱罪”。《〈关于审理洗钱等刑事案件具体应用法律若干问题的解释〉的理解与适用》阐明“根据立法本意将刑法第一百九十一条和第三百一十二条的关系定位为特别法与一般法的关系，强调两者区分的关键在于上游犯罪的不同”。

② 2009年《最高人民法院关于审理洗钱等刑事案件具体应用法律若干问题的解释》在列举明知犯罪所得及其收益的七种推定情形中，有五种情形都将对象表述为“财物”。

（二）其他洗钱行为方式的判断标准

《刑法》第191条采用列举的办法规定了洗钱的客观行为方式，并以兜底条款周延，但在转移资金（包含跨境转移）、财产转换和提供账户的行为方式之外，行为人基于使用目的可能会对犯罪所得及其收益进行其他多种处置，是否属于洗钱行为的规制范围，认定标准需要能够实操。既然“为掩饰隐瞒性质和来源”对于洗钱行为具有限定作用，那么立足于行为当时，因主观付诸于客观，行为人由该主观目的必定会产生切断财物非法性表征或者与非法性关联的选择，并见之于客观危害上，也因此，洗钱的行为方式必然会带有一定的共性，即一般得带有阻断非法性法律关系表征的特点。从司法认定的角度，可以根据一般的社会认知，通过判断行为是否具有使得赃款赃物及其收益合法化的危险以及非法性表征有无被阻断来认定是否属于洗钱行为。

此外，判断洗钱行为方式，有必要去除中文概念中“洗”的既有印象。洗钱罪的提法来源于英文的“Money laundering”，核心在于遮掩非法性，并不要求具备黑钱合法化的实害结果。从这个角度而言，将洗钱罪理解成“掩饰、隐瞒特定犯罪所得及其收益的来源、性质罪”似乎更能消除基于“洗钱”的名称而对本罪产生的高大上错觉。

（三）其他的洗钱行为方式

1. 窝赃于己不属于自洗钱，窝赃于人（他人保管、持有等）属于洗钱（自洗钱、他洗钱）

窝藏与掩饰、隐瞒在中文语义上基本具有一致性。我国的法律法本和域外立法例都区分了掩饰、隐瞒（窝藏）财物和掩饰、隐瞒财物的来源、性质，后者为前者的范畴所包括，如1990年全国人大常委会发布《关于禁毒的决定》（现已失效），并规定了窝藏毒品、毒赃罪和掩饰、隐瞒毒赃性质、来源罪。1994年《最高人民法院关于执行〈全国人民代表大会常务委员会关于禁毒的决定〉的若干问题的解释》（现已失效）（以下简称关于《禁毒决定》的解释）对两罪区别进行了说明，即后罪行为人掩饰、隐瞒的是财物的非法性质和来源，而不是财物本身。也就是说，掩饰、隐瞒与掩饰、隐瞒来源、性质有所区别。此后，掩饰、隐瞒毒赃性质、来源罪被《刑法》第191条的洗钱罪吸收，而窝藏毒品、毒赃罪仍然保留，并修改为窝藏、转移、隐瞒毒品、毒赃罪，继续沿袭了掩饰、隐瞒与掩饰、隐瞒来源、性质有所区别的立法者观点。域外立法例虽然区分掩饰、隐瞒的是财产的性质来源还是其他方面（如所在地、处置、所有权），但却最大限度地将两者都包含于洗钱的行为方式之中。[①]

相对于域外的大洗钱概念、规制，在我国区分掩饰、隐瞒与掩饰、隐瞒来源、性质具有准确认定此罪与彼罪的意义，为此可以分成两个层次：一是主体，即先判断是自窝赃还是他窝赃，如果是自窝赃，首先就可以排除《刑法》第312条的适用，虽然从法律文本而言，第312条并未排除自窝赃，但我国的司法传统认为自窝赃属于事后不可罚的行为，目前仅对自洗钱开了口子，对第312条传统赃物犯罪并未去除主体限定。二是所窝藏财物的权属表征。按照藏匿地（账户）等权属表征不同，会导致是否具有合法化危险的不同。窝藏于本犯表征权属下的处所或者账户的，是司法机关追赃的当然领域，不具有合法化危险，而藏匿于其他处所或者他人名下、户头的，增加了发现的难度，也导致了赃款赃物因权属表征的改变具有进一步合法化利用的现实危险，影响司法机关对非法性来源和赃物的认定，从实质解释的角度，可以认为是对赃物来源和性质的掩饰、隐瞒；此外，动产以占有为所有权的表征，由他人持有、保管的，因他人的介入（窝赃方式习惯和窝藏处所领域与本犯不同）造成赃款赃物的权源与本犯的联系被中断、掩盖，产生了进一步的合法化危险。洗钱行为方式之一的提供资金账户从本犯的角度就是窝赃于他人，如果他人明知则可以认为该行为是帮助掩饰、隐瞒赃款的来源、性质，在自洗钱已然入罪的情况下，没有理由认为本犯窝赃于人不属于掩饰、隐瞒赃款来源、性质，并且2021年《最高人民法院关于审理掩饰、隐瞒犯罪所得、犯罪所得收益

---

① 《联合国打击跨国有组织犯罪公约》第6条洗钱行为的刑事定罪以及《联合国反腐败公约》第23条对犯罪所得的洗钱行为中均规定有“明知财产为犯罪所得，为掩饰或隐瞒该财产的非法来源……而转换或转让财产”和“明知财产为犯罪所得而隐瞒或掩饰该财产的真实性质来源、所在地、处置、转移、所有权或有关的权利”。

刑事案件适用法律若干问题的解释》将持有方式也纳入《刑法》第312条规制的掩饰、隐瞒行为方式之一，故窝赃于人理应成为洗钱的行为方式（自洗钱或他洗钱）。[①]

2. 基于使用价值和日用的使用、消费、转换不属于自洗钱，但可以成立他洗钱，具有一般保值增值社会认识的使用、转换属于洗钱行为方式（自洗钱、他洗钱）

首先，从朴素的群众认知而言，犯罪分子得赃自用是其犯罪目的，也是自然结果，予以特别规制既无必要也有悖常识，因此，基于赃物性质的使用，和基于货币的流通手段将赃款购买日用品的转化使用，都是基于使用价值的利用，没有可责性的社会认知，因此不应属于（自洗钱）行为方式。然而，如果通过物物交换、买卖、交易等途径将赃款赃物转换为具有通常意义上的保值功能的资产的，包括古董、黄金、土地、房产等，即使不排除有使用价值的可能，但基于社会的通常认识，赃款赃物不仅维持了相当价值且有升值的可能，而且转换了形态，现实增加了追赃难度，使得黑钱有进一步合法化和增值扩张损及市场的危险，也应认定属于洗钱行为方式，该拟制也有助于彻底铲断灰黑经济链条，打击上游严重犯罪。特别如房产，虽然有居住功能，但在目前的社会语境下，无疑具有保值增值的经济学意义，不管房产登记在谁名下，都不影响该处置方式可以被评价为洗钱。

赃款赃物的他人使用，与为他人窝赃的分析原理相同，明知是他人七类上游犯罪所得赃款赃物及其收益的，不管是作何种用途的使用，都可以认定为洗钱行为。一是他洗钱人具有更大的可责性，二是明知而使用，因自己的介入增加了发现非法性和及时追赃的难度，有进一步进入流通领域合法化的现实危险。此外，2021年《最高人民法院关于审理掩饰、隐瞒犯罪所得、犯罪所得收益刑事案件适用法律若干问题的解释》也规定了“使用”可以成为《刑法》第312条的行为方式，

---

① 该解释第10条第2款规定：“明知是犯罪所得及其产生的收益而采取窝藏、转移、收购、代为销售以外的方法，如居间介绍买卖，收受，持有，使用，加工，提供资金账户，协助将财物转换为现金、金融票据、有价证券，协助将资金转移、汇往境外等，应当认定为刑法第三百一十二条规定的‘其他方法’。”

同理，“使用”也可以成为《刑法》第 191 条他洗钱的行为方式。

3. 投资属于洗钱行为方式（自洗钱、他洗钱）

1994 年关于《禁毒决定》的解释对彼时的“掩饰、隐瞒毒赃性质、来源罪”含义进行了释明，即该罪是指“明知是出售毒品所得的财物而通过金融机构中转、投资等方式，掩盖其非法性质和来源，或者明知是出售毒品所得的财物而有意向司法机关隐瞒其非法性质和来源的行为”。其中将投资和资金通过银行等中转明确列为该罪的行为方式之一。“掩饰、隐瞒毒赃性质、来源罪”后被吸收到《刑法》第 191 条的洗钱罪中，不再单独规定，从体系解释的角度，小概念当然地内含于大概念，作为该罪行为方式之一的投资理应属于洗钱罪的行为方式之一。

投资行为侵犯了洗钱罪所保护的犯罪客体，并且能为行为人所认知。基于投资法律关系的存在，运用赃款赃物进行投资和收益会成为投资法律关系所保护的对象，即投资法律关系为赃款赃物及其收益披上了合法化的外衣，一般性地使得黑钱被发现的难度增大，同时使得黑钱以投资款的性质进入市场经济领域，对市场流通的合法性基础造成冲击，并因对投资所在领域的占有进一步损及二级市场。运用黑钱再生钱也具有更大的可责性，理应受到洗钱罪的规制，故投资应属于他洗钱和自洗钱的行为方式之一。

4. 处分（出租、赠送、抵押）

租赁是对使用价值的变现收益，抵押是利用交换价值换取财产性利益，两种方式都与基于使用价值的直接使用、日常消费目的有所区别，都获得了财产性利益，可以属于洗钱行为方式；至于赠送，因为没有对于赃物赃款的利用和直接获益，似乎可责性不大，但具体个案中，必须考察赠送是否属实，是否合乎社会一般认识，防止以赠送为名行窝赃之实。

5. 混同、转移、取现等资金专属使用形式

混同、转移、取现都是资金使用的中间过程，根据最终用途可能具有不同的性质，因此，对资金使用的目的、去向是判断是否属于洗钱行为方式的重要参考。

资金转移。没有特定用途的在自我账户之间的资金划转，一般没有意义，也无须特别评价，与他人账户之间的资金划转，根据本犯对他

人账户是否实控，可以作初步分类，如果可以实控的，向他人账户转移资金，一般是有更进一步的意图，仅仅是存放藏匿性质的，即属于窝赃于他人处，可以认为是自洗钱行为。特别是像实控多个账户，长期或频繁地将赃款分散于多个账户，未来得及进一步利用而被查获的，则现实地增加了追赃的难度，也破坏了账户实名使用的基本金融秩序，主观恶性程度更深，可以认为是自洗钱行为方式，对合的他人属于提供账户，看其是否明知，明知则构成他洗钱；如果他人账户本犯不能实控的，向他人账户转移资金，可能具有处分、借贷、保管等目的或性质，必须结合对合的他人证言综合判断转账用途和性质，是投资借贷等牟利性质，还是赠送，还是支付结算，后两种一般不构成自洗钱，但对合的他人如果明知，具有可责性，可以认为是他洗钱。

资金取现，改变了资金的形态及所有权的表征，造成了进一步合法化利用的危险，增大了追赃的难度，一般性地可以推定具有掩饰、隐瞒非法性的要素，属于洗钱行为方式（自洗钱和他洗钱），洗钱罪规定财产转换为现金、金融票据、有价证券是行为方式之一也是这种考虑。当然，鉴于具体原因不同，取现行为也可能不具有掩饰、隐瞒非法性的性质，比如出于日用需要，但商家没有收取资金的账户，本犯取现消费，此时，应该允许例外可以推翻上述推定。

资金混同，指的是将赃款与非法性资金相混同的行为。从本犯的角度，其对犯罪所得及其收益有占有、使用需要，一般都会有归集资金至其账户的中间形态，按照国外洗钱罪的渊源和 2009 年洗钱司法解释的规定和理解，如果将赃款与现金密集型场所、行业的资金混合，就可推定掩饰隐瞒非法性的目的与性质，应当属于洗钱行为方式。笔者赞同这种观点，混同可以成为自洗钱与他洗钱的行为方式，但司法实践中，需要注意这种推定的前提在于有现金密集型的合法收入来源作为幌子，如果不具备这个前提，例如对于收入定时定额的工薪人员，就无法进行上述推定。

四、案例中李某的行为符合自洗钱的主客观构成要件

案例中，本犯李某有个人微信账户可用于联系购毒人员和收取毒资，却前后三十余次均使用他人（盛某）注册的微信账户与对方联系

贩毒和收取毒资，显然具有逃避侦查的意图，并且不想让自己与毒资产生直接的关联。另外，其使用了盛某的多个微信账户用以收取毒资，将毒资分散收置，反映其想分散风险，客观上增加了司法追查的难度。因此，李某出于躲避自己和毒赃被追查的主观心理，用他人账户收取毒资，继而对毒资实施的一系列转移、利用，实际上是在上游犯罪的实行阶段就已经预先考虑了后续的掩饰并利用毒资目的，其将后续的掩隐行为提前，故下游作为上游的自然延续，为掩饰、隐瞒毒资性质的主观内容一贯到底。并且后续的转账、混同、利用都受益于之前的借名收赃掩饰行为。在这种情况下，没有必要强求洗钱的主观和目的产生时间一定要在上游犯罪完成之后，上下游犯罪其实是自然连续的整体，可以上游时的相关主观要素推定后续的主观方面。这也符合行为人行为时的犯罪心理。这种推定也不违反刑法基本原理，因上游本犯在通常的犯罪行为以外，为方便后续对赃款赃物的流通利用、增加发现非法性的难度，提早布置，即产生了新的法益侵害危险，也对本犯产生了新的可责性。

客观行为方式上，从上述资金流向来看，李某在通过盛某账户收取毒资后，立即将毒资转至个人账户，大部分都购买了货币基金或股票，部分被其转至其公司账户。案例中的李某有公司经营，具有收取密集资金并以此作为幌子的条件。此时，其将毒资转入个人账户，具有将不法所得与合法收入相混同的客观危害，属于混同，为洗钱客观行为之一；在混同之后，其又将账户内的资金购买了货币基金进行投资增值活动，其对于资金购买投资理财的性质和用途具有明知，能够认识到赃款经过投资法律关系进入金融领域并产生孳息的事实，其因为与基金发售方的投资关系而享受投资法律关系保护并因该基础法律关系而获得收益，赃款进入股市或投资市场，已经侵蚀正常的金融管理秩序，又产生了进一步合法化的现实危险，也属于洗钱的客观行为方式。

综上，李某贩卖毒品构成毒品犯罪，并且为掩饰、隐瞒毒赃的性质和逃避侦查打击，用他人账户收取毒资，而后转入自己的账户，进而投资理财或与公司资金混同，符合洗钱罪的主客观要件，应认定为自洗钱犯罪。

“走私洗钱犯罪法律适用问题研讨会”研讨观点综述

周国良　须　璐　田　娟　王林生*

摘　要　关于走私犯罪的犯罪所得及其产生的收益的认定，存在“获利说”“总额说”“折中说”的争论，三种观点各有其合理和不足之处，司法实践中的判例以“总额说”占据主流。在自洗钱的认定问题上，主流观点认为应当坚持主客观相统一的原则：客观上行为人的行为必须起到“清洗”犯罪所得及其收益以使之合法化的效果；主观上行为人必须具有掩饰、隐瞒犯罪所得及其收益的来源和性质之目的。对于走私犯罪案件中几种典型行为如买卖走私货物、“对敲支付”等是否构成洗钱犯罪的问题，也存在不同观点和不同判例。在《刑法》第156条规定的走私共犯与走私洗钱的区别认定上，较有力的观点认为，即使事前、事中与走私分子存在“通谋”，也应具体考察双方“通谋”的实际内容，根据“通谋”内容的性质是否仅为提供洗钱帮助来确定构成走私共犯还是洗钱罪。

关键词　走私　洗钱　违法所得及其产生的收益　自洗钱　走私共犯　综述

*　周国良，海关总署缉私局法制一处处长；须璐，海关总署缉私局法制一处三级调研员；田娟，最高人民法院刑五庭三级高级法官；王林生，最高人民检察院经济犯罪检察厅检察官助理（挂职锻炼）。

一、关于走私犯罪所得及其产生收益的范围界定问题

在办理走私犯罪案件中，关于走私犯罪所得及其收益范围的界定，一直存在较大分歧。确定走私犯罪所得及其收益的具体范围，不仅涉及对走私货物、物品及违法所得的没收、追缴问题，也是涉走私洗钱罪定罪处罚的一个基本前提。对此问题，主要有以下三种观点：

（一）获利说

该观点认为，走私犯罪所得应为走私人通过走私犯罪所获得的非法利润。走私的无论是普通货物、物品还是禁止进口的货物、物品，均属供犯罪所用的本人财物，是走私犯罪的成本，而不是走私犯罪所得，在认定犯罪所得时应扣除这部分犯罪成本。

主要理由：首先，从概念角度来看，犯罪所得不应包含成本，因成本是违法行为人原有财产，非因违法行为获得。其次，多项司法解释认定违法所得为违法行为的获利部分，走私犯罪中的违法所得亦应作相同认定。如 1998 年《最高人民法院关于审理非法出版物刑事案件具体应用法律若干问题的解释》第 17 条规定，本解释所称“违法所得数额”是指获利数额；又如 2012 年《最高人民法院、最高人民检察院关于办理内幕交易、泄露内幕信息刑事案件具体应用法律若干问题的解释》第 10 条规定，《刑法》第 180 条第 1 款规定的“违法所得”是指通过内幕交易行为所获利益或者避免的损失。再次，相关法律和司法解释明确将走私货物、物品与违法所得做了分开、并列表述。如《海关法》第 82 条规定，有走私行为尚不构成犯罪的，由海关没收走私货物、物品及违法所得；2002 年《最高人民法院、最高人民检察院、海关总署关于办理走私刑事案件适用法律若干问题的意见》（以下简称《关于办理走私刑事案件适用法律意见》）第 23 条规定，在办理走私犯罪案件过程中，对发现的走私货物、物品、走私违法所得以及属于走私犯罪分子所有的犯罪工具，走私犯罪侦查机关应当及时追缴，依法予以查扣、冻结。复次，走私犯罪行为人取得走私的货物可能完全是合法的，其违法性主要体现在违反海关法规、逃避海关监管等环节上。即便是不得进口的货物、物品乃至违禁品，亦不能直接认定为违法所

得，虽然对其应当没收，但与违法所得之没收分属不同性质的涉案财物的没收，不能混为一谈。最后，从社会效果看，与货值相比，生产经营活动或商业行为中的走私偷逃税款通常都较小，在判处罚金和追缴偷逃税款的情况下，再没收、追缴走私货物、物品可能引发企业破产、员工下岗等隐患，也无法体现罪责刑相适应原则。

（二）总额说

该观点认为，走私犯罪所得应为实施走私犯罪直接或者间接产生、获得的任何财产，不扣除走私犯罪成本，包括走私货物本身（无论禁限类或普通类）、走私货物变现价款、走私劳务所得等，以及上述直接所得转变、转化后的财产。

主要理由：首先，为实施上游犯罪而投入的成本不具有合法性，法律上应予以否定性评价。即使是涉税走私，尽管货物本身允许进口，但由于行为人是通过违法手段走私入境，货物的取得不具有合法性，属于通过上游犯罪直接产生的财产，系广义犯罪所得范畴。其次，按照《关于办理走私刑事案件适用法律意见》第24条规定，认定为违法所得的"进出口完税价格"及"实际销售价格"均包含走私犯罪成本，即走私货物本身价格；2019年《最高人民法院、最高人民检察院、海关总署打击非设关地成品油走私专题研讨会会议纪要》将走私货物即成品油作为走私犯罪的违法所得，系与上述第24条的观点一脉相承。再次，从处理结果分析，如果违法所得仅指走私犯罪获利部分或者偷逃税款，会造成刑事处罚轻于行政处罚的不均衡、不公正现象。最后，将体现犯罪成本在内的所得财物纳入洗钱罪的犯罪对象，更能实现洗钱罪的立法初衷。否则，仅将洗钱罪对象限定于增值部分的利益，作为成本的资金仍然可以在持续不断的犯罪中循环流转，恐难以达到设立洗钱罪切断上游犯罪的目的。

（三）折中说

该观点认为，对于走私普通货物、物品罪，犯罪所得应以偷逃税款认定；对于走私国家禁止进出口的货物、物品，货物、物品本身属于走私犯罪所得；对于走私国家限制进口的货物，若行为人走私的货物在行政许可或者配额的数量之内，犯罪所得应为偷逃的应缴税款，若在行政许可或者配额的数量之外，则犯罪所得应为货物本身。

主要理由：首先，涉税走私犯罪中的普通货物、物品通过正当途径可以获得，一般存在合法权属关系，将这些货物、物品作为走私犯罪对象是因走私行为人在获得普通货物、物品过程中偷逃了应缴税款，应缴的税款因走私而未缴，实质是应减少的未减少，未减少的部分即为获利，故偷逃税款可视为走私行为人的犯罪所得。其次，国家禁止进口的货物、物品，因行为人无法通过合法正当渠道获得，一般不存在实质的合法权属关系，走私行为人只能通过夹藏走私、绕关走私等方式获得，所以货物本身就是走私犯罪所得。最后，对于国家限制进口的货物，超出行政许可或者配额的部分，即具有国家不允许进口的性质，对此部分应当直接全部视为走私犯罪所得。

以上三种观点各有其逻辑，也各有其合理和不足之处。有论者指出，从执法实践来看，将获利作为犯罪所得操作起来难度很大，因实际获利难以查清的情况普遍存在，实际获利与投入成本通常混杂于同一批货物、资金中，二者之间界限模糊，甚至大量犯罪可能就“亏本”，整体利益没有实际增值。相反，将走私货物、物品全部作为犯罪所得，取证较为简便，可操作性强，但又会大大增加对违法所得追缴没收的执行难度。并且，对于低报价格类走私，偷逃税款仅占货物价值的一小部分，据此将整个货物的价值认定为犯罪所得，明显有违比例原则，易导致罪责刑不相适应。在低报价格走私的情况下，根据比例原则，将偷逃税款对应的走私货物、物品认定为犯罪所得更为合理。

二、关于走私犯罪案件中自洗钱行为的认定标准问题

对于自洗钱行为的构成要件问题，观点较为一致，认为应当坚持主客观相统一的原则，主要把握两点：一是从客观方面看，行为人的行为必须起到“清洗”犯罪所得及其收益以使之合法化的效果。洗钱罪的立法目的在于防止违法犯罪所得及其收益通过金融机构或其他渠道合法化。洗钱罪保护的法益为国家的金融管理秩序以及对前置犯罪的追诉和处罚。故走私行为人实施的后续行为，应当不纯粹是上游犯罪

的自然延伸，而已经超出传统赃物罪的特征。二是从主观方面看，行为人必须具有掩饰、隐瞒犯罪所得及其收益的来源和性质之目的。《刑法修正案（十一）》删除了之前洗钱罪“明知”术语，但对该罪的主观目的却有明确规定，即为了掩饰、隐瞒破坏金融管理秩序犯罪等前置犯罪所得及其收益的来源和性质。实践中，主观目的的认定需要结合行为人的认知能力、从业经历、国家对洗钱行为的管制办法等进行综合判断。

三、关于走私犯罪案件中几种典型行为是否构成洗钱犯罪的认定问题

（一）买卖走私货物行为是否构成洗钱犯罪

有部分论者主张，走私货物可以作为洗钱罪的犯罪对象，走私入境的货物属于犯罪所得，通过买卖走私货物，将实物转换为现金，使得承载上游犯罪所得这一财产性利益的载体发生实质性变化，造成所得财物与走私犯罪之间信息缺失，模糊二者的关联性，在一定程度上达到掩饰、隐瞒犯罪所得来源和性质的效果。正因如此，《刑法》第191条规定，将财产转换为现金、有价证券的，属于洗钱罪行为方式之一。而无论是销售、代为销售走私货物还是购买走私货物，都可以理解为将财产转换为现金，从而此类行为可以构成洗钱罪。

也有部分论者持不同观点，认为收购、销售走私货物行为虽然将财产转换为现金、金融票据、有价证券，但如果并未掩饰、隐瞒犯罪所得及其收益的来源和性质，则不构成洗钱罪。走私人向购私人销售走私货物，但并未在表面上使走私货物、走私收益合法化，在一般人看来，购私人取得的货物仍属于走私货物，走私人取得的收益仍属非法所得，未起到掩饰、隐瞒走私货物来源和性质的作用，客观上对金融管理秩序产生危害的表现也不典型，因此，走私人和购私人的行为并不构成洗钱罪，对行为人仍以走私犯罪定罪处罚更为合适。不过，如果走私人将走私货物在商场上当作合法货物进行出售，就属于将财产转换为现金，掩饰走私货物来源和性质的行为，可以构成洗钱罪。

（二）非法跨境支付走私货款行为是否构成洗钱犯罪

走私犯罪本身具有典型的跨境特征，这就决定了走私犯罪往往伴随发生货款的跨境支付问题。而在非法跨境支付走私货款行为是否构成洗钱犯罪问题上，也存在不同意见。

不少论者在列举走私犯罪的典型洗钱行为方式时，将通过“地下钱庄”非法汇兑、进出口抵扣外汇、个人非贸易项下分拆汇兑资金等方式进行的跨境非法支付列入其中，认为通过“地下钱庄”特殊途径等方式将走私货款进行非法跨境转移支付，实质上对走私违法所得的来源和性质起到了掩饰、隐瞒的作用，增加了对走私资金和违法所得司法查处的难度，在符合对上游走私犯罪主观认知条件的情况下，有必要作为洗钱行为予以打击。

少数论者认为，通过“地下钱庄”等途径单纯支付走私货款的行为，不宜认定为洗钱罪。其主要理由有二：一是洗钱罪与掩饰、隐瞒犯罪一样，均属于赃物罪，与上游犯罪密不可分，以上游犯罪的成立为前提。因此，行为人构成洗钱罪，必须是在上游犯罪成立之后。而跨境支付或收取货款的行为，属于走私行为的一环，走私犯罪尚未完结，当然不存在洗钱罪的问题。二是在走私犯罪中非法收付行为的行为对象主要是走私货物的货款，而洗钱罪的犯罪对象是走私犯罪等上游犯罪所得及其收益。很显然，“走私货物的货款”不等同于“走私犯罪所得及其收益”。不过，对于多次走私的，行为人通过“地下钱庄”等途径支付、收取货款的同时，将既往走私犯罪所得进行跨境转移的，可以构成洗钱罪。

（三）走私犯罪中的“对敲支付”是否构成洗钱犯罪

所谓走私犯罪中的“对敲支付”，实质是指对本应跨境支付的走私货款，通过国内、国外两边存在的不同商业活动所发生的等量货款支付需求，以“对冲”的方式完成贸易结算平衡，回避资金的实际跨国流动，让货物实现跨境转移，而资金始终仅在两国国内完成结算。实践中，不少走私犯罪案件都存在利用“对敲支付”完成走私货款结算的情况。

研讨会上，有来自一线实务部门的论者提出了两则“对敲支付”的实际案例：第一个案例中，走私人采用低报价格方式走私，因大量差额货款需要向境外支付，便根据国外发货人指令，将差额货款支付给国内商人。经查，这些国内商人都与国外发货人有贸易往来，收到走私人支付的货款后，认定货款为国外发货人与自己之间的贸易货款，遂将该笔货款转为国外发货人所需的货物向国外发货，国外发货人则用收到的货物冲抵走私人未支付的差额货款，从而实现“对敲支付”。第二个案例中，国内玉石商人在境外以现金大量采购玉石原料，通过入境口岸以低报价格方式走私入境。“地下钱庄”操作人身处境外，收取国内玉石商人一定费用，一方面协助走私人完成玉石原料运输进境的物流和清关，另一方面协助走私人完成玉石原料货款的跨境支付。“地下钱庄”安排其成员在国内利用国内银行账户收取走私玉石原料货款，利用在境外当地经商的中国商人向国内汇款的需求，以“对冲”方式在境内实现走私资金的“对敲支付”。论者认为，在第一个案例中，如果证据显示国内商人仅在收到货款后按照订货要求向国外发货人供货，主观上并不了解走私相关情况，没有掩饰、隐瞒犯罪所得的意图，则难以认定构成洗钱罪。证据能够证明国外发货人应当知道部分差额货款未通过正常付汇渠道支付的，可以认定其明知“对敲支付”的货款系走私犯罪所得及其收益，其所参与实施的“对敲支付”行为可以构成洗钱罪。第二个案例中，“地下钱庄”操作人通过“对敲支付”方式已在国内走私人和国外发货人之间实现了走私犯罪所得的跨境转移，因没有正当理由协助转换或者转移财物，且收取明显高于市场的“手续费”，可以认定其具有掩饰、隐瞒的故意，并实际产生了掩饰、隐瞒走私犯罪所得的效果，应可构成洗钱罪。

四、关于《刑法》第155条间接走私、第156条走私共犯与洗钱罪的关系问题

（一）《刑法》第155条间接走私与洗钱罪的关系

在二者的关系问题上，主要的争议点在于间接走私行为是否符合洗钱行为特征从而同时构成洗钱罪，主要存在两种观点：

第一种观点认为，间接走私和洗钱罪确实存在三个方面的区别：一是在主体层面，间接走私只能是直接走私人的对家，洗钱罪的主体则可以是直接走私人本人；二是在主观罪过层面，间接走私主观上需要明知是直接向走私人非法收购走私货物、物品，而洗钱罪在他洗钱的情形下明知自己掩饰、隐瞒的是他人走私犯罪所得及其收益，对走私人是直接走私还是间接走私则无要求；三是在客观行为层面，洗钱罪的客观行为种类要多于间接走私。虽然存在这些区别，但两种犯罪在主体、客观行为和行为对象等方面也存在同质化的特点。刑法以拟制的方式将原本是走私下游环节的间接走私行为规定以走私罪论处，但在本质上，间接走私更为接近作为走私犯罪下游犯罪的洗钱罪。收购走私货物在本质上也是一种掩饰、隐瞒犯罪所得的行为，完全可以构成洗钱罪。只是基于《刑法》的特别规定，对于一手购私按照走私罪定罪处罚，不再以洗钱罪处理。

在主张以上观点的基础上，有论者进一步提出，当二手购私者从间接走私（一手购私）者处收购走私货物时，由于一手购私者构成走私罪（间接走私），故该货物仍然属于走私犯罪所得，二手购私者如果主观上明知系走私货物，应当以洗钱罪定罪处罚，难以证明主观明知系走私货物的，则可构成掩饰、隐瞒犯罪所得罪。如果二手购私者再行销售走私货物，对于后续三手购私者而言，该货物变成洗钱犯罪所得。由于洗钱罪本身系破坏金融管理秩序罪，也属于洗钱罪的上游犯罪，如果三手购私者主观上明知的，对其也应以洗钱罪定罪处罚。

第二种观点为少数论者所主张，认为直接购私行为并非当然同时构成洗钱罪，判断此问题，主要应从两个方面予以把握：一是作为走私对象的走私货物、物品能否视作走私犯罪的犯罪所得。在涉税走私中，由于走私货物、物品本身不属于犯罪所得范畴，故仅直接购私的，并不构成洗钱罪。二是行为人在直接购私的同时是否存在所谓“掩饰、隐瞒犯罪所得”的行为。在直接购私行为过程中，购私者向走私人购买走私货物、物品并提供用于购私的资金账户，该行为没有发生资金洗白的“化学变化”，在实质上亦未影响司法机关的追究活动，故一般情况下的直接购私行为并不同时构成洗钱罪。

实践中，目前尚未有对直接向走私人收购走私货物、物品的间接走私行为实际适用洗钱罪予以追诉的案例。对此类行为，实践中通常依据《刑法》第155条的特别规定，认定为间接走私，以走私罪予以论处。

(二)《刑法》第156条走私共犯与洗钱罪的关系

对于走私共犯与洗钱罪的关系问题，研讨中主要有两种观点：

第一种观点认为，应当主要以在走私的事前、事中是否存在“通谋”为标准区分认定走私共犯和洗钱罪。具体而言，对于事前或者事中与走私分子进行通谋，在走私过程中为其提供贷款、资金、账号、发票、证明的，应当按照《刑法》第156条认定为走私的共犯；如果行为人与走私分子未进行通谋，但明知其走私，在走私犯罪行为既遂之后，为其提供资金账户或实施其他帮助掩饰、隐瞒走私犯罪所得及其收益的来源和性质行为的，则应当认定为洗钱罪。

第二种观点为多数论者所主张，认为区分走私共犯与洗钱罪，确需首先考察行为人与走私分子在走私的事前、事中是否存在“通谋”。如果在事前、事中不存在“通谋”，只是在走私完成后为走私人提供资金账户或实施其他帮助掩饰、隐瞒走私犯罪所得及其收益行为的，当然不构成走私共犯，而只能考虑以洗钱罪论处。但是，对事前、事中与走私分子存在“通谋”的，也还应具体考察双方“通谋”的实际内容，根据“通谋”内容的性质来确定构成走私共犯还是洗钱罪。具体而言，如果行为人在他人走私前或走私中只是“明知”他人进行走私，也与走私人进行了“通谋”，但通谋的内容并非参与走私的谋划、分工协作或商量走私盈利的分配等，只是就提供洗钱帮助进行沟通商议的，仍应以认定为洗钱罪为宜。

还有论者进一步对“通谋”和“明知”两个关联密切的概念进行了专门剖析，认为“通谋”是主动的、积极的行为概念，各行为人基于相互沟通、共同谋划所形成的共同故意内容，相互支持，相互配合，积极推动犯罪结果的实现；而“明知”则相反，是相对被动、消极的行为概念，只能是“知”，不存在相互沟通、参与谋划、主动配合等情形，其主要表现可以较通俗地概括为“我知你为何，但你是你的，我是我的”这种形态。因此，区分走私共犯与洗钱罪，有必要着重考察行为人与走私人就走私行为存在实质“通谋”，还是仅是对走私行为存在“明知”。

从执法实践看，对于在走私事前或者走私过程中即与走私分子进行沟通商议，但只是以提供账户或协助跨境支付等方式专门处理走私资金问题，并不参与具体走私各环节活动的行为人，各地实务部门已有不少按照洗钱罪而非走私共犯立案追诉的案例，似有更倾向于采用前述第二种观点的趋势。

论走私犯罪所得及其产生的收益

杨义林　闫丽勤*

摘　要　走私等上游犯罪的所得及其产生的收益，是指通过实施犯罪直接或者间接产生、获得的任何财产，可以类型化为直接所得、直接所得收益、间接所得及间接所得收益。对于作为犯罪成本的所有种类私货（走私货物、物品），从立法原意及司法实践分析，均应视为违法所得。但对涉税走私而言，则应根据罪罚相当原则，按偷逃税额占应缴税额的比例认定普通货物、物品中的私货部分。对于私货变现转换中二者价格不一致的情形，应遵从"不使任何人从犯罪中受益"法则，最大化地认定违法所得。

关键词　走私犯罪　犯罪所得　犯罪所得收益　私货

走私犯罪是洗钱罪的上游犯罪之一。《刑法修正案（十一）》将洗钱罪主体扩展到上游犯罪本犯、增添行为方式、取消罚金刑上限，这些重大立法变化会对走私犯罪案件中认定洗钱罪的司法实务产生实质性的冲击和影响。走私犯罪的所得及其产生的收益，作为洗钱罪的行为对象和没收对象，是涉走私洗钱罪定罪处罚的事实基础，对其如何认定在司法实务中存在疑难。本文以一则案例为切入，试对此问题

*　杨义林，南宁海关缉私局科长、一级警长，广西壮族自治区人民检察院特邀检察官助理；闫丽勤，南宁海关缉私局处长、一级高级警长。

作一分析。

［**基本案情**］ 黄某恒、林某燕夫妻二人在广西钦州市一农副产品市场从事海鲜售卖生意。2019 年下半年开始，夫妻二人根据国内客户订单情况向越南人订购花螺，先由越南人在越南收购后，再交给“保货”人经北部湾海岸或者中越界河北仑河边的非设关地码头走私进境，运至夫妻二人在农副产品市场的商铺打包，然后物流发运至上海、浙江宁波等地交付给国内客户。之后，国内客户汇付销售价款至林某燕之弟林某柏的银行账户中，由林某柏取现交给夫妻二人，夫妻二人再以人民币现钞形式向越南人指定的收款人结付订购价款。直至 2021 年 5 月案发，该团伙走私花螺共计 195 吨，记录结付的订购价款共计 1578 万元，据此认定完税价格，计核偷逃税款 262 万元；收取的销售价款共计 1722 万元。缉私部门以涉嫌走私普通货物罪、洗钱罪将该案移送起诉。

上述案例中走私犯罪的所得及其产生的收益如何认定？洗钱数额应当是订购价款 1578 万元，偷逃税款 262 万元，销售价款 1722 万元，还是所得毛利 144 万元？对于法律概念，明确其含义、厘清其类型是司法适用的前提，也是解决实践问题的可循之道。

一、“犯罪的所得及其产生的收益”含义

1997 年修订《刑法》在总则第 64 条中沿袭使用 1979 年《刑法》的“犯罪分子违法所得的一切财物”这一概念术语，在第 191 条设置的洗钱罪中新增使用“犯罪的违法所得及其产生的收益”这一概念术语，二者关系有待厘清。

我国于 2003 年 12 月签署、2005 年 10 月经第十届全国人大常委会第十八次会议批准加入的《联合国反腐败公约》（以下简称《公约》）在认识到腐败与洗钱的联系之基础上，强调反洗钱是反腐败工作不可或缺的组成部分。[①]《公约》第 2 条中提出并解释了“犯罪所得”这一

① 参见王新：《〈刑法修正案（十一）〉对洗钱罪的立法发展和辐射影响》，《中国刑事法杂志》2021 年第 2 期。

概念术语："指通过实施犯罪而直接或间接产生或者获得的任何财产。"第 31 条亦对其外延有所界定。

2006 年 6 月，《刑法修正案（六）》对洗钱罪条文进行修改，增加了贪污贿赂犯罪等 3 种类型上游犯罪，以回应《公约》要求；并进行条文术语规范，修改"犯罪的违法所得及其产生的收益"为"犯罪的所得及其产生的收益"。笔者认为这主要因与《公约》中"犯罪所得"概念术语相协调而为之，二者含义应当一致。

2012 年 3 月，《刑事诉讼法》修订。"为严厉惩治腐败犯罪、恐怖活动犯罪，并与我国已加入的联合国反腐败公约及有关反恐怖问题的决议的要求相衔接，需要对犯罪所得及时采取冻结追缴措施"[①]，设置犯罪嫌疑人、被告人逃匿、死亡案件违法所得的没收程序，即特别没收程序。其中规定"依照刑法规定应当追缴其违法所得及其他涉案财产的，人民检察院可以向人民法院提出没收违法所得的申请"，该"刑法规定"显然指向《刑法》第 64 条关于"犯罪分子违法所得的一切财物，应当予以追缴"的规定。可见，特别没收程序是与《刑法》第 64 条的特别没收规定[②]相配套的，二者中的概念术语"违法所得"具有同一性。

2016 年 12 月通过的《最高人民法院、最高人民检察院关于适用犯罪嫌疑人、被告人逃匿、死亡案件违法所得没收程序若干问题的规定》（以下简称《没收程序规定》）中规定了特别没收程序适用案件范围，包括洗钱罪的 6 类上游犯罪和洗钱罪本身，且将"违法所得"定义为"通过实施犯罪直接或者间接产生、获得的任何财产"，与《公约》中对"犯罪所得"的解释含义等同。

从《刑法》、《公约》、《刑法修正案（六）》、《刑事诉讼法》、司法

---

① 《关于〈中华人民共和国刑事诉讼法修正案（草案）〉的说明》，中国人大网，http://www.npc.gov.cn/wxzl/gongbao/2000-12/06/content_5003520.htm，最后访问日期：2021 年 11 月 10 日。

② 学界将《刑法》第 59 条第 1 款规定的对"犯罪分子个人所有财产的一部或者全部"的没收，认为是一般没收；将第 64 条规定的对"犯罪分子违法所得的一切财物"的追缴、"违禁品和供犯罪所用的本人财物"的没收，认为是特别没收，追缴属于特别没收的前置性措施。

解释规定的“犯罪的违法所得及其产生的收益”“犯罪所得”“犯罪的所得及其产生的收益”“违法所得”等概念术语交替更迭，最终可以推导结论:《刑法》第191条规定的“犯罪的所得及其产生的收益”等同于《公约》规定的“犯罪所得”，等同于《刑事诉讼法》特别没收程序规定的“违法所得”，等同于《刑法》第64条规定的“犯罪分子违法所得的一切财物”，等同于有关司法解释规定的“通过实施犯罪直接或者间接产生、获得的任何财产”。也就是说，洗钱上游“犯罪的所得及其产生的收益”在含义上归属于刑法规定特别没收的“违法所得”，可视为同一概念，可进行统一界定。

二、违法所得类型的厘定

洗钱上游犯罪的所得及其产生的收益，即属违法所得，其含义为《没收程序规定》第6条规定的“通过实施犯罪直接或者间接产生、获得的任何财产”。该条规定除第1款外，还有第2款“违法所得已经部分或者全部转变、转化为其他财产的，转变、转化后的财产应当视为前款规定的‘违法所得’”及第3款“来自违法所得转变、转化后的财产收益，或者来自已经与违法所得相混合财产中违法所得相应部分的收益，应当视为第一款规定的‘违法所得’”。第2、3款看似是对第1款的补充扩张，但笔者认为实质上是对第1款的体系限缩。否则第1款中“间接”“任何”这些术语就有扩充解释的空间，无须补充第2、3款。因此，设置第2、3款的目的应当是从条文体系上对第1款进行限缩。亦即第1款中“间接产生、获得的财产”应当限缩解释在第2、3款的规定层面内，即“（直接）违法所得转变、转化后的财产”“转变、转化后的财产收益”“混合财产中（间接）违法所得相应部分的收益”。

根据体系解释，并借鉴“以类型化思维区分洗钱犯罪所得财物的存在以及可能存在的形态”[①]的进路，笔者将违法所得厘定为4种类型：实施犯罪所直接获得的财产、由直接获得的财产产生的收益、通过直

---

① 冯文杰:《论洗钱犯罪所得财物中“所得”的实质解释——以〈刑法修正案（十一）〉为视角的分析》,《政法论坛》2021年第4期。

接获得的财产及其产生的收益所间接获得的财产、由间接获得的财产产生的收益，分别简称为直接所得、直接所得收益、间接所得、间接所得收益。那么，走私违法所得，即走私犯罪的所得及其产生的收益，就可以在厘清4种类型具体表现形态的基础上界定范围。

三、走私违法所得范围的界定

（一）走私直接所得

1. 私货

走私货物、物品简称私货，即走私对象，其是否应认定为违法所得一直存在争议，主要涉及纯益主义（扣除成本的违法所得）与总额主义（不扣除成本的违法所得）的不同看法。[①]私货，无论入境还是出境，均需要出资购置，本身必然囊括走私成本。按照纯益主义，走私违法所得是不包括或者不完全包括私货本身的；按照总额主义，私货本身就属于走私违法所得的一部分。在行政法领域，一般只将实施违法行为的获利部分认为是违法所得，如《海关法》中将行政没收对象“走私货物、物品及违法所得”并列，说明行政处罚中所称的“走私违法所得”排除私货本身。但在刑法上却不尽然，不论从立法原意还是司法实践出发，都应将私货本身认定为走私犯罪中的违法所得。

其一，《全国人民代表大会常务委员会关于惩治走私罪的补充规定》（以下简称《补充规定》）随1997年修订《刑法》施行同时废止，原有规定要么被纳入《刑法》，要么不再适用。《补充规定》第12条曾规定：“对犯走私罪的，依法判处没收走私货物、物品、违法所得和属于本单位或者本人所有的走私运输工具。”该规定并没有被纳入《刑法》分则走私罪章节中。由于海关行政法一直对私货规定没收处罚，对不法行为制裁更为严厉的刑法没有理由舍弃没收私货的制度，因此《补充规定》中原有的特别没收规定只能认为是被《刑法》总则第64条的特别没收规定所吸纳，私货本身成为走私犯罪的一种违法所得。

其二，司法审判实践中对在扣的私货会判处没收，适用依据亦为

① 参见张明楷：《论刑法中的没收》，《法学家》2012年第3期。

《刑法》第64条。有观点认为私货是作为第64条规定的“违禁品和供犯罪所用的本人财物”予以没收的，但该观点有失偏颇。诚然，有些种类私货，如毒品、枪支等属于违禁品，但其他种类私货，如金银、一般贸易货物等不是违禁品，也不应认定为供犯罪所用的本人财物，因为将犯罪标的物生硬解释为犯罪工具，于理难通且有类推嫌疑，况且私货在有些情形下并不能归属为走私犯的“本人财物”。所以，“违禁品”只是某些种类私货的特别属性，“违法所得”却是所有种类私货的一般属性，私货本身均可视为“违法所得”予以追缴没收。

值得商榷的是，在涉税走私犯罪案件中是否应当将涉案普通货物、物品的全部视为违法所得的私货。例如，报关进口价值1000万元的货物，应缴税额200万元，但低报价格而偷逃税额20万元，那么1000万元的货物是否都应当认定为违法所得？笔者认为应当按照偷逃税额占应缴税额的比例相应确定私货部分，即将其中相当于100万元价值的进口货物认定为违法所得的私货，理由是：一方面，低报价格进口货物，偷逃了一部分应缴税额，也缴纳了一部分税额，理论上缴纳部分和偷逃部分都有相应投入的货物成本。相对偷逃部分而言，缴纳部分是合法的，其相应投入的货物成本也应视为合法，而非犯罪成本，不应作为违法所得的私货处理。另一方面，如果将低报价格进口货物的全部视为私货，就意味着其作为违法所得须依法全部予以追缴没收。就上述举例而言，如偷逃10%的税额而没收100%的货物，显然惩罚过于苛刻，与其罪行不成比例，有违罪罚相当原则。

2. 私货变现价款

变现价款一般是私货销售所得现金。私货可视为变现价款的物化商品载体，变现价款可视为私货的货币价格实现，二者属于一体两面的同一关系，只是走私直接所得具体表现形态之间的转换。那么，对于转换中出现变现价款与私货真实价值不一致的情况，又应如何认定走私直接所得？根据“不使任何人从犯罪中受益”的法则，应按“多不退、少要补”原则最大化处理，即销售价格高于私货真实价格的，应认定销售价格为违法所得；销售价格低于私货真实价格的，应以司法机关审定的私货真实价格为违法所得。对此，2002年《最高人民法院、最高人民检察院、海关总署关于办理走私刑事案件适用法律若干问题的意见》第 24 条的规定[①]有相同立场。本文案例中，走私花螺的销售价款 1722 万元为私货变现价款，高于其订购价款（完税价格）1578 万元，应当认定为走私违法所得，即该案所涉“走私犯罪的所得及其产生的收益”的数额应为 1722 万元。

3. 走私劳务报酬

走私劳务是指受雇佣而帮助走私货主实施走私犯罪行为的劳务活动，如搬运、清点、运输私货、为走私望风看路等，还有组织上述“一条龙”劳务的“保货”。提供走私劳务而获得的报酬，或者可视为走私货主投入的犯罪成本，或者可视为从走私货主处瓜分的犯罪利润，归属于走私直接所得。

（二）走私直接所得收益

走私直接所得收益为由走私直接所得产生的额外收益财产，其表现形态为孳息，包括天然孳息和法定孳息。如走私母牛繁衍出的牛犊、走私果树生长出的果实等，为天然孳息；出租走私机械设备收取的租金、出借私货变现价款取得的利息、储蓄走私劳务报酬产生的利息等，为法定孳息。

（三）走私间接所得

1. 替代所得

替代所得是由直接所得及其收益转化、转变而获得的其他财产，即以他物替代原物，如以私货变现价款买进股票、债券等有价证券，有价证券是替代所得；投资企业，企业产权是替代所得；购置房产，房产是替代所得。需要注意的是，替代是在物权（包括财产性利益）性质上的实质性替代，即将原物物权转化、转变为他物物权，非物权性质或者非实质性的转化、转变不能认为是替代。一是将债权债务与直

---

① 第 24 条规定，在办理走私普通货物、物品犯罪案件中，对于走私货物、物品因流入国内市场或者投入使用，致使走私货物、物品无法扣押或者不便扣押的，应当按照走私货物、物品的进出口完税价格认定违法所得予以追缴；走私货物、物品实际销售价格高于进出口完税价格的，应当按照实际销售价格认定违法所得予以追缴。

接所得进行转换，如以私货抵偿原有负债或者赊销私货形成债权等，均是私货变现的特殊形式，仍属直接所得。二是直接所得中的现金在不同形式上的转换，如将现钞形式的走私劳务报酬存入银行，变换成存款，只是直接所得的一种形式变换。

2. 混合所得

混合所得是将直接所得及其收益与其他合法财产相混合而获得的财产，且原物因无法从他物中区别或者拆分出来而失去原态的同一性，实质是原物被他物的一部分所替代，因此混合所得应视为替代所得的一种特别形态。例如，一批走私手机芯片，与合法购置的其他手机零部件组装成手机后销售，其亦转变为手机的一部分而失去原态同一性，视为混合所得，需按走私芯片在手机中的价值比例相应认定手机销售价款中的走私违法所得。

（四）走私间接所得收益

走私间接所得收益为由走私间接所得产生的额外财产，其表现形态亦为孳息，如股票股息、股权分红等。需要注意的是，混合所得收益应按违法所得在混合财产中所占比例相应认定。

买卖走私货物过程中的洗钱犯罪问题研究

陈鹿林　战晓宁 *

摘　要　打击洗钱犯罪旨在及时切断上游犯罪资金链，剥夺非法获益以及再犯可能性。作为洗钱罪对象的走私犯罪所得，采用不扣除成本的广义犯罪所得概念更合理，符合司法实际和人们的一般认识。走私进口的货物、物品系犯罪所得。销售、代为销售走私货物、物品，或者向非直接走私人收购走私货物、物品的，可以构成洗钱罪。鉴于《海关法》对货物和物品有不同的规定，行为人走私进口货物既遂后再销售的，以走私罪一罪处理；走私进口物品既遂后另起犯意销售的，以走私罪和洗钱罪数罪并罚。

关键词　洗钱罪　走私犯罪所得　进口走私　买卖走私货物

走私罪是洗钱犯罪七大上游犯罪之一。进口走私中，行为人取得走私货物、物品后，通常存在进一步交易走私货物、物品的情形。对此，《最高人民法院、最高人民检察院、海关总署打击非设关地成品油走私专题研讨会会议纪要》第 1 条第 2 款规定，向非直接走私人购买走私

*　陈鹿林，浙江省宁波市人民检察院检察委员会委员、法律政策研究室主任、三级高级检察官；战晓宁，浙江省宁波市人民检察院案件管理办公室四级高级检察官。

的成品油的，根据其主观故意，分别以洗钱罪或掩饰、隐瞒犯罪所得、犯罪所得收益罪定罪处罚。然而，对于走私货物、物品是否属于洗钱罪意义上的犯罪所得，理论和实践不无争议；除收购走私货物外，在自洗钱入罪的情况下，销售、代为销售走私货物的行为如何定性，如何处理走私人销售走私货物、物品中一罪与数罪的问题，都值得探讨。本文结合下列案例展开分析。

［**基本案情**］ 2019 年 4 月，陈某某等人多次利用油船从境外海域接驳成品油走私入境，其中部分成品油贩卖给马某辉。马某某在明知系走私成品油的情况下，通过其所经营的宁波某石化有限公司帮助马某辉将 222 吨走私成品油低价销售给多家物流公司。其间，马某某让其他公司为自己虚开成品油增值税专用发票，作为其销售上述走私成品油的进项发票。已查证马某某销售金额 151 万余元。①

一、洗钱罪视角下犯罪所得的基本范围

合理界定走私犯罪所得范围，是认定洗钱犯罪的基础。对于犯罪所得（或违法所得）的范围，理论和实践主要有两种观点：第一种观点为“获利说”，即犯罪所得系收入扣除成本后获得的实际收益或避免的损失。第二种观点为“取得说”，即通过犯罪行为直接、间接产生、获得的任何财产，无须扣除经营成本。上述两种观点分别体现了狭义犯罪所得和广义犯罪所得，二者主要区别在于是否扣除成本。具体到洗钱犯罪，笔者认为采用广义犯罪所得概念更为合理，即凡是通过上游犯罪直接或间接产生的任何财产，包括投入成本后基于犯罪行为而转化为其他形态的财产，都属于洗钱犯罪对象。主要理由如下：

首先，为实施上游犯罪而投入的成本不具有合法性，法律上应当予以否定性评价。从过程角度来说，一定的犯罪成本投入是行为人启动犯罪、顺利实施犯罪的必要条件。从结果角度来说，当犯罪成本通过犯罪行为转化为其他财物后，对行为人而言这些财物作为整体具有独立价值，整体利益的延续是确保其犯罪目的最终得逞的重要条件。基

① 浙江省宁波市北仑区人民法院刑事判决书，（2021）浙 0206 刑初 28 号。

于任何人不能从违法犯罪中获得利益的基本原理，对这部分财产理应由司法机关予以没收追缴。然而，由于行为人实施洗钱行为，掩饰、隐瞒这些财产的来源和性质，妨害了正常司法活动，其社会危害性显而易见，有必要将其纳入洗钱犯罪对象予以打击。

其次，将体现犯罪成本在内的所得财物纳入洗钱犯罪对象，更能实现洗钱罪立法初衷。洗钱是毒品、走私、恐怖活动等各类上游犯罪得以存续的重要土壤，特别是通过洗钱使得资金流转更加畅通，加速上述各类犯罪的完成，降低犯罪被揭露的风险，保证犯罪收益。相反，通过打击洗钱犯罪，形成较为阻塞的资金流转，将会减缓各类犯罪的完成，增加犯罪暴露的风险，延缓犯罪收益的取得。而上游犯罪的资金流转，就不仅仅限于基于上游犯罪增值部分的利益，自然还应包括为实施上游犯罪投入成本之后转化的各种后续财产，这些财产理应成为洗钱罪的打击对象。否则，如果仅仅将洗钱罪对象限定于增值部分的利益，那么作为成本的资金仍然可以在持续不断的犯罪中循环流转，显然无法实现设立洗钱罪及时切断上游犯罪的立法初衷。

二、作为洗钱罪犯罪对象的走私犯罪所得

对于上游走私犯罪而言，将洗钱犯罪对象界定于包括成本投入在内的广义犯罪所得更有其必要性。司法实践中，走私犯罪实际获利难以查清的情况普遍存在，实际获利与投入成本通常混杂于同一批货物、资金中，二者界限模糊，甚至大量犯罪可能就“亏本”，整体利益没有实际增值。但从洗钱行为人角度看，其主观上通常也是基于认识到哪一批货物或资金系通过某一犯罪行为获得、转化而来，从而对其进行掩饰、隐瞒，但不可能将行为人实际获利与投入成本予以区分再实施上述洗钱行为。将包括成本在内的所得财物作为洗钱罪对象，符合人们的一般认识。例如，行为人投入 100 万元走私进口普通货物，亏本销售回收 80 万元，普通人在观念上仍然认为这 80 万元属于走私犯罪所得，如果帮助转移出境的，可能构成洗钱罪。反之，如果仅仅将实际获利作为走私犯罪所得，那么走私案件中洗钱罪的适用空间就很窄。

洗钱罪的犯罪对象是犯罪所获取的财产性利益[①]，通过走私犯罪所得的资金自然可以作为洗钱罪的对象，但这种财产性利益是否仅限于资金，司法实践中有一定争议。具体到走私犯罪，这种争议主要体现为走私货物是否属于犯罪所得，能否作为洗钱犯罪对象。对此，理论和实践中主要存在三种不同观点：

第一种观点认为走私货物是犯罪对象，但不属于洗钱罪中的犯罪所得。主要理由在于洗钱罪与掩饰、隐瞒犯罪所得罪中的“犯罪所得”应当有所区别，前者侵犯的是金融管理秩序，其罪质表现为使赃款合法化，后者表现为使赃款赃物转移和合法化。[②]第二种观点认为应区别不同情况对待，在非涉税走私中，走私货物是犯罪所得，但在涉税走私中，犯罪所得是偷逃应缴税额等税费而不是普通货物。主要理由为，非涉税走私中相关货物不可能通过合法途径得到，只能通过走私犯罪行为而获取；而涉税走私中，普通货物本身允许进口，刑法对该行为的惩罚是因为其偷逃应缴税费而不是其他。[③]第三种观点则认为，走私货物可以作为洗钱罪犯罪对象，收购走私货物有可能构成洗钱罪。

针对上述争议，笔者赞同第三种观点，即无论涉税走私还是非涉税走私，走私货物都可以作为洗钱罪的犯罪对象，主要有以下几点理由：

首先，从法律规定看，洗钱罪的犯罪对象包括资金以外的财产。《刑法》第191条规定了洗钱罪的五种行为模式，其中第二种为将财产转换为现金，第四种为跨境转移资产，无论财产还是资产，都包括有形财物。可见，前述第一种观点将洗钱罪对象仅限于赃款，不包括赃物的观点难以成立。事实上，在受贿犯罪中，犯罪所得除受贿款外，也包括汽车、房产、珠宝等其他财物。走私犯罪中，走私货物通常系行为人支付一定对价交易所得，具有一定财产属性，可以理解为犯罪所得。

---

① 参见宋路明：《洗钱罪核心价值之回归》，《河南司法警官职业学院学报》2021年第1期。

② 参见刘晓光、金华捷：《〈刑法修正案（十一）〉背景下洗钱罪在走私犯罪中的适用》，腾讯网，https://xw.qq.com/amphtml/20210330A072NV00?ivk_sa=1024320u，最后访问日期：2021年10月3日。

③ 参见赵拥军：《直接销售走私犯罪之“物”的“自洗钱”行为及其罪数认定》，《中国检察官》2021年第9期。

其次，从洗钱罪侵害的法益看，走私货物可以作为洗钱罪犯罪对象。尽管洗钱罪位于“破坏金融管理秩序罪”一章，然而，“洗钱行为所侵害的法益并非仅限于国家金融管理秩序，其掩饰、隐瞒犯罪所得及其收益的来源和性质的行为，势必妨害司法机关对上游犯罪的追查”①。从实践来看，利用非金融系统实施转换、转移、掩饰、隐瞒犯罪所得的行为也很常见。走私货物具有一定财产属性，以走私货物为对象实施上述各种洗钱行为，会切断走私货物与上游犯罪的联系，足以达到掩饰、隐瞒犯罪所得性质的效果。

最后，涉税走私中的货物也属于洗钱罪意义上的犯罪所得。涉税走私中，尽管货物本身允许进口，但由于行为人是通过违法手段走私入境，货物的取得不具有合法性，属于通过上游犯罪直接产生的财产，系广义犯罪所得范畴。相反，如果涉税走私只有偷逃应缴税款属于犯罪所得，那意味着只有对所偷逃的税款进行掩饰、隐瞒时才可能构成洗钱罪。然而，偷逃税款是一种消极利益，系行为人因走私而减少的支出，这部分利益属于无法特定化的财产，显然不可能被掩饰、隐瞒，从而在涉税走私中可能不存在洗钱罪。

犯罪所得的基本含义是犯罪既遂后获得的财物。进口走私类似于受贿犯罪，作为犯罪对象的财物既存在于犯罪过程，且在犯罪既遂后由行为人获得，均属于犯罪所得。例如，本文案例中，马某辉直接向走私人收购走私入境的成品油，该成品油就属于犯罪所得。而出口走私类似于行贿犯罪，作为犯罪对象的财物只存在于犯罪过程，并且行为人伴随犯罪既遂而失去财物，因此在出口走私和行贿犯罪中，财物均不是犯罪所得。

三、买卖走私货物与洗钱罪的认定

（一）买卖走私货物可以构成洗钱罪

在走私货物可以作为洗钱犯罪对象的基础上，买卖走私货物的行为

① 安汇玉、汪明亮：《自我洗钱行为当罚性分析》，《苏州大学学报（法学版）》2020年第3期。

定性值得进一步探讨。通说认为，掩饰、隐瞒犯罪所得罪与洗钱罪是一般法与特殊法的关系，两罪的最大区别在于上游犯罪范围不同。但法条对两者行为方式的具体规定有一定差异，《刑法》明确“收购、代为销售”属于掩饰、隐瞒犯罪所得行为方式之一，但在洗钱罪中并没有明确这两种行为方式。然而，“无论洗钱行为方式如何发展，其实质脉络和中心点都是围绕犯罪所得和收益的来源和性质，进行掩饰、隐瞒”①。可见，洗钱罪的本质在于掩饰、隐瞒犯罪所得及其收益的来源和性质，我们也应当围绕洗钱罪这一本质来把握买卖走私货物的行为性质。

实践中，掩饰、隐瞒犯罪所得来源和性质的行为方式多种多样，不同行为方式在掩饰、隐瞒的程度上有大小之分，有些行为掩饰、隐瞒的程度深，有些则较浅。但其共性在于造成上游犯罪与所得财物之间的信息无痕，通过资产、资金转换、转移过程中所造成的信息缺失、信息隐蔽、信息不完整、信息不真实、信息复杂等情形，使司法机关无法追查相关财产来龙去脉。②走私入境的货物属于犯罪所得，通过买卖走私货物，将实物转化为资金，使得承载上游犯罪所得这一财产性利益的载体发生实质性变化，造成所得财物与走私犯罪之间信息缺失，模糊二者的关联性，在一定程度上达到掩饰、隐瞒犯罪所得来源和性质的效果。正因为如此，《刑法》第191条规定，将财产转化为资金、有价证券的，属于洗钱罪行为方式之一。而无论是销售、代为销售走私货物还是购买走私货物，都可以理解为将财产转化为资金，从而此类行为可以构成洗钱罪。例如，本文案例中，马某某采用代为销售、虚开发票的方式，掩饰、隐瞒该成品油系走私犯罪所得的来源、性质，法院认定马某某构成洗钱罪。

（二）走私人销售走私货物的罪数问题

在《刑法修正案（十一）》将自洗钱行为入罪之后，走私人销售走

---

① 王新：《总体国家安全观下我国反洗钱的刑事法律规制》，《法学家》2021年第3期。

② 参见蒋佳芸：《洗钱罪与掩饰、隐瞒犯罪所得、犯罪所得收益罪的区分》，《人民司法》2020年第2期。

私货物、物品的，同时构成走私罪和洗钱罪（自洗钱），但并不意味着一定要数罪并罚。自洗钱行为与上游犯罪有密切牵连关系，传统理论认为自洗钱属于事后不可罚行为，不需要单独定罪处罚。然而，新近观点认为，大量自洗钱行为不能为上游犯罪侵犯的法益所包容，它往往还侵犯了其他法益，有将自洗钱行为单独定罪的必要。实践中，由于具体自洗钱行为方式各不相同，是否侵犯其他法益、是否属于事后不可罚行为，仍然有一定差异。具体个案中，如果某一自洗钱行为属于单纯的事后不可罚行为，只按上游犯罪一罪处理即可。

理论一般认为，事后不可罚行为是指犯罪完成后伴随该犯罪的违法状态继续的状态中所实施的行为，只要根据该犯罪构成要件已完全评价，不构成其他犯罪的情况。[①]具体到走私罪，以实践中最典型的走私普通货物罪为例，《海关法》对货物、物品予以严格区分，货物是以销售牟利为目的，而物品则不以出售、出租为目的，仅供本人自用或馈赠亲友，在认定犯罪数额时，货物的税率远高于物品税率。可见，当某一走私行为被评价为走私普通货物罪（而不是走私普通物品罪）时，意味着法律上已经将走私既遂之后的销售行为评价其中，销售行为已经包含到走私普通货物罪的犯罪构成要件中，从而无须对事后销售走私货物这一自洗钱行为单独定罪处罚。例如，本文案例中，陈某某走私大量成品油后销售给马某辉等人，对陈某某只需定走私普通货物罪一罪。

当然，如果行为人构成走私普通物品罪时，意味着法律只是将走私对象评价为自用或馈赠亲友的物品，也是按更低的物品税率计算犯罪数额，并没有将销售行为评价在内。因此，走私进口物品既遂后另起犯意销售的，以走私罪和洗钱罪数罪并罚。[②]

（三）收购走私货物与洗钱罪的认定

根据《刑法》规定，直接向走私人非法收购走私进口的货物、物

① 参见马克昌:《比较刑法原理》，武汉大学出版社 2002 年版，第 783 页。

② 为论述走私人自洗钱行为的罪数问题，区分海关法意义上货物和物品不同的内涵，而本文其他地方为叙述方便，不对货物、物品作明显区分，统一使用“走私货物”一词。

品，数额较大的，以走私罪论处。这在刑法理论上称为间接走私（又称一手购私）。收购走私货物本质上也是掩饰、隐瞒犯罪所得的行为，同时可能构成洗钱罪。但基于法律特别规定，对于一手购私应当按走私罪定罪处罚，不再以洗钱罪处理。例如，本文案例中，马某辉直接向走私人陈某某收购走私的成品油，马某辉的行为定性为走私普通货物罪。

当行为人从间接走私人处收购走私货物时，行为人系二手购私者。由于一手购私者构成走私罪，故该货物仍然属于走私犯罪所得，二手购私者如果主观上明知系走私货物，应当以洗钱罪定罪处罚。当然，收购人主观上可能会发生认识错误。如果在同一犯罪构成要件内出现具体认识错误，仍构成洗钱罪；如果发生抽象认识错误，则构成掩饰、隐瞒犯罪所得罪。

涉走私案件洗钱犯罪法律适用问题探析

王键波　宋思佳　徐邦国*

摘　要　走私犯罪往往与资金的往来支付、跨境流通紧密相连，对走私犯罪中伴有的涉及洗钱罪列明的行为形式，应从涉及的资金性质是否改变、资金是否可被溯源追缴、资金的流转是否具有“正当理由”三个方面来判断是否属于洗钱罪范畴，并以此判别走私共犯、间接走私与洗钱罪。对于在走私犯罪中产生的犯罪所得，应按照走私的不同类型和手法予以认定。

关键词　走私　洗钱罪　犯罪所得

1997年《刑法》专门设立了洗钱罪，明确了对明知是毒品犯罪、黑社会性质的组织犯罪、走私犯罪的所得及产生的收益，掩饰、隐瞒其来源和性质的行为是洗钱行为，走私罪作为洗钱罪上游犯罪之一的刑事规制自此开始。此时，走私犯所实施的自洗钱行为，只能作为上游犯罪的“事后不可罚”行为进行评价，即便这个“事后不可罚”行为相对于上游犯罪行为具有刑法评价上的独立性，且侵害法益的性质更严重，但因自洗钱行为不单独入罪，故对走私犯罪分子不作洗钱罪的评价。但2021年3月1日起实施的《刑法修正案（十一）》通过删

*　王键波，上海海关缉私局法制一处副处长；宋思佳，上海海关缉私局法制一处副科长；徐邦国，上海海关缉私局法制一处副科长。

除“协助”“明知”等罪状描述，解除了洗钱罪只能由他犯构成的禁锢，将自洗钱纳入洗钱罪的打击范围，自此，实施走私犯罪的人也可作为洗钱罪的犯罪主体，且随之而来产生一系列问题亟待明晰，如走私过程中哪些行为可被纳入洗钱罪客观行为范畴，如何辨别行为人的行为是走私行为抑或是洗钱行为，或两者兼而有之；洗钱罪中犯罪所得及其产生的收益范围问题；洗钱与走私共犯、直接购私的关系及罪数问题等。本文将结合对洗钱罪的理解及走私办案实务对上述问题进行探讨。

一、涉走私洗钱行为方式辨析

走私犯罪作为经济类犯罪，系对外贸易的伴生产物，走私过程也是跨境贸易的开展过程，在此过程中往往与资金的往来支付、跨境流通紧密相连，在走私过程中发生诸如“提供资金账户”“资金形式的转换”“资金转移”“资金跨境转移”等涉及洗钱罪列明的行为形式十分常见，是否只要符合上述行为均可认定洗钱？笔者认为是否构成洗钱罪，还需从洗钱罪的法益、行为性质以及主观认知上剖析。

（一）从洗钱罪的法益分析洗钱行为

《刑法》第 191 条规定的洗钱罪隶属于《刑法》分则第三章“破坏社会主义市场经济秩序罪”第四节“破坏金融管理秩序罪”，因此洗钱罪侵犯的是复杂客体，既侵犯了国家金融管理秩序、社会经济管理秩序，也侵犯了国家正常的金融管理活动，同时由于洗钱的对象是上游犯罪所得及其收益，洗钱行为中的掩饰、隐瞒主要目的之一是逃避侦查机关的侦查，规避司法机关的追缴，因此洗钱罪也侵犯了司法机关对（上游）犯罪活动的追诉，其法益也包括司法机关的正常活动。基于上述原因，在走私行为过程中，资金的流转、跨境转移是否妨害了司法机关的追缴、阻断司法机关的溯源，系判断构成洗钱的主要标志之一。

（二）从洗钱罪的行为性质分析洗钱行为

《刑法》第 191 条规定，“为掩饰、隐瞒毒品犯罪、黑社会性质的组织犯罪、恐怖活动犯罪、走私犯罪、贪污贿赂犯罪、破坏金融管理秩序犯罪、金融诈骗犯罪的所得及其产生的收益的来源和性质……”，如何理解“掩饰、隐瞒”对界定洗钱罪的行为性质尤其重要。2021 年 3 月 19 日最高人民检察院、中国人民银行发布的“林某娜、林某吟等人洗钱案”中提及，“林某娜、林某吟、黄某平、陈某真明知林某永、蔡某璇提供的资金是毒品犯罪所得及收益，仍使用上述资金购买房产、土地使用权，投资经营酒行、车行，提供本人和他人银行账户转移资金，符合《刑法》第 191 条的规定，构成洗钱罪。同时，林某娜帮助林某永保管、转移毒品犯罪所得的行为，符合《刑法》第 349 条的规定，构成窝藏、转移毒赃罪。……法院作出判决，认定林某娜犯洗钱罪，窝藏、转移毒赃罪，数罪并罚”，由此可见，洗钱罪中的“掩饰、隐瞒”系具有“化学特征”的行为，与“窝藏、转移”行为的“物理特征”不同，即“掩饰、隐瞒”具有将黑洗白、改变资金性质的效果。因此，行为是否具有“化学特征”，是否改变资金的性质，实现了将上游犯罪所得的资金由黑洗白，系判断是否构成洗钱的主要标志之一（此特征也是洗钱罪与《刑法》第 312 条掩饰、隐瞒犯罪所得、犯罪所得收益罪及第 349 条窝藏、转移、隐瞒毒品、毒赃罪区别之一，详见表 1）。

表 1

罪名	上游犯罪	行为表现	行为特点	自洗钱入罪
洗钱罪	七种上游犯罪（包括走私罪）	掩饰、隐瞒	化学反应	是
掩饰、隐瞒犯罪所得、犯罪所得收益罪	七种以外上游犯罪	掩饰、隐瞒、窝藏、转移	化学反应、物理反应	否
窝藏、转移、隐瞒毒品、毒赃罪	毒品犯罪	窝藏、转移	物理反应	否

（三）从洗钱罪的主观要件分析洗钱行为

《刑法修正案（十一）》虽然对第 191 条洗钱罪的主观要件进行了修改，删除了原规定第 1 款句首的“明知”表述，但此修改更多是为了将自洗钱纳入洗钱罪范畴，洗钱罪作为故意犯罪的性质并未改变，其在认识上包括两层含义：一是行为主体需明知系为上游犯罪掩饰、隐瞒违法犯罪所得及其收益，即对上游犯罪的行为具有主观认识；二是行为主体对行为的内容为掩饰、隐瞒上游犯罪所得具有明知性，即对掩饰、隐瞒的行为性质和行为目的具有主观认识。但即便行为人实施了《刑法》第 191 条规定的五种行为，若只是在贸易过程中实施的具有“正当理由”[①]的行为，可认为行为人对掩饰、隐瞒的行为性质不具有主观认识，应不构成洗钱罪。

综上，在办理走私案件过程中，判断走私行为人或相关人员实施的行为是否构成洗钱，可从涉及的资金性质是否改变、涉及资金是否可被溯源追缴、资金的流转是否具有“正当理由”三个方面进行判断。

二、涉走私洗钱罪中犯罪所得及其收益的理解

根据《刑法》对洗钱罪的表述，掩饰、隐瞒的对象须是上游犯罪的“犯罪所得及其产生的收益”。目前对犯罪所得的范围主要有两种观点：一种是将犯罪过程中所得的一切财物均视为犯罪所得，系“获得说”；另一种认为走私的涉案货物是走私对象，而犯罪所得应仅指在犯罪过程中获得的利益部分，系“获利说”。到底是“获得说”还是“获利说”，理论及实践均有分歧，尤其对走私犯罪中的涉案货物是否属于违法犯罪所得争议较大。笔者认为，应根据走私犯罪的不同类型予以区分。

第一类是涉税类走私犯罪，在此类走私犯罪中，走私货物及其变卖的货款并非全都是走私犯罪所得，其中涉案货物应作为走私对象，若将走私货物予以变卖或销售，应将所得的价款予以区分：其中涉及货

---

① 2009 年《最高人民法院关于审理洗钱等刑事案件具体应用法律若干问题的解释》第 1 条第 2 项至第 5 项中规定的“没有正当理由……”可作为此处理解的依据。

值的部分系走私的对象而非走私犯罪所得，而销售后的盈利部分可认为是走私犯罪违法所得。在2002年《最高人民法院、最高人民检察院、海关总署关于办理走私刑事案件适用法律若干问题的意见》第23条中，明确列出了“关于走私货物、物品、走私违法所得以及走私犯罪工具的处理问题”，其中将走私货物、物品与走私违法所得并列考虑，也可认为走私违法所得并不涵盖走私货物、物品。因此对此类犯罪，笔者认为应适用“获利说”。

第二类是禁止类走私犯罪，系国家禁止进出口或者严格管制进出口的“货物、物品”，比如“毒品”“制毒物品”“武器、弹药”“境外废物中的洋垃圾”“珍贵动物及其制品”“淫秽物品”“来自境外疫区的动植物及产品”等，走私这类货物、物品危害国家乃至全球的经济安全、生态安全和文化安全，还可能含有危害公共卫生安全的致病细菌和病毒，一旦走私入境即有可能引起重大动植物疫情，严重威胁我国人民群众的生命安全和身体健康，危害性很大，且上述货物、物品在国内亦是绝对禁止流通、交易的，《刑法》分则也基本对应设置了对于国内流通环节予以刑事规制的相关罪名，如非法持有毒品罪，运输毒品罪，非法买卖、运输枪支罪，非法经营罪等。此外《刑法》第349条的窝藏、转移、隐瞒毒品、毒赃罪中也涉及犯罪所得的表述，对该条中犯罪所得的范围应包括涉案毒品及其变卖的所有赃款，而对该条中犯罪所得的范围与洗钱罪中涉及走私毒品而产生的犯罪所得范围应具有统一性。因此对禁止类走私犯罪适用“获得说”，即对走私中获取的一切财物均应视为走私犯罪所得。

第三类是限制类走私犯罪，根据《对外贸易法》《货物进出口管理条例》等法律规定，常见的限制性货物、物品包括ODS物质、黄金及其制品、可利用的固体废物和数码产品等、药品、音像制品等，这些货物本身性质对人身健康和生态环境均无直接的危害，限制进口只是为了保护国内的相关产业，或者特殊产品要求特殊资格的经营主体，带有较强的行政色彩。上述限制性货物，由于国家限制进口的货物采取许可证及额度管理，若走私获取相应许可证但超出许可数量的货物，应与走私普通货物、物品在犯罪对象的法律属性上相类似，可作同一评价，即“获利说”；若走私未获取相应许可证，该种货物便无法正常申报进口，则该货物应属于犯罪所得，即“获得说”。

三、间接走私、走私共犯与洗钱罪之关系

（一）间接走私与洗钱罪

《刑法》第155条规定，直接向走私人非法收购国家禁止进口物品的，或者直接向走私人非法收购走私进口的其他货物、物品，数额较大的，以走私罪论处。要区别辨明在直接购私过程中是否存在洗钱，主要应从以下两方面进行把握：一是走私对象是否能视作走私罪的违法犯罪所得。在涉税走私中，由于走私货物、物品本身不属于违法所得范畴，故仅直接购私，并不构成洗钱罪。二是直接购私的同时是否存在掩饰、隐瞒犯罪所得的行为。如上文所述，在直接购私行为过程中，购私者向走私人购买走私货物、物品并提供用于购私的资金账户，该行为没有发生资金洗白的“化学变化”，在实质上亦未侵犯影响侦查司法机关的侦查活动（如侦查机关可对直接购私人员的资金账户予以冻结，对走私货物所得的资金钱款予以扣押追缴），故一般情况下仅直接购私者不构成洗钱罪。

（二）走私共犯与洗钱罪

《刑法》第156条规定，与走私罪犯通谋，为其提供贷款、资金、账号、发票、证明，或者为其提供运输、保管、邮寄或者其他方便的，以走私罪的共犯论处。在洗钱罪的七种上游犯罪中，只有走私罪对提供资金、账号等的行为做了法律上的定罪规制，因此为走私分子提供“资金账户”是构成走私、还是洗钱在理论及实务上均争议较大。如在上海缉私局侦办的一起走私成品油案件中，犯罪嫌疑人薛某受他人指使，负责提供自己控制的银行账户（包括本人和他人的账户）收取走私运费、向参与走私人员支付工资、报销、分红。侦查机关以薛某涉嫌走私罪提请批准逮捕，检察机关审查认为薛某涉嫌洗钱罪并予以批捕，最终法院以走私罪予以判决。[①] 笔者认为，既然《刑法》明确了自

① 上海市第三中级人民法院刑事判决书，（2021）沪03刑初14号。

洗钱入罪，则是认可洗钱从上游犯罪脱离出来，而具有单独的法益保护价值，因此对于既符合走私共犯、又符合洗钱罪构成要件的，应数罪并罚。但提供“资金账户”是否构成洗钱罪，应从本文所述对洗钱的本质上予以把握，从该提供“资金账户”的行为是否具有“化学特征”“可追溯性”“合理性”等角度予以分析。

四、关于洗钱罪之追诉标准问题

根据《刑法》第191条规定，为掩饰、隐瞒毒品犯罪、黑社会性质的组织犯罪、恐怖活动犯罪、走私犯罪、贪污贿赂犯罪、破坏金融管理秩序犯罪、金融诈骗犯罪的所得及其产生的收益的来源和性质，有下列行为之一的，没收实施以上犯罪的所得及其产生的收益，处5年以下有期徒刑或者拘役，并处或者单处罚金；情节严重的，处5年以上10年以下有期徒刑，并处罚金。洗钱罪分为两个量刑档次，其中一般情节的立案追诉标准应理解为：（1）上游犯罪事实成立；（2）有为上游犯罪掩饰、隐瞒犯罪所得及其产生的收益来源和性质的行为。但若在一起走私犯罪案件中，案值50万元，偷逃税金额20万元，走私犯罪产生的收益10万元，但实施洗钱的行为只有5万元，在此情形下，是否可对洗钱行为人立案追诉？笔者认为，应明确洗钱罪中的追诉金额应与其上游犯罪产生的犯罪所得及收益相对应，只有实施洗钱的金额达到10万元，对应的案值、偷逃税达到起刑标准，洗钱犯罪才符合立案追诉标准。

最后，为了更加清晰地阐释本文观点，以下结合真实案例进行多种假设，对在走私过程中对洗钱罪的认定、走私违法所得及洗钱罪的关系等予以阐释。

［假设一］ 郑某某以他人账户向境外支付100万元货款购买走私白糖，并通过绕关走私方式偷运进境。经海关计核，郑某某偷逃应缴税额50万元。笔者认为，因郑某支付的100万元为货款，相当于走私对象即货物价值，故在该假设中尚未产生违法所得。

［假设二］ 郑某某以本人账户向境外支付100万元货款购买走私白糖，通过绕关走私方式偷运进境，销售给国内下家后获得180万元。在该假设中，走私分子已将走私对象销售，其盈利的80万元应作为其

走私犯罪违法所得。但因其使用的是本人账户，未发生掩饰、隐瞒的行为，未将犯罪所得由黑洗白，故也不构成自洗钱。

［**假设三**］郑某某使用他人银行账户向境外支付100万元货款购买走私白糖，通过绕关走私方式偷运进境，销售给国内下家，并用他人账户收取货款180万元。在该假设中，如假设二所述走私犯罪违法所得标的款为80万元。因郑某某使用他人账户，货款的性质发生了变化，阻碍了司法溯源，达到了掩饰、隐瞒的目的，故认为构成自洗钱80万元。

［**假设四**］郑某某向境外支付100万元货款购买走私白糖200吨，通过绕关走私方式偷运进境，造成漏缴税款共50万元。运抵境内后，张三、李四明知该白糖系走私货物，直接向郑某某收购180吨、20吨。随后，张三、李四又将走私白糖倒卖给其他人，并通过他人银行账户收取货款，分别赚取差价72万元、8万元。在该假设中，张三、李四直接向郑某某购买走私货物，张三构成间接走私，偷逃应缴税额45万元，应以走私普通货物罪追究其刑事责任；李四偷逃税5万元，因不满起刑点，不构成走私罪。两人通过他人账户倒卖走私货物后盈利的72万元、8万元作为走私违法所得，由于通过他人账户收取货款存在掩饰、隐瞒的行为，资金发生了“化学变化”，故张三构成自洗钱，而李四由于其对应的上游犯罪未达到走私罪起刑点，故不能定其洗钱罪。

走私洗钱犯罪的法律适用

王林生*

摘　要　《刑法修正案（十一）》将“自洗钱”纳入刑法单独评价，因走私犯罪的复杂性，辨析不同走私犯罪情形的犯罪所得，更能准确评价针对犯罪所得的后续处置行为。应全面评价上游走私犯罪行为，以厘清上下游犯罪边界。目前，在没有特别规定将上游走私犯罪和下游洗钱犯罪原本应数罪并罚的情形拟制为“择一重”处罚的情况下，对二者应数罪并罚。

关键词　走私　犯罪所得　洗钱　数罪并罚

一、走私犯罪与洗钱罪

走私犯罪是《刑法》分则中有关走私的统称，洗钱罪是为了掩饰、隐瞒（以下简称掩隐）走私等特定七种犯罪所得及其收益的来源和性质而实施的“洗白”行为。一般认为，洗钱行为发生在上游犯罪既遂之后。若上游犯罪是连续犯，每次犯罪行为发生后，“清洗”犯罪所得的行为也可评价为洗钱罪。《刑法修正案（十一）》为使“自洗钱”入罪，删除了法条中“明知”“协助”等表述，解除了洗钱罪主体的限定，但“明知”仍是洗钱罪的构成要素，属应有之义，行为人可以概括性认知七种特定犯罪所得，但若不知，下游掩隐行为则应以《刑法》第 312 条掩饰、隐

* 王林生，新疆维吾尔自治区乌鲁木齐市天山区人民检察院检察委员会委员、综合检察业务部主任、一级检察官。

瞒犯罪所得、犯罪所得收益罪（以下简称掩隐罪）评价。

二、走私犯罪的犯罪所得

走私犯罪关联洗钱罪准确定性的前提是走私犯罪所得的认定，犯罪所得收益的认定更要依据犯罪所得的认定。

《刑法》规定，犯罪所得是犯罪分子违法所得的一切财物；“两高”将“犯罪嫌疑人、被告人逃匿、死亡案件违法所得的没收程序”中“违法所得”规定为行为人“通过实施犯罪直接或者间接产生、获得的任何财产”；最高人民法院规定掩隐罪条文中“犯罪所得”是“通过犯罪直接得到的赃款、赃物”。目前，虽未明确规定洗钱罪条文中“犯罪所得”，但《刑法》分则中犯罪所得的含义应是统一的。洗钱罪与掩隐罪是《刑法》特别规定与一般规定的关系①，洗钱罪条文中的“犯罪所得”完全可以参照有关“犯罪所得及其收益”的规定进行理解。走私犯罪的“犯罪所得”可以理解为行为人通过走私行为直接获得的赃款、赃物。因走私的复杂性和走私对象的多样性，对走私犯罪所得应分类分析。根据走私行为形式，走私犯罪可划分为绕关走私、通关走私。虽均违反法律法规，逃避海关监管，但不同走私形式对国家监管侵犯的程度有所不同，认定走私犯罪所得也应有所不同。

（一）绕关进口走私犯罪所得

绕关进口走私的核心是从未设海关的地点入境，不向海关申报而逃避海关监管，偷逃关税，严重侵害我国对货物入境的监管秩序。绕关走私涵盖禁止进口、限制进口和普通货物等所有范围。对于武器、弹药、核材料、假币、淫秽物品等违禁品，作为国家禁止进口的货物，因行为人无法通过合法正当渠道获得，一般不存在符合我国法律规定的合法权属关系，只能通过绕关或夹藏走私获得。通过绕关走私获得的赃物即走私货物，均可认定为走私犯罪所得。对于限制进口的物品

① 洗钱罪与掩隐罪并非简单的特殊规定与一般规定，因洗钱罪要掩隐犯罪所得的来源和性质，认定标准高于掩隐罪，对七种特定犯罪所得及其收益掩隐行为达不到洗钱罪构成要件时，仍要以掩隐罪评价。

和普通货物，走私行为人虽可通过合法贸易、办理许可证等方式依法获得并入境，但绕关走私入境，不仅严重损害国家进口关税等经济利益，更是逃避海关对入境货物的监管，严重冲击正常进口秩序和国内市场，各种潜在风险难以预估。且司法实践中，绕关走私存在缉查难、取证难、定性难、处理难，为打击绕关走私猖獗态势，维护海关监管秩序和关税经济利益，将绕关走私货物均认定为走私犯罪所得，与2019年《最高人民法院、最高人民检察院、海关总署打击非设关地成品油走私专题研讨会会议纪要》精神基本一致，且便于实务操作。

（二）通关进口走私犯罪所得

通关进口走私是经过设立海关地点，采取伪报、瞒报、夹藏等欺骗方式，瞒过海关的监督、检查，但整体上仍置于海关监管之下。对于通关走私中低报价格、取得许可但超过许可数量进口货物等情形，货物可以通过正当途径获得，一般存在符合我国法律规定的合法权属关系，将这些货物作为走私犯罪对象，是因行为人在获得货物过程中偷逃了应缴税款。[①]“不应有而有”为得，“应减少而未减少”也为得。低报价格、超额超限的实质是应减少而未减少，未减少的部分即为获利，可视为行为人走私犯罪所得。故通关走私犯罪所得是偷逃的应缴税额，而不是货物本身。但通关中伪报、夹藏走私明显符合完全逃避海关监管这一核心特征，这类走私犯罪所得应参照绕关走私，将货物认定为犯罪所得。

（三）出口走私犯罪所得

走私出口包括交易和转移两种情形。对于交易情形，尤其是绕关走私或夹藏走私出口，犯罪所得应是交易对方给予的金钱、实物或其他财产性利益；而通关走私中低报价格或超额超限的犯罪所得是偷逃的应缴

① 参见赵拥军:《涉走私犯罪的“自洗钱”行为认定》,《人民法院报》2021年4月1日。

税额。对于转移合法财物情形的走私[①]，犯罪所得应是走私的财物本身。

（四）非走私货物实际控制人的犯罪所得

走私参与人虽均按照走私定罪处罚，但非走私货物实际控制人的犯罪所得与“货主”的并不相同，应以在案证据证实的实际所得认定犯罪所得。可能是获得的工资、好处费或其他财产性利益，也可能是一定量的走私货物，甚至纯粹帮忙没有犯罪所得。

三、走私犯罪关联洗钱罪的认定

走私洗钱犯罪的本质在于为走私犯罪所得“披上合法外衣，消灭犯罪线索和证据，逃避法律追究和制裁，实现犯罪所得的安全循环使用”[②]。

（一）犯罪所得是走私货物的洗钱罪

犯罪所得是走私货物，对货物的销售行为符合洗钱罪中“将财产转换为现金”的规定。比如，将枪支等走私犯罪所得销售转换为现金，因钱是种类物，很难将钱与走私犯罪建立关联，明显割裂了枪支与走私犯罪的关系。走私行为人对于我国禁止进口枪支有基本认知，其将走私枪支销售的行为可以推导出其主观上有掩隐走私犯罪所得来源和性质的目的，符合洗钱罪的构成要件，可将销售走私枪支行为评价为洗钱罪，同时构成想象竞合的非法买卖枪支罪。此时，走私行为人身份演变为洗钱、非法买卖枪支行为人，犯罪所得由走私枪支转变为销售后收取的现金等。对于行为人自己对其因出售走私枪支而获得的现

---

① 若转移财产涉及外汇，且是公司、企业或其他单位，还涉嫌逃汇罪。若转移财产系犯罪所得及其收益，对于七种特定犯罪所得及其收益转移出境的，可评价为洗钱罪；对于其他犯罪所得及其收益，因“自窝赃”行为不评价为犯罪，故不能评价为掩隐罪，可评价为走私犯罪。

② 王爱立主编：《中华人民共和国刑法释义》，法律出版社2021年版，第388页。

金进行处置的行为，一般不应再进行刑事评价。[①]而其他人掩隐洗钱、非法买卖枪支行为人犯罪所得及其收益的行为，可能构成掩隐罪。

有人认为，购买人直接向走私人非法购买国家禁止进口的物品，购买者的行为符合走私人自洗钱的帮助行为，也可构成洗钱罪的实行行为，还可根据《刑法》第155条构成走私犯罪，以想象竞合从一重论处，笔者不赞同该观点。购买人明知其购买的是他人走私货物仍予以购买，其行为客观上虽起到了协助走私行为人"将财产转换为现金"的作用，但因无法推定购买人主观上是为了帮助走私行为人掩隐走私犯罪所得，故难以定性为洗钱罪，只需根据《刑法》第155条这一法律拟制的特别规定以及购买的具体货物认定为相应走私罪名即可。[②]此时购买人的犯罪所得就是走私的枪支。购买人若将枪支再销售给第三人，其行为同时构成洗钱罪和非法买卖枪支罪，属于想象竞合，择一重处罚。若第三人明知购买人并非捡拾而是通过违法犯罪方式得到，则其同时构成掩隐罪和非法买卖枪支罪，属想象竞合，择一重处罚。

行为人若将走私货物与他人进行置换，笔者认为，置换也是交易的一种，出售后收取的现金与置换之物应属同一性质，只是流通性存在差异，尤其是在置换物可自由交易的情况下。行为人将走私犯罪所得与他人进行置换，同样构成洗钱罪（存在与其他罪名竞合可能）。出售国家禁止进口的货物，《刑法》分则大多有所规定，对销售走私货物行为的惩处起到了与洗钱罪相当的作用，"自洗钱"入罪，使得惩处罪名更加多元化。

（二）犯罪所得是偷逃应缴税额的洗钱罪

相比于特定货物，偷逃的应缴税额是钱，犯罪所得是在走私行为人

---

① 洗钱罪的上游犯罪中包括破坏金融管理秩序犯罪，而洗钱罪又是破坏金融管理秩序犯罪中的罪名，笔者认为，自洗钱犯罪的上游犯罪不应包括洗钱罪，否则，洗钱罪就会进入一个死循环。

② 《刑法》第155条规定之物不应包括毒品，因涉毒罪名不在《刑法》分则第三章第二节中，无法依据本节规定处罚。即使将毒品认定为本条规定之物，拟制为走私毒品罪，但处罚仍应依据《刑法》第347条。

专门用于申报税款的账户里还是和走私行为人有关的钱都应计入？应缴税额大多存在与其他财产混同的情况，因钱的流通性难以使犯罪所得特定化，使得洗钱罪的认定更为复杂。

因偷逃税额已被评价为走私犯罪进行刑事处理，目前经济下行压力增大，经济社会发展受到严重影响，对于正常生产经营的实体企业，对其走私普通货物罪偷逃的应缴税额可限定在其向海关申报纳税专用账户中的钱款，或有证据证实是可能要缴纳的钱款。对于走私普通货物被认定为自然人犯罪，可将与其有直接关联的钱款均作为犯罪所得，除非有反证。通过对政策的把握，区分认定走私普通货物罪的犯罪所得，进而准确评价洗钱罪，依法做好刑事评价的同时，服务保障“六稳”“六保”。走私后销售货物是行为人后续的经营行为，并未实质影响货物进口时海关的监管，不属于掩隐犯罪所得，销售行为不属于洗钱。

自洗钱的认定应严格按照罪刑法定原则，并进行刑法的体系解释，即行为人针对犯罪所得及其收益实施的洗钱行为需达到破坏金融管理秩序、妨害司法的程度，且是上游犯罪构成所评价不了的。对于行为人走私犯罪后对犯罪所得及其收益实施传统的“自窝赃”行为，因没有侵害到新的犯罪客体，仍被走私犯罪状态所包含，达不到掩隐犯罪所得性质与来源程度的，仍属不可罚的事后行为。

（三）走私犯罪与洗钱罪的界限

走私行为人与国境外货主交易，即时结清货款后走私入境，对其走私行为及后续对犯罪所得处置行为的评价较为简单。但在未支付全部货款即走私货物的情况下，对走私后支付剩余货款行为的评价较为复杂。因走私涉及国边境，易与洗钱罪的“跨境转移资产”相混淆；偷逃的应缴税额易与向外商支付的货款相混淆。虽走私犯罪既遂不以走私交易全部完成为前提，但走私犯罪的组成行为不得评价为洗钱。进口走私中，探讨洗钱罪的前提是行为人已将货物走私入境并实际控制，监管现场查获案件一般不存在洗钱行为。

［基本案情］ 国内实体企业A从国外货主B处购买1000万元的货，A为少缴税款，与B签订阴阳合同，低报价格通关走私，通过正

规途径支付给B货款600万元，货物到港后，A支付剩余货款400万元才能提货。B指定A将剩余货款支付C（国内某出口企业，出口给B货物价值400万元，B尚未付货款，C明知A低报价格通关走私），A凑400万元给C后提货。1个月后案发。（假设A偷逃税额100万元，C多次如此操作，有时先收钱后发货，有时先发货后收钱）A支付400万元的行为如何评价？C行为如何评价？

A已向海关虚假申报，按司法解释规定，走私普通货物罪已既遂。“两高”基于走私犯罪行为的复杂性、多环节性、查获的现场性，将走私犯罪既遂认定关口适度前移，监管现场查获、申报完毕均认定犯罪既遂。以此标准认定走私犯罪既遂案件均为被查获案件，但对于侦查机关未查获案件，如同本案低价申报，海关未发现，国内进口商已完成提货，此时宜从行为人角度判断，在未完成走私交易时，每个为走私交易服务的行为，均应认定为走私犯罪的一个环节。A支付剩余货款行为应被评价到其走私普通货物罪中。C提供账号帮助收取走私货款的行为发生在A提货之前，走私犯罪交易行为尚未完全结束，C行为宜评价到走私犯罪中。若将走私犯罪过程中C提供账号的帮助行为认定为洗钱罪，则难以和走私犯罪的共犯进行区分。

交易的核心是拿了多少钱的货，支付了多少货款，C行为发挥的主要作用是帮助支付、收取剩余货款，彻底完成A、B的走私交易。A与B签订阴阳合同通关走私，是共犯。C在明知接收的是A为少缴税款而支付的剩余货款，仍根据B安排提供个人账户接收，属于明知走私仍提供帮助，可依据2002年《最高人民法院、最高人民检察院、海关总署关于办理走私刑事案件适用法律若干问题的意见》认定C为A、B走私犯罪承继的共犯。以走私犯罪的从犯对C定罪量刑是合适的。

将案例延伸，案发后查证A有一固定账户向海关申报税款，该账户有100万元是A通关走私申报税款后剩下的。若A将这100万元和其他合法经营钱款混同又向国外货商购货，此时A将其走私普通货物罪的犯罪所得与其合法收入混同并进行再经营，基本实现犯罪所得的安全循环使用，此时应被评价为洗钱罪。

四、走私犯罪与洗钱罪的处断

目前，除走私、贩卖毒品外，尚未有走私犯罪与自洗钱犯罪是择一重罪还是数罪并罚的规定。[①] 走私进口货物再销售大多是为了实现经济利益，可将走私犯罪作为行为，洗钱罪作为结果或目的，追求洗钱罪结果的实现是行为人实施走私犯罪和洗钱行为的最终目的，只有通过洗钱罪才能实现走私犯罪所得及其收益的合法化，可认为走私犯罪与洗钱罪存在牵连关系。我国《刑法》分则对牵连犯的处断并没有统一标准，是择一重还是数罪并罚，完全依赖于有无特别规定的拟制条款。走私犯罪和洗钱罪的犯罪构成相互独立，没有竞合关系，在无“择一重”规定的情况下，应按照《刑法》总则“一罪一罚，数罪并罚”的规定予以数罪并罚。若不认为二者之间存在牵连关系，走私犯罪与洗钱罪就是实质的两罪，可直接数罪并罚。

若对走私犯罪与洗钱罪“择一重”处罚，走私犯罪量刑较重，自洗钱犯罪可谓有名无实，其入罪意义也大打折扣，仅在特定情形才可能对行为人以洗钱罪评价。如走私犯罪行为人因不具备刑事责任能力未被追究刑事责任，在其具备完全刑事责任能力后的自洗钱行为，可以洗钱罪追诉；再如行为人在境外实施走私犯罪后，将犯罪所得转移境内洗钱的行为，也可以洗钱罪追诉。对于共犯既协助行为人上游走私，又协助下游洗钱，分别作为走私犯罪与洗钱罪的共犯进行评价即可，但在量刑上一定要与主犯相均衡。

---

① 因走私、贩卖毒品罪属于选择性罪名，不宜将走私毒品后销售毒品的行为评价为洗钱罪，以一罪评价即可。

论洗钱罪的犯罪对象与罪数认定

——以走私犯罪案件中洗钱罪为视角

扈小刚　姜　聪*

摘　要　洗钱罪犯罪对象的认定需要结合上游犯罪的具体罪名、侵犯法益以及事后对涉案财物的处置，在司法实践中予以区分。伪报价格型走私普通货物、物品，犯罪所得应以走私偷逃税额为限。违禁品走私、绕关型走私，犯罪所得应以走私货物认定。对于上游犯罪过程中实施的掩饰、隐瞒行为，上游犯罪既遂后的自然延伸行为及法律另有特殊规定的情形，不宜认定自洗钱犯罪并数罪并罚。

关键词　洗钱罪　犯罪所得　罪数认定

随着社会经济的快速发展，各类犯罪与洗钱活动交织渗透，洗钱犯罪手段不断翻新，给社会稳定和金融安全造成严重威胁。2020年在最高人民检察院（以下简称最高检）的部署下，全国检察机关高度重视反洗钱工作，查办洗钱犯罪案件数量大幅度增长，取得了良好的政治效果、法律效果、社会效果。同时办案过程中一些新问题也不断涌现，如洗钱犯罪主观故意的认定、犯罪对象的界定、自洗钱入罪后的刑罚适用等，理论上有不同观点，实践中亟须解决。笔者结合两个走私犯

*　扈小刚，山东省人民检察院第四检察部三级高级检察官；姜聪，山东省济南市人民检察院第四检察部三级检察官助理。

罪案例，对相关问题进行探讨。

［案例一］ 犯罪嫌疑人甲将实际购买价格200万元的成品油，进口时低报购买价格为100万元，偷逃关税20万元。犯罪嫌疑人乙明知系低报价格走私成品油，而予以250万元收购。

［案例二］ 犯罪嫌疑人甲将实际购买价格200万元的成品油，绕关走私至我国内海，犯罪嫌疑人乙以250万元收购，后以300万元价格销售给丙。经查明，涉案货物偷逃关税40万元，乙、丙均明知系走私货物。

一、关于洗钱罪犯罪对象的认定

根据《刑法》规定，洗钱罪的犯罪对象系七类上游犯罪的“犯罪的所得及其产生的收益”，但在个案认定时却往往理解不一。如上述案例一，甲走私犯罪所得，有认定为价值200万元的货物，有认定为250万元的销售资金，有认定为20万元的偷税额，有认定为50万元的销售利润。之所以出现上述争议，主要原因系对“犯罪的所得及其产生的收益”界定不清。

有观点认为走私物品可以认定犯罪所得。供犯罪所用的本人财物既包含犯罪工具，也包括组成犯罪行为之物，即组成犯罪之物。①《日本刑法典》第19条规定的组成犯罪行为之物②，如走私淫秽物品罪中的淫秽物品、行贿罪中的贿赂款等，该物构成了该罪构成要件所不可或缺的要素，若没有该物，犯罪的构成要件就是不充分的。③一般情况下犯罪所得与组成犯罪之物显然是不同的。但是特殊情况下，犯罪所得和组成犯罪之物可以是同一物。④走私犯罪即是其中一类，因此走私物品可以认定犯罪所得。

也有观点认为走私物品不宜认定犯罪所得。走私的物品属于走私

---

① 参见张明楷:《论刑法中的没收》,《法学家》2012年第3期。

② 参见《日本刑法典》，张明楷译，法律出版社2006年版，第12页。

③ 参见［日］木村龟二主编:《刑法学词典》，顾肖荣、郑树周等译校，上海翻译出版公司1991年版，第429页。

④ 参见《日本刑法典》，张明楷译，法律出版社2006年版，第12页。

的犯罪对象，不属于犯罪所得。对比贪污贿赂犯罪，走私罪的犯罪对象不具有违法所得的法律特征，而贪污贿赂犯罪的赃款兼具犯罪对象与违法所得的属性，因此可以对后者进行独立评价。[①] 另外，洗钱罪的“犯罪所得”与掩饰、隐瞒犯罪所得罪的“犯罪所得”含义有所差异。前罪侵犯的是金融管理秩序，其罪质为使赃款合法化，该罪的犯罪所得不包括走私物品这类犯罪对象。后罪侵犯的是司法秩序，其罪质为赃款赃物的转移和合法化，因此该罪的犯罪所得可以包括走私物品、盗窃赃物这类不具有违法所得属性的犯罪对象。《刑法修正案（十一）》的出台已经反映出了两罪“犯罪所得”的差异性。后罪的外延不包括自销赃，说明对于犯罪对象的处置仍然受到事后不可罚的制约。而前罪的内涵包括自洗钱，所以其犯罪所得不包括犯罪对象。[②]

上述两种观点各有依据和道理，实质区别在于走私的物品是否可以直接成为洗钱犯罪对象，走私犯罪中的购买成本是否计入犯罪所得。鉴于走私犯罪的复杂情形，笔者倾向于在认定犯罪所得时需要结合上游具体走私罪名、侵犯法益以及事后对涉案财物的处置，在司法实践中予以区分。

（一）犯罪所得包括赃物

从法律规定而言，犯罪所得包含赃物并无太大争议，例如《刑法》第 191 条专门规定洗钱行为之一“将财产转换为现金、金融票据、有价证券的”，2021 年《最高人民法院关于审理掩饰、隐瞒犯罪所得、犯罪所得收益刑事案件适用法律若干问题的解释》也将“犯罪所得”解释为“通过犯罪直接得到的赃款、赃物”。至于观点二中提到因洗钱犯罪与掩饰、隐瞒犯罪所得罪自销赃外延有差异，而将走私物品排除

---

① 参见刘晓光、金华捷:《〈刑修（十一）〉背景下洗钱罪在走私犯罪中的适用》，腾讯网，https://xw.qq.com/amphtml/20210330A072NV00?ivk_sa=1024320u，最后访问日期：2021 年 10 月 28 日。

② 参见刘晓光、金华捷:《〈刑修（十一）〉背景下洗钱罪在走私犯罪中的适用》，腾讯网，https://xw.qq.com/amphtml/20210330A072NV00?ivk_sa=1024320u，最后访问日期：2021 年 10 月 28 日。

在犯罪所得之外，笔者认为并不科学。洗钱罪和掩饰、隐瞒犯罪所得、犯罪所得收益罪系特别法与一般法的关系，两个法条的区分界限应落脚在是否为特定上游犯罪上，而非具体的行为方式上。[1]

（二）伪报价格型走私犯罪所得应以走私偷逃税额为限

实践中有观点认为，犯罪所得既然是指“通过犯罪直接得到的赃款、赃物”，那么在伪报价格型走私犯罪中，犯罪分子通过伪报价格的走私手段，实现了将货物走私出入境的目的，使得货物成为通过走私直接得到的赃物，构成走私普通货物、物品罪的情况下，应直接认定货物为走私犯罪所得。

笔者不同意该观点，主要理由是洗钱犯罪所得的认定，应当结合上游犯罪认定，或者说洗钱犯罪所得的认定不应当与上游犯罪的犯罪所得认定出现矛盾。例如交易型受贿的犯罪所得，2007 年《最高人民法院、最高人民检察院关于办理受贿刑事案件适用法律若干问题的意见》规定，受贿数额按照交易时当地市场价格与实际支付价格的差额计算，那么犯罪嫌疑人以 20 万元的价格购买了行贿人价值 100 万元的房屋，受贿犯罪所得应当认定 80 万元。如果犯罪嫌疑人再以挂名的形式掩饰、隐瞒该房屋，洗钱犯罪对象应认定为 80 万元而非整栋房屋的价值。同理，司法实践中对于伪报价格型走私一般认定为走私普通货物、物品罪，该罪名区别于走私章节的其他走私罪名，走私的对象不属于违禁品或者国家禁止进出口的货物、物品等。即如果行为人对于相关货物、物品如实申报并缴纳关税，完全可以实现合法进出口，所以 2014 年《最高人民法院、最高人民检察院关于办理走私刑事案件适用法律若干问题的解释》将偷逃应缴税额规定为了走私普通货物、物品罪定罪量刑的主要标准。而且从伪报价格型走私货物的处置和没收看，虽然司法实践不完全一致，但大部分地方在犯罪嫌疑人补缴税款后放行货物或者查清事实后没收等值税额货物，一般不会既没收走私

[1] 参见刘为波:《〈关于审理洗钱等刑事案件具体应用法律若干问题的解释〉的理解与适用》,《人民司法》2009 年第 23 期。

货物又追缴关税损失。所以走私普通货物、物品的犯罪所得不应是货物、物品本身，而应将偷逃应缴的税额等税费作为犯罪所得。[①]

（三）违禁品、绕关型走私犯罪所得应以走私货物认定

如前所述，当走私的对象属于国家禁止进出口的货物、物品，甚至属于国家禁止买卖的违禁品，例如枪支、淫秽物品、毒品等，上述物品由于国家的明令禁止，不存在合法进出口的空间，这使得该类走私犯罪与伪报价格型走私普通货物、物品在认定犯罪所得方面存在明显区别。正如毒品犯罪中犯罪所得的认定，实践中基于毒品的严重违法性，不会考虑犯罪嫌疑人在购买毒品时的支出，全部的毒品及毒资均会直接认定犯罪所得。所以对于该类走私，犯罪所得可以走私货物直接认定。

有争议的是绕关型走私，一方面该类走私犯罪的对象未必全是违禁品，如果走私的相关货物、物品未被国家明令禁止，一般认定走私普通货物、物品罪；另一方面也区别于伪报价格型走私，犯罪嫌疑人直接以绕关的非法方式将货物、物品走私进出境。笔者倾向于该类走私即使认定的是走私普通货物、物品罪，也应以走私货物认定犯罪所得。主要理由是基于该类走私的特点，行为人始终没有向国家申报或者缴纳关税的意愿，尤其没有像伪报价格型走私有接受海关检查、核验的过程，基于完全脱离海关监管的走私特点，结合缉私部门对绕关型走私货物全部没收的惯常做法，可以直接认定绕关走私进出境的货物为犯罪所得。

综上，笔者认为在案例一中甲犯走私普通货物罪，其犯罪所得为偷逃关税的20万元，后续即使发生洗钱犯罪，洗钱犯罪数额受限于上游走私犯罪所得20万元；在案例二中甲、乙犯走私普通货物罪，其犯罪所得分别为价值200万元的成品油和价值250万元的成品油，丙明知系走私货物而购买，洗钱犯罪数额可以实际货物价值认定。

---

① 参见赵拥军:《直接销售走私犯罪之“物”的“自洗钱”行为及其罪数认定》,《中国检察官》2021年第9期。

二、关于洗钱罪的罪数认定

2021年3月1日《刑法修正案（十一）》正式实施，自洗钱行为构罪处罚。对于自洗钱与上游犯罪是否数罪并罚，司法实践中虽有观点认为，从《刑法修正案（十一）》对洗钱罪的条文修改看，得不出上游犯罪和洗钱罪数罪并罚的结论，在洗钱罪相关司法解释颁布之前，应当坚持上游犯罪吸收自洗钱行为的传统理论。但绝大部分观点认为，上游犯罪分子实施犯罪后，掩饰、隐瞒犯罪所得来源和性质的，应当对上游犯罪和洗钱罪实行数罪并罚，不再被上游犯罪吸收。[①]笔者赞同数罪并罚的观点，但认为并非所有上游犯罪嫌疑人实施的掩饰、隐瞒行为一律认定洗钱罪，并数罪并罚，有些特殊情况仍需区分对待。

（一）上游犯罪过程中实施的掩饰、隐瞒行为不宜认定洗钱犯罪

为防止犯罪被发现，走私犯罪嫌疑人往往在走私过程中实施一系列的掩饰、隐瞒行为，例如对走私货物加以掩饰，将进口汽车伪装成国产汽车进行走私，再如对走私货款加以掩饰，借用他人账户甚至通过地下钱庄支付货款等等，使得赃款、赃物性质发生明显的改变。自洗钱入罪后，上述上游犯罪过程中实施的掩饰、隐瞒行为，能否认定自洗钱犯罪并与走私犯罪数罪并罚，实践中有不同观点。一种观点认为，走私犯罪嫌疑人主观上具有掩饰、隐瞒的故意，客观上实施掩饰、隐瞒的行为，且与具体走私行为能够区分，并导致走私犯罪所得的性质发生明显改变，可以认定自洗钱，与走私犯罪数罪并罚。从社会危害性看，这种上游犯罪过程中实施的掩饰、隐瞒行为，与犯罪既遂后再掩饰、隐瞒无实质区别，刑法应做同一评价。另一种观点认为，上述掩饰、隐瞒行为发生在上游犯罪过程中，系实施上游走私犯罪的手段或者方式，与走私犯罪行为竞合，这区别于自洗钱犯罪中嫌疑人收到犯罪所得后又实施洗钱的情形，在已经认定行为人构成走私犯罪的情况下，不宜重复评价构成自洗钱犯罪进而数罪并罚。

笔者同意第二种观点，自洗钱数罪并罚主要基于法定七类上游犯罪

---

① 参见孙谦:《刑法修正案（十一）的理解与适用》,《人民检察》2021年第8期。

的本犯在实施上游犯罪行为后，又进行动态的“漂白”，致使犯罪所得和犯罪收益呈现出“化学反应”，切断了其来源和性质。[①] 所以洗钱行为应当相对独立于上游犯罪，并实施于犯罪既遂后，对上游犯罪过程中实施的掩饰、隐瞒行为，不宜再认定洗钱罪并数罪并罚。

（二）上游犯罪既遂后的自然延伸行为不宜认定洗钱犯罪

例如在案例一中，犯罪嫌疑人甲将成品油走私至境内就完成了走私行为，之后其出售成品油的行为，能否适用《刑法》第191条规定的“将财产转换为现金、金融票据、有价证券的”，从而构成自洗钱？

笔者认为不宜将所有上游犯罪嫌疑人犯罪后占有、使用、处分犯罪所得的行为，均认定为自洗钱犯罪。从主观而言，洗钱犯罪嫌疑人需要具有掩饰、隐瞒的主观故意，而上述案例中甲出售货物的行为，并非基于掩饰、隐瞒走私货物性质的目的，更多的是基于实现走私经济利益的需要，出售货物系上游走私犯罪的自然延伸，不具有单独科以刑罚的必要性。而且从期待可能性理论分析，该类情形也很难期待上游犯罪嫌疑人对已经走私入境的货物实施适法行为，不再出售。所以对于本人或者他人犯罪后自然地占有、使用、处分等行为，不宜再认定为洗钱罪并数罪并罚。

（三）法律另有特殊规定的不宜认定洗钱犯罪

这主要涉及“以走私罪论处”与洗钱罪的区分。《刑法》第155条规定了间接走私犯罪，即直接向走私人非法收购国家禁止进口物品，或者直接向走私人非法收购走私进口的其他货物、物品，数额较大的；在内海、领海、界河、界湖运输、收购、贩卖国家禁止进出口物品的，或者运输、收购、贩卖国家限制进出口的货物、物品，没有合法证明的行为。有观点认为，根据《刑法》第155条的规定，直接收购的行为应以走私罪论处。此时直接收购者的“直接收购”行为本身，是为了掩饰、隐瞒走私犯罪的所得及其产生的收益的来源和性质，其行为

---

① 参见王新：《自洗钱入罪的意义与司法适用》，《检察日报》2021年3月25日。

亦符合洗钱罪的构成要件，但毕竟只有一个“直接收购行为”，故应以想象竞合从一重论处。[①]

笔者认为对于间接走私，应直接认定走私犯罪，无须考虑与洗钱罪择一重处。《刑法》第 155 条规定属于法律拟制而非注意规定。立法者基于间接走私犯罪的特点，直接帮助走私犯罪分子完成了走私过程，为走私入境的货物、物品提供了进入我国流通领域和进一步扩散的渠道，对于走私犯罪目的的实现和走私犯罪的最终完成起到了非常重要的作用[②]，从而特别规定了对走私犯罪所得的收赃行为构成走私罪共犯。在这种情况下，确定罪名时应当适用法律特殊规定，无须再考虑间接走私是否符合洗钱罪构成。该观点也有相关法律性文件的支持，例如，2019 年《最高人民法院、最高人民检察院、海关总署打击非设关地成品油走私专题研讨会会议纪要》规定，对不构成走私共犯的收购人，直接向走私人购买走私的成品油，数额较大的，依照《刑法》第 155 条第 1 项的规定，以走私罪论处。

综上，笔者认为对案例一、二中的甲，出售走私货物的行为属于上游犯罪的自然延伸，不宜再认定为自洗钱犯罪并数罪并罚。对案例一、二中的乙，应当依据《刑法》第 155 条的规定，以走私共犯论处。而案例二中的丙，上一环节虽然是法律拟制的走私犯罪，但其明知是走私犯罪所得，故不影响洗钱罪的构成。

---

① 参见孙谦:《刑法修正案（十一）的理解与适用》,《人民检察》2021 年第 8 期。

② 参见程汉军、潘菲:《对间接走私犯罪证据的相关问题研究》,《贵州警官职业学院学报》2009 年第 1 期。

走私犯罪“明知”的解析

司西霞*

摘　要　走私犯罪均为故意犯罪，要求行为人主观上须有“明知”的走私故意。在司法实践中，对行为人主观“明知”的判断是走私犯罪案件审查的重点和难点。走私犯罪是典型的行政犯，是在行政违法基础上的刑事不法，故可以通过行为人一定的违反行政管理法规的基础事实推定其刑事上的主观“明知”。司法人员应保持客观公正的立场，充分听取行为人的合理辩解，综合考量正反两方面的认定因素，排除合理怀疑方可推定“明知”。走私犯罪的前置法规定具有专业性强、行政管理色彩浓的特点，《刑法》法条的具体适用应考量行为人的违法性认识。司法实践中，应坚持罪刑法定原则，对走私犯罪不枉不纵。

关键词　走私犯罪　法定犯　明知　推定　违法性认识

一、问题的提出

［**基本案情**］　我国对牛皮实行进口许可证制度，限制牛皮的原产地和运输路线。张某和李某在明知来自委内瑞拉等疫情流行国家的牛皮属于我国禁止进口货物的情况下，仍然使用货物来源地限定为乌拉圭的牛皮进口许可证，采用伪报货物原产地、运输路线等手法将来自

*　司西霞，江苏省连云港市人民检察院第一检察部主任、四级高级检察官。

委内瑞拉的牛皮伪报成乌拉圭的牛皮运输进境。为使货物顺利通关，二人使用修改过的原产地证、健康证、提单等虚假单证报检，在取得检验检疫部门的检验检疫合格证明后，再使用虚假单证和所取得的检验检疫合格证明向海关报关，并同时使用正本提单提货。经查，二人共计走私疫区牛皮5万吨。张某和李某到案后均辩称其进口牛皮是按照行业惯例操作的，而且海关商检人员对其进口的牛皮多次放行，致使他们认为涉案牛皮是可以进口的，其没有走私的故意。法院认定张某和李某具有走私的故意，理由是二人提供虚假单证进行报检报关，未履行向商检、海关如实申报的义务，具有走私的"明知"。最终法院对二人以走私国家禁止进出口的货物罪定罪处罚。

我国《刑法》规定走私犯罪行为人主观上须具有"明知"的走私故意。走私犯罪是典型的行政犯，犯罪认定需要双重的违法性评价，首先进行是否违反了《海关法》等行政法规范的行政违法认定，其次进行是否违反了《刑法》的刑事违法性判断。行政违法是刑事不法的基础，因此，在司法实践中，行为人常以对行政规范的无知为借口来否定自己的走私"明知"，兼之走私行为人的反侦查意识较强，往往难以取得充分的证据来证明其主观心态，如此便给司法机关的办案带来了一定的难度。行为人是否具有走私罪的故意，常常是司法实践中难以认定的问题。①

二、走私犯罪"明知"的内涵

我国《刑法》第14条第1款规定："明知自己的行为会发生危害社会的结果，并且希望或者放任这种结果发生，因而构成犯罪的，是故意犯罪。"犯罪故意的结构包括两个要素：一是认识因素，即对自己的行为会发生危害社会的结果具有明知心理；二是意志因素，即对自己的行为会发生危害社会的结果具有希望或者放任的心理。②《最高人民法院、最高人民检察院、海关总署关于办理走私刑事案件适用法律若

① 参见张明楷：《刑法学》，法律出版社2016年版，第753页。

② 参见刘艳红：《刑法学》（上），北京大学出版社2016年版，第157页。

干问题的意见》(以下简称《2002年意见》)第5条第1款对走私犯罪主观故意作了界定:“行为人明知自己的行为违反国家法律法规,逃避海关监管,偷逃进出境货物、物品的应缴税额,或者逃避国家有关进出境的禁止性管理,并且希望或者放任危害结果发生的,应认定为具有走私的主观故意。”可见,走私犯罪主观故意同其他犯罪故意一样,亦是由认识因素和意志因素构成的。认识因素与意志因素有机统一,构成犯罪故意缺一不可。但从证明顺序上看,认识因素是意志因素的基础,只有当行为人认识到自己的行为会发生危害社会的结果时,才谈得上是希望还是放任危害结果的发生。因此,行为人是否具有走私“明知”是走私犯罪主观故意乃至整个走私犯罪能否成立的基础。

《2002年意见》第5条第2款规定:“走私主观故意中的‘明知’是指行为人知道或者应当知道所从事的行为是走私行为。”准确理解上述规定,需要注意以下三点:

(一)“知道”和“应当知道”

走私主观故意中的“明知”包含了“知道”或“应当知道”两种情形。“应当知道”或“应知”是一种推定的故意,“知道”是一种现实的故意,两者同属于故意范畴。[①]“知道”一般要求行为人对其所走私对象及行为性质有明确的认知,或者行为人虽然不明确知道其走私的具体对象,但对其进出口的货物是海关监管的货物、物品,其行为具有逃避海关监管的性质具有概括性的认识。“应当知道”是指在没有证据能够证明行为人主观心态的情况下,通过考量案件查明的事实,能够使外界从客观上认定其“显然知道”。

(二)“走私行为”的界定

对于行为人知道或应当知道的“走私行为”应界定为行政违法行为还是走私犯罪行为,笔者认为界定为行政违法行为即可。这是基于走私犯罪“法定犯”属性作出的判断,即对于涉嫌走私犯罪的行为人,

① 参见陈兴良:《教义刑法学》,中国人民大学出版社2010年版,第447页。

要在确定其违反了《海关法》等行政法规范的基础上，再考量其是否构成走私犯罪。换言之，走私犯罪是走私行政违法的进阶版，二者之间呈现出来最直观的区别是走私“量”的变化，而非走私行为“质”的不同。行为人只需对其所实施的行为有“走私”的概括性认知即可，至于其是否清楚地认识到其所实施的是行政违法行为还是犯罪行为，不影响对其主观“明知”的认定。

（三）“明知”内容的双重性

走私犯罪的“明知”内容具有双重性，这是由走私犯罪客观行为的双重性决定的。走私犯罪客观行为包括行为方式和行为对象两个方面。根据主客观统一原则，走私犯罪的主观“明知”对应客观行为，应从行为人是否认识到其所实施的行为与货物、物品的进出境有关，有无违反海关监管规定等行为方式和走私对象具体是何种货物、物品等方面进行审查。这在《2002 年意见》第 5、6 条中有所体现。通常，对于行为方式，应侧重于判断行为人是否“明知”行为的走私性质、行为的危害结果以及二者之间的因果关系。对于行为对象，根据具体涉及罪名的不同而要求不同，可以是具体的认知，也可以是概括的认知。如果是走私普通货物罪，则“明知”所进出口的是应如实缴纳税款的货物即可；如果是走私国家禁止进出口的货物、物品罪，则需“明知”是属于国家禁止或限制进出口的货物、物品；如果是走私珍贵动物罪、走私假币罪等 10 个特定走私罪名，则需要“明知”特定的走私对象方可。如果行为人能够明确认识到其走私的对象是珍贵动物、假币等 10 类特定货物、物品的，可适用这些特定的走私罪名。如果行为人对走私对象仅能概括知道属于国家禁止或限制进出口的货物、物品，则适用走私国家禁止进出口的货物罪更为合适。

三、走私犯罪“明知”的具体认定

审查走私犯罪案件，应遵循先客观行为、后主观故意的顺序，如果二者兼具，再审查有无阻却犯罪成立的事由。通常，认定走私犯罪“明知”有两种思路：一种是证明行为人明确知道在实施走私行为；另一种是证明行为人认识到其所实施的行为是违法的或者是可能违法的，也即行为人具有违法性认识。对于第一种思路，可以通过收集固定犯罪嫌疑人及其同案犯的供述材料直接证明其具有走私的“明知”故意，或者证人证言能够形成完整的证据锁链证明行为人对走私活动的“明知”心理状态，或者有书证、电子数据等证据直接证明行为人的主观心理状态。但在司法实践中，证明客观行为的直接证据较多，直接证明主观“明知”的证据较难收集。在言词证据上，犯罪嫌疑人往往不如实供述其心理状态，而作为隐秘的心理活动，证人证言又难以直接证明到位。在客观证据上，又常因时效、技术等原因收集不足。在难以收集到充分的证据来直接证明行为人走私“明知”的情况下，采用第二种思路，运用间接证据来间接证明或推定走私行为人具有违法性认识是必要的。间接证明“明知”，证据体系须高度完整没有缺口，才能得出案件事实的唯一结论，实践中并不容易操作。因此，在《2002年意见》中明确规定在走私犯罪中可以推定“明知”，为司法机关认定行为人的走私主观“明知”提供了极大的便利。

（一）推定走私犯罪“明知”

何谓“推定”，论争浩繁复杂，但中外学界还是最大限度地形成了关于推定的如下共识性结论，即推定系通过证实 A 要素（通常即“基础事实”）而直接推认 B 要素（通常即“推定事实”）成立的法律范畴，是存在于 A 要素和 B 要素间的一种关系。[①]

基于上述定义，推定走私犯罪“明知”应具有以下三个要素：第一个要素是有一定基础事实的存在。推定走私犯罪的“明知”属于法律推定，应当属于《2002 年意见》第 5 条第 2 款规定的七种情形之一。用来推定的基础事实可分为五类：一是违反基本监管要求的事实，如逃避海关监管，运输、携带、邮寄国家禁止进出境的货物、物品；提供虚假单证委托他人办理通关手续。二是明显违背商业惯例的事实，如以明显低于货物正常进（出）口的应缴税额委托他人代理进（出）

---

① 参见广东省人民检察院课题组：《毒品犯罪“明知”的认定》，《中国检察官》2020 年第 14 期。

口业务的。三是逃避执法检查的事实，如未经海关同意，在非设关的码头、海（河）岸、陆路边境等地点，运输（驳载）、收购或者贩卖非法进出境货物、物品。四是特定行为模式，如用特制的设备或者运输工具走私货物、物品。五是特定个人背景、经历，如曾因同一种走私行为受过刑事处罚或者行政处罚。在推定“明知”时，首先应当结合案件事实和司法解释作实质性的审查，在有充分证据证明的事实基础上进行推定，不能进行事实推定甚至连环推定。第二个要素是根据得证的基础事实，结合常情、常理、常识等经验法则和逻辑规则推导出行为人具有走私“明知”的推定事实。司法实践中分析行为人智识、阅历、专业能力等与其行为的关联性，所从事行为是否违背商业惯例，是否具有反常的行为方式或其他严重背离生活经验常理等有助于推定“明知”。第三个要素是对推定出来的走私“明知”，允许行为人进行合理解释或者举出相反证据予以辩驳，如果查实反证存在，则推定“明知”不成立。因此，应充分听取行为人的辩解，并“排除合理怀疑”。不能排除的，应根据存疑有利于被告人的原则，予以出罪。比如，司法解释中规定的除外情况仅有“被蒙骗”一种，但实际上行为人虽然没有“被蒙骗”，但可能有证据证明其“不知道或者不应当知道”，如此也可以阻却“明知”的成立。

在文首案例中，司法机关便是推定张某和李某具有走私主观“明知”的。进口疫区牛皮并运输进境的客观事实已明，但二人坚持自己没有走私故意。该案是一起犯罪时间跨度较久的案件，主观故意方面的证据仅存在于犯罪初起时，至案发时早已灭失。但办案人员调取到了大量用于报检、报关的真、假两套单证和涉案牛皮进口许可证。在进口许可证上有明确提示，进口人应当核实货物原产地和运输路线；真假两套单证一经对比便可见对原产地、运输路线的篡改痕迹，这便符合司法解释中规定的提供虚假单证通关的推定“明知”情形，再结合牛皮已进境和二人专业牛皮进口商的背景，推定被告人具有走私“明知”符合案件实际情况。

走私犯罪的行政犯属性，会涉及大量行政监管方面的规范要求，而行为人明显违反行政监管要求，可以成为推定“明知”的重要依据。所以司法机关不应过于依赖言词证据，应注重客观性证据的收集。走私犯罪技术壁垒高，不能单纯按照刑法规定来分析犯罪构成，应充分了解案件涉及的行政规范和专业背景知识，再结合证据审查行为人是否具有违背海关监管要求的情形，然后再判断行为人是否具有“明知”。认定过程中应从有利于认定和不利于认定正反两个维度综合考量，不可先入为主为了得出某种结论而选择性忽视相反的因素，然后再作出判断。

（二）走私犯罪的违法性认识考量

违法性认识，是指刑法中行为人对行为违法与否的认识。在传统刑法中，“不知法不赦”。但随着经济社会的变迁，作为行政犯的走私犯罪，其行政从属性决定了其社会伦理化的弱化，不能像自然犯那样可以借助伦理规范就能知道行为的违法性，因此，行为人的违法性认识应当成为走私犯罪的主观“明知”内容。

1. 前置程序的行政规范变动情况会影响违法性认识。走私犯罪涉及国家贸易管制制度、关税制度等，其前置行政规范种类繁多，且政策性强、变动性大，容易影响行为人的违法性认识。如文首案例所涉的前置行政规范就包括《海关法》、《进出境动植物检疫法》、原国家质量监督检验检疫总局发布的《进出境重大动物疫情应急处置预案》、海关总署发布的《禁止从动物疫病流行国家地区输入的动物及其产品一览表》（以下简称《禁止输入动物及其产品一览表》）等，不仅有行政法规，也有部门规章、公告等，而且《禁止输入动物及其产品一览表》中对“疫情流行国家地区”的界定是根据世界动物疫病情况不断进行调整的（文首案例不涉及调整情况）。如果确实存在行政规范反复变动、非行为人刻意规避监管的情况，需要对行为人违法性认识慎重作出判断。

2. 违法行为的普遍程度一般不影响对行为人违法性认识的认定。走私行为人往往侥幸心理严重，经常会无视行政规范的规定，而根据自己所能接触到的实际案例和社会环境来判断。如文首案例中张某和李某所辩解的，其进口牛皮是按照行业惯例操作，没有违法故意。该起案件时间跨度久，行业内确实存在将委内瑞拉的牛皮伪报成乌拉圭牛皮进口的普遍做法，但是这并不能否定二人的违法性认识。凡牛皮进口商均知道进口牛皮需要国家发放进口许可证，因委内瑞拉有疫情，所以申领不到委内瑞拉牛皮的进口许可证。而先申领乌拉圭牛皮进口许可证，然后再制作虚假单证将委内瑞拉的牛皮伪报成乌拉圭的牛皮进口，明显是逃避国家监管的行为。此种情况即使在行业内普遍存在，也不能阻却行为人走私“明知”的认定。

3. 违法性认识错误可以成为认定主观“明知”的阻却事由。如果行为人产生了违法性认识错误，没有认识到或者根本无法认识到自己行为的违法性，可以成为责任阻却事由。如行为人听信监管机关的正式答复，导致没有违法性认识可能性。但这是建立在行为人如实向监管机关申报的基础上。在文首案例中，张某和李某辩称，因为商检、海关的放行行为导致其认为涉案牛皮是允许进口的。而事实上商检、海关的放行行为是在二人虚假申报的情况下被蒙骗作出的，并非商检、海关真实的意思表示。如果二人如实申报，经过监管部门审查批准或真实完整的意思表示之下的同意，且履行了相关法定的程序和手续，那么可以认定不具有违法性认识。或者行为人如实申报后由于监管部门自身的不当行为予以放行的，也可以成为犯罪阻却事由。但文首案例中，在行为人未如实申报的情况下，无论海关是否被蒙蔽、是否具有过错，放行行为均不能成为犯罪故意阻却事由。

走私犯罪不仅侵犯秩序法益，还可能延伸出潜在疫情传播、环境污染等安全隐患。为了捍卫经济主权和保障国民权益，严厉打击走私犯罪势在必行。但是，必须在罪刑法定原则之下，严格把握我国法律规定的出入罪标准，切实做到“不枉不纵”。

走私犯罪对象认识错误的定性与处理

陈鹿林 *

摘　要　走私案件中，行为人具有走私的概括故意，或者只是对走私对象出现具体的认识错误时，应按实际对象定罪处罚；出现抽象的认识错误时，应在故意的内容与客观事实重合的限度内确定合适的走私罪名。事实认定方面，可以从四个维度区分概括故意和认识错误：一是结合货物的自然属性；二是结合行为人的分工、角色和获利情况；三是结合行为人是否履行必要的核实义务；四是结合行为方式、运输工具与货物的匹配度。基于从严打击走私犯罪的政策导向，在遵循主客观相一致原则的基础上，总体上应从严把握认识错误的证据标准。

关键词　走私犯罪　概括故意　具体认识错误　事实认定

一、走私犯罪对象认识错误的定性争议

［**案例一**］　2018 年 5 月以来，叶某龙以 310—450 元 / 件的包税价格向境外货代人员揽收货物。货代人员以伪报品名、低报价格、虚构收件信息的方式填写、交寄邮包，叶某龙又找到李某花负责接收、核对，李某花则委托黄某华，由黄某华提供其工作的邮政公司某营业部派送范围的收货地址用于接收上述邮包。截至 2018 年 7 月，叶某龙等 3 人采用上述方式邮递境外货物入境共 1000 多件，其中 109 件邮包邮

*　陈鹿林，浙江省宁波市人民检察院法律政策研究室主任、四级高级检察官。

寄入境时被查扣，内有一批普通货物，偷逃应缴税款72万余元；还有5件象牙制品，价值24万余元。3名被告人辩解，只知道包裹内是日常用品，不知道内有珍贵动物制品。一审法院认定上述3名被告人构成走私普通货物罪、走私珍贵动物制品罪。二审法院认为，3名被告人对走私珍贵动物制品不具有走私的概括故意，不构成走私珍贵动物制品罪，仅构成走私普通货物罪。①

［案例二］ 2016年4月10日中午，徐某林、冯某文受人纠集，共同驾驶一艘摩托艇从广东省中山市前往香港。当晚7时许，二人到达香港一码头装载一批用蛇皮袋包装的穿山甲鳞片，驾艇返回中山市，途经民众镇田基沙水闸附近水道时，被公安机关查获价值199万余元的穿山甲鳞片77袋。徐某林辩解老板委托其走私冻肉入境，不知实际货物为穿山甲鳞片。一、二审法院均认定徐某林构成走私珍贵动物制品罪。②

走私罪属于类罪，《刑法》根据不同对象进一步将其区分为走私普通货物罪，走私武器、弹药罪等13个具体走私罪名。司法实践中，行为人对具体走私对象认识不清甚至发生认识错误的情形比较常见。对此，《最高人民法院、最高人民检察院、海关总署关于办理走私刑事案件适用法律若干问题的意见》（以下简称《走私案件意见》）第6条规定，“犯罪嫌疑人主观上具有走私犯罪故意，但对其走私的具体对象不明确的，不影响走私犯罪构成，应当根据实际的走私对象定罪处罚。但是，确有证据证明行为人因受蒙骗而对走私对象发生认识错误的，可以从轻处罚”。该条规定了概括故意与认识错误的法律适用问题。从字面含义理解，不论是概括故意还是对象认识错误，都按实际走私对象定罪处罚，对象认识错误不影响行为定性而只影响量刑。

然而，从司法实践看，当行为人对走私的货物（包括物品）③发生认识错误时，并非当然按照实际货物定罪处罚。案例一中二审法院就

---

① 参见广东省高级人民法院刑事判决书，（2019）粤刑终1600号。

② 参见广东省高级人民法院刑事裁定书，（2019）粤刑终155号。

③ 走私罪中货物与物品有一定区别，但从认识错误角度看，二者没有明显区别。为叙述简洁，本文统一使用“货物”。

认定行为人只构成走私普通货物罪，不构成走私珍贵动物制品罪。那么，上述规定该如何理解？发生认识错误时，什么情况下并非简单地按实际货物定罪处罚？当然，法律适用的前提是准确区分概括故意和认识错误，判定当事人是否确实发生认识错误，这就涉及概括故意与认识错误的识别问题。对此，本文将围绕上述两个问题对走私犯罪对象认识错误问题展开分析。

二、走私犯罪对象认识错误的法律适用

单纯从字面含义理解，《走私案件意见》第6条并没有区分概括故意与对象认识错误，但这种理解显然忽视了概括故意与对象认识错误之间的区别。前者是指行为人对其行为对象认识模糊，实际对象没有超出其认识范围而在其认识之中，此时按实际对象定罪处罚，符合刑法主客观相一致的原则。后者主要是对其行为对象在认识上出现错误，而非认识模糊，实际行为对象超出其认识范围而在其认识之外。[①] 在发生认识错误的情形下，能否按实际走私对象定罪，需要结合主客观相一致的基本原则作具体分析。

对象认识错误属于事实认识错误的一种，可以分为具体的认识错误和抽象的认识错误。具体的认识错误是指行为人在主观上认识的对象与实际实施的对象虽然不一致，但具有相同属性，没有超出同一犯罪构成的范围，即行为人只是在某个犯罪构成范围内发生对象认识错误，在此情形下不影响行为定性。例如，某被告人非法携带300多个非洲狮爪、狮牙、豹牙等动物制品入境时被查获，诉讼中被告人辩解以为都是狮牙，应以狮牙价值作为定案金额。[②] 然而，无论是狮牙还是狮爪、豹牙，都属于珍贵动物制品，这种认识偏差属于具体的认识错误，仍应定性为走私珍贵动物制品罪，且犯罪数额应以实际物品进行核定。

抽象的认识错误是指行为人所认识的事实与现实中所发生的事实分属于不同构成要件的情形。[③] 在此情形下不能直接根据实际对象认定犯

---

① 参见晏山嵘:《走私犯罪案例精解》，中国法制出版社2014年版，第404页。

② 参见福建省高级人民法院刑事裁定书，（2016）闽刑终249号。

③ 参见张明楷:《刑法学》，法律出版社2016年版，第277页。

罪，而应在故意内容与客观事实相符的范围内认定犯罪。具体到走私罪中，虽然《刑法》根据不同对象规定了13个具体走私罪名，但不同对象之间可能存在一定重合，出现认识错误时，应在故意的内容与客观事实重合的限度内认定走私犯罪主观故意，确定合适的罪名。[①]以走私仿真枪为例，根据《最高人民法院、最高人民检察院关于办理走私刑事案件适用法律若干问题的解释》第5条第2款，走私的仿真枪经鉴定属于枪支，构成犯罪的，通常以走私武器罪定罪处罚。然而，“如果行为人认为自己走私的仿真枪不具有枪支功能，就缺乏走私枪支的故意，即使事后鉴定为枪支，也应当认定为走私国家禁止进出口的货物、物品罪”[②]。这是因为普通仿真枪与枪支在国家禁止进出口的货物这一范围内是重合的。

值得探讨的是：如果主观认识对象与实际货物不存在重合，特别是当行为人只有走私普通货物的主观故意，而实际货物中却有违禁品时如何处理？比如本文案例一中，根据二审法院的认定，叶某龙等人主观上只有走私普通货物的故意，但是客观上走私了珍贵动物制品（象牙），而珍贵动物制品与普通货物（涉税货物）又不存在重合。对此，笔者认为，可以将本案中走私珍贵动物制品的行为评价为走私普通货物未遂，与其他走私普通货物既遂行为一并处理。当然，如果实践中行为人只有走私少量普通货物的主观故意，实际上却都是违禁品，一般不宜按犯罪处理。而如果行为人缺少走私犯罪的主观故意，例如在正常进口普通货物过程中，确实因受蒙骗而实际包含了违禁物品的，不应以走私罪评价。

三、走私犯罪概括故意与认识错误的识别

前面主要分析了走私犯罪中概括故意与认识错误的法律适用问题，但法律适用的前提在于准确识别概括故意和认识错误，判定当事人是否确实发生认识错误。

---

① 参见南英主编:《〈最高人民法院、最高人民检察院关于办理走私刑事案件适用法律若干问题的解释〉理解与适用》，中国法制出版社2015年版，第334页。

② 参见张明楷:《刑法学》，法律出版社2016年版，第749页。

走私犯罪概括故意分为两种类型：一是完全概括故意型走私，即行为人具有走私的犯罪故意，且无论走私何种货物都未超出其主观故意，但对具体走私对象认识模糊；二是部分概括故意型走私，即行为人具有走私某一类型货物的主观故意，但在该种类之下具体是何种货物在所不问，或者认识模糊。

在完全概括故意型走私中，行为人对具体走私何种货物不闻不问或者放任不管，可以直接按实际对象定罪处罚，因此不需要判断是否发生认识错误。但司法实践中，完全概括故意型走私的情形比较少见，更为常见的是部分概括故意型走私，此类概括故意与认识错误的区分比较容易混淆。当然，在分析行为人是否发生认识错误时，既包括对某种对象是否有明确的认识，也包括是否有认识的可能性。如果某类走私对象的出现，不能排除行为人有认识的可能性，仍然属于概括故意的范畴。但如果没有认识的可能性，完全超出其认识范围之外，则属于认识错误。具体而言，可以结合以下几个因素进行综合考量。

（一）结合货物的自然属性分析判断

认识错误，意味着对货物的种类、属性出现了误判。而针对货物的种类、属性，可以从自然属性和法律属性两个维度来把握。自然属性不考量法律特别规定，而是立足于生物特征、物理特征等自然视角区分不同类型的货物。例如，动物与植物、陆生动物与水生动物、书籍与食品等，通常基于自然属性可以做出合理区分。法律属性则是根据法律特别规定或相关规范性标准来区分不同类型的货物，例如，来自疫区的动植物产品、禁止出口的木炭等。

当行为人辩解其主观认识的对象与实际对象出现偏差时，如果其本身具有走私犯罪的主观故意，应当立足于自然属性的角度来分析判断是否有认识可能性，是否发生了认识错误。而法律属性属于法律认识问题，对于法律认识问题只需要达到具备违法性认识即可，不需要达到在法律上明确知道具体属于何种货物的程度。例如，在走私冻品案件中，涉案冻品可能来源于疫区，也可能并非来源于疫区，前者定性为走私国家禁止进出口的货物罪，后者一般定性为走私普通货物罪。对于行为人而言，其只要认识到涉案货物系冻品，即便其没有认识到系来自疫区，也不属于认识错误，应按实际对象定性为走私国家禁止进出口的货物罪。

当然，实践中有些货物属性的认定，需要同时考量自然属性和法律属性，例如，对珍贵动物及其制品、文物、淫秽物品、枪支弹药的认定，一方面需要以它们的自然属性为基础，另一方面又离不开法律所规定的具体标准。在此情形下，应当首先立足于自然属性判断认识的情况，其次结合经验、常识分析其对涉案物品的法律属性是否有认识的可能性。

（二）结合行为人的分工、角色和获利情况判断

共同走私中，行为人的分工、角色对于判断其对走私对象的明知程度有重要参考价值。货主作为走私犯罪的直接驱动者和最大获利者，走私对象的不同直接影响其非法获利的多少，一般可以认定货主对实际走私对象明知。货源组织者因直接与供货商联系，同时也多是货主与上游供货商之间的联系纽带，在二者间传递信息，一般情况下也对走私对象明知。而单纯运输、装卸、付款人员的主观状态则需结合具体情况综合判断。比如，对于绕关走私成品油案件，因运输、装卸人员需用油管进行接驳，货物特征比较明显，一般足以认定行为人对货物种类有概括的认识。而对于书籍、光盘等通常有外包装且须根据内容来判断是普通货物还是违禁品，则需要有更充足的理由和证据来认定是否有认识的可能性。

以本文案例一为例，二审法院认为，上诉人叶某龙、李某花、黄某华相互间口头明确约定不寄违禁品，寄件人在邮包中混杂珍贵动物制品的行为，已超出上诉人的主观认知范围，其对走私珍贵动物制品不具有走私的概括故意。笔者认为，从叶某龙等 3 人在本案中主要扮演揽货、包通关的角色角度看，结合其事前确实约定只走私普通货物，排除走私违禁品，认定行为人对邮包内的象牙制品发生认识错误更为合理。

（三）结合行为人是否履行必要的核实义务判断

在货物进出口中，行为人避免发生认识错误最直接的方式是核实涉

案货物。如果行为人在有了解、核实条件的情况下，却未履行必要的核实义务，说明其有认识的可能性但予以放弃，体现其放任涉案货物走私的心理状态，实际走私何种货物并未超出其认识的范畴。

例如，本文案例二，徐某林辩称老板委托其走私冻肉入境，不知实际货物为穿山甲鳞片，但法院认为，徐某林作为一名有社会阅历的成年人，应当知道老板利用载货量较小的涉案摩托艇走私冻肉而向其与冯某文每人支付6000—7000元高额报酬并不符合常理，且其在接货时已经猜测到并非冻肉，但却未核实货物的真实情况、未终止实施走私行为，而是为了谋求高额回报，继续将涉案货物走私入境。可见，徐某林对于走私货物的品类、社会危害性持放任的态度，对其应当根据实际的走私对象即穿山甲鳞片定罪处罚。本案中，法院就是结合行为人获取不寻常报酬、未履行必要核实义务等情况，综合认定涉案货物并未超出行为人概括故意的范畴。

（四）结合行为方式、运输工具与货物的匹配度判断

在具体作案过程中，行为方式、运输工具属于比较宏观的范畴，更容易被行为人所感知，一般情况下行为人会有比较明确的认识，或者这种认识程度比较容易查实。与之相反，货物则属于更加微观的范畴，通常隐藏于具体行为方式、运输工具之下，外人对其认识的清晰度往往较低，行为人发生认识错误的概率较高。在此情形下，行为方式、运输工具与货物的匹配度可以作为区分概括故意与认识错误的重要依据。

一般而言，运输工具与货物的匹配度越高，行为人的主观认知越明显。比如大宗货物往往使用大容积的运输工具，毒品则多采用人肉携带、行李夹藏、邮寄等方式。对于装载对象相对有限的运输工具，可以通过对运输工具的认知情况，进而判断其对实际货物的认识情况。以走私冻品为例，冻品运输过程中需要配备相应的冷藏设备，可以通过论证行为人明知使用冷冻集装箱装载货物，进而推断其对集装箱内装有冻品具备认识的可能性。

在行邮渠道（个人携带或邮寄等）走私中，对于发现毒品、枪支或者淫秽物品等违禁物品的，违禁物品与走私方式基本能够相对应，可

以更多地推定主观明知。反之，在大宗货物中夹带毒品、枪支或者淫秽物品或少量其他货物的，受委托人员对于夹带货物的认识能力相对有限，对于此类小型违禁货物主观明知的判断应当有更高要求。

四、余论

走私犯罪具有特殊性，一方面，走私犯罪往往参与人员众多，犯罪链条很长，实践中能够将同一次走私的所有参与者一网打尽的情形很少见；另一方面，走私案件涉及境外证据和事实的认定，大量事实很难查清。正因如此，司法实践中行为人以认识错误为由作出罪抗辩的情形较为常见，且多是真伪难辨的“幽灵抗辩”。从案件认定的角度来看，如果过于强化认识错误作为出罪事由，势必导致大量案件无法处理，容易形成放纵走私的倾向，难以发挥刑法一般预防的效果，也不利于维护国门安全；但如果不考虑认识错误因素，一律按实际走私对象定罪处罚，又有违刑法主客观相一致的基本原则，容易导致罪责刑不相适应，或者不当扩大打击面。

因此，走私案件的具体处理需要在打击犯罪与保障人权之间寻求合理的平衡点，这就离不开实体法和程序法（证据法）两个维度的综合考量。从法律适用角度来讲，应区分概括故意、具体的认识错误、抽象的认识错误等作不同处理。而从事实认定的角度看，总体上应从严把握认识错误的证据标准，特别是在绕关走私、职业化伪报品名走私（俗称“特报”）中，在足以认定行为人有走私故意的情况下，一般推定其有走私的概括故意，并按实际走私对象定罪处罚；只有当确实有比较充分的证据或比较充足的理由认定当事人出现认识错误时，才能以此为由将部分或全部行为出罪。

涉走私洗钱犯罪行为辨析*

张　剑　宋　杨**

摘　要　司法实践中对于涉走私洗钱犯罪的认定标准多样，准确认定涉走私洗钱犯罪需着重把握两点：一是把握违法所得的核心要求和走私行为的违法本质，准确认定涉走私洗钱行为对象，特别是明确走私违法所得的范围，走私普通货物的违法所得为偷逃的税款，走私禁止类货物的违法所得为货物本身；二是把握洗钱罪的掩饰、隐瞒核心特征，准确适用洗钱罪名。

关键词　洗钱罪　走私犯罪　违法所得　洗钱行为

一、涉走私洗钱犯罪认定争议

[案例一]　2019年10月至2020年9月，区某一伙同区某二、区某三等人从香港走私柴油并出售牟利。被告人刘某某因贪图便宜，明知上述柴油系走私入境仍向区某二购买，供自己车队货车日常使用。2020年5月至7月，刘某某前后四次从区某二处收购柴油共15吨，交易价格共计66500元，至被抓获前已通过现金方式向区某二支付了

* 本文为2022年度国家检察官学院科研基金资助项目“走私案件的洗钱犯罪法律适用研究”（GJY2022D10）的阶段性成果。

** 张剑，北京市团河地区人民检察院检察长、三级高级检察官；宋杨，北京市人民检察院第四分院第一检察部四级高级检察官助理。

21500元柴油款，剩余款项尚未支付。法院判决认为，刘某某明知是走私犯罪所得而掩饰、隐瞒其来源和性质，其行为构成洗钱罪。①

［**案例二**］ 2018年5月至2020年7月，信某有限公司、珲某一有限公司、珲某二有限公司、珲某三有限公司采取低报货物价格手段走私俄罗斯海产品、俄罗斯农副产品。被告人袁某一、袁某二明知前述单位实施走私犯罪，通过控制他人144个银行卡，为前述单位提供资金账户，向境外非法汇兑货款共计人民币33252198元，造成低报货物价款人民币23967226.52元，偷逃税款人民币4501138.44元。法院判决认为，袁某一、袁某二明知他人实施走私犯罪，仍提供资金账户洗钱，其行为构成洗钱罪。②

［**案例三**］ 2019年7月至2021年10月，乐某甲公司、乐某乙公司先后通过水客夹带、低报价格等方式，走私游戏机、游戏光盘等货物并在国内销售牟利。被告人李某系乐某甲公司、乐某乙公司控制人景某妻子，在景某等人因涉嫌走私犯罪被海关缉私局采取刑事拘留强制措施后，李某将案发时已走私入境的游戏机、游戏光盘销售给齐某，经核算该批货物价值人民币174万余元，齐某先后将100万元转账给李某个人及其指定的他人账户。法院判决认为，李某的行为构成洗钱罪。

从上述三个案例来看，目前在司法实践中，涉走私的洗钱罪认定存在多样化、差异化特点，主要集中在以下两方面：一是关于洗钱行为对象的认定。涉走私洗钱中掩饰、隐瞒行为对象为走私违法所得及其收益，关于走私违法所得的认定存在多种观点，案例一、案例三的判决将走私入境的货物认定为洗钱的行为对象，而案例二的判决将向境外支付的走私货物货款认定为洗钱行为对象。此外，关于走私违法所得，司法实践中还存在走私犯罪所获利润、走私普通货物偷逃税款等多种认定方式。二是关于洗钱行为模式的认定。案例一中洗钱模式为收购走私货物，案例二中洗钱模式为跨境支付走私货物对应货款，案例三中洗钱模式为销售走私货物。此外，关于涉走私洗钱行为，司法实践中还存在将银行账户提供给走私人员使用、走私货物入境后帮助

① 参见广东省佛山市南海区人民法院刑事判决书，（2021）粤0605刑初3292号。

② 参见吉林省延边朝鲜族自治州中级人民法院刑事判决书，（2021）吉24刑初1号。

运输、使用他人银行账号获得走私报酬并转账至其他账户等多种模式。因此，在涉走私洗钱犯罪的认定中，应重点对走私违法所得进行合理界定，并对行为的掩饰、隐瞒特征进行准确判断。

二、涉走私洗钱犯罪行为对象辨析

准确认定涉走私洗钱犯罪，首要前提是明确走私犯罪中违法所得的范围。

（一）走私犯罪违法所得的认定分歧

1. 现行法律规定存在逻辑矛盾

走私罪作为行政犯，以违反行政法律规范为前提，但关于走私行为的行政法规和刑事司法解释，对于违法所得的认定存在一定的逻辑矛盾。《海关行政处罚实施条例》（以下简称《实施条例》）第 9 条规定，对于走私行为，应没收走私货物、物品及违法所得。由此规定看，走私的货物、物品及违法所得三者是并列关系，也就意味着违法所得并不包含走私的货物、物品本身。最高法、最高检和海关总署出台的《关于办理走私刑事案件适用法律若干问题的意见》（以下简称《意见》）第 23 条规定，在办理走私犯罪案件过程中，对发现的走私货物、物品、走私违法所得以及属于走私犯罪分子所有的犯罪工具，走私犯罪侦查机关应当及时追缴，依法予以查扣、冻结。从表述上看，这与《实施条例》的规定精神一致。但《意见》第 24 条又规定："对于走私货物、物品……无法扣押或者不便扣押的，应当按照走私货物、物品的进出口完税价格认定违法所得予以追缴；走私货物、物品实际销售价格高于……" 此条文中违法所得又与走私货物、物品发生重合，前后存在一定的逻辑矛盾。

2. 司法实践中认定模式存在差异

司法实践中，对于走私犯罪违法所得的认定和处理，主要有三种模式：一是"折中说"，即普通货物按照走私货物偷逃税款数额认定违法所得予以追缴，违禁货物按照货物本身认定违法所得予以追缴；二是"获利说"，即按照走私行为获利数额认定违法所得予以追缴；三是"总额说"，将走私货物本身或走私货物变现价款认定违法所得予以追缴，如前述案例一、案例三均采取此种认定模式，将走私货物认定为违法所得。

（二）涉走私洗钱犯罪行为对象的认定

1. 违法所得的核心内涵

准确界定走私的违法所得，首要前提是明确违法所得的核心内涵。《最高人民法院、最高人民检察院关于适用犯罪嫌疑人、被告人逃匿、死亡案件违法所得没收程序若干问题的规定》中明确了违法所得的定义，即“通过实施犯罪直接或者间接产生、获得的任何财产，应当认定为刑事诉讼法第二百八十条第一款规定的‘违法所得’”。这一规定与国际公约中对于违法所得的界定一脉相承，如《联合国反腐败公约》规定，“‘犯罪所得’系指通过实施犯罪而直接或间接产生或者获得的任何财产”。刑法体系中相关司法解释性质文件也同样贯彻了这一精神，如《最高人民法院研究室关于非法经营罪中“违法所得”认定问题的研究意见》指出，“非法经营罪中的‘违法所得’，应是指获利数额，即以行为人违法生产、销售商品或者提供服务所获得的全部收入（即非法经营数额），扣除其直接用于经营活动的合理支出部分后剩余的数额”。可见，无论是国际公约还是国内法律规定，无论是刑法的原则性规定还是司法解释对于个罪的具体适用，都贯彻了这一原则，即违法所得需来源于犯罪行为本身，而不能来源于对犯罪关联物品实施的其他行为。

从违法所得来源于犯罪行为这一本质特征来看，“总额说”和“获利说”都存在无法回避的问题。“总额说”的问题在于不当扩大了违法所得的外延。首先，虽然相关司法解释和行政法规均对走私货物、物品的处理作出规定，但并不意味着所有需要进行扣押、收缴、罚没的对象均属于违法所得，《刑法》中对于违禁品和供犯罪所用的本人财物同样作出了应予没收的规定，不能因走私货物、物品与违法所得在最终处置上相似，就认定走私货物、物品均属于违法所得；其次，走私的货物、物品本身并非通过犯罪获得，行为人在实施走私犯罪前已经获得货物、物品，不能因为行为人依托货物、物品实施了走私犯罪而认定其属于违法所得，如案例一中区某一、区某二、区某三实施了走私柴油的行为，但是柴油系在香港合法购买，获得柴油这一行为并不存在违法性。“获利说”的问题在于获利并非直接来源于走私犯罪。首先，销售行为系在走私犯罪既遂后进行，获利来自犯罪既遂后的另一独立行为，二者不能混淆；其次，这一认定方式会导致案件处理失衡，在行为人走私后自用物品、走私后尚未开始销售货物或者销售货物出现亏损的情形中，走私行为虽然造成了税收损失等法益侵害，但按照获利说行为人未获得违法所得，这一结论不仅在逻辑上无法自洽，也不符合司法实践中大部分走私犯罪违法所得的认定。

2. 走私违法所得的认定

回归到走私犯罪，走私行为的核心是逃避海关监管，具体可分为两类：一是偷逃应纳税款的行为；二是逃避国家有关进出境的禁止性管理的行为（逃避限制性管理的行为可根据其行为是否获得行政许可进而按照偷逃税款行为和逃避禁止性规定的行为认定，因此文中不再就此类行为进行赘述）。由于行为模式不同，违法所得不能采取“一刀切”的认定方式，而是应按照两种模式侵害法益的不同进行划分。

对于走私普通货物、物品，行为人造成国家税收损失，获得了少缴或不缴税款的利益，应将偷逃的税款认定为违法所得。司法实践中对于偷逃税款认定为违法所得的争议主要有两点：一是偷逃税款是应缴而未缴的无形物，无形物能否认定为违法所得。笔者认为，违法所得既包括有形的钱款、物品，也包括无形物，如在贿赂犯罪中存在免除债务型受贿，此种情形中虽然国家工作人员未获得有形的钱款或物品，但并不意味着国家工作人员未获得违法所得，其被免除的债务数额即为违法所得数额。因此，在走私普通货物、物品中，行为人偷逃的税款虽然系无形物，仍应认为其获得了应缴未缴的税款这一财产性利益。二是无形物是否存在洗钱的认定条件。洗钱行为是对上游犯罪违法所得及收益的掩饰、隐瞒行为，在绝大部分案件中，如对于贪贿财物的掩饰、隐瞒，对于金融诈骗所得的掩饰、隐瞒，均系对违法所得本身直接实施了掩饰、隐瞒行为，但是否所有的洗钱行为均需直接针对违法所得本身，是一个有争议的问题。有观点认为，应严格限定“洗”的对象，仅限于违法所得及收益，也有观点认为，违法所得及收益系行为人实施上游犯罪后获得，洗钱行为是对于违法所得及收益性质、来源进行掩饰、隐瞒，本质上是对上游犯罪的掩饰、隐瞒，因此，如果行为能够达到切断上游犯罪与违法所得联系的效果，即可认定为洗钱行为，无须对行为对象进行限定。笔者认为，这两种观点前者过于保守，而后者又过于宽泛，当违法所得存在其他载体，或者与其他财物成为无法分割的整体时，违法所得依存的载体或财物可作为洗钱的行为对象范围，但同时，也应对洗钱的行为对象作出限定，否则针对上游犯罪的毁灭证据、窝赃等行为均会不当地被纳入洗钱的范畴。在走私普通货物中，偷逃税款这一无形物的载体为普通货物以及普通货物销售后的钱款，此时对于货物自身以及销售后钱款的掩饰、隐瞒行为均应认定为洗钱行为。如前述案例一中，区某一等人从香港走私柴油，走私柴油偷逃税款依附于柴油本身存在，行为人对走私柴油实施的掩饰、隐瞒行为应视为对违法所得即偷逃税款的掩饰、隐瞒行为，因此，刘某某购买走私柴油的行为是一种掩饰、隐瞒的洗钱行为。值得注意的是，在此种情形中，洗钱的数额应与走私普通货物的违法所得数额即偷逃税款保持严格的对应关系，以达到罪责刑相适应的效果，刘某某从区某二处收购走私柴油 15 吨，应将其洗钱数额认定为 15 吨走私柴油偷逃税款的数额。

对于走私禁止类货物、物品，行为人通过走私行为，使原本不符合出、入境条件的货物、物品实现了出、入境的目的，应将此视为其获得的利益，因此，实现出、入境目的的货物、物品本身为走私违法所得。同时，禁止类货物后续通过销售等方式转化为其他财产的，转化后的财产也应视为违法所得的收益。

三、涉走私洗钱犯罪客观行为辨析

（一）获取、占有、使用行为

《联合国禁毒公约》《联合国打击跨国有组织犯罪公约》《联合国反腐败公约》将洗钱的行为方式列为七种：转换、转让、隐瞒、掩饰、获取、占有和使用，其中转换、转让、隐瞒、掩饰四种清洗方式属于强制性规定，而后三种则属于选择性规定，缔约国可以在不违背其宪法原则及其法律制度基本概念的前提下，将它们规定为国内法中的刑事犯罪。[①]我国《刑法》中涉及广义洗钱的罪名有洗钱罪，掩饰、隐瞒犯罪所得、犯罪所得收益罪，以及窝藏、转移、隐瞒毒品、毒赃罪。洗钱罪将获取、占有、使用行为排除在外，立法者认为，不具有掩饰、隐瞒性质和来源的目的的明知而获取、占有或者使用的行为，可以依照《刑法》第312条掩饰、隐瞒犯罪所得、犯罪所得收益罪的规定定罪处罚。[②]

走私犯罪中，走私对象根据其用途可划分为货物、物品，用于个人使用或馈赠亲友的为物品，用于生产、经营或出租、出售的为货物。根据我国洗钱罪的立法原意，走私货物、物品后的单纯获取、占有行为均不属于洗钱罪的惩戒范畴，个人自用物品的日常消耗性使用也不涉及掩饰、隐瞒目的，因此，通常情况下，仅走私货物情形中会涉及后续具有掩饰、隐瞒目的的洗钱犯罪。

（二）走私后的销售行为

前述案例三中，他人走私货物入境后，李某将走私货物进行销售，法院认定构成洗钱罪。走私货物后的销售行为能否一律认定为洗钱行为，实践中存在较大的争议，有观点认为，由于走私的普通货物本身并非违法所得，因此销售行为不能认定为洗钱[③]；也有观点认为，走私行为人通常不会为了“摆设”而走私货物，他们销售走私入境的货物，成为其走私行为的必然后续行为，这也是走私犯罪行为人获取不法利益的必然选择，故应被处于上游犯罪的走私罪所吸收，不能再同时认定为下游的洗钱罪，否则有违“禁止重复评价原则”。[④]

如上文所述，对于走私违法所得的掩饰、隐瞒应包含对于违法所得载体的掩饰、隐瞒，行为人通过销售走私货物，实现了货物和资金之间的转换，承载上游犯罪所得的载体发生实质性变化，达到了掩饰、隐瞒走私犯罪所得的目的。从销售货物行为达到的效果来看，其符合

---

① 参见王新:《国际视野中的我国反洗钱罪名体系研究》,《中外法学》2009年第3期。

② 参见刘为波:《〈关于审理洗钱等刑事案件具体应用法律若干问题的解释〉的理解与适用》,《人民司法》2009年第23期。

③ 参见聂文峰:《走私犯罪中相关掩饰、隐瞒类行为的司法认定分析》,《海关与经贸研究》2021年第4期。

④ 参见王新:《洗钱罪的司法认定难点》,《国家检察官学院学报》2022年第6期。

洗钱罪中的掩饰、隐瞒目的，应认定为洗钱行为，但是是否对销售行为另行评价为洗钱罪，则要考虑销售行为与走私行为之间的关联性。

对于走私行为人实施的后续销售货物行为，不宜再认定为洗钱罪。无论是走私普通货物罪还是走私禁止类货物罪名中，都已经将走私的对象限定于货物，即在税率的适用、偷逃税款的计算、犯罪构成的认定中均已将货物用途为营利进行了评价，应当将后续销售行为作为上游犯罪的自然延伸。销售行为虽然可能形成掩饰、隐瞒效果，但如对其再认定为洗钱罪，则是对销售行为进行重复评价。

对于走私行为人以外的主体销售货物的行为，则可考虑认定为洗钱行为。如前述案例三中，李某未参与走私行为，在他人走私既遂后，李某明知该批货物系走私入境，对货物进行销售，构成洗钱罪。需要注意的是，在此种情形中，应对走私共犯与洗钱犯罪进行区分，如行为人在走私前或走私中与直接走私人具有通谋、明确分工，则应以走私共犯进行认定；如行为人在他人走私既遂后，明知是走私货物而进行销售，则可认定为洗钱行为。

（三）购买走私货物的行为

购买走私货物行为本身可以达到掩饰、隐瞒上游犯罪的效果，但基于《刑法》第155条直接向走私人非法收购国家禁止进口物品的，或者直接向走私人非法收购走私进口的其他货物、物品，数额较大的，以走私罪论处的特殊规定，实践中应对购买走私货物的行为进行区分：如购买人明知卖方系走私人员仍然直接向其购买走私货物的，应按照《刑法》的特殊规定认定为间接走私，不再认定为洗钱行为；如购买人对于卖方的走私人员身份不明知，或者卖方并非走私人员，则应将购买行为认定为洗钱行为。前述案例一中，刘某某向他人购买走私柴油，法院认定购买行为属于掩饰、隐瞒行为，构成洗钱罪，案件判决中未明确刘某某是否明知他人系直接走私人员仍购买柴油，笔者认为，如刘某某明知他人走私的行为，应认定为间接走私而非洗钱。

（四）向境外支付货款的行为

在普通货物走私和禁止类货物走私中，往往都存在无法通过正常的付汇渠道支付货款的情形，走私人选择通过地下钱庄、使用他人资金账户等方式向境外支付部分或全部货款。此种行为是否属于洗钱，同样存在一定争议。笔者认为，此类行为实际上增加了对走私的查处难度，具有一定的掩饰、隐瞒效果，但从行为本质来看，支付货款是走私人员获得走私货物的重要环节，此时上游犯罪可能尚未完成，且货款不等同于走私违法所得，因此不宜将支付货款行为一概认定为洗钱行为。如果行为人支付的货款来源合法，支付货款行为对象并非违法所得及收益，也并非违法所得及收益的载体，不应将此行为认定为洗钱行为；如果行为人支付的货款来源于既往走私犯罪所得，则应将此行为认定为洗钱行为。在前述案例二中，袁某一、袁某二明知信某等公司实施走私犯罪，仍使用控制的多个资金账户向境外非法汇兑，支付走私货款，由于信某等公司长期进行走私行为，向境外支付的货款来源为走私犯罪所得，构成洗钱罪。

（五）提供账户或其他帮助行为

《刑法》第 156 条规定:“与走私罪犯通谋，为其提供贷款、资金、账号、发票、证明，或者为其提供运输、保管、邮寄或者其他方便的，以走私罪的共犯论处。”此条款中对于提供资金账户等行为按走私共犯论处的规定，与洗钱行为存在形式上的交叉。笔者认为，应从以下两个方面对帮助行为进行认定，进而厘清走私共犯与洗钱罪的界限。

第一，行为人的主观方面存在走私“通谋”还是“明知”。走私共犯中要求行为人与走私人之间存在“通谋”，洗钱罪则要求对上游走私犯罪存在“明知”。从意思联络紧密程度来看，走私共犯中的“通谋”的积极性、交互性、深入性都应远高于洗钱犯罪的“明知”；从成立时间来看，走私共犯中的“通谋”必须成立于事先或事中，而洗钱犯罪的“明知”多形成于走私犯罪既遂后。

第二，行为人提供帮助的效果。走私共犯提供帮助针对的是走私犯罪本身，帮助行为系走私犯罪的组成部分或重要环节，而洗钱犯罪中的行为针对的是违法所得及收益，行为本身一般不影响上游走私犯罪的成立。

自洗钱犯罪的罪数问题研究

田宏杰　徐　黎*

摘　要　自洗钱行为入罪，不仅在政策层面有着顺应时代背景和接轨国际潮流的社会正当性，而且在理论层面，一行为说、不可罚事后行为说等持论的可商，亦证成了自洗钱入罪的刑事正当性。自洗钱入罪后，对于自洗钱行为和上游犯罪行为的处断应予数罪并罚，其理论考量在于：一是想象竞合、法条竞合、牵连犯、吸收犯等从一罪处断论的理由难言妥当；二是数罪并罚既与罪刑法定原则和全面评价的要求更为相合，又与罪数理论的实用主义和简明发展方向更为相契。

关键词　自洗钱　罪数　上游犯罪　数罪并罚

一、引言

［基本案情］　冯某才等人贩卖毒品、洗钱案：2021 年 3 月至 4 月，经缠某超介绍，冯某才三次贩卖海洛因共计 15.36 克，收取缠某超毒赃共计 12350 元。冯某才每次收取缠某超等人的毒赃后，很快通过微信转账将大部分或者全部毒赃转给其姐姐冯某，三次转账金额合计 8850 元。冯某才辩称向冯某转账是为了偿还借款。伊宁县人民检察院结合全案证据全面审查后认为，冯某才关于归还借款的辩解没有合理根据，

* 田宏杰，中国人民大学法学院暨刑事法律科学研究中心教授、博士生导师，法学博士、金融学博士后；徐黎，中国人民大学法学院刑法学博士研究生。

冯某才收取毒赃后将赃款转移至他人的资金账户，具有掩饰、隐瞒犯罪所得及其收益的来源和性质的故意；上述行为发生在《刑法修正案（十一）》实施后，已构成洗钱罪，事实清楚，证据确实、充分。2021年10月13日，新疆维吾尔自治区伊宁县人民法院以贩卖毒品罪判处冯某才有期徒刑9年，并处罚金5000元；以洗钱罪判处冯某才有期徒刑6个月，并处罚金1000元；数罪并罚，决定执行有期徒刑9年，并处罚金6000元。

为解决现代社会不断上升的洗钱犯罪治理需求与《刑法》第191条洗钱罪的低适用率之间的矛盾，《刑法修正案（十一）》对洗钱罪进行了修订。其中，最引人瞩目的变化在于自洗钱入罪。对此，2022年11月3日，最高检发布了上述案例作为检察机关惩治洗钱犯罪典型案例之一，为自洗钱案件办理充分发挥了示范引领作用。然而，自洗钱的入罪及其适用，虽是反洗钱犯罪治理的重大突破，却也不无质疑之声，特别是自洗钱入罪的正当性和入罪后与上游犯罪的处断等问题，争议尤为激烈。而这两个问题，本质上都涉及洗钱犯罪的罪数问题。基于此，笔者拟结合上述案例，对自洗钱的罪数相关问题展开分析。

二、自洗钱行为入罪的理论正当性

尽管在刑事政策上，自洗钱入罪回应了对接国际潮流和适应现代背景的时代需要，但是刑事立法毕竟不是纯粹的政策行为，刑法原理对刑事立法仍有着制约作用。[①]具体而言，将自洗钱评价为独立的犯罪行为主要面临着罪数理论上的质疑，其中具有代表性的反对观点有二：一是从行为角度，认为上游犯罪与自洗钱行为系一行为；二是认为自洗钱行为系不可罚事后行为。显然，要证立自洗钱行为入罪的正当性，就必须对上述观点予以理论回应。

（一）一行为说的反驳

有观点认为，上游犯罪行为人实施上游犯罪后又实施自洗钱行为，

① 参见张明楷:《刑法理论与刑事立法》,《法学论坛》2017年第6期。

是在一个概括的犯罪意思支配之下针对同一笔财物实施的连续性身体举动，应视作法律意义上的一个行为，故可进行一次性评价。[①]笔者以为，此论不无可商之处。

首先，该观点实际上秉持的是一种规范化或者说法律意义上的一行为概念，而非自然意义的一行为概念，而在罪数问题上，规范化的一行为概念还存在理论不足。罪数问题的焦点在于刑法如何妥适地对犯罪行为进行评价。从评价活动的角度来看，“行为”只是评价的对象，而不是评价本身。仅就评价的对象而言，其应当主要是存在面的实然概念，只有当评价主体运用规范所蕴含的价值观念对其进行评价之后，才能谈得上规范化和应然的问题。[②]从理论研究的角度来看，“何为一行为”只是罪数问题的研究起点，而在确定某类情况是一行为还是数行为后应该施加怎样的处罚效果，这才是需要进行复杂价值衡量和规范评价的研究过程。如果先入为主地秉持“一行为应产生一个处罚效果”的观点，尔后为了最终结论的合理性而去任意规范化、拟制化作为研究起点的行为概念，使其脱离实然层面的事物本质，这不仅模糊了罪数问题的讨论焦点，使得罪数问题因丧失明确的锚点而飘忽不定、错综复杂，而且还有倒果为因的循环论证之虞。就自洗钱而言，如果不采用这种规范化、拟制化的一行为概念，从自然意义上看，上游犯罪行为与自洗钱行为在主观上无疑是出于两个独立的犯罪意志，在客观上也并不存在时空上的紧密一致性，因而当属数个行为。

其次，该观点对自洗钱与上游犯罪之间关系的表述，显然借鉴了我国刑法理论通说对连续犯的阐释。但我国刑法理论通说认为，连续犯需以数行为性质相同且都触犯同一罪名为必要[③]，而自洗钱行为如果入罪，则成立洗钱罪，显然有别于上游犯罪的性质和罪名。由是以观，此种借鉴难言妥当。

---

① 参见姚兵:《我国自洗钱行为不独立成罪的原因分析》,《河北法学》2012 年第 6 期。

② 参见柯耀程:《刑法竞合论》，中国人民大学出版社 2008 年版，第 72 页。

③ 参见高铭暄、马克昌主编:《刑法学》(第九版)，北京大学出版社、高等教育出版社 2019 年版，第 189 页。

（二）不可罚事后行为的否定

在承认自洗钱行为与上游犯罪行为乃数行为的基础上，另一支持者较多的反对观点认为，自洗钱行为构成上游犯罪行为的不可罚事后行为，因而能够被综合地评价在上游犯罪罪名之中。但此说是否妥当，还需要结合不可罚事后行为理论进行分析。通常认为，后行为之所以构成前行为的不可罚事后行为，其法理基础在于没有侵犯新的法益或者没有期待可能性。[①] 而自洗钱行为并不符合这样的标准。

1. 具有法益异质性

判断自洗钱是否为不可罚事后行为，需要首先明晰洗钱罪与上游犯罪所侵害的法益，尤其是洗钱罪所侵害的法益。有关洗钱罪的法益，学界历来观点不一。通说认为，洗钱罪的客体是复杂客体，包括国家金融管理秩序和司法机关的正常活动[②]；也有观点认为洗钱罪的保护客体只是金融管理秩序[③]，或只是司法机关的正常活动[④]。

对此，笔者以为，《刑法》作为所有部门法的后盾与保障，其所保护的法益的内涵与实质，即作为犯罪客体内容的权利义务关系及其实质，并非由《刑法》独立规定，而是由《刑法》致力于保障的前置法予以确立调整。由“前置法定性与刑事法定量相统一”的犯罪认定机制决定，洗钱罪法益侵害实质的把握，关键在于科学理解其《刑法》分则条文所保障的前置法及其所调整的法律关系的内容及其实质。[⑤] 在我国现行有效的法律体系中，洗钱罪的前置法主要是《反洗钱法》。其第 1 条开宗明义地规定：“为了预防洗钱活动，遏制洗钱以及相关犯罪，加强和规范反洗钱工作，维护金融秩序、社会公共利益和国家安全，

---

① 参见张明楷：《刑法学》（第六版），法律出版社 2021 年版，第 640 页。

② 参见王作富主编：《刑法分则实务研究》（第 5 版），中国方正出版社 2013 年版，第 488 页。

③ 参见刘宪权：《金融犯罪刑法学原理》，上海人民出版社 2017 年版，第 426 页。

④ 参见李云飞：《洗钱危害的二维性及对客体归类的影响》，《中国刑事法杂志》2013 年第 11 期。

⑤ 参见田宏杰：《虚假诉讼罪的认定：罪质、罪状与罪量》，《新华文摘》2021 年第 17 期。

根据宪法，制定本法。”由此可见，金融管理秩序是洗钱罪《刑法》条文所致力于保护的法益，而预防和追究相关上游犯罪的司法活动秩序也是其法益组成部分。也正因如此，刑事立法才将洗钱罪明确规定在我国《刑法》分则第三章第四节“破坏金融管理秩序罪”之中，从而清晰地昭示了洗钱罪的法益侵害实质。

然而，具体如何理解金融管理秩序，却并非如此简单。有观点将其理解为金融系统不服务于非法资金转移的管理秩序，但是这种理解仍然停留于表面，未能深刻揭示洗钱对于金融管理秩序的实质危害。考察金融市场运行原理可知，洗钱罪对金融管理秩序的危害，其实体现在对金融安全和金融稳定的危害上。这种危害的形成路径，具体如下：第一，价格波动风险。非法所得流入金融系统，可能通过购买资产的方式进行洗白。大量热钱流入会导致资产价格的人为波动，比如房地产、股票等的价格大涨，进而引发资产泡沫，一旦泡沫破灭，又会引发资产价格大跌。[①]这种剧烈的市场波动极易诱发系统性金融风险，乃至酿成金融危机。第二，流动性风险。洗钱活动通常需要资金快速流动，以混淆资金来源，这可能导致金融机构在短时间内面临巨大的存款进出。如果金融机构不能妥善管理，可能会引发流动性风险，即金融机构无法满足短期偿付债务的需要。第三，信誉风险。[②]如果金融机构被用于洗钱，其声誉和信任度将会大大下降，进而可能导致客户撤资。金融机构的流动性和偿付能力会因此受到威胁，从而影响金融安全。第四，法律风险。洗钱资金的来源与各种犯罪行为相关，如果这些资金在法律调查中被依法冻结或者没收，持有这些资金的金融机构可能会遭受损失。[③]

洗钱的法益侵害体现为对金融管理秩序的侵害以及对司法机关正常

---

① See Riccardo Novaro et al. Does Money Laundering Inflate Residential House Prices? Evidence From the Italian Provincial Markets, Kyklos, Vol. 75: 4, p. 672–691 (2022).

② See Basaran–Brooks & Bahriye, Money Laundering and Financial Stability: Does Adverse Publicity Matter? Journal of Financial Regulation and Compliance, Vol. 30: 2, p.196–214 (2021).

③ 参见王新:《总体国家安全观下我国反洗钱的刑事法律规制》,《法学家》2021 年第 3 期。

活动的妨碍，而在洗钱犯罪中，行为主体的不同并不会影响行为的法益侵害实质。质言之，自洗钱和他洗钱的法益侵害实质并无不同。由此可见，自洗钱行为对金融管理秩序具有独立的法益侵害，其与上游犯罪的法益侵害在种类、程度上均有着相当的异质性。在网络科技加持下，数字化洗钱模式的匿名性与隐蔽性显著增强，网络支付平台、虚拟货币等新型金融产品相继出现，犯罪分子开始通过手机、电脑等移动终端在网络平台上进行非法金融交易。冯某才便是通过运用在线支付工具转账，不仅转移了赃款，而且虚构了与他人之间的债权债务关系，将赃款洗白为偿还合法债务的借款。而其使用的在线支付工具无疑涉及互联网金融领域，其实施的自洗钱行为已经侵犯了金融管理秩序，对金融安全造成了危害，这无论是在种类上还是程度上，均已明显超越了冯某才实施的贩卖毒品罪所侵犯的国家对毒品的管理秩序。

2. 具备期待可能性

欠缺期待可能性是成立不可罚事后行为的另一法理基础，而实施自洗钱的行为人是否欠缺期待可能性，不无疑问。法不强人所难，期待可能性是指在某一情况下，法律能期待行为人做出合法行为的可能性，正如日本学者表示："期待可能性正是想对在强有力的国家法规范面前喘息不已的国民的脆弱人性倾注刑法的同情之泪的理论。"[①] 但期待可能性理论"如果被滥用则有可能侵蚀法规范的确定性"[②]。经过理论上的正本清源可知，期待可能性的本意在于宽宥行为人为避免陷入严重不利境地而不得已违法（尚不构成紧急避险）的情形，而不是要去"体谅"行为人出于自利动机而不法追求自身利益的行为。换言之，期待可能性仅仅意味着刑法同情不利处境下的人性脆弱，而不是纵容通常处境下的人性自私。因此，在自洗钱的场合，行为人其实是不满足于仅仅占有赃款，为了更加快速、便利、安稳和更大限度地享用赃款的利益而危害国家金融监管秩序，这根本无从谈及避免陷入危难处境而不得

---

① ［日］大塚仁：《刑法概说（总论）》（第三版），冯军译，中国人民大学出版社 2009 年版，第 240 页。

② 陈兴良：《期待可能性问题研究》，《法律科学（西北政法学院学报）》2006 年第 3 期。

已违法的问题，进而也谈不上期待可能性的欠缺。在实践中，行为人进行上游犯罪后继续自洗钱的现象并不是必然选择，有相当一部分上游犯罪行为人并没有实施自洗钱犯罪。

总而言之，无论是从法益侵害实质还是从期待可能性的角度，都无法将自洗钱行为归属为上游犯罪的不可罚事后行为，因而据此否认自洗钱入罪正当性的观点恐难成立。

三、自洗钱与上游犯罪的处断

在肯认自洗钱入罪的理论正当性之后，如何处理自洗钱犯罪与上游犯罪的罪数，便成为争议较大的棘手问题。对此，有观点认为应该从一罪处断①，有的认为应该数罪并罚②，也有观点认为需要区分不同行为方式，分别采取数罪并罚和依照上游犯罪一罪从重处罚③。笔者赞同数罪并罚的主张，主要有以下两方面的理论考量。

（一）无法适用从一重罪处断

首先，自洗钱与上游犯罪不成立想象竞合或法条竞合。支持自洗钱与上游犯罪从一重处断，一种可能的理据在于二者构成想象竞合或法条竞合。但是，想象竞合和法条竞合所针对的都是一行为的情形，而前已述及，自洗钱与上游犯罪行为系刑法上的复数行为，不能构成想象竞合或法条竞合。

其次，自洗钱与上游犯罪不成立牵连犯。另一种认为应当从一重处断的观点通常依据牵连犯的理论。牵连犯尽管在实践中已被广泛使用，但对牵连关系的成立标准仍是众说纷纭。笔者认为，无论是主观说、客观说还是折中说，都有标准设定恣意之嫌。牵连犯本系数行为触犯数罪名，何以仅凭现象上的手段目的关系或原因结果关系就断言

---

① 参见姚兵:《我国自洗钱行为不独立成罪的原因分析》,《河北法学》2012 年第 6 期。

② 参见孙谦:《刑法修正案（十一）的理解与适用》,《人民检察》2021 年第 8 期。

③ 参见朱仁政、王赞、程路尧:《关于自洗钱行为罪数及处断的问题》,《中国检察官》2023 年第 5 期；赵桐:《自洗钱与上游犯罪的处断原则及教义学检视》,《西南政法大学学报》2021 年第 5 期。

其应当从一重处断？其背后的理论根据何在？主观说、客观说或折中说对此均无法说明。归根结底，对于罪数问题的处理标准，还是要回到禁止重复评价原则，回到合理量刑的目的要求才能得到有力说明。而禁止重复评价中的“评价”应该指规范对行为的评价，而不是法律适用者个人的评价，而规范的评价就体现在立法对构成要件的设置上。因而是否存在重复评价应当以法律规范为标准，以构成要件的立法设置为标准，而不是以司法实践中裁判者的感觉为标准。申言之，只有当数行为之间的手段目的关系能够从其实现的构成要件之中解读出来，而不是从具体案件事实或司法经验中归纳出来时，才能认为以数罪论处有重复评价的问题。而构成要件本质上是一种类型化的事实，是故，主张二行为之间应当具有类型化的手段目的关系才能构成牵连犯的“类型说”①，确实具有一定合理性。但是“类型说”认为这种类型化的关系既可以来自刑法规定（构成要件设置），也可以来自司法实践经验归纳，其错误之处在于，“是”和“应当”不能直接推导，经验上的通常牵连发生并不意味着在规范评价与处理上必须将其视为一罪才合理。

具体到自洗钱行为与上游犯罪行为之间，尽管二者在司法实践中通常具有目的和手段的关系，但却并不存在构成要件上的类型性的目的与手段关系。以“冯某才等人贩卖毒品、洗钱案”为例，或许在案件事实层面，冯某才贩卖毒品确实是为了获取赃款并将赃款转移、转换，以实现其最终目的——安全、便利地享受犯罪收益。但是在构成要件设置上，贩卖毒品罪并非目的犯，立法并没有将既遂之后转移、转换乃至享用毒赃的目的设置为本罪的主观构成要件要素，而洗钱罪也并没有将实施贩毒行为作为必备的行为手段要素，所谓上游犯罪只是对犯罪对象的规定，至于洗钱行为人是否通过本人实施贩毒行为来取得毒赃这一犯罪对象，刑法在所不问，也正是在这个意义上，自洗钱和他洗钱都能构成洗钱罪。因此，在将行为人的贩毒行为定性为贩卖毒品罪时，刑法并没有评价其意图洗钱的目的，而在将行为人的自洗钱行为定性为洗钱罪时，《刑法》也并没有评价其实施贩毒的手段，故而，

---

① 参见甘添贵:《罪数理论之研究》，元照出版有限公司2006年版，第212页。

将此二罪予以并罚并不会产生重复评价的问题。

最后，至于主张适用吸收犯的观点，一方面，吸收犯概念在理论标准上十分混乱，“吸收犯内涵歧义且类型包山包海的弊病让人难以理出其共同元素”[①]；另一方面，吸收犯的处理方式欠缺可靠的法理根据，在不存在类型化的评价要素重叠的情况下，仅凭现象上的吸收关系就将触犯数罪名的数行为作一罪化处理，难谓妥当，也有违反全面评价原则之嫌。因此，主张取消吸收犯概念的学者越来越多。[②]对此，笔者以为，即便要保留吸收犯概念，也应当对其进行适用限缩，不宜在非公认的吸收犯类型的情况下，轻易适用吸收犯。而在通说当前承认的吸收犯类型中[③]，并无契合自洗钱与上游犯罪情况的类型。本质上讲，洗钱犯罪在现代社会已经具有独立的法律属性，需要独立地进行法律评价，难以被上游犯罪所吸收。[④]

（二）应当实行数罪并罚

罪刑法定原则是近现代刑法的基本原则，作为以合理宣告犯罪、最终指向合理量刑为根本内容的罪数问题，当然要受到罪刑法定原则的制约。立法者所制定的刑法规范、所设立的犯罪类型，应当对司法者形成拘束。在不涉及法理或基本原则冲突时，司法者对立法者设立的评价和处罚效果，应当无遗漏地适用、充分地评价，以忠实体现立法意图，实现对法益的充分保护，而不宜基于政策或经验的考量而对立法规定的刑罚效果进行任意处断。[⑤]由此决定，在罪数问题中，全面评价原则与禁止重复评价原则同样需要坚持，一个合理的评价必然既是充分的，又非过度的。就自洗钱与上游犯罪的关系而言，其在数行为触犯了数个不同的罪刑规范，侵犯了数个不同的法益，且在数行为之

---

① 林钰雄：《刑法与刑诉之交错适用》，中国人民大学出版社 2009 年版，第 139 页。

② 参见陈洪兵：《中国式的刑法竞合问题研究》，中国政法大学出版社 2016 年版，第 217 页。

③ 包括重罪吸收轻罪、实行行为吸收预备行为、正犯行为吸收共犯行为。

④ 参见王新：《自洗钱入罪后的司法适用问题》，《政治与法律》2021 年第 11 期。

⑤ 参见甘添贵：《罪数理论之研究》，元照出版有限公司 2006 年版，第 6 页。

间不存在评价要素重叠的情况下，按数罪并罚论处更能实现全面评价的要求，亦更符合罪刑法定原则与法益保护的精神。

不仅如此，数罪并罚与罪数理论的实用主义和简明发展方向也更相契合。囿于理性主义的哲学根基和近代人权保障思想的影响，大陆法系的罪数理论在长期历史进程中逐渐脱离了罗马法时代的一罪一罚的简单并科传统，发展出诸多烦琐庞杂的理论体系，但是这些理论体系在精细化的同时，不可避免地走向了内卷化，其似乎不仅没有让罪数问题得到解决，反而令其不断困扰着刑法学界和实务界，最终成为刑法领域的“绝望之章”。而反观英美法系，长期以来并没有受到罪数难题的困扰，这或许源于其注重实际效果的实用主义哲学根基和经验理性主义传统。[①] 因此，英美法系在实用主义哲学指导下，出于对简明实用的追求而建立的罪数理论体系，或许是我们未来理论发展值得借鉴的方向。[②] 具体而言，一是罪数理论的规则和标准应始终立足于合理评价、合理量刑这一根本理论目的；二是扩大数罪并罚适用，同时通过构建科学的数罪并罚实体与程序规则并完善刑罚执行体系来实现刑罚合理化，而不是寄希望于在罪数论中就一揽子解决问题并彻底实现刑罚合理化的目标。

---

① 参见田宏杰：《中国刑法学研究40年的方法论思考——从视野、路径、使命切入》，《法商研究》2018年第6期。

② 参见李晓磊：《罪数理论之简约化论要》，法律出版社2021年版，第89页。

自洗钱犯罪案件的审查要点

杜 邈*

摘 要 自洗钱犯罪主要包括“转账”型、“存取现金”型、“交易”型等不同行为类型。在行为人拒不承认“掩饰、隐瞒”故意的情况下，可以结合行为人的认知能力、犯罪所得及其收益的种类、数额、转移、转换方式等因素进行推定，同时允许反证推翻。自洗钱犯罪具备“金融秩序 + 司法秩序”的法益侵害特征，应当从反洗钱法律的相关规定出发，将洗钱罪侵犯的主要法益从“金融管理秩序”这一抽象概念，转变为客户尽职调查、客户身份资料和交易记录保存、大额交易和可疑交易报告等反洗钱管理制度，准确划定自洗钱犯罪圈。

关键词 自洗钱 推定 法益侵害 反洗钱管理制度

洗钱是指通过各种手段掩饰、隐瞒上游犯罪所得及其收益的来源和性质的行为。长期以来，洗钱罪的罪状采取“协助”等表述，对于上游犯罪行为人实施的掩饰、隐瞒行为，通常被认为是事后不可罚行为，未单独追究其刑事责任。随着经济新业态、金融新产品、网络新技术的迅速发展，洗钱行为助长上游犯罪的滋生蔓延，体现出较强的社会危害性，引发国际社会的共同关注。《刑法修正案（十一）》对洗钱罪

* 杜邈，北京市人民检察院第四检察部主任、三级高级检察官，法学博士，全国检察业务专家。

的罪状作出重大调整，删除了“协助”等体现帮助性质的词语，正式将自洗钱行为纳入刑事处罚范畴，加大了对上游犯罪本犯的处罚力度。2022年，最高检发布5件检察机关惩治洗钱犯罪典型案例，其中“冯某才等人贩卖毒品、洗钱案”系自洗钱犯罪案件首次入选典型案例。为此，有必要对自洗钱犯罪案件的客观行为、主观犯意、法益侵害等方面进行重点审查，提升洗钱犯罪案件的办理质效。

一、“转移、转换”的行为特征

根据《刑法》第191条规定，洗钱罪的客观行为包括“提供资金账户”“将财产转换为现金、金融票据、有价证券”“通过转账或者其他支付结算方式转移资金”“跨境转移资产”“其他方法”五类。2024年最高人民法院、最高人民检察院出台《关于办理洗钱刑事案件适用法律若干问题的解释》（以下简称2024年《解释》），其中第5条对洗钱行为的兜底条款进行列举，即通过“典当、租赁、买卖、投资、拍卖、购买金融产品等方式”“与商场、饭店、娱乐场所等现金密集型场所的经营收入相混合的方式”“虚构交易、虚设债权债务、虚假担保、虚报收入等方式”“买卖彩票、奖券、储值卡、黄金等贵金属等方式”“赌博方式”“‘虚拟资产’交易、金融资产兑换方式”或其他方式，转移、转换犯罪所得及其收益。可以看出，“转移、转换”是洗钱行为的共性特征，既可以是金融市场不同金融工具、金融产品间的转移、转换，也可以是商品市场不同交易类型的转移、转换，甚至可以是与赌博等违法收益间的转换，还可以是多种转移、转换行为的叠加、组合。[①] 实践中，自洗钱行为主要包括以下类型：

（一）“转账”型

资金转账是自洗钱犯罪的常见手段，行为人不直接使用现金，而是通过银行或网络支付将款项从付款账户划转到收款账户，完成货币收付的支付结算，这里的资金账户既包括本人账户也包括他人账户，既

---

① 参见徐弘艳、逄政：《自洗钱行为的认定及刑事规制》，《人民检察》2021年第20期。

包括银行账户也包括第三方支付账户。一种情形是，将上游犯罪所得及其收益直接转给他人账户。如“冯某才等人贩卖毒品、洗钱案”中，冯某才每次收取缠某超等人的毒赃后，通过微信转账将大部分或者全部毒赃转给其姐姐冯某。另一种情形是，将上游犯罪所得及其收益转给他人账户，然后“层层回流”至行为人实际控制的账户。

（二）“存取现金”型

《刑法修正案（十一）》未对洗钱罪罪状的“提供资金账户”做出修改，有观点据此认为自洗钱的客观行为不包括“提供资金账户”。事实上，“提供资金账户”是大额现金缴存的基础条件，既包括自己提供资金账户，也包括指示他人（知情或不知情）为自己提供资金账户。当上游犯罪所得及其收益系现金的情况下，该种行为可以使涉案财产形态发生改变，应纳入自洗钱的客观行为范畴。此外，以大额取现、同柜存取的方式，阻断金融机构对涉案资金流向的监管，也是常见的自洗钱手段。

（三）“交易”型

洗钱行为不仅包括与金融机构相关的转移、转换行为，还包括与非金融机构相关的转移、转换行为。2018 年《中国人民银行办公厅关于加强特定非金融机构反洗钱监管工作的通知》规定，房地产开发企业、房地产中介机构、贵金属交易商、贵金属交易场所等非金融机构，均应当履行反洗钱和反恐怖融资义务。行为人为了转换犯罪所得及其收益的形态，可能采取“典当、租赁、买卖、投资”“买卖彩票、奖券”等方式，将资金与商品、房产、股权、金融产品之间转换形态，这里的交易既包括真实交易也包括虚假交易，既包括合法交易也包括非法交易。

二、“掩饰、隐瞒”的犯意特征

（一）“掩饰、隐瞒”故意的推定

洗钱犯罪的主观方面包括：其一，行为人对财物系上游犯罪所得及其收益具有主观明知；其二，行为人具有掩饰、隐瞒财物来源和性质的犯罪故意，两者缺一不可。2009 年《最高人民法院关于审理洗钱等刑事案件具体应用法律若干问题的解释》（已失效，以下简称 2009 年《解释》）第 1 条规定了洗钱罪“明知”的推定条款，行为人具有“通过非法途径协助转换或者转移财物”“以明显低于市场的价格收购财物”“收取明显高于市场的‘手续费’”等情形之一的，可以认定明知系犯罪所得及其收益，但有证据证明确实不知道的除外。但是，上述规定主要针对“他洗钱”犯罪。自洗钱行为人实施了上游犯罪，可以直接认定其明知涉案财物的来源和性质，难点是能否认定“掩饰、隐瞒”故意。在行为人拒不承认“掩饰、隐瞒”故意的情况下，可以结合行为人的认知能力、犯罪所得及其收益的种类、数额、转移、转换方式等因素进行推定，同时允许反证推翻。实践中应重点审查以下方面:（1）行为人控制、使用资金账户的情况。本人是否违反资金账户实名制等规定，控制、使用他人银行账户或第三方支付账户。（2）行为人转移、转换财物的规律。是否将大额资金拆分缴存于资金账户，将大额资金与其他性质的资金进行混同，或是在收取赃款后迅速划转、频繁划转，在不同银行账户、银行账户与第三方支付账户之间划转、回流等。（3）涉案财物的给付事由是否真实。财物接受方是否提供相当对价，是否存在“虚假交易”“虚假债务”等情形。（4）涉案财物的权属登记。涉案财物从资金转换为商品、房产、股权、金融产品等其他形态的，相关财物的权属是否登记在本人名下，是否属于他人代持。

（二）实践中不同情形的区分

1. 自洗钱与消费处分行为

有观点认为，对于行为人获取特定上游犯罪所得后自己投资房产、汽车、股票等有价证券的，应认定自洗钱，符合刑法规定的，成立洗钱罪。[①] 本文认为，上游犯罪行为人处分犯罪所得及其收益的情形较为复杂，是否具备“掩饰、隐瞒”意图应具体分析。对此，可以引入“是否足以影响刑事追诉”的判断标准，即行为人实施的转移、转换财

① 参见何荣功:《洗钱罪司法适用的观察、探讨与反思》,《法学评论》2023 年第 3 期。

物行为，是否导致司法机关对财物来源和性质的判断出现其他可能性，足以影响对上游犯罪的追诉。如果行为人使用本人账户收取犯罪所得，随后使用该账户支配资金，获取的不动产、股票或债权登记在本人名下，未实施资金混同、拆分等混淆行为，不足以阻断涉案财物与本人的关联性，没有给司法机关的追诉带来额外成本，难以认定具有“掩饰、隐瞒”故意。相反，如果上游犯罪行为人以“交易”“借贷”“还债”“赌博”为名，行掩饰、隐瞒之实，不影响自洗钱犯罪的认定。例如“冯某才等人贩卖毒品、洗钱案”中，冯某才辩称向冯某转账是为了偿还借款。针对冯某才的辩解，检察机关逐笔梳理冯某才与冯某的微信转账记录，有针对性地讯问冯某才，结合其他证据全面审查发现该案存在诸多疑点。根据作案时间段内呈现特定转账规律、双方对于借款情况均含糊不清、多次进行其他可疑转账等事实，最终认定冯某才关于使用毒赃归还借款的辩解不符合常理，且没有合理根据，属于收取毒赃后转移至他人资金账户的自洗钱行为，具有掩饰、隐瞒犯罪所得及其收益的来源和性质的故意。

2. 自洗钱与事后销售行为

走私犯罪案件中，上游犯罪行为人在虚假申报行为实施完毕之后，直接销售其走私犯罪之“物”，是否属于《刑法》第191条规定的“将财产转换为现金、金融票据、有价证券”，进而按照自洗钱犯罪论处？目前，关于走私犯罪所得的认定存在“折中说（税款获利说）”“货物物品说”等不同观点。对于走私类自洗钱犯罪，在准确认定犯罪所得的基础上，不能仅仅把握“走私货物物品和资金之间的转换”这一行为特征，还应把握“掩饰、隐瞒”的犯意特征。如果行为人以本人或其公司账户收取走私货款，仅凭资金账户即可溯源至相关人员，不足以妨害刑事追诉活动。相反，如果行为人在销售走私货物时，使用他人账户收款、收取大额现金、实施资金拆分、混同等行为，应认定具备“掩饰、隐瞒”犯罪故意。

3. 自洗钱与上游犯罪行为

自洗钱犯罪具有明显的事后性特征，在时空方面应当发生在上游犯罪完成之后。行为人在尚未实际获取犯罪所得时，即使其事先准备第三人资金账户用于接受钱款，此时的意图是完成上游犯罪，而非掩饰、隐瞒尚未占有的犯罪所得。连续犯罪的情况下，应当注意审查行为人是否完全实现犯罪意图，是否将前次犯罪所得用于购买犯罪工具、创造作案条件、雇佣作案人员等，进而实施后次犯罪。

三、“金融秩序 + 司法秩序”的法益侵害特征

（一）洗钱罪侵害法益

洗钱罪在我国刑法分则中规定于第三章“破坏社会主义市场经济秩序罪”“破坏金融管理秩序罪”一节。目前，理论界对洗钱犯罪侵害的法益存在一定争议，包括“金融管理秩序说”“复合法益说”“司法活动秩序说”等不同观点，由于洗钱罪的罪状设置了“其他方法”这一兜底条款，法益之争导致自洗钱的实行行为缺乏定型性。本文认为，洗钱罪侵害了金融管理秩序与司法活动秩序的复合法益，其中金融管理秩序属于主要法益。

从反洗钱立法和实践的发展来看，传统的洗钱方式侧重于利用金融机构或者金融手段掩饰、隐瞒犯罪所得，随着金融监管力度的不断加大，上游犯罪分子的洗钱方式迭代升级，开始利用不动产、贵金属甚至网络虚拟财产交易进行洗钱。与之相应，反洗钱义务主体逐渐从金融机构延伸至非金融机构甚至社会公众，引发对洗钱罪法益是否包括金融管理秩序的质疑。事实上，反洗钱义务主体的拓展，并不影响洗钱罪对于金融管理秩序的侵害。对于金融管理秩序法益的认定，应从行为本位的手段金融工具化转向结果本位的金融监控脱管化，即从掩饰、隐瞒行为的金融监管后果而言，上游犯罪所得的赃款流入经济流通领域，致使“黑钱”转为“白钱”而不受监管，大量赃款纳入合法的经济活动之中，给金融秩序造成危害。[①] 因此，应当从反洗钱法律的相关规定出发，将洗钱罪侵犯的主要法益从“金融管理秩序”这一抽象概念，转变为客户尽职调查、客户身份资料和交易记录保存、大额交易和可疑交易报告等反洗钱管理制度。

---

① 参见时方：《我国洗钱罪名体系的适用困局与法益认定》，《环球法律评论》2022 年第 2 期。

（二）实践中特殊情形的处理

如果涉案行为使犯罪所得及其收益的来源和性质发生变化，但仅仅干扰刑事追诉活动，并未侵害反洗钱管理制度的，不宜按照自洗钱犯罪论处。实践中，应注意以下特殊情形：

1. 伪造债权债务凭证行为

在一起案件中，行为人在担任执法工作人员期间，利用职务便利，非法收受他人财物35500元，为他人谋取利益。后行为人得知他人被监察机关查处，为了掩饰、隐瞒受贿款的来源和性质，与第三人串通，将他人贿送给其的好处费掩饰成行为人从企业代收水样检测费，由其交给第三人。第三人答应并依行为人要求出具虚假收据。[①]表面上看，上述行为符合2009年《解释》第2条规定的“通过虚构交易、虚设债权债务、虚假担保、虚报收入等方式”，将犯罪所得及其收益转换为“合法”财物，切断了财物来源，改变了财物性质，应当纳入自洗钱范畴。但是，《刑事审判参考》潘儒民、祝素贞、李大明、龚媛洗钱案（第471号）指出：“在行为方式上，从洗钱罪侵犯的客体出发，《刑法》第191条列举的前四种行为方式均借助了金融机构的相关行为，相关行为能否认定为兜底条款中的第五种行为方式，需要根据该行为是否体现出对国家金融管理秩序的侵害进行判断。”[②]按照上述观点，因行为人并未通过转账、交易、存取现金等方式“漂白”赃款，只是通过制造虚假收据的方式，使涉案财产的来源和性质发生变化，其行为对象是收据而非财物，并未妨害相关机构对涉案资金的监控，没有形成对金融管理秩序的实质侵害，不构成自洗钱犯罪。

2. 境内携带、运输、藏匿财物行为

《刑法》第312条规定，掩饰、隐瞒犯罪所得、犯罪所得收益罪的

---

① 参见王婕妤、黄江南：《自洗钱行为入刑后的定罪与处罚》，《人民司法》2021年第32期。

② 肖晚祥、苏敏华：《潘儒民、祝素贞、李大明、龚媛洗钱案——上游犯罪行为人尚未定罪判刑的如何认定洗钱罪（第471号）》，载最高人民法院刑事审判第一至五庭主办：《中国刑事审判指导案例3（破坏社会主义市场经济秩序罪）》，法律出版社2017年版，第188—192页。

行为方式是“窝藏、转移、收购、代为销售或者以其他方法掩饰、隐瞒”。2021年《最高人民法院关于审理掩饰、隐瞒犯罪所得、犯罪所得收益刑事案件适用法律若干问题的解释》第10条规定，“其他方法”是指“居间介绍买卖，收受，持有，使用，加工，提供资金账户，协助将财物转换为现金、金融票据、有价证券，协助将资金转移、汇往境外等”。从侵害金融法益的角度来看，洗钱罪与掩饰、隐瞒犯罪所得、犯罪所得收益罪除了上游犯罪和类型以及主观明知内容的不同之外，在行为方式上，掩饰、隐瞒犯罪所得、犯罪所得收益罪的内涵更广，且将洗钱罪的行为方式包括其中。[①]《刑事审判参考》姜某掩饰、隐瞒犯罪所得案（第1103号）指出：“姜某明知系他人受贿犯罪所得的现金而藏匿在别墅中，后又交给他人转移，但姜某只是对其丈夫受贿所得的现金、银行卡实施了物理意义上的窝藏、转移行为，行为的实质在于掩饰、隐瞒犯罪所得的实物，不涉及资金形式的转换或转移。”[②]行为人实施上游犯罪后窝藏、携带或在境内运输犯罪所得及其收益，相关财物性质和来源没有发生实质性变化，属于不可罚的事后行为，不构成自洗钱犯罪。但是，行为人违反《中华人民共和国反洗钱法》规定的海关监管制度，“将犯罪所得及其收益携带、运输或者邮寄出入境”，赃款在跨越国边境时不仅发生了物理的位移，而且脱离了本国的金融监管体系，对反洗钱管理制度造成实质侵害，应按照自洗钱犯罪论处。

① 参见吴晓蓉、赵铖柯：《洗钱罪与掩饰、隐瞒犯罪所得、犯罪所得收益罪的区分》，《人民司法》2022年第20期。

② 曹东方：《姜某掩饰、隐瞒犯罪所得案——如何区分掩饰、隐瞒犯罪所得罪与洗钱罪（第1103号）》，载最高人民法院刑事审判第一至五庭主办：《中国刑事审判指导案例3（破坏社会主义市场经济秩序罪）增订本》，法律出版社2021年版，第120—122页。

自洗钱犯罪的证据标准问题初探

陈　晨*

摘　要　司法机关认定自洗钱犯罪，应坚持主观要素与客观要素相统一的刑事责任评价原则，完整把握刑法规定的犯罪构成要件，收集和审查证据。“掩饰、隐瞒”不是犯罪目的，而是对洗钱行为人主观故意内容和客观行为特征的规定，司法机关应从主客观两方面收集证据，对行为人提出的辩解进行实质性审查并根据证据予以证伪。当行为人确实没有“掩饰、隐瞒”的主观故意，或者存在其行为不符合罪质构造要求、对其认定自洗钱违背“禁止重复评价”原则等情况时，应排除洗钱罪的适用，做到不枉不纵。

关键词　自洗钱　犯罪目的　主观故意　客观行为　辩解　证据

党的二十大对新时代新征程加强检察机关法律监督工作、依法严惩群众反映强烈的各类违法犯罪活动、建设更高水平的平安中国等提出了新的任务要求。金融安全关系国家安全。近年来，检察机关把反洗钱工作作为服务保障金融安全的重要内容，不断加大对洗钱犯罪特别是自洗钱犯罪惩治力度，2022 年 11 月最高检发布的检察机关惩治洗钱犯罪典型案例中包括一件自洗钱案件——“冯某才等人贩卖毒品、洗钱

*　陈晨，上海市人民检察院第四检察部三级高级检察官，全国检察业务专家。

案”，这是最高检颁布的首例自洗钱典型案例，对统一自洗钱犯罪的法律适用和证据标准具有十分重要的指导性意义。本文结合该案例，对当前司法实践中自洗钱犯罪司法认定和证据标准等争议问题予以探讨，以供参考。

一、自洗钱犯罪认定的主客观相统一原则

在《刑法修正案（十一）》之前，理论和学术界对于自洗钱入罪争议颇多，《刑法修正案（十一）》将自洗钱纳入洗钱罪的规制范围，即在立法层面初步认可了洗钱罪超出上游犯罪的危害本质及其独立的处罚意义①。此外，自洗钱与上游犯罪不是牵连关系，也不存在想象竞合关系，应避免单纯从上游犯罪保护法益来理解洗钱犯罪保护的法益。当然，司法实践也不能走向另一个极端，即将所有事后处置犯罪所得及其收益的行为均评价为自洗钱犯罪，而应完整把握《刑法》规定的犯罪构成要件，准确认定洗钱罪。

从刑事评价的角度，之所以将洗钱犯罪与上游犯罪独立评价，是因为其具有独立的犯罪构成要件和保护的法益，因此司法机关要秉持主观要素与客观要素相统一的刑事责任评价原则。从证据收集和审查的角度看，司法机关需要审查用以证明行为人具有掩饰、隐瞒犯罪所得及其产生的收益的来源和性质（以下简称“掩隐”）的主观故意和实施了“掩隐”的客观行为的证据是否均确实、充分，并对行为人提出的辩解进行实质性审查，方能准确认定或排除自洗钱犯罪的适用。

二、自洗钱犯罪的主观要素及其证明

（一）“掩隐”的性质

在自洗钱犯罪中，对主观明知的证明难题很少存在，主观要素的争议点在于对《刑法》第 191 条所规定的“掩隐”的罪状表述的理解和证明。

---

① 参见卢建平、王昕宇：《反洗钱罪名体系的失衡与完善》，《中国人民公安大学学报（社会科学版）》2022 年第 6 期。

对此论者观点不同，一种代表观点认为，“掩隐”系犯罪目的，洗钱罪是非典型法定目的犯[①]；另一种代表观点则认为，“掩隐”实际上是对《刑法》所列举的五种具体方式所加的限制，不同于《刑法》理论上的目的犯。[②]“掩隐”是否理解为犯罪目的，直接关乎洗钱罪的刑事立法是否属于目的犯的模式，应从法理解释、刑事政策把握等方面予以审慎论证。

刑法理论中的目的犯是指以超过的主观要素为罪责要素的犯罪。目的犯之目的属于犯罪的主观要素，从犯罪构成理论分析，目的犯之目的是故意之外的主观要素（以下简称目的Ⅱ），它与故意之内的目的（以下简称目的Ⅰ）是有所不同的，目的Ⅰ是指犯罪人希望通过实施犯罪行为达到危害社会结果的心理态度，是主观预期的犯罪结果，而目的Ⅱ与本罪的犯罪结果并无必然联系，是可以独立于犯罪故意中的目的的另一种主观心理要素。如《刑法》第152条所规定的走私淫秽物品罪，目的Ⅰ是淫秽物品得以非法入境，目的Ⅱ是牟利或者传播。从客观行为来看，目的犯的目的Ⅰ由于包含在故意之内，因而与该罪构成要件的客观行为（以下简称行为Ⅰ）是存在对应关系的；而目的Ⅱ与客观行为则不存在对应关系，尚需进一步实施一定的行为（以下简称行为Ⅱ）方能实现目的Ⅱ。如在走私淫秽物品罪中，将淫秽物品走私入境是行为Ⅰ，而将淫秽物品销售牟利或传播是行为Ⅱ，但是行为Ⅱ并不是本罪的构成要件，即行为人只要有牟利或传播的意图即可，并非一定要将这一意图付诸实施。因此从这个意义上说，目的犯之目的是一种超过的主观要件。[③]

反观洗钱罪，洗钱罪构成要件的客观行为无论如何“更新换代”，其核心都是行为人对上游犯罪所得及其收益的来源和性质的“掩饰和隐瞒”，使得“脏钱”披上合法化的外衣，而行为人主观上也要认识

① 参见付立庆：《中国刑法中的典型的法定目的犯——描述、追问与评价》，《法学杂志》2006年第1期。

② 参见周宜俊：《涉走私洗钱犯罪司法适用问题研究》，《青少年犯罪问题》2022年第1期。

③ 参见陈兴良：《目的犯的法理探究》，《法学研究》2004年第3期。

到自己所处理的是源于上游犯罪的“脏钱”并决意要实施“掩隐”行为，除此以外，我们无法剥离出独立存在的目的Ⅱ和行为Ⅱ。申言之，“掩隐”既是行为人犯罪故意的构成要素（目的Ⅰ），也是行为人构成要件客观行为的本质特征（行为Ⅰ），再将这一内容当作超过的主观要件——目的犯的目的就不甚妥当了。此外，目的犯的目的因是行为人的一种主观心理内容，是长期困扰司法机关的证明难题，在洗钱罪本不属于法定目的犯的情况下，更无须将其解释限缩为目的犯的范畴，否则会不当增加司法机关的取证负担，无异于自缚手脚。

值得高度关注的是，最高检在发布的“冯某才等人贩卖毒品、洗钱案”的典型意义中强调，“为掩饰、隐瞒上游犯罪所得及其产生的收益的来源和性质”和“有下列行为之一”都是构成洗钱罪的必要条件，主观上具有掩饰、隐瞒犯罪所得及其产生的收益来源和性质的故意，客观上实施了掩隐行为，同时符合主客观两方面条件的，应当承担刑事责任，并与上游犯罪数罪并罚。该案例从最高司法机关的角度，肯定了“掩隐”是洗钱罪主观故意的内容和客观行为的特征，当主观罪过和客观行为均满足刑法规定的犯罪构成条件，司法机关应秉持主客观一致的原则准确认定洗钱罪。

（二）“掩隐”主观故意的证明

对“掩隐”术语理解的厘清，对于准确把握司法机关的证明内容和证明责任具有积极意义。对洗钱罪目的犯属性之否定，意味着司法机关只需证明本罪的客观行为与主观故意即可，无须额外地证明特定目的的存在。

对洗钱行为人是否有“掩隐”的主观故意，司法机关多需要依据间接证据予以综合判断，在审查时应特别关注两个方面：（1）根据洗钱行为的特质进行类型化审查，不同类型的洗钱行为各具特征，因此对“掩隐”的证明要求存在一定差异。比如“跨境转移资产”的行为，因为不同司法管辖权对资金的查控范围和能力存在区别，如果行为人将违法犯罪资金进行跨境转移，基本可以推断其具有“掩隐”的主观意图，而提供资金账户、转账、支付结算等行为，因其可能与一些日常生活中经常出现的处理资金行为发生重合或混同，行为人也可能提出其不具有“掩隐”主观故意的辩解，因此需要更加审慎，进一步收集证据。（2）关注行为人涉及洗钱行为的异常性，如果行为人具有明显超过日常需求的交易行为和交易数额，或者不计成本地进行交易行为等，一般可以认定其具有“掩隐”的主观故意。

以黄金等贵金属领域洗钱行为为例，如案件中涉嫌洗钱的行为人将上游犯罪所得用于购置黄金首饰，往往辩解其并非出于“掩隐”的主观故意，而是出于日常消费或者保值增值的需要，包括购买金饰自用、赠予亲友、迎新嫁娶等。对此，司法机关在认定其“掩隐”的主观故意时，需要重点收集和审查以下证据：

一是购买行为和过程“异常性”的证据。由于贵金属交易场所和交易商的反洗钱义务规则已有明确法律规定，贵金属交易场所、交易商负有客户身份识别义务，与客户进行超过一定数量的交易数额时需向行政主管机关进行大额交易报告[①]。案件中，洗钱行为人在利用黄金等贵金属进行洗钱时，往往需要通过指使他人、使用他人身份证件和银行卡进行大额黄金的买卖，方能实现上游犯罪赃款的“清洗”和转移、转换，若案件中出现类似情况，包括行为人要求亲朋好友购买黄金、提供身份证件和银行卡，甚至在网上招募人员或买卖他人银行卡等行为，一般应认定其具有“掩隐”的主观故意。

二是关于购买数量和贵金属用途、去向的相关证据。从购置数量上，需要查明行为人购置的贵金属、首饰的具体数量和价值数额，是否超出一般家庭和个人的正常需求等；从去向方面，查明行为人购置的贵金属、首饰等是自用、赠送亲友，还是转手出售转化为现金或其他资产形式。

三是关于转移、转换为现金或其他资产的方式的证据。如果行为人购买了贵金属后又将其变卖，转换为现金或其他资产，应查明持有的时间，是否通过正规的回收途径变现等事实。如果行为人购入大额贵金属后迅速将其变卖，或通过不正规的回收途径甚至出现明显的折价销售，足见其变现的迫切需求，一般可以证明其具有“掩隐”的主观故意。

---

① 参见《中国人民银行关于加强贵金属交易场所反洗钱和反恐怖融资工作的通知》。

三、自洗钱犯罪的客观行为及其证明

（一）洗钱行为罪质构造和上下游犯罪的界分

1. 洗钱行为的罪质构造

洗钱行为一般通过放置、培植和融合三个步骤将“脏钱”转换为表面合法收入。洗钱犯罪所触犯的法益和严重的社会危险性，正是依托于其洗钱行为手段得以实现，而自洗钱得以独立构罪，也是因为其超越了简单地以持有、消费、消耗等方式享受上游犯罪“成果”的行为，而是以一定的“掩隐”手段，使得上游犯罪所得及其产生的收益与上游犯罪的关联性被模糊或割断，从而形成外观合法的行为。

对于接收犯罪所得及其产生的收益后的转账、支付结算、投资、购买房产等行为，一般可以认定为洗钱行为，而日常生活中消费、消耗型使用上游犯罪收益的，以不认定洗钱行为为宜，未改变财物形态的占有、保管、藏匿等行为，一般不认定为洗钱行为。① 从证明角度看，应着眼于使得上游犯罪所得及其收益发生存在形态的变化，改变其性质和来源，从而为“脏钱”披上合法外衣的本质特征，这是认定所有洗钱犯罪手法的原则指引，亦是准确适用刑法罪名的要求。

2. 划清上游犯罪和洗钱犯罪“分割线”

根据禁止重复评价的基本原则，在定罪量刑时禁止对同一犯罪构成事实予以二次或二次以上的法律评价，当某一要素（包括行为、结果等）已经被一个犯罪构成所评价，不能再将该要素在另一个犯罪构成中重复评价。具体到自洗钱犯罪，最高检在发布的“冯某才等人贩卖毒品、洗钱案”中强调：“认定上游犯罪和自洗钱犯罪，都应当符合各自独立的犯罪构成，上游犯罪行为人完成上游犯罪并取得或控制犯罪所得后，进一步实施的掩饰、隐瞒犯罪所得及其产生的收益的来源和性质的行为，属于自洗钱行为。”

因此，自洗钱犯罪的成立，需要收集证据能够证明存在上游犯罪和自洗钱犯罪两个独立的行为过程，从而足以认定各自独立的犯罪构成，

---

① 参见黎宏：《“自洗钱”行为认定的难点问题分析》，《法学评论》2023 年第 3 期。

且上游犯罪已经既遂，如果证据显示“清洗”资金的行为是发生在上游犯罪实施过程中，如上游犯罪实施过程中的接收、接受资金行为，属于上游犯罪的完成行为，是上游犯罪既遂的必要条件，不宜重复认定为洗钱行为，帮助接收、接受犯罪所得的人员可以成立上游犯罪的共犯，对于连续、持续进行的上游犯罪和洗钱犯罪，应当逐一分别评价，准确认定。

（二）洗钱行为手段和数额的证明

1. 证明洗钱行为手段的证据

洗钱行为手段是认定洗钱犯罪的重要内容，在司法实践中需要收集和审查的洗钱手段行为有关的证据主要包括两类：一是证明洗钱对象——赃款赃物来源的证据，此部分证据应聚焦于资金、财产和财产性利益的统一性；二是证明行为人实施具体转移、转换等“清洗”手法的证据。

首先，司法机关应调取和审查证明洗钱对象与上游犯罪所得及其产生收益联系的相关证据，以证明掩隐的对象即上游犯罪所得或者其产生的收益，重点是根据上游犯罪所得及其收益的形式，收集转移、转换全过程的相关证据。比如，上游犯罪所得是存款、现金的，调取涉案资金转账、取现、存款等相关证据，包括银行对账单、银行监控录像等视频资料，行为人办理相关业务的留存材料等；上游犯罪所得是房产、贵金属、车辆等实物，或者转换为实物的，调取相关实物的购买合同、转让合同、注册登记证明、过户手续证明等证据。

其次，司法机关应调查和审查具体洗钱行为的证据。在此方面需要关注的是，近年来，信息网络技术被不法分子用来实施洗钱，虚拟币、游戏币等成为新型洗钱载体，洗钱活动更趋隐蔽。利用虚拟货币实施洗钱犯罪案件不断增加，在证明思路和方法上要重视收集证明从上游犯罪所得转换为虚拟货币的证据，包括比特币地址、密钥等，行为人与比特币持有者的联络信息和资金流向等，以及行为人将比特币兑换成法定货币或者使用比特币的证据等。

2. 洗钱犯罪数额的相关证据

行为人洗钱的具体数额是反映行为人罪行轻重、社会危害性大小的一个重要要素，在认定时需特别关注两个问题：其一，在部分案件中，洗钱行为持续时间长、方法复杂多样，行为人采用多种手法对一笔赃款进行“清洗”的情况下，在证据收集时应严格区分涉案资金的进账与出账，对于同一笔资金，无论其后续是否多次转换，都只按进账的部分计算一次洗钱数额。其二，在行为人将《刑法》第 191 条洗钱罪所规定的七类上游犯罪违法所得与合法财产混同时，首先，要查清上游犯罪所得和合法财产的准确金额；其次，考虑到此类行为本身就是比较典型的洗钱行为，当行为人转账、取现的数额不超过混入的犯罪数额的，都应当认定为洗钱数额。

（三）证据标准和对被告人辩解的审查

1.“清洗”行为的证据标准

实践中有观点认为，涉及洗钱行为要达到“掩隐”的效果往往需要通过多层次、多账户或者多类型的动态转移和混同，因此司法机关需要收集足够的证据，证明行为人的客观行为达到“由黑洗白”的效果，对司法机关侦查产生了实质影响，方能认定为洗钱行为。

对此，本文认为洗钱行为的本质在于使上游犯罪所得“表面合法化”，是否最终成功掩盖犯罪所得的非法性不是其构成要件，即认定洗钱违法犯罪行为时无须达到完全逃避监管和侦查的客观效果。虽然理论和实务界对洗钱的定义各有侧重，但通说认为，洗钱行为特征要素在于模糊或割裂违法所得与上游犯罪的关系，如国际货币基金组织（International Monetary Fund）规定，“洗钱是转移、隐藏得自于或产生于犯罪活动的资产以模糊其犯罪关联的过程”①。因此，洗钱行为特征在于“利用资产、资金转换、转移过程中所造成的信息缺失、信息隐蔽、信息不完整、信息不真实、信息复杂”②，从而使司法机关无法追查

---

① See the IMF and the Fight Against Money Laundering and the Terrorism Financing, accessed from https://www.imf.org/en/About/Factsheets/Sheets/2023/Fight-against-money-laundering-and-terrorism-financing, last visited at May1, 2022.

② 陈国进、刘学：《提高反洗钱运作效率的构想——信息技术应用与管理技术调整》，载张亦春主编：《反洗钱国际学术研讨会论文集》，厦门大学出版社 2008 年版，第 30 页。

资金的来龙去脉，是否成功掩盖其非法性并不影响洗钱罪的成立。从刑事认定角度，完整的洗钱过程包括从犯罪所得到合法财产“由黑到白”的系列过程，《刑法》列举的具体洗钱方式，都是洗钱过程中的典型行为，是完整洗钱过程中的部分具体行动，行为人只要实施了转移、转换、混同等使上游犯罪所得“无痕”的行为，即使未实现完全“洗白”，也应属于《刑法》规定的洗钱行为。[①]

2. 如何构建证据体系和实质审查行为人辩解

以“冯某才等人贩卖毒品、洗钱案”为例，被告人冯某才通过贩卖毒品三次收取他人毒赃共计12350元，随后通过微信将大部分或者全部毒赃转给其姐姐冯某，三次转账金额共计8850元，检察机关认定冯某才构成贩卖毒品罪、洗钱罪。

冯某才提出向冯某转账是为了偿还借款而非洗钱行为的辩解，实际是对其转账行为性质的辩解，如果冯某才的转账行为真系还款，根据前述对洗钱客观行为罪质构造的讨论，对还款倾向认定为对上游犯罪所得的消耗性个人使用，一般不能将其认定为洗钱。对此，检察机关立足于借款金额固定、借款理由明确、借款还款频次不会过高等正常借款、还款行为应具有的一般特征，重点收集和比对证据，包括冯某才接受毒赃和向冯某转账的时间、金额，冯某才和冯某对于所谓“借款”“还款”的金额、次数等供述和证言，以及冯某才和冯某之间资金往来的其他记录等，用上述证据来揭示冯某才所谓“还款”行为的三个明显异常，以破除其并非实施“清洗”资金行为的辩解。一是转账时间的明显异常。冯某才每次收到毒赃后均全部或大部分转账，在作案时间段内呈现即收即转的特点。二是转账原因的明显异常。冯某才虽然辩称转账给姐姐冯某系还款，但两人对于借款金额、次数、已偿还金额以及未偿还金额等情况的陈述均含糊不清，且双方陈述的欠款数额差距较大。三是其他资金往来的明显异常。除已经查明的三次毒赃转账外，2021年1月至4月，冯某才还有11次收取他人转账资金后即全部或大部分转给冯某的行为，其中有4笔共计13480元来自确定的毒品购买者。

---

① 参见聂建华等:《关于检察机关办理洗钱案件有关问题的调研报告》，载张志杰主编:《刑事检察工作指导》(第4辑)，中国检察出版社2021年版，第233页。

根据上述证据和归纳出的明显异常，司法机关认为冯某才关于归还借款的辩解不符合常理，且没有合理根据，因此排除了冯某才收取毒赃后将赃款转移至他人的资金账户系正常还款、借款的行为辩解，而将其认定为掩饰、隐瞒上游贩卖毒品罪违法所得的行为，遂认定冯某才构成洗钱罪。

案发后伪造借款协议"洗白"上游犯罪所得行为分析

楼　丽　蒋　奇　陈　楚*

摘　要　上游犯罪行为人在案发后通过虚构借款协议，制造资金回流的还款假象，不仅符合洗钱罪的掩饰、隐瞒的行为特征，而且利用金融手段使无法进入流通领域赃款的查清、追缴设置了障碍，侵害了金融管理秩序，属于自洗钱行为，构成洗钱罪。即使案件中的赃款已被行为人使用，因未曾改变其来源非法的性质，且赃款系"种类物"，故而仍可作为洗钱罪的犯罪对象。此外，还应厘清上游犯罪共犯与洗钱共犯的界限，需着重考察行为人共同故意和行为的具体内容和指向，精准把握《刑法》规定的犯罪构成要件。

关键词　洗钱罪　自洗钱　虚构借款协议　资金回流　共同犯罪

［**基本案情**］　2016年至2018年，沈某利用负责政府融资业务的职务便利，采取虚增融资项目财务咨询费的手段，通过杨某经营的第三方公司控制的账户走账，侵吞国有资金共计人民币170万余元，扣除

*　楼丽，浙江省人民检察院第三检察部主任、三级高级检察官；蒋奇，浙江省湖州市人民检察院第二检察部主任、四级高级检察官；陈楚，浙江省湖州市人民检察院第二检察部四级检察官助理。

走账税费等费用后，由杨某控制的胡某某账户向沈某控制的沈某某账户转账人民币120余万元，上述资金由沈某个人使用。

2021年8月，沈某从杨某处得知上述用于走账的账户因涉及其他人员职务犯罪被纪检监察部门调查。为掩饰、隐瞒自己的贪污行为，沈某告知杨某走账资金系其侵吞的国有资金，并与杨某合谋，决定将走账资金伪造成沈某某向胡某某的个人借款。后由沈某按照贪污款走账时间及具体数额，伪造两份借款合同及一份借款补充协议，并伪造借款人“沈某某”签名，杨某要求其公司员工胡某某在出借处署名。为显示借款的“真实性”，沈某又将80万元现金通过其控制的沈某某账户转至杨某控制的胡某某账户，制造还款假象。二人还约定，待风声过后，再由杨某取现还给沈某。案发后，该80万元被监察机关扣押。

一、分歧意见

本案中因为贪污款已经被使用，在案发前为了掩盖真相，又重新走账混淆视听，这种情况下，如何认识将赃款洗白，能否将已被使用的贪污款作为洗钱罪的犯罪对象等方面均存在争议，因而对于沈某的行为是否属于自洗钱犯罪行为，杨某能否构成洗钱犯罪的共犯形成了两种意见。

第一种意见认为，沈某的行为属于自洗钱行为，构成洗钱罪，杨某构成洗钱罪共犯。上游犯罪所得即使已经被使用，但未曾改变其来源非法的性质，仍可作为洗钱罪的犯罪对象。本案中，沈某根据贪污犯罪所得赃款获得路径重新走账进行资金回流，为监察机关、司法机关查处其贪污犯罪设置障碍，构成洗钱罪。杨某事后与沈某通谋并通过伪造借款凭证、提供资金账户、协助转账汇款等方式混淆视听，“洗白”贪污款的行为，构成洗钱罪共犯。

第二种意见认为，沈某的行为不构成洗钱犯罪，应构成妨害作证罪，杨某的行为构成帮助伪造证据罪。首先，洗钱罪的犯罪对象是上游犯罪所得及其产生的收益，本案贪污款已经被沈某使用，犯罪对象已不存在，故沈某不构成洗钱罪。其次，沈某指使杨某帮助其制作虚假借条，并进行资金回流的行为客观上为自己逃避监察机关对其贪污罪的调查设置了障碍，继而为避免最终受到司法追究创造了条件，破坏了国家正常的司法秩序，即使其未采用暴力、威胁、贿买等方式，也构成妨害作证罪；杨某则构成帮助伪造证据罪。

二、评析意见

就本案的上述争议问题，笔者根据刑法理论和司法实践中存在的实际情况进行深入分析，同意第一种意见，认为沈某伪造借款协议并走账的行为属于自洗钱行为，构成洗钱罪，杨某构成洗钱罪的共犯。理由如下：

（一）贪污款被使用后，仍可被视为洗钱罪犯罪对象

犯罪对象表现为犯罪行为所直接作用的客观存在的具体人或具体物，是犯罪客体的客观表现形式。[①]我国《刑法》将洗钱罪置于侵犯破坏金融管理秩序罪的类别之中，体现了洗钱罪的客体为金融管理秩序。同时有关上游犯罪所得必须能够为洗钱手法所清洗，达到掩饰、隐瞒犯罪所得收益来源和性质的效果，方能对金融管理秩序产生危害。[②]依据《刑法》规定，洗钱罪的犯罪对象包括贪污犯罪所得及其产生的收益。在实践中，洗钱犯罪行为人往往在上游犯罪既遂后便将赃款予以“洗白”，而沈某是在取得贪污款并已使用后，在案发前为掩饰自己贪污犯罪事实通过金融系统相关活动实施了资金回流等相关操作，此时已被使用了的贪污款能否被洗钱手法所清洗，成为洗钱罪的犯罪对象是认定本案是否构成洗钱罪的关键。本案中的贪污款虽然被使用，但并不能消除其来源非法的本质，否则行为人也没有必要通过一系列操作来使其表面合法化。事实上行为人虽然另外使用资金进行走账，混淆视听，但其根本目的在于将上游贪污犯罪所直接作用的贪污款“洗白”为借款，试图让监察机关对贪污款性质产生错误认识，回流的资金只是用于实施洗钱犯罪的工具，而非洗钱犯罪的对象，其整个行为

① 参见高铭暄、马克昌主编：《刑法学》（第九版），北京大学出版社、高等教育出版社2019年版，第54页。

② 参见罗曦、陈晨：《洗钱罪司法实务疑难问题探讨》，《人民检察》2022年第18期。

所作用的对象实质是虽已被使用但性质始终未曾变化的贪污款，故本案中的行为对象依然是上游贪污犯罪所得。

（二）本案行为破坏了金融管理秩序

由于洗钱罪侵犯的客体为金融监管秩序，而金融监管强调市场经济领域中货币价值的相对稳定性，洗钱行为使本无法进入市场经济领域的“黑钱”任意流通，对货币原有价值稳定性造成影响，对金融监管秩序造成破坏。① 因此，行为人对赃款进行“洗白”的过程有无对金融管理秩序造成破坏是认定洗钱罪，掩饰、隐瞒犯罪所得罪，伪证类犯罪等的重要判断标准。本案中行为人通过伪造、指使他人书写借条，利用他人银行账户进行走账的方式对上游贪污犯罪所得进行“洗白”，客观上为监察机关调查贪污犯罪，以及对本无法进入流通领域的贪污款进行查清、追缴设置了障碍，影响了货币价值的稳定，侵害了金融管理秩序。此外，行为人借助金融领域的资金转账系统进行走账，客观上让金融领域相关活动成为掩饰、隐瞒赃款的工具，同样也损害了金融系统的纯洁性。

（三）本案以资金回流制造“还款”假象的行为符合自洗钱犯罪的行为特征

自洗钱往往与上游犯罪的赃款处置行为重合，沈某事后掩饰贪污款来源和性质的行为是贪污后的“事后不可罚”的行为还是独立的自洗钱犯罪行为，抑或是妨害作证犯罪行为，应一罪处理还是数罪并罚，需要进行分析。由于洗钱行为特征表现为“利用资产、资金转换、转移过程中造成的信息缺失、信息隐蔽、信息不完整、信息不真实、信息复杂”②，使得监察机关、司法机关难以查清上游犯罪及上游犯罪所得性质。本案中，贪污款获取是借用杨某控制的胡某某银行账户和沈某

---

① 参见李迎寒:《反洗钱路径下腐败资产追缴的实现》,《青少年犯罪问题》2022 年第 4 期。

② 陈国进、刘学:《提高反洗钱运作效率的构想——信息技术应用与管理技术调整》,载张亦春主编:《反洗钱国际学术探讨会论文集》，厦门大学出版社 2008 年版，第 30 页。

控制的沈某某银行账户走账，之后沈某将两个账户之间资金的流转包裹上“借款”的外衣，并以资金回流来制造“还款”假象。因此，可以认定沈某主观上已产生掩饰、隐瞒贪污款来源和性质的自洗钱犯罪故意，客观上也造成金融监管秩序被破坏的新的危害结果，已形成独立于受贿罪的新的洗钱罪犯罪构成，应依法数罪并罚。

需要说明的是，沈某虽然具有指使杨某伪造借条，提供银行账户进行资金走账的行为，但该行为不宜被单独评价为妨害作证罪。原因在于伪造借条的行为虽客观上起到湮灭罪迹、逃避刑事诉讼追究的作用，但伪造借条是为了掩饰、隐瞒贪污款的来源和性质，成功实现以银行转账将贪污款“洗白”为借款的目的，伪造借条是洗钱犯罪的一部分，不宜单独评价。此外，从应然的角度分析，在金融领域内的洗钱行为具有很大的社会危害性，这种社会危害性集中表现为对金融管理秩序的破坏，故而刑法中将洗钱罪独立设罪。[①] 不仅如此，如果从牵连犯的角度而言，将伪造借条的行为视为手段行为，将掩饰、隐瞒贪污款来源和性质视为最终的目的行为，从一重罪处罚。由于刑法总体上对洗钱罪的处罚重于对妨害作证罪的处罚，故而也应认定沈某构成洗钱罪。[②]

（四）沈某与杨某构成洗钱罪共犯

在自洗钱入罪后，对于处于共同犯罪一方的上游犯罪人来说，又增加了洗钱的新行为样态，这就打破了自洗钱行为人与处于另外一方的洗钱行为人在认定共犯时的既往行为结构。[③] 因此在评价共犯时要考虑行为人通谋时间、内容和行为指向。如果上游犯罪行为既遂后，上游犯罪行为人与另一方通谋并实施洗钱犯罪，应与另一方成立洗钱罪共

① 参见刘宪权:《金融犯罪刑法学原理》，上海人民出版社 2017 年版，第 429 页。

② 根据《刑法》规定，妨害作证罪处 3 年以下有期徒刑或者拘役；情节严重的，处 3 年以上 7 年以下有期徒刑。而洗钱罪则是处 5 年以下有期徒刑或者拘役，并处或者单处罚金；情节严重的，处 5 年以上 10 年以下有期徒刑，并处罚金。总体来看，洗钱罪的刑期要重于妨害作证罪的刑期。

③ 参见王新:《自洗钱入罪后的司法适用问题》,《政治与法律》2021 年第 11 期。

犯。如果当上游犯罪尚未实施或正在实施，上游犯罪行为人与另一方就上游犯罪和洗钱罪进行通谋，并实施了上述行为的，应与另一方就上游犯罪和洗钱罪构成共犯。需要注意的是，如果上游犯罪尚未实施或正在实施，上游犯罪行为人仅就洗钱罪与另一方通谋，并就洗钱罪与另一方共同实施，上游犯罪行为人也应与另一方只构成洗钱罪共犯，另一方的行为应评价为洗钱罪一罪。原因在于，此时洗钱罪条文足以评价上游犯罪人与另一方的共同洗钱犯罪行为和主观故意内容的不法内容，不宜再将另一方行为评价为洗钱罪与上游犯罪帮助犯的想象竞合。[①] 此外，另一方行为的指向系洗钱犯罪，对上游犯罪的控制力小，若将其行为评价为洗钱罪与上游犯罪的竞合，可能会导致罪刑失衡，不利于体现刑法的谦抑性原则。本案中，事先杨某虽客观上协助沈某取得贪污款，但其主观上并不知悉贪污款性质，也不具有帮助贪污的故意，故不构成贪污罪。但事后在知晓沈某取得的款项系贪污款的情况下，仍然协助沈某通过虚构借贷关系、提供银行卡进行资金转账掩盖钱款性质，其与沈某构成洗钱罪共犯。

综上，本案中沈某为掩盖贪污犯罪事实，通过伪造借款协议，利用资金回流虚构还款假象，意图使其已被使用的贪污所得合法化，为监察机关、司法机关调查、追究其贪污犯罪设置障碍，属于自洗钱犯罪行为，符合洗钱罪构成要件。杨某协助沈某隐瞒贪污款来源和性质，构成洗钱罪共犯。最终，本案起诉到法院，法院依法认定沈某、杨某事后掩盖贪污款性质的行为构成洗钱罪，分别判处沈某、杨某有期徒刑 1 年 6 个月，并处罚金人民币 5 万元和有期徒刑 1 年 6 个月，缓刑 2 年，并处罚金人民币 5 万元。

---

① 参见张明楷:《法条竞合与想象竞合的区分》,《法学研究》2016 年第 1 期。

贪污贿赂类自洗钱犯罪行为及主观内容的厘清

杜 宣 谈 磊 杨 帆*

摘 要 贪污贿赂类自洗钱犯罪认定，以贪污贿赂犯罪事实成立且本犯占有、支配贪污贿赂所得及其收益为前提。洗钱行为本质特征是掩饰、隐瞒上游犯罪所得及收益的来源和性质，掩饰、隐瞒不是洗钱行为方式。应厘清《刑法》第 191 条规定的 5 种洗钱行为，贪污贿赂犯罪本犯采用转账等方式使用犯罪所得及收益进行小额日常消费，形式上符合洗钱罪规定，但无处罚必要性。洗钱罪是故意犯罪，为掩饰、隐瞒犯罪所得及收益不是洗钱犯罪目的，贪污犯罪本犯认识到其行为能够掩饰、隐瞒犯罪所得及收益的来源和性质，即具有自洗钱犯罪故意，行为人动机、目的不影响主观故意认定。

关键词 贪污贿赂犯罪 自洗钱 犯罪行为 主观故意

一、如何认识自洗钱犯罪行为的特征及主观内容

［**基本案情**］ 2017 年 3 月至 2021 年 3 月，为偿还赌博欠债及继续赌博，某国有公司综合办公室副经理 A 利用职务便利，套取本单位

* 杜宣，江苏省南京市人民检察院第三检察部副主任、四级高级检察官；谈磊，江苏省南京市人民检察院第三检察部一级检察官；杨帆，江苏省南京市人民检察院第三检察部二级检察官助理。

公款4500万余元。2020年以来，A为掩饰、隐瞒其贪污犯罪所得的来源和性质，以帮忙走账等名义指使甲等10余人，以及让甲另行安排10余人，在某灵活用工平台注册个人账号、关联个人银行账户，并授意外包公司B公司将其贪污犯罪所得钱款通过该平台转账至上述人员账户。B公司误以为该部分钱款系某国有公司开支使用，遂配合A，将钱款以支付薪酬名义通过该平台拆分转账至上述人员账户。2021年3月，B公司通过该平台将58万余元转账至A指定的多人银行账户，上述人员收到该平台转账的钱款后，除甲乙丙自行抵扣A所借他们3人的欠款外，剩余全部钱款均陆续转账至A银行账户，被其用于偿还债务、网络赌博等。[①]

上述案例中A以转账方式转移其贪污犯罪所得资金58万余元的行为，在《刑法修正案（十一）》施行前，是犯罪既遂后行为人对赃款的处置行为，属于事后不可罚行为，不能被评价为犯罪，但《刑法修正案（十一）》修改了《刑法》第191条规定，将贪污贿赂犯罪等7类上游犯罪本犯的自洗钱行为入罪。《刑法》规定的这一重大改变，不仅冲击了传统刑法定罪理论，也给司法适用带来不少难题。就本案而言，案件办理中涉及以下问题：一是贪污贿赂类自洗钱行为构罪前提是什么；二是自洗钱犯罪行为本质特征是什么；三是自洗钱行为人主观故意如何界定。解决以上争议是准确理解自洗钱犯罪的关键所在，本文将结合前文案例尝试解决上述问题，以期有助于司法实践中此类案件的办理。

二、贪污贿赂类自洗钱犯罪的成立前提

（一）认定贪污犯罪本犯涉嫌自洗钱犯罪须贪污犯罪事实成立

根据2020年《最高人民法院、最高人民检察院、公安部关于办理洗钱刑事案件若干问题的意见》（以下简称《意见》）第7条规定，《刑法》第191条规定的洗钱罪，应当以上游犯罪事实成立为认定前提。据此，贪污贿赂犯罪事实成立是讨论该类犯罪本犯是否涉嫌自洗钱犯

---

① 参见江苏省南京市中级人民法院刑事判决书，（2021）苏01刑初40号。

罪的前提之一。贪污贿赂犯罪事实成立应指相关罪名涉及的犯罪事实达到最低入罪标准，如贪污罪入罪标准系贪污数额达 3 万元以上。上述案例 A 贪污犯罪所得 4500 万余元，已达数额特别巨大的量刑标准。

一般而言，贪污贿赂犯罪是指《刑法》分则第八章规定的贪污贿赂罪名，包括贪污罪、受贿罪等 14 个罪名，以及第三章的非国家工作人员受贿罪，对非国家工作人员行贿罪，对外国公职人员、国际公共组织官员行贿罪等。上述案例 A 系国有公司从事公务人员，其利用职务便利套取本单位公款 4500 万余元，涉嫌贪污罪，其贪污犯罪事实成立，这是追究 A 涉嫌自洗钱犯罪刑事责任的前提。

（二）认定贪污犯罪本犯涉嫌自洗钱犯罪须本犯占有、支配犯罪所得及收益

洗钱犯罪对象是上游犯罪所得及收益，这决定了只有上游犯罪本犯客观上占有、支配这些犯罪所得及收益的“钱”，才能对其进行“漂白”，否则无“钱”可洗（没有犯罪对象），而无犯罪对象则无犯罪行为，自洗钱犯罪也无从谈起。这种支配、占有系法律意义上的支配、占有，而非简单的亲自占有或物理占有。应明确的是，《意见》第 7 条规定上游犯罪是否既遂不影响洗钱犯罪认定，这是针对他洗钱犯罪的行为人而言，而非针对自洗钱犯罪行为人。洗钱罪上游犯罪既未遂成立的标准不同，对于他洗钱而言，只要行为人实际占有、支配上游犯罪所得及收益的钱款并实施洗钱行为即可成立洗钱犯罪，即行为人“有钱可洗”，因而上游犯罪是否既遂并不影响他洗钱犯罪行为的认定。但就自洗钱犯罪而言，若贪污犯罪本犯因意志以外的原因而未占有支配贪污犯罪所得及收益（此时构成贪污罪未遂），行为人“无钱可洗”，不可能涉嫌自洗钱犯罪，也就无法以洗钱罪追究其刑事责任。

三、贪污贿赂类自洗钱行为的厘清和认定

我国《刑法》第 191 条规定了 5 种洗钱行为：提供资金账户；将财产转换为现金、金融票据、有价证券；通过转账或者其他支付结算方式转移资金；跨境转移资产；以其他方法掩饰、隐瞒犯罪所得及其收益的来源和性质。

（一）洗钱行为本质特征：掩饰、隐瞒犯罪所得及收益的来源和性质

一般而言，提供资金账户、财产转换等5种行为系日常行为，它们可能具有多重性质和作用，如某人将房屋出售所得钱款用于旅游，这一财产转换行为，属于日常消费行为，难以被评价为洗钱行为。对于上游犯罪既遂后，行为人为能够自由支配其犯罪所得钱款，又实施《刑法》第191条规定的5种行为，该行为能够掩饰、隐瞒贪污犯罪所得的来源和性质，从而使犯罪所得在形式上合法化，进而侵害金融管理秩序和司法机关正常活动，则属于自洗钱犯罪行为。亦即，洗钱行为本质特征系该行为可以掩饰、隐瞒犯罪所得的来源和性质。上述案例A以转账方式转移其贪污犯罪所得资金，该行为客观上能够掩饰贪污犯罪所得来源和性质，可评价为洗钱犯罪行为。因此，不能将洗钱行为界定为掩饰、隐瞒行为，掩饰、隐瞒是表明上述5种行为方式的作用和性质，只有在这5种行为能够掩饰、隐瞒上游犯罪所得的来源和性质，并使之合法化时，才可将其认定为洗钱犯罪行为。

（二）对“自己提供资金账户”的理解

贪污贿赂犯罪本犯提供资金账户的，能否界定为洗钱行为，能否将其排除在自洗钱犯罪之外，观点不一。有主张认为，上游犯罪本犯自己提供资金账户不属于《刑法》规定的“提供资金账户”。也有人认为，上游犯罪行为人自己提供资金账户供自己使用可界定为《刑法》规定的“提供资金账户”。

笔者认为，“提供资金账户”能够包含上游犯罪本犯自己提供资金账户。《刑法修正案（十一）》未修改该款内容，该款内容一般被视为带有帮助性质的行为。而《刑法修正案（十一）》删除了《刑法》原第191条第2、4项洗钱行为中的“协助”，为自洗钱入罪奠定基础，因此，从法条逻辑统一性以及从“提供资金账户”可能具有的文义解释论，都可以将上游犯罪本犯提供资金账户的情形包含在“提供资金账户”内。上游犯罪本犯提供资金账户的行为掩饰、隐瞒犯罪所得来源和性

质，侵害了金融管理秩序和司法机关正常活动，因此，从法益保护的目的看，将上游犯罪本犯提供资金账户包括在“提供资金账户”也是必要的。

（三）对“财产转换、转移资金、跨境转移资产和其他方法”的理解

《刑法》还规定了将财产转换为现金、金融票据、有价证券，通过转账或者其他支付结算方式转移资金，跨境转移资产等 3 种具体洗钱行为，即财产转换、转移资金和跨境转移资产，以及兜底的行为方式，即以其他方法掩饰、隐瞒犯罪所得及其收益来源和性质的行为。

一方面，前 3 种洗钱行为较易认定。财产转换为现金，如将受贿的字画通过拍卖变现；转移资金，如上述案例中 A 以转账方式将其贪污所得转移至其指定账户；跨境转移资产，如国家工作人员将其贪污所得巨额资金通过“地下钱庄”转移至境外。无论是财产、资金还是资产，都应是上游犯罪本犯占有、支配的犯罪所得及收益，本犯将它们转换、转移、跨境转移的，客观上是掩饰、隐瞒它们的来源和性质，可成立洗钱犯罪。上述案例中 A 以转账方式将其占有、支配的贪污所得转移至其指定账户，该行为能够掩饰、隐瞒其贪污钱款的来源和性质，属于洗钱行为。

另一方面，以 2024 年《最高人民法院、最高人民检察院关于办理洗钱刑事案件适用法律若干问题的解释》第 5 条为依据解释“其他方法”。该条明确规定了“以其他方法掩饰、隐瞒犯罪所得及其收益的来源和性质”包括通过典当、租赁、买卖、投资、拍卖、购买金融产品等方式，转移、转换犯罪所得及其收益等 7 种情形。相较于 2009 年《最高人民法院关于审理洗钱等刑事案件具体应用法律若干问题的解释》（现已失效），新司法解释已经删除“协助”字样，第 5 条规定的各种行为方式可解释为上游犯罪本犯的自洗钱行为。当然，无论如何解释，该行为必须客观上都能够掩饰、隐瞒上游犯罪所得的来源和性质，否则不能认定为洗钱罪。

（四）对上游犯罪本犯使用贪污贿赂犯罪所得及其收益小额日常消费行为的认定

我国《刑法》虽规定了5种洗钱行为方式，但未规定上游犯罪所得及收益的金额，亦即，形式上对上游犯罪所得及其收益实施此5种行为都可成立洗钱罪，这属于行为犯。但显然实务中并不会将所有洗钱行为都定罪处罚。

有观点认为，餐饮等日常小额消费行为不能认定为洗钱行为，重要原因之一是实施这类行为的行为人主观上没有掩饰、隐瞒目的，事实上也不容易证明行为人主观上具有这一特定目的。也有观点认为，人们平常生活中小额转账消费或者取现，他们没有掩饰、隐瞒的主观故意，不能被认定为洗钱罪。上述观点核心是因上游犯罪本犯不具有掩饰、隐瞒的目的或故意，故不将其使用犯罪所得及收益小额日常消费行为入罪。笔者支持这种结论，但不认同其理由。笔者认为，上游犯罪本犯能够认识到其使用的是贪污贿赂犯罪所得，也能够认识这种小额日常消费行为客观上能够掩饰、隐瞒贪污钱款的来源和性质，事实上也将贪污、受贿犯罪所得“漂白”了，使用犯罪所得小额日常消费行为符合洗钱罪的构成要件，但是这种行为无处罚必要性。

假设上述案例A于2021年3月贪污所得10万元，其在某大型超市以支付宝结算方式使用贪污所得中的300元买了一条裤子和一篮子鸡蛋，A使用其贪污贿赂犯罪所得的小额消费行为，能否以洗钱罪入罪，可作如下分析：其一，上游贪污贿赂犯罪事实成立是认定本犯涉嫌自洗钱犯罪的前提。如前文所言，只有上游贪污贿赂犯罪事实成立，才可讨论本犯是否涉嫌洗钱犯罪，据此才可进一步讨论本犯小额日常消费是否以自洗钱入罪。其二，洗钱犯罪属于行为犯，本犯在符合相应前提条件下，只要以5种洗钱行为方式使用其贪污犯罪所得消费的，理论上均可成立自洗钱犯罪。其三，这种日常小额使用贪污犯罪所得消费的行为不具有处罚必要性，不宜入罪。认为该行为符合洗钱犯罪构成要件的观点，虽维护了形式合法性，但不具有实质合理性。上述案例假设情节中，A在某大型超市使用贪污所得中的300元购买裤子和鸡蛋，即通过转账或者其他结算支付方式转移资金的，该行为能够掩饰、隐瞒这300元贪污款的来源和性质，形式上成立洗钱犯罪，但不能以洗钱罪定罪处罚，因为该行为侵害金融管理秩序和司法机关正常活动之法益的危险不大，无处罚必要性。不可否认，该观点会有以下质疑：多大金额的犯罪所得作为日常消费是衡量自洗钱行为处罚必要性的标准？笔者认为，该问题需要司法解释给予明确，但在司法解释出台前，应个案分析，且处理须公平公正，符合社会公共利益。

四、贪污贿赂犯罪自洗钱行为人主观故意的认定

《刑法修正案（十一）》删除了洗钱罪“明知”要件，这不仅为自洗钱行为入罪奠定基础，还关系到洗钱罪构成要件中行为人主观方面的认定等关键问题。[①]洗钱罪的主观方面是该罪最具争议的问题，有观点认为，立法这样修改不是为了否定洗钱罪主观明知的证明标准，仍需要对上游犯罪本犯主观上就上游7类犯罪所得及收益有明知。[②]也有观点认为，《刑法》上的洗钱行为要求上游犯罪本犯主观上具有掩饰、隐瞒犯罪所得及收益的来源和性质的目的，即认为洗钱罪是目的犯。[③]笔者认为，上述观点并没有准确厘清自洗钱的主观内容。

（一）“为掩饰、隐瞒”可被界定为上游犯罪本犯主观方面内容

《刑法修正案（十一）》删除了“明知”，修改为“为掩饰、隐瞒”。“为……”从语义上可以被解释为行为人的行为目的或动机，这属于行为人主观上认识的内容，因此，将“为掩饰、隐瞒”解释为上游犯罪本犯的主观内容是可行的。事实上，若上游犯罪本犯的行为客观上可以掩饰、隐瞒其犯罪所得及收益的来源和性质，但本犯主观上对此没有认识，则不能认为本犯主观上存在掩饰、隐瞒其犯罪所得的内容，根据主客观相一致原则，其不具有洗钱罪的主观故意。换言之，不能

---

① 参见刘艳红：《洗钱罪删除“明知”要件后的理解与适用》，《当代法学》2021年第4期。

② 参见曹坚：《摆脱习惯性共犯评价准确认定洗钱罪》，《检察日报》2021年7月9日。

③ 参见徐弘艳、逄政：《自洗钱行为的认定及刑事规制》，《人民检察》2021年第20期。

将“为掩饰、隐瞒毒品犯罪等 7 类犯罪所得及其产生的收益的来源和性质”理解为洗钱罪的客观要件，应理解为主观要件。

（二）上游犯罪本犯的主观方面是犯罪故意

《刑法修正案（十一）》将洗钱罪的“明知”删除，是否意味着洗钱罪主观方面不再限于犯罪故意，理论上存在争议。笔者认为，洗钱罪的主观方面仍然是犯罪故意。犯罪故意是指行为人明确认识到其行为具有侵害法益的危险，希望或者放任该行为危险实现为法益侵害的结果。《刑法》总则和分则中都有关于“明知”的规定，总则中的明知解决的是故意犯罪中的认识因素，分则中的明知是在具备总则罪过的基础之上，由特殊个罪条文所要求的额外的主观要素，即便没有分则个罪中的“明知”，也不影响具体个罪的主观要件，立法虽然删除“明知”，但洗钱罪的主观方面仍是故意。[①]将“为掩饰、隐瞒犯罪所得及其产生的收益的来源和性质”解释为目的，这种目的是建立在行为人主观上对其行为具有掩饰、隐瞒作用有认识的基础上，由此行为人有认识仍为之，系故意犯罪。同时，对于洗钱罪修改后的 5 种洗钱行为，如本犯通过转账方式转移上游犯罪所得资金的，本犯已对洗钱犯罪对象有明确认识，其对此有认识还为之，也可得出洗钱犯罪行为人主观方面内容是故意。

（三）“为掩饰、隐瞒”不是洗钱罪行为人主观上的目的

有观点认为，“为掩饰、隐瞒”可指洗钱行为人的特定主观目的，笔者对此并不认同。其一，《刑法》中的法定目的犯，其法定目的具有侵害法益的危险性，如“非法占有目的”，行为人在该目的支配下实施相关行为，该行为即具有违法性，即目的直接影响行为违法性，于此该法定目的是重要的犯罪构成要件要素。行为人主观上是否具有故意，是认定行为人有无特定目的的基础和前提，后者的证明标准显然高于

---

① 参见刘艳红:《洗钱罪删除“明知”要件后的理解与适用》,《当代法学》2021 年第 4 期。

前者。因此，不应主张洗钱罪为目的犯，否则与《刑法》修改此条为更好打击洗钱犯罪目的相悖。其二，上游犯罪既遂后，本犯实施洗钱犯罪行为主要是为了使其可以随意支配犯罪所得及收益，而不是为了掩饰、隐瞒犯罪所得及收益，掩饰、隐瞒是行为人在前述目的和动机支配下所实施行为的性质和特征，“为掩饰、隐瞒”不能理解为目的，故洗钱罪不宜被理解为目的犯。

如上述案例A出于使用贪污所得钱款进行偿还赌博欠款及继续赌博的目的，而采用转账方式转移其贪污所得资金，该行为能够掩饰、隐瞒其贪污钱款的来源和性质，A对此有明确认识，由此A洗钱犯罪故意包含于其使用贪污钱款的目的中。掩饰、隐瞒犯罪所得的来源和性质体现了5种洗钱行为的特征和属性，这正是行为人主观认识的内容，亦即，行为人能够认识到其行为能够掩饰、隐瞒犯罪所得的来源和性质。因此，“为掩饰、隐瞒其来源和性质”不能被解释为自洗钱犯罪的目的。①

（四）构成自洗钱犯罪主观故意的内容

洗钱犯罪行为人主观上认识到其所为客观上能够掩饰、隐瞒其上游犯罪所得及收益的来源和性质，是自洗钱犯罪主观故意方面的内容。具有法益侵害危险的行为、法益侵害及危险的结果以及它们之间的因果关系等内容构成行为人主观故意认识的内容要素，而行为对象、行为工具等内容则构成行为本身内容。以他洗钱犯罪论，其故意内容是行为人能够认识到行为对象系他人犯罪所得及收益，以及其通过转账方式转移资金等行为可以掩饰、隐瞒他人犯罪所得及其收益的来源和性质。相对而言，上游犯罪的行为人主观上对其犯罪所得及收益的来源和性质具有明确认知，无须再证明，据此，判断上游犯罪行为人主观方面是否具有洗钱犯罪故意的关键在于，能否证明其认识到自己行为能够掩饰、隐瞒其上游犯罪所得的来源和性质。因此，上游犯罪本犯自洗钱犯罪故意内容应是其认识到自己所为能够掩饰、隐瞒其犯罪

---

① 参见张明楷:《刑法学》（下），法律出版社2021年版，第1023页。

所得的来源和性质，仍选择实施该行为。如上述案例A以转账方式转移贪污所得的目的是将其贪污所得用于赌博或偿还债务，A能够认识到自己的上述行为客观上可以掩饰、隐瞒其贪污犯罪所得的来源和性质，仍然选择实施以转账方式转移其贪污犯罪所得资金的行为，A的主观方面系故意。

综上，A贪污既遂后又实施了以转账方式转移其贪污犯罪所得资金的行为，即B公司根据A的授意通过平台将A贪污所得资金转账至A指定银行账户，该行为客观上能够掩饰、隐瞒贪污犯罪所得资金的来源和性质，系自洗钱行为；A主观上认识到其转移资金行为能够掩饰、隐瞒犯罪所得的来源和性质，具有洗钱主观故意。因此,A构成洗钱罪。最终法院完全采纳检察机关的指控意见，判决认定A构成贪污罪和洗钱罪，数罪并罚。

专题三
侵犯知识产权类犯罪

商标犯罪认定规则探析

——兼议《尼斯分类》的适用方法

林胜超　傅蝶蝶*

摘　要　司法解释规定的商标犯罪的认定规则具有较大模糊性，用于确定商品名称的《商标注册用商品和服务国际分类》(《尼斯分类》) 缺乏操作规范，为此，应结合《尼斯分类》类似群进行商品同一性比对，通过解构《尼斯分类》的分类逻辑体系，准确认定商品概念竞合的关系；合理确定“相关公众”范畴，引入第三方评估和调查机构确定相关公众的混淆度，并以认定实际销售价格为原则，合理认定非法经营数额。

关键词　假冒注册商标　同一种商品　尼斯分类　认定规则

在司法实践中，侵犯知识产权犯罪类型主要集中为假冒注册商标罪，销售假冒注册商标的商品罪，非法制造、销售非法制造的注册商标标识罪，学理上一般称之为商标犯罪。但相关司法解释对商标犯罪的商品、商标同一性的认定规则采用较为模糊的表述。实践中，商标犯罪案件的认定规则认识不统一，又缺乏评估调查方法，判断标准往往依赖于司法人员的主观认识。

* 林胜超，浙江省瑞安市云周街道办事处副主任；傅蝶蝶，浙江省瑞安市人民检察院行政检察办公室副主任。

一、司法立场：商标犯罪认定规则的适用现状观察

笔者对2011年至2019年温州地区270余个商标案例进行研究分析，并筛选出部分案例对该类案件认定规则的适用现状予以分析。

（一）商品同一性判断方法主观性强

根据2011年《最高人民法院、最高人民检察院、公安部关于办理侵犯知识产权刑事案件适用法律若干问题的意见》（以下简称2011年《意见》），判断名称不同的商品是否属于同一种事物的标准为“功能、用途、主要原料、消费对象、销售渠道等方面相同或者基本相同，相关公众一般认为是同一种事物的商品”。但部分权利人、侵权人的商品名称难以确定，或是难以区分部分与整体的关系，不同的社会群体对商品是否同一也有不同的认识，商品同一性比对往往需要司法人员凭借个人生活经验进行判断。

［案例一］ 殷某某销售假冒注册商标的商品案。[①] 权利人注册的第1388533号“ARROW”商标核定使用的商品包括水龙头、喷水器、水暖装置管子零件等，注册的第5791862号“ARROW”商标核定使用的商品包括家具、镀银玻璃（镜子）、镜子（玻璃镜）等。侵权人销售假冒前述注册商标的水龙头、花洒、置物架、下水器、纸巾盒、扶手。判决认定水龙头、花洒、置物架、下水器为假冒注册商标的商品。

［案例二］ 陈某假冒注册商标案。[②] 权利人注册的第11322686号“hp”商标核定使用的商品包括“文字处理机墨盒”“激光打印机墨盒”等，而侵权人假冒前述注册商标的商品为“硒鼓”。判决认定侵权人在同一种商品上使用与权利人注册商标相同的商标。

案例一中，对于“喷水器”和“花洒”、“家具”和“置物架”、“水暖装置管子零件”和“下水器”等商品是否具有同一性缺乏判断标准，控辩双方分歧较大。案例二中，《尼斯分类》没有“硒鼓”该种商品，权利人、消费者、维修人员对墨盒与硒鼓是否属于整体和部分关

---

① 参见浙江省瑞安市人民法院刑事判决书，（2017）浙0381刑初861号。

② 参见浙江省瑞安市人民法院刑事判决书，（2019）浙0381刑初475号。

系有不同认识。检察机关认为，墨盒与硒鼓均为成像打印耗材，使用上不可分割，消费者一般认为是同一种事物，属于同一种商品。

（二）假冒两种以上注册商标的认定标准迥异

根据 2004 年《最高人民法院、最高人民检察院关于办理侵犯知识产权刑事案件具体应用法律若干问题的解释》（以下简称 2004 年《解释》），假冒两种以上注册商标相较于假冒一种注册商标，非法经营数额或违法所得数额的要求更低，直接影响入罪门槛和量刑档次。

［案例三］ 阮某某、瑞安市某某鞋业有限公司假冒注册商标案。[①]侵权人生产的假冒“新百伦”品牌运动鞋上有三个不同注册号的商标，分别为第 4207906 号的“NEWBALANCE”、第 5942394 号的“N”、第 G944507 号的“NB”。判决认定，侵权人假冒了三个不同注册号的商标，应认定为假冒三种注册商标。

［案例四］ 袁某某、瑞安市某某鞋业有限公司假冒注册商标案。[②]侵权人假冒的“范斯”品牌胶鞋鞋面上标注“”、鞋背标注“”、鞋垫“VANS”三个不同注册号的商标。判决认定，商标是用于识别商品来源，该三个标识来源于同一注册商标所有人，标注在同一物理载体上，发挥识别同一商品来源的作用，可按一个商标计算数量。

［案例五］ 周某、浙江某某实业有限公司假冒注册商标案。[③]相同的“匡威”鞋类商品上，共有三枚注册商标被假冒，即第 3453178 号“★CONVERSE”、第 3224586 号“ALL★STAR”和第 1939275 号“”注册商标。二审判决认定，三枚商标设计各不相同，具有较强的显著性，蕴含了商标权利人通过大量宣传和经营获得的商誉，且标注在不同型号，不同款式的鞋上，属于“假冒两种以上注册商标”的情形。

同样是假冒一个权利人多个注册号商标的行为，不同判决给出不

① 参见温州市中级人民法院刑事裁定书，（2017）浙 03 刑终 864 号；瑞安市人民法院刑事判决书，（2017）浙 0381 刑初 611 号。

② 参见瑞安市人民法院刑事判决书，（2019）浙 0381 刑初 183 号。

③ 参见温州市中级人民法院刑事裁定书，（2015）浙温知刑终字第 4 号；永嘉县人民法院刑事判决书，（2015）温永刑初字第 781 号。

同的认定结论和理由。案例三中，法院以不同注册号的商标认定假冒两种注册商标；案例四中，法院以商标是否附着于同一个商品来认定；而案例五中，法院则是综合多种判断要素认定。

（三）非法经营数额认定规则多元

根据2004年《解释》，认定非法经营数额的标准有三个层次：一是实际销售价格；二是标价或实际销售平均价格；三是被侵权商品的市场中间价格。由于侵权商品的实际销售价与被侵权商品的市场价往往价格差距悬殊，不同的认定标准直接影响到是否入罪以及量刑档次。

［案例六］ 朱某某假冒注册商标案。[①]侵权人对相关事实予以否认，银行账单也未涉及具体产品型号，无法查明侵权产品的标价或实际销售价，故判决认定，应当按照被侵权产品的市场中间价格计算非法经营数额。

［案例七］ 王某、永嘉县某某鞋业有限公司假冒注册商标案。[②]因无法确定被查获的假冒匡某、范某橡胶鞋与已销售的假冒橡胶鞋为同一型号，故判决认定，被查获的假冒橡胶鞋的价值不以已实际销售的平均价格计算，根据成本价每双为12元左右。

［案例八］ 詹某某假冒注册商标案。[③]侵权人辩解部分产品是劣质眼镜，生产成本低，鉴定价格过高。判决认定，价格认定结论书按照同类合格产品市场成本价格计算，认定价格公允，对其认定价格予以采纳。

实践中，由于销售价格证明难度大，部分商标案件没有销售环节，有的法院考虑到罪责刑相适应，采用成本价认定。不同于案例六适用认定标准最高的被侵权商品价，在案例七中，法院否定了“实际销售平均价格”的认定标准后，采纳了远低于销售价格的“成本价”。在案

① 参见温州市中级人民法院刑事裁定书，（2017）浙03刑终1440号；温州市龙湾区人民法院刑事判决书，（2017）浙0303刑初2号。

② 参见永嘉县人民法院刑事判决书，（2017）浙0324刑初325号。

③ 参见温州市中级人民法院刑事裁定书，（2017）浙03刑终562号；温州市瓯海区人民法院刑事判决书，（2016）浙0304刑初847号。

例八中，法院则以“同类合格产品市场成本价格”认定侵权产品价值。

二、规范检讨：商标犯罪认定规则存在的突出问题

（一）混合认定整体与部分的关系，造成打击面过大

通常，具有明显整体与部分关系的商品的判断标准非常明确，如果侵权人的侵权商品属于权利人商品的部分，则将全部侵权商品认定为非法经营数额并无争议。反之，如果侵权人的侵权商品是整体、权利人商品为部分的，按照现行的认定方法便无所适从。尤其是部分商品的整体与部分关系界限模糊，可能属于组合使用、搭配使用商品的，例如案例二中，难以明确区分“硒鼓”和“墨盒”二者属于整体与部分关系，还是均为独立的部分关系。司法机关往往基于起诉便宜，概括地以功能、用途等方面基本相同、相关公众一般认为是同一种事物来混合认定为同一种商品，导致同一种商品的认定标准模糊化，容易将类似商品认定为同一种商品。

（二）缺乏客观判断商品名称的方法，商品同一性比对困难

2011 年《意见》对同一种商品的认定具有一定局限性。根据 2011 年《意见》，侵权人利用“水饺”与“饺子”或“汤圆”与“元宵”的命名不同，以“换马甲”的方式行侵权之实的，根据司法人员的一般生活经验即可予以判定。但缺乏确定商品名称的依据，导致无法进行同一性比对。其一，部分侵权商品的名称难以确定，导致无法对照《尼斯分类》进行同一性比对。以案例一为例，侵权人生产销售的用于洗脸槽排水的“下水器”的名称确定缺乏科学的标准，存在明显的主观性、地域性和行业习惯性。其二，《尼斯分类》的部分商品名称晦涩难懂，权利人注册的“喷水器”概念较为笼统，外延过于模糊，其概念和范围均难以明确，导致无法对照侵权商品进行同一性比对。

（三）假冒附着多个注册商标商品的处罚过重

从立法目的理解，2004 年《解释》对“假冒两种以上注册商标”情形的入罪、法定刑升格要求的非法经营数额或违法所得数额要求更

低，源于假冒两种以上注册商标的行为主观恶性更深，行为的危害性更大。但实践中常见的鞋帽箱包类商品通常一件商品上附着有多个注册号的商标，侵权人对商品的复制结果必然是假冒多个注册商标。因此，造成客观上假冒多个注册商标结果的并非侵权人积极实施更为恶劣的犯罪行为，而是取决于被侵权商品本身的特征，其犯罪评价的差异完全取决于权利人对于该商品注册的商标数量多少。将多个注册号商标视为两种以上注册商标的认定方法显然扩大了打击面，使得部分行政处罚范畴的案件升格为刑事犯罪，部分非法经营数额在 15 万元以上不满 25 万元的行为被认定为法定刑 3 年以上情形。

（四）非法经营数额认定标准的合法性、合理性有待商榷

非法经营数额认定标准分歧常见于商标犯罪加工环节的案件。该类案件的侵权人与侵权商品的销售环节没有交集，无法知晓侵权商品的销售价格或标价，在没有查获上家的情况下，没有实际销售价或标价，则会适用被侵权商品的市场中间价。一方面，对于没有销售价或标价的侵权商品，一概以被侵权商品价格认定非法经营数额不合理。从调研案例分析，侵权商品的销售价格与被侵权商品的市场中间价格差距往往在 10 倍以上，尤其是知名品牌的价格更为悬殊。而前述行为的危害性并不比直接生产、销售假冒注册商标商品的行为重，但认定标准普遍偏高，造成处理失衡。另一方面，实务界普遍认识到以被侵权商品的价格认定非法经营数额过高，但商品的销售价格证明难度大，为实现罪责刑相适应，通常采用相关的生产成本价认定，虽更具有合理性，但该类计算方法不符合司法解释的规定。

三、路径设计：商标犯罪相关疑难问题的处理方案

（一）结合《尼斯分类》类似群进行商品名称判断和同一性比对

确定权利人注册商标核定使用的商品概念，以及侵权商品的名称、概念是判断二者是否属于“名称不同但指同一事物的商品”的前提，笔者认为，可以结合《尼斯分类》的类似群进行横向比对和反向比对来判断商品的特征及是否具有同一性。以案例一为例，具体分述如下：

1. 权利人注册商标核定使用的商品概念不明确的，应结合类似群中的其他商品的功能、用途来判定。虽然同一类似群下不同子类物的商品不是同一种商品，仅仅是相类似，但通过横向对比同一类似群的其他商品，可推导出该商品的功能、用途等特征。例如权利人注册的“喷水器”的概念较为笼统，单纯分析字面意思难以明确其是否与“花洒”同义，通过分析其所在类似群的“水分配设备”“水龙头”等水暖管件用品，可判断“喷水器”指的即出水用品，和“花洒”的功能、用途一致，应认定为名称不同但指同一事物的商品。

2. 侵权人生产销售的商品的实际名称无法确定的，应结合其一般用途、功能等特征归纳其概念，与权利人注册商标核准使用的商品进行比对。对于《尼斯分类》中找不到相对应名称的侵权商品，例如“下水器”，同样可以依据《尼斯分类》来明确其概念。从用途和功能分析，“下水器”属于盥洗用具与排水管之间的连接管道，在归纳概念基础上，对照权利人在第 11 类“水暖管件”类似群的注册商标进行比对。由于权利人在该类似群中有注册“水暖装置管子零件”，属于卫生设备管道类商品，与“下水器”的功能、用途基本相同，可判断为同一种商品。

3. 侵权人生产销售的商品在权利人未注册商标的类似群中能找到反例的，应判定为不属于同一种商品。由于《尼斯分类》部分商品名称虽然分属于不同类似群，却存在文义上概念竞合的情况。例如权利人注册的“家具”与侵权人生产的“纸巾盒”“扶手”似乎存在概念上的上下位关系。但“纸巾盒”属于第 21 类 06 类似群，“扶手”属于第 6 类 08 类似群，而权利人并未对上述两种商品或对其所在类似群中的上位概念商品进行注册。因此，尽管同一类似群中不同分类号的商品可能属于同一种商品，但不同类似群中的商品必然不类似，就不可能存在属于同一种商品的余地。

（二）解构《尼斯分类》的分类逻辑体系，准确认定商品概念竞合的关系

《尼斯分类》的分类方法是“类、组、种”三层式分类，虽然一般认为同一组的不同子类物的商品仅仅是相类似但不是同一种商品，只

有在具体名称上列举一致的商品，才属于“同一种”。但事实上，《尼斯分类》的分类逻辑与一般民众理解有所出入，同一类似群里的商品并不都是并列关系，存在着整体与部分关系或上下位概念关系。因此，同一类似群里的不同商品并非绝对的不同种商品。

1. 权利人注册商标核定使用的商品为整体的，侵权商品为部分的，应认定属于“同一种商品”。例如权利人注册商标核定使用的商品为分类号 120199“汽车”，侵权产品为分类号 120023“汽车引擎盖”，如果认为 120199 号商品与 120023 号商品属于同一组商品，为两种商品，就会得出“汽车”和“汽车引擎盖”属于两种商品的结论。但“汽车引擎盖”显然属于“汽车”的一部分，故可以认为，侵权商品的整体与权利人注册商标核定使用商品的部分为同一种商品，全部侵权商品均应计入非法经营数额。

2. 权利人注册商标核定使用的商品为部分，侵权商品为整体的，需考虑商标的附着情况。同样以上文“汽车”与“汽车引擎盖”为例，如果权利人注册商标核定使用的商品为“汽车引擎盖”，侵权商品为“汽车”，在概念上属于部分与整体关系，显然不能以侵权商品全部金额计算。但是否可以认定侵权商品“汽车”上的“汽车引擎盖”系假冒注册商标的商品，对其他部分的金额予以剔除呢？笔者认为，侵权商品为整体关系的，讨论二者概念重合部分是否构成侵权，需判定相关部分有无附着权利人注册商标。例如，侵权商品汽车的引擎盖上并没有附着权利人注册的商标，自然不存在“在同一种商品上使用与其注册商标相同的商标”的情形，也不会对公众造成混淆。

3. 同一类似群下的不同子类物存在上下位概念时，应认定属于“同一种商品”。即使权利人注册商标核定使用的商品和侵权商品分属于同一类似群下的不同子类物，若二者存在上下位概念或包含与被包含关系，无法从逻辑上排除属于同一种商品，应认定具有同一性。例如，假冒“ARROW”案的权利人并没有注册“置物架”，其注册的是同一类似群中分类号为 200041 的“家具”。如果认为 200041 号商品与 200108 商品属于同一组商品，为两种商品，就会得出“家具”和“置物架”是两种商品的结论。而事实上，“置物架”为“家具”的一种，两者应认定为同一种商品。

（三）以公众对品牌的混淆度来判断是否属于“假冒两种以上注册商标”

商标作为商业标识，其价值离不开依附的商品，而且商标是权利人经营的品牌或品牌的一部分经依法注册后，受法律保护的专有权，商标的本质意义在于区分不同品牌的商品。故笔者认为，认定两种以上注册商标应从假冒行为是否混淆公众对品牌的认知为标准，具体分析如下：

1. 注册商标的数量不具有区分商品来源的意义，不应作为认定是否属于两种以上注册商标的标准。一方面，部分商标存在意义上的相近。例如阿迪达斯有限公司名下的注册号为 28965493 的“阿迪达斯”和注册号为 7358318 的“Adidas”，对普通消费者而言，该两个注册商标仅为中文与英文的区别，指向均为同一品牌。另一方面，部分商标存在意义的重复。例如案例三中权利人注册的“N”“NB”“NEW BALANCE”注册商标，该三个注册商标通常在一件商品上搭配使用，反映的亦是同一商品品牌。可见，假冒注册商标个数更多并不必然加剧混淆公众对品牌的认知，对权利人的利益侵害并不必然大于假冒一种注册商标的情形。

2. 假冒的两个注册商标指向不同品牌的，应认定为“假冒两种以上注册商标”。从消费者的观念分析，消费者通过对比商品品牌来选购商品，商品的商标代表了商品的品牌。如果侵权人在多个商品上假冒了两个以上注册商标，但该两个以上商标在消费者观念里代表的是同一种品牌的，则也应认定为假冒一种注册商标。例如，注册号第 24158775 的“”和注册号第 8725557 的“”，即使二者颜色有所区别，局部有所不同，但对于普通消费者而言均指向权利人阿迪达斯有限公司的“Adidas”品牌，认定属于两种商标有悖于一般观念。但是，对于注册号第 9327650 的“Adicolor”，其作为权利人阿迪达斯有限公司的子品牌之一，与上述注册商标有明显区别，对消费者而言指向不同品牌，应认定假冒两种以上的注册商标。另外，对于注册号为第 4962008 的“”，其同样作为“Adidas”的子品牌，与前述商标相似，对消费者而言是否指向不同品牌，需通过调查确定。

3. 假冒两个以上权利人的注册商标，应认定为“假冒两种以上注册商标”。在两件以上的商品上假冒不同权利人的注册商标，与侵权人因假冒商品原样而不可避免假冒多个注册商标的情形不同，其实施侵害行为积极，侵犯多个权利人利益。无论两者商标的外部特征是否基本一致，均应更严格评价。

（四）合理确定“相关公众”范畴，健全公众混淆度调查制度

1. 对“相关公众”的范畴应作限缩解释。需要明确的是，由于不同公众的认知能力不同，对商品、商标的辨别能力和看法不尽相同，司法解释中的“公众”不应视为社会全体成员，而是应限缩解释为与注册商标所标识的商品存在一定相关性的人群。[①] 笔者认为，可按如下几个方面确定公众范畴：第一，生活性商品，例如服装类、家具类商品，应当以消费者或潜在消费者、生产和销售人员为调查群体。第二，对于专业性显著的商品，例如化工、医疗、电气领域的商品，应以专业领域的人员、维护和技术支持人员、行业协会人员的判断为标准。

2. 专业性较强的商品不能仅以司法人员的判断为标准。实务中，判断相关公众的认识基本上依靠司法人员自身的认知，且有观点认为司法人员在审理案件时应当超脱司法人员的专业角度去评估对公众的混淆度，而应当站在普通人群处于一般注意程度下的角度去判断。但对于使用群体特殊、专业性强的商品而言，司法人员的认识基本空白，等同于与相关商品毫无联系的人群，极易造成错误判断。因此，司法人员的审查判断应限于生活性商品，而对于专业性强的商品、整体与部分关系不清的商品、功能用途等特征难以界定的商品，需综合评估该类商品的行业销售习惯、相关消费者使用习惯等因素。

3. 引入第三方评估和调查机构确定相关公众的混淆度。前已述及，司法解释对于商品是否同一、商标是否同一的标准之一均为公众的判

---

① 参见侯克鹏：《假冒注册商标罪若干问题探讨》，华东政法大学 2012 年硕士学位论文。

断，但司法解释采用的是“足以误导”“一般认为”的模糊性表述，导致司法人员难以操作，通常省略了对公众混淆度的调查环节。故应当引入第三方评估和调查机构负责对相关公众一般认识的调查。例如，通过委托具备丰富知识产权实务经验的从业人员作为知识产权技术调查人员，向商标代理机构、行业协会、经销商、消费者等不同群体调查取证，在客观收集足量数据的基础上，作出具有统计学意义的调查分析报告供司法机关参考。

（五）以认定实际销售价格为原则，合理认定非法经营数额

1. 需要摒弃各类“生产成本”认定规则。一方面，按照侵权商品的生产成本或合格产品的生产成本计算必然低于实际销售价格，以此作为认定依据不能突出“销售”行为的危害性。另一方面，脱离司法解释自行以各种成本价为标准确定非法经营数额认定标准的做法不合法，参照生产、销售伪劣产品司法解释采用“同类合格产品的市场中间价格”同样于法无据，容易滑向类推适用的危险境地。

2. 在尚未穷尽其他认定规则的情况下，原则上不宜适用被侵权产品的市场中间价格或标价计算非法经营的数额。由于商标犯罪是以远低于被侵权产品价格谋取市场空间，故侵权商品的销售价格必然远低于侵权产品的市场价格。而且，不同于伪劣产品销售价格通常接近正品价格，实践中消费者对假冒注册商标的商品知假买假并非少数，假冒注册商标的商品在事实上并不会侵蚀权利人市场份额。[①]因此，以被侵权商品市场价来计算非法经营数额，过高衡量了侵权行为的社会危害性。同样，假冒注册商标的商品并非按照虚假的标价销售，标价所记载的价格往往接近正品价格，远高于实际销售价格。

3. 参考生产成本价，结合其他证据综合认定销售价格。2004 年《解释》对非法经营数额三层次的认定规则主要是立法者考虑到真品价值

---

① 参见赵旭：《假冒注册商标罪“非法经营额”司法解释之批判与重建》，华东政法大学 2015 年硕士学位论文。

大多很高，都按照真品价格进行计算将导致打击面过广。[①]侵权人实际销售价格才是其犯罪行为社会危害性的客观的、准确的体现，应坚持以实际销售价格为核心的认定标准，使得罚当其罪。通常，侵权商品的生产成本价与实际销售价之间的差距小于被侵权商品的市场价与实际销售价之间的差距。对于销售价格难以查清，或者没有销售价格的，结合言词证据、市场同类产品平均销售价格等证据，在成本价以上综合认定实际销售价格。

① 参见陈国庆、韩耀元、张玉梅:《"两高"〈关于办理侵犯知识产权刑事案件具体应用法律若干问题的解释〉的理解与适用》,《人民检察》2005 年第 1 期。

侵犯汇编作品著作权的司法认定

——以全国首例侵犯网上培训平台题库著作权案为例

赵　锐　汤志娟*

摘　要　独创性是认定著作权法意义上作品的关键，对于汇编作品而言，其独创性体现在对内容的选择或者编排上。办理侵犯题库等汇编作品著作权的案件，先要综合审查其在内容删减比例、分类排序标准等方面是否具有“个性化”以及是否存在违法阻却事由。在确认其系著作权法意义上的作品前提下，还需要重点关注电子数据取证的规范性、侵权人获取该作品的方式以及涉案金额等事实细节，综合考量后合理作出是否入罪的司法认定。

关键词　汇编作品　数据库　独创性　个性化

习近平总书记在中央政治局第二十五次集中学习时的重要讲话，把知识产权保护工作提升到了国家战略的高度，引起了社会各界的热烈反响。伴随着《中共中央办公厅、国务院办公厅关于强化知识产权保护的意见》的发布和《著作权法》的第三次修改，强化知识产权保护已经成为当前司法理论界的热点课题。著作权作为知识产权的一大门类，其技术与法律交织、刑事与民事交叉等特点使得相关案件一直是

* 赵锐，上海市浦东新区人民检察院检察官；汤志娟，上海市浦东新区人民检察院检察官助理。

司法实务研究的重点、难点。本文从题库的性质、特征等入手，分析侵犯汇编作品著作权刑事案件的认定逻辑和审查重点，以期为办理此类案件提供思路和借鉴。

一、问题的提出

［基本案情］ A公司于2015年3月15日创作完成特种设备作业人员网上培训平台题库（以下简称A公司题库）并完成作品登记，后以此为核心竞争力迅速成为特种设备作业人员培训行业的“领头羊”。

犯罪嫌疑人张某先后担任A公司的技术人员（参与A公司题库开发项目）、销售人员，伙同A公司另一名销售人员即犯罪嫌疑人邱某，在未经该公司许可的前提下，私下成立了B公司并注册某在线学习平台网站，复制A公司题库作为该网站的后台题库，供购买其学习卡的用户登录使用。至案发为止，犯罪嫌疑人张某、邱某通过上述手段非法获利共计人民币120余万元。

经工业和信息化软件与集成电路促进中心知识产权司法鉴定所鉴定，A公司题库和犯罪嫌疑人张某、邱某经营的某在线学习平台网站有对应关系的题库平均相同比例高达99.86%（不相同部分仅系选项顺序调换和标点符号差别）。

A公司题库案系全国首例侵犯网上培训平台题库著作权案件，审查办理受到最高人民检察院主要领导和知识产权理论界的高度关注，为此，检察机关专门组织了由知识产权检察业务专家和该领域知名学者参加的联席会议，围绕数据库专业知识、入罪标准把握、行为性质认定等多个议题就A公司题库案展开研讨。

结合研讨情况来看，争议焦点主要集中在以下方面：（1）涉案题库中占比较大的一部分系通过收集既有题目的方式产生，上述题目也仅仅是对客观知识的反映，由其组成的题库是否具有独创性、是否可以认定为著作权法意义上的作品存在分歧，甚至有观点认为将其作为商业秘密加以保护更为合适；（2）即使题库可以视作著作权法意义上的作品，但难以直接归入《著作权法》第3条规定的任一作品类别，同时《著作权法》第15条又未明确列明认定汇编作品独创性的具体原则、标准和方法，是否可以将题库认定为汇编作品存在分歧；（3）A公司题库案电子证据的提取和收集是由侦查人员以外的人员具体实施，侵权人亦存在后台销售记录“不实”的辩解，A公司题库案是否符合证据收集要求、是否达到入罪处罚标准存在分歧。

二、侵犯题库著作权行为入罪的认定逻辑

要厘清上述问题，必须从题库的性质和特征入手，准确定义其所属的作品类别，进而对“是否存在独创性”“是否达到入罪标准”“是否存在违法阻却事由”等要素进行逐层论证。

（一）题库应当纳入《著作权法》规定的汇编作品加以考量

要归入《著作权法》保护的作品，是否具有独创性是认定的关键。简单来说，独创性中的“独”可以理解为“独立创作、源于本人”，“创”可以理解为“有一定水平的智力创造高度”。[①]这其中既包括从无到有的原创，也包括使用已存在作品的“二次创作”，汇编作品就属于后者。根据《著作权法》第15条的规定，汇编作品是指汇编若干作品、作品的片段或者不构成作品的数据或者其他材料，对其内容的选择或者编排体现独创性的作品。结合A公司题库案来看，如果把单个题目看作文字作品的话，采用具有独创性的手段将单个题目汇总编写成的题库就具备了汇编作品的基本属性，其本质上是使用已存在作品的“二次创作”。

具体到A公司题库案，A公司的经营模式是向全国各地的特种设备作业人员培训机构销售培训软件，而涉案的特种设备作业人员网上培训平台题库系其开发并提供给购买该软件的培训机构使用，本质上看，该题库系培训软件的数据库，即“经系统或有序安排的、以现有的或将来开发的任何形式或介质体现出来的作品、数据或其他材料的集合、汇集或汇编”[②]，简言之，数据库就是内容与对内容的选择和编排的有机

---

① 参见王迁:《知识产权教程》，中国人民大学出版社2016年版，第26、30页。

② 董炳和:《数据库的法律地位》,《知识产权文丛》(第1卷)，中国政法大学出版社1999年版，第312页。

统一体。[①]数据库的基本概念与汇编作品的法条表述如出一辙，均是将选择或者编排的方式作为关注的重点。

实践上看，将题库纳入汇编作品加以保护的观点有相关判例支持，比如北京市海淀区私立新东方学校与（美国）研究生入学管理委员会著作权和商标专用权纠纷案件中，判决书就涉案试题的性质作了如下论述：从考试试题的内容来看，在每一道考题设计、创作上，每个部分的试题中每一道考题的选择、编排方面，整套试题中每个部分的试题的选择、编排方面，考试试题具有独创性，属于我国《著作权法》保护的作品范畴。[②]不难发现，该判决书使用的“整套试题”概念基本等同于题库、数据库概念，判决书的论述与《著作权法》第15条中关于汇编作品的描述也高度一致，由此可见，将题库纳入汇编作品的考量范畴符合《著作权法》立法原意和一般的司法认知。

（二）涉案题库因具有内容选择的独创性而成为汇编作品

如何认定汇编作品在选择或者编排上的独创性，《著作权法》未作具体规定，从比较法研究的角度来看，不同国家对此亦存在不同判例和标准，笔者倾向于美国和法国的认定标准，即“投入了作者个性化的具有创造性的智力劳动”。[③]简言之，题库是否可以定义为汇编作品，关键是看其对已存在题目的选择或者编排是否体现了作者的“个性化”。

A公司题库案中，A公司题库中使用的题目系通过聘请专家按照大纲要求进行原创、受聘专家在长期教学过程中汇总整理以及制作题库过程中多方收集三种途径获取并形成初稿，之后根据A公司制定的知识点六层细分法进行归类，再组织受聘专家按照个人的专业素养和不同的教学认知对题目进行多次选择、优化，最终由A公司删减保留初稿中80%左右的题目形成最终题库。其中，受聘专家原创题目具有独创性当无异议，而收集已存在题目形成的题库是否具有独创性，这是

① 参见田国宝:《侵犯著作权罪疑难问题探究》,《法学》2004年第5期。

② 参见北京市中级人民法院民事判决书,（2001）中民初字第35号。

③ 姜颖:《作品独创性判定标准的比较研究》,《知识产权》2004年第3期。

处理A公司题库案的核心问题。

一方面，认定是否具有选择上的独创性，关键要看选择删减的比例和是否采用“个性化”标准。A公司题库案中，A公司题库初稿和最终稿在题目数量上有较大差异，说明选择的情况系客观存在。在此基础上，题目入选题库的标准主要是“客户使用的反馈意见”“不同类别的题目数量”“考试难度的合理设计”等，上述标准均不是该行业领域考试的常规选择标准，而实际选择结果与A公司内部要求、不同客户个性需求、专家本人独特认知有很大关联，简而言之，即使针对同样的题库初稿，其他人选择后的结果与A公司依据上述标准选择后的结果不可能一致，因此，该题库体现了A公司的独特认知、个性创造和智力成果，“个性化”特征十分明显，可以认为该题库存在题目选择上的独创性。

另一方面，认定是否具有编排上的独创性，关键要看题目的分类、排序是否采用“个性化”标准并最终表现在随机产生的试卷当中。涉案的A公司题库在现实使用中体现为后台数据库，培训考试软件会根据预先设置的程序随机抽取题库中的部分题目形成一份完整试卷，即使A公司系采用其“独创”的知识点六层细分法进行编排，也仅仅是在国家制定的考试大纲基础上，按照培训行业的常规方法对题目进行再次细分，同时，该细分方式在最终生成的试卷上又难以呈现。简单来说，由于细分方式“个性化”程度较低，所以A公司题库不宜认为存在题目编排上的独创性。

综合来看，A公司题库中的原创题目具有独创性，该部分题目可以视作《著作权法》规定的文字作品。同时，整个题库的题目选择体现了“个性化”特征，具有较为明显的独创性，故整体应当认定为《著作权法》规定的汇编作品。因此，犯罪嫌疑人张某、邱某以营利为目的，未经A公司许可而复制发行其题库的行为，就符合侵犯著作权罪的构成要件。

（三）A公司题库案不存在“公有领域”“法定许可”等违法阻却事由

侵犯著作权罪的认定除了要考量是否符合法定构成要件之外，还要注意排除与著作权相关的违法阻却事由。在A公司题库案的办理过程中，犯罪嫌疑人及其辩护人就提出类似内容的辩解，比如"知识是公有领域的东西，很多题目在A公司申请著作权之前就已经存在，故其不享有著作权""题库属于国家考试题目，涉及公共利益，不应由A公司权利独占"等。

诚然，著作权法中有关不保护思想、事实、实用功能，以及"思想或事实与表达混同"等基本原理，构成了对作品范围的限制，[①]《与贸易有关的知识产权协定》（TRIPs协定）第9条第2款也对此予以明确。知识是公共领域的东西，属于思想的范畴，其本身不受著作权法的保护，但知识的表达必须借助文字、图片、影像等外在手段，如果表达具有独创性则应当受到著作权法的保护。比如前文提到的北京市海淀区私立新东方学校与（美国）研究生入学管理委员会著作权和商标专用权纠纷案件中，TOEFL考试真题涉及的单词、语法、句型等知识虽然属于公有领域的范畴，但单词组合、内容选取、题目编排等方面却体现了作者表达的独创性，故应当认定为《著作权法》保护的作品。同理，A公司题库在对特种设备作业知识的表达和题目的选择等方面均体现了独创性，亦应受到《著作权法》的保护。

法定许可的确也是侵犯著作权案件中需要重点考量的违法阻却事由。A公司题库案中，A公司题库的运用场景是特种设备作业人员培训和考试，该类培训和考试的主管单位系质监部门，性质属于职业技能认证的范畴，并非《著作权法》第25条规定的"为实施义务教育和国家教育规划"的范畴。同时，犯罪嫌疑人张某、邱某系非法获取并使用A公司题库，直至案发均未按照法条规定向A公司支付报酬并指明作者，其行为完全不符合法定许可的基本要求。

三、侵犯汇编作品著作权刑事案件的审查重点

以A公司题库案为基础，在审查侵犯汇编作品著作权案件中，除

① 参见王迁：《论作品类型法定——兼评"音乐喷泉案"》，《法学评论》2019年第3期。

了准确把握作品类别、独创性认定、违法阻却事由等基本要素之外，还要对作品产生过程、侵权方式、取证规范等内容加以重点关注。

（一）重点关注权利人作品的产生过程

认定侵犯著作权罪的前提，是侵权对象系《著作权法》意义上的作品，依法享有著作权。因此，侵权对象的产生过程对论证其是否系作品而受到《著作权法》保护至关重要，相比一般的文字作品而言，汇编作品的认定则更为复杂，其产生过程甚至细节更需要重点关注。

以A公司题库案为例，A公司先组织30余名专家完成初稿编写，其中约八成以上的题目为原创；再依据“个性化”的标准对题目进行选择，删减其中20%甚至更多；最后还需要不定期根据“客户反馈情况”进行修改、编排甚至重构，不断形成新版本的题库。实际办案中，笔者以A公司题库中的“起重机械”类题目为样本进行了详细审查，其题库初稿涉及的题目为3000余道，A公司组织客户试用后结合反馈意见进行题目选择和修改，如此反复多次之后，最终入选题库并正式使用的题目仅1500道左右。A公司按照上述标准和流程进行选择后舍弃了一半的题目，从该部分试题的产生过程和取舍结果，能够直观地看出A公司投入的“智力劳动”具备“个性化”“创造性”的特征，从而补强A公司题库系汇编作品的基本定性。

需要特别说明的是，汇编作品是使用已存在作品的“二次创作”，大部分是基于客观知识和教学大纲编写，表达空间有限，对其独创性的要求应当低于小说、诗歌等文字、艺术作品。通常而言，产生过程只要能够排除通用表达、唯一表达和现有表达，在选择、编排方面体现出“与众不同”，即可认为该汇编作品因具有独创性而享有著作权。

（二）重点关注电子数据取证的规范性

知识产权案件常常存在取证瑕疵和证据混同的情况，办理侵犯汇编作品著作权刑事案件尤其要避免上述情况的出现。以A公司题库案为例，是否存在取证瑕疵的确成为了控辩双方争议的焦点。

一方面，关于电子数据是否可以由侦查机关以外的人员进行提取的问题。A公司题库案中，用于比对的A公司题库数据内容由A公司技术人员操作提取，辩方认为该电子数据的提取方式存在违法性。笔者认为，根据公安部《公安机关办理刑事案件电子数据取证规则》第6条的规定，侦查机关可以指派或者聘请专业技术人员在侦查人员主持下进行收集、提取电子数据。故由侦查机关以外的人员取证并不违法。同时，由于电子数据提取的技术难度往往较大，要确保数据提取的准确性和完整性，侦查人员往往难以胜任，基于上述法条和理由，收集、提取电子数据的具体实施人员可以是侦查机关以外的人员，但关键必须是在“侦查人员主持”的前提下进行，其内涵不仅是要求侦查人员全程见证，还包括调取证据的方式合法和手续完备。

另一方面，关于由权利人将检材送检是否影响证据效力的问题。实践中大多数情况都是权利人首先发现其著作权被侵害，之后立即自行对侵权物品进行收集，并连同其享有著作权的作品送专业鉴定机构进行同一性鉴定，笔者认为，这种方式是否符合刑事诉讼证据要求应当结合不同情况具体分析。根据公安部《公安机关办理刑事案件电子数据取证规则》第55条的规定，送检主体并不限于侦查机关，参照该规则其他条款确定的原则，如果送检过程系在侦查机关主导下进行，同时能够排除证据被污染、证据流转手续不完备等情形，将该鉴定结果作为刑事诉讼证据中的“鉴定意见”予以采纳当无争议；如果送检过程存在一定的瑕疵，结合法院发布参考案例即顾某、张某某销售假冒注册商标的商品案的判决精神，权利人自行送检形成的鉴定结果不宜归为“鉴定意见”的证据类别，而作为“被害人陈述”纳入刑事诉讼证据范畴更为合适。

（三）重点关注获取他人作品具体方式

“接触＋实质性相似”是判定是否构成著作权侵权的基本公式，在侵犯著作权民事案件中，侵权人接触、获取作品的方式是否具有非法性往往不做考量，但是在刑事诉讼中，犯罪嫌疑人接触、获取作品的方式是否具有非法性与行为的主观意图、恶劣程度紧密联系，是认定其是否构成犯罪的重要依据，必须重点关注。

以A公司题库案为例，犯罪嫌疑人张某、邱某主要通过两个途径接触、获取A公司题库：一是犯罪嫌疑人张某违规利用A公司技术人员权限，长期、多次侵入A公司数据库中复制获取；二是犯罪嫌疑人张某、邱某合谋，从A公司的客户即各地培训机构依据A公司题库印制的内部培训教材上复制获取。无论采取上述哪种途径，犯罪嫌疑人张某、邱某侵权题库的来源都指向一个对象即A公司，而整个接触、获取过程均系秘密私下进行，非法性特征明显。特别是第一种方式，犯罪嫌疑人张某利用在A公司任职的职务之便，接触、获取A公司题库后私下用更低的价格卖给A公司的客户使用，该行为不仅违反了法律规定，也背离了职业操守，造成了损害A公司商业利益和扰乱市场秩序的严重后果，其接触、获取作品方式的非法性增加了对其行为予以刑法规制的合理性。

（四）重点关注侵犯著作权的犯罪数额

从我国的刑事立法现状来看，侵犯知识产权刑事案件是否能够作刑事案件处理，关键点之一就在于犯罪数额是否达到了法定的入罪标准，以A公司题库案为例，实践中要严格把握“违法所得数额”“非法经营数额”这类考量情节的“硬指标”，注意关注以下两个问题：

1. 严格把握认定涉案数额的基本依据。确保违法所得、非法经营等数额认定的准确性，找好基本依据是基础，这不仅体现在取得基本依据的及时性和合法性上，更体现在对基本依据的判断和选择上。司法实践中，最具客观性和说服力的犯罪数额认定依据往往是犯罪嫌疑人的账册，理由是账册系其本人依据实际情况如实记录，排除了第三方人为干预，同时在没有更强理据的情况下其本人亦不具备推翻账册记录真实性的条件。A公司题库案中，笔者即是以犯罪嫌疑人网站后台管理系统的销售数据即账册作为主要依据，确保了犯罪数额认定具备较高的真实性和客观性。申言之，如果未取得账册作为基本依据，犯罪数额就应当结合犯罪嫌疑人供述、销售对象的证人证言、转账记录等其他证据综合认定。

2. 合理判断犯罪嫌疑人关于犯罪数额的辩解。犯罪数额是定罪、量刑的主要参考，必然也是控辩双方的主要争议点，围绕基础依据不客观、计算方法不准确等方面的辩解也普遍存在。以A公司题库案为例，犯罪嫌疑人就辩称其后台销售数据中“有些学习卡仅已销售，但并未实际收回销售款”。针对该类辩解可以从下几点加以把握：一是该销售数据属于客观性证据，证明力远高于犯罪嫌疑人供述、证人证言等主观性证据；二是网络销售学习卡的基本模式是先付款后发货，犯罪嫌疑人的辩解违背商业惯例，亦缺乏证据支持；三是依据《最高人民法院、最高人民检察院关于办理侵犯知识产权刑事案件具体应用法律若干问题的解释》的相关规定，知识产权案件中的“销售金额”应当涵盖所得和应得的全部收入，即使犯罪嫌疑人辩解的情况存在，“已经销售但未实际收回销售款”的金额亦应计入犯罪数额。

提供规避著作权技术措施行为的刑法应对

胡春健　陆　川*

摘　要　在互联网技术迅速发展的环境中，仅规定著作权专有权利和相关的直接侵权行为已经很难对作品提供充分保护。打击提供规避技术措施是强化知识产权刑事保护的必由之路。应从维护市场竞争秩序的角度出发，准确把握刑罚适用的入罪要件，实现文学艺术作品与网络文化产业的永续创新。

关键词　网络著作权犯罪　规避技术措施　刑事规制

当前，网络著作权犯罪行为主要表现为以下三种类型：一是未经许可复制发行他人游戏软件；二是未经许可在网络环境中复制、传播音视频、文字等作品；三是未经许可规避技术措施或提供规避技术措施的手段。伴随信息技术的迅猛发展，网络著作权侵权行为的类型更为复杂多样。针对影视作品、软件作品以及近年来新兴的多类"视听作品"的违法行为中，较为突出的一个特点便是通过破坏技术措施实现被侵权作品的非法网络复制或者网络传播。常见有"服务器"侵权模式和"深度链接"侵权模式。前者由于运营成本较高，更多呈现公司化经营；后者仅需破解链接技术即能实现侵权作品的传播，故更多系单人作案。从犯罪手法上来看，侵权关键技术通过"外包"辅助实现。

*　胡春健，上海市人民检察院第四检察部主任；陆川，上海市人民检察院检察官。

部分侵犯影视作品著作权案中，被告人虽无网络技术背景，却可自行注册域名，从电商平台购买搭建网站的教程和模板，甚至将破解正版视频网站防护措施“外包”给专门技术人员，轻易完成整个网站建立与经营。

本次《刑法修正案（十一）》修改时，在侵犯著作权罪中增设了禁止规避技术措施的规定，在刑事立法层面确立了规避技术措施行为的违法性。根据修改后《刑法》第217条侵犯著作权罪第6款的规定，“未经著作权人或者与著作权有关的权利人许可，故意避开或者破坏权利人为其作品、录音录像制品等采取的保护著作权或者与著作权有关的权利的技术措施”。对于上述新增条款的适用，实务界仍有一定争议。有观点认为，一旦实施修正案规定的规避技术措施行为，即可单独认定构成侵犯著作权罪。也有观点认为，行为人单纯实施规避、破坏技术措施的行为，后续并未通过继续实施复制、发行、出版、通过信息网络传播相关作品的行为，则无法按照修正案条款予以入刑惩治。对此，笔者从规避技术措施的本质出发，结合该类行为民事侵权理论，探讨在刑事处理中的底层逻辑。

一、规避技术措施行为的概念及分类

技术措施是指附加在数字作品或相关设备上用于保护和管理作品著作权的数字技术手段，根据美国“DMCA”（数字千年法案）的分类，技术措施可以分为接触控制措施与著作权保护措施。接触控制措施是通过设置口令等手段防止他人未经许可阅读、欣赏作品或使用计算机软件的技术，即用户在获得许可之前，无法接触阅读、欣赏或使用。著作权保护措施是防止他人未经许可对作品进行非法复制、发行等其他著作权专有权利的技术措施，如播放软件中的防复制技术措施，该技术措施并不会导致用户无法在线浏览欣赏作品或运行计算机软件，只是不能采用通常方法复制或下载其中内容。

而规避技术措施的行为又可分为直接规避行为和提供规避技术措施行为。直接规避行为是指自己后续进一步复制发行、出版、信息网络传播作品等目的而避开技术措施，而提供规避技术措施行为则是为他人的规避目的而提供技术帮助。

二、规避著作权技术措施的侵权理论争议

目前大多数国家虽然对规避技术措施的行为进行限制，但是禁止规避的范围并不一致。日本、澳大利亚及新西兰的著作权法仅禁止提供规避手段，后来经修改禁止一部分直接规避行为；而美国在“DMCA（数字千年法案）”中对提供规避技术措施的行为进行规制，但对于直接规避技术措施的行为进行了更深一层的分类：禁止对接触控制措施的直接规避，但不禁止对著作权保护措施的直接规避。笔者赞成美国这种立法处置方式，原因在于技术保护措施的应用虽然实现了网络环境下著作权人继续维系对其作品的排他性控制，但也有违背著作权领域专有权利与公共利益平衡之嫌。

著作权的立法目标体现了著作权制度的运作机制：著作权鼓励创作性作品的传播以促进学习，激励目的之实现靠的是给予权利保护期内的市场独占权。独占权的保护期过后，作品即成为社会共有的文化财富进一步丰富了以公有领域为代表的公共利益。这一运作机制也被称为“接触与激励原则”。为了防止著作权人滥用权利限制公众接触，著作权法设计了许多限制著作权不当行使之“安全阀”：诸如个人使用、强制许可、思想与表达二分法等。但随着网络环境下著作权的兴起，技术措施的出现使得这类权利限制失去了实际上的效能。在传统著作权模式下，作品的私人复制与使用因其对相应销售市场的影响几乎可以忽略而得到著作权法的豁免，即便是家用复制器材的普及也没有从根本上推翻个人使用的合理性。但网络数字技术是一种完全超越传统的新型复制与传播方式，著作权客体的无形性与数字化复制的便捷性使数字化作品的复制变得前所未有之容易，此外开放性的互联网空间调高了作品被公共物品化和不付费使用的风险性，著作权人“垄断”权能的实现越发困难且成本高昂。数字化网络环境对传统著作权保护模式提出了颠覆性的挑战。著作权人面临着两难处境：作品数字化很容易使得著作权逃逸开权利人的控制；但是，作品数字化又为权利人带来互联网领域中巨大的著作权经济利益。于是，“技术保护措施”作为传统著作权保护方式的延伸用以控制作品的数字使用，但技术保护措施的出现使得著作权人得以实现控制公众对作品的接触使用，在事

实上忽略了权利的限制。

由此，一方面，美国在立法中给予技术措施保护的著作权保护以扩充著作权人对网络环境下作品的控制权；另一方面，立法选择对直接规避行为进行分类规制，是因为技术措施并没有智能到可以自行判断直接规避行为是为了侵权还是对作品的“合理使用”，只能一刀切地阻止所有未经许可的相关行为。保护所有接触控制措施可能会扩大保护范围（实际上限缩了合理使用范围），排除对接触控制措施的保护又可能损害著作权交易秩序。

三、提供规避技术措施行为入刑的逻辑分析

当前涉及规避技术措施的著作权犯罪案件中，规避行为与后续复制发行等行为相结合的案件在法律适用上已有普遍共识，对行为整体做出刑法评价即可，无须对其中的规避技术行为单独评价。然而，单纯提供规避技术措施行为在刑事惩治层面存在理论和实践上的双重挑战。一方面，在刑法理论上，对提供规避技术措施行为，尤其不存在正犯情况下的著作权违法认定存在刑法理论上的障碍；另一方面，对网络环境下的破坏技术措施行为所造成的损害后果的认定也比网络商标权犯罪后果的认定更为复杂。因此，笔者认为应当立足知识产权刑事立法的法益保护“阶梯”去厘清当前面临的一些理论障碍与实践难题。知识产权并非一种绝对的所有权，而是“有限度”的私权，知识产权的这种特性在刑法体例安排中得到进一步显现:《刑法》将知识产权犯罪置于“破坏社会主义市场经济秩序罪”一章而非“侵犯财产罪”一章，就是在刑罚规范意义上淡化知识产权的私权属性，对于严重侵犯知识产权私权，以至于影响社会主义市场经济秩序的行为，由刑事法律加以规范。因此，我国著作权犯罪的刑事制裁体系的价值取向不仅仅在于保护权利人的财产权益，更在于通过确认著作权人一定范围内的垄断竞争地位，维护较为稳定的市场竞争秩序。由这一法益位阶认知出发，我们可以对提供规避技术措施行为入罪的一些问题作出选择及回应。

首先，规避技术措施行为因破坏网络著作权整体市场秩序而需受到《刑法》规制，并非满足著作权作为私权的犯罪构成要件。从世界

范围来看，将非法规避技术措施的行为纳入刑事规制范围是各国的统一立法选择，且对于提供规避技术措施的行为，各国纷纷采取相较于直接规避技术措施行为更为严厉的禁止手段，这一点似乎与传统刑事共犯理论有所冲突，但的确是保护网络著作权的必然选择。原因在于：一方面，直接规避行为可能存在合理使用等“豁免”情形。以接触控制类技术措施为例，《著作权法》中没有规定接触权，所以权利人不能控制他人未经许可以阅读、欣赏等方式“接触”作品的行为，因此故意购买盗版电子书阅读、购买盗版 DVD 在家中欣赏的行为，并不构成侵权行为。然而，如果权利人已经在电子书和 DVD 中添加“接触控制技术措施”，防止未经付费者阅读和欣赏，由于绝大多数加入 WCT 和 WPPT 的国家都对接触控制措施提供保护，并将向公众提供规避手段认定为违法行为，所以，规避电子书或 DVD 的接触控制措施行为构成侵权行为。另一方面，提供规避技术措施的行为对交易秩序的损害常常大于著作权犯罪对交易秩序的损害。因为侵害技术措施犯罪属于抽象危险犯——该罪是立法者基于风险社会理论将所保护的法益及相关刑罚处置提前化的结果。如果将规避技术措施手段置于私权侵权构成要件之下进行审视，我们会发现因为规避技术措施有时并未伴随着直接的侵犯著作权行为而无法归罪，因此，侵害技术措施的刑罚范围应当以相关行为破坏著作权市场交易秩序为标准，将个人使用的情况予以出罪。

其次，“以营利为目的”的主观故意亦是提供规避技术措施行为入罪把握的关键。刑法遵循的是主客观相统一原则。《刑法》第 217 条明确规定，构成侵犯著作权罪应具备“以营利为目的”。对于单独提供规避技术措施的行为，是否具备营利目的，应当契合这一犯罪情形的特质去研判。以上海市人民检察院第三分院办理的王某侵犯著作权案为例，王某为十数家盗版视频网站提供视频解析服务，针对著作权人设置的视频作品技术保护措施，调整、优化视频解析程序，从而可以绕开保护措施非法获取视频作品的真实播放地址，由其提供给盗版网站以深度链接方式向用户提供在线播放服务。前期该被告人并未迅速实现即期获利，给人造成非营利的表象，但是后期随着下家盗版网站的播放量上涨，对解析片源的需求也持续加大，其也实现数十万元的非法获利。因此，在考量提供行为的犯罪故意时，应结合行为人的整体行为表现、意图、远期目标等来进行综合判断，不能因个案中没有体现明确的获利，甚至亏损而轻易否定行为人的营利目的。

最后，提供规避技术措施的刑事社会危害性评价体系的转变。传统犯罪在网络空间中往往会出现一定程度的变异现象，最为明显的特征即犯罪行为损害后果的不确定性。网络空间的特性使得损害后果迅速扩散，造成损害后果的不可预知性与难以穷竭性。因此，对规避技术措施行为的社会危害性评价应当不局限于对经济数额、营利目的等经济因素的追求，从市场经济秩序维护的角度出发，评判其刑事可罚性。这一点也在知识产权刑事案件办理诸多司法解释中确立的“点击量”“下载量”等非经济性因素评价标准予以体现。正如上文提及，不少案件中提供规避技术措施行为有可能短期内难以实现明显的盈利，甚至“赔本赚吆喝”，与此同时，大量作品通过规避行为在网络上被非法传播。因此，对于提供规避技术措施的行为社会危害性，应以行为导致作品被非法传播的数量为主要评价指标。这对于当前提供规避技术实施的著作权刑事案件中行为人提供后营利情况难以查实的如何认定情节有重要意义。

网络侵犯著作权刑事案件中的难点问题分析

孙秀丽　金华捷*

摘　要　在网络侵犯著作权刑事案件中，复制发行的认定、未经许可的认定和涉案数额的认定是三个难点问题。复制发行的认定可以通过委托鉴定的方式，证明被告人客观上实施了复制发行的行为，并为提取侵权作品提供合法性依据。未经许可的证明可以采取“三步审查”的证明方式，在“排除合理怀疑”的前提下，灵活、综合地研判证据。这类案件中的网站运营费用可以认定为非法经营数额，在选择量刑标准时，须兼顾量刑标准竞合问题。

关键词　网络侵犯著作权　未经许可　司法证明　非法经营数额

实践中，通过信息网络提供盗版作品，已经成为时下侵犯他人著作权刑事案件中的主要犯罪手法。犯罪分子通过盗版网站、百度网盘等途径下载片源，在云转码平台上完成切片后，将视频上传至由其开设的盗版网站的服务器供不特定公众下载、阅览，并以植入广告的方式牟取非法利益。

*　孙秀丽，上海市人民检察院第三分院第六检察部主任；金华捷，上海市闵行区人民检察院检察官。

由于作案空间、作案手法的特殊性，这类案件在取证固证、证据研判和法律适用等方面存在一定的特殊性，亟须司法机关进行梳理和归纳，为实践中办理同类案件提供借鉴。本文以陈某等八人侵犯著作权案（检例第100号）为切入，对其中的难点问题进行归纳，并就认定逻辑进行分析。

一、基本案情及难点归纳

［**基本案情**］ 2017年7月至2019年3月，被告人陈某受境外人员委托，先后招募被告人林某、赖某、严某、杨某等人组建QQ聊天群，更新维护“www.131zy.net”“www.zuikzy.com”等多个盗版影视资源网站。其中，陈某负责发布任务并给群内其他成员发放报酬；林某负责招募部分人员、培训督促其他成员完成工作任务、统计工作量等；赖某、严某、杨某等人通过从正版网站下载、云盘分享等方式获取片源，通过云转码服务器进行切片、转码、增加赌博网站广告及水印、生成链接，最后将该链接复制粘贴至上述盗版影视资源网站。其间，陈某收到境外人员汇入的盗版影视资源网站运营费用共计1250余万元，各被告人从中获利1.8万元至50万元不等。案发后，公安机关从上述盗版影视网站内固定、保全了被告人陈某等人复制、上传的大量侵权影视作品。

认定侵犯著作权罪通常有三个核心环节：一是复制发行的认定；二是未经许可的认定；三是涉案数额的计算。而陈某侵犯著作权案中的这三个环节均存在一些特殊之处。

在复制发行[①]的认定环节，涉案的侵权影视作品均存储于境外的服务器中，且涉案视频的云转码过程，即复制发行的环节均发生于境外的云转码服务器中。由于境外取证程序复杂，如何在境内合法地获取位于境外的这些视听资料并固定复制发行行为的客观证据，是办理这类案件的难点之一。

① 该案判决于《刑法修正案（十一）》颁布前已经生效，故本文中涉案的行为方式均以原《刑法》第217条中“复制发行”予以表述。

在未经许可的认定环节，涉案侵权影视作品的权利人众多、较为分散，且大多位于境外。司法机关很难就涉案侵权作品一一向权利人作侵权确证。如何运用已经收集在案的证据来完成“未经许可”的证明，是司法机关面临的难点之二。

在涉案数额认定环节，因境外人员未归案，无法计算网站的广告收入。在案的证据仅有境外人员给予陈某的1250余万元的网站维护费用、各被告人从中获取的违法收入以及被告人各自完成复制的侵权作品的数量。如何认定该案的涉案数额，是办案的难点之三。

二、位于境外服务器中侵权作品的取得、固定

认定侵犯著作权的刑事案件首先必须证明存在侵权作品以及复制发行的行为。该案中，因服务器位于境外，涉案的侵权作品很难以传统的取证模式直接获取，复制发行的过程似乎也很难还原。那么，侵权作品和复制发行的行为这两个要素的认定，会面临着没有客观证据，只有涉案人员供述的局面。在证明体系中，如果犯罪对象与犯罪的实行行为均没有客观证据印证，证明力无疑是不充足的。

该案中司法机关采取的委托鉴定方式可以为同类案件提供借鉴。侦查机关委托鉴定机构，由鉴定机构登录位于境内的由各被告人用于维护网站的客户端。在此过程中，鉴定人员固定保全了境外服务器中的视频链接，并提取、下载了其中的视频文件。同时，鉴定人员将盗版网站上侵权作品的播放地址、播放链接与境外服务器中云转码中的地址、链接进行对比，发现两者具有同一性，证实了被告人通过境外云转码平台完成了复制发行的行为。此外，通过使用客户端中的切片软件，鉴定人员再现了切片、转码，即该案中复制发行的过程，并对该过程以同步录音录像的方式予以固定，也对复制发行的证明起到印证作用。

这种取证方式是为了证明被告人客观上实施了复制发行的行为，并为提取侵权作品提供合法性依据。而该鉴定意见之所以能够实现该案中司法机关的证明目的，主要是源于鉴定人员的专业性及其运用的信息网络技术的科学性。

实践中，以鉴定意见证实客观行为的情形较为少见，但在此类案件中，这种证明方式有较强的证明力。鉴定意见是有鉴定资格的专业人

员就专门问题向司法机关提供的结论性意见。[①]这类案件中的侵权视频、云转码服务器等均具有信息网络的属性，其运作均依赖于信息网络技术。由鉴定人员对链接、播放地址的对比，以及就切片、云转码过程的还原，无疑是信息网络专业人员就案件中的涉及信息网络的专门问题作出的结论性意见。

须注意的是，根据证据法原理，境外证据的获取须有相应的涉外协助程序，以保障证据的合法性与真实性。那么，由鉴定人员提取的视频是否属于境外证据，而须履行相应的法律手续？笔者认为，该案中鉴定人员从境外服务器中提取的侵权视频不属于境外证据。这类视听资料不同于有形载体，其传输与获取不受物理载体的制约，具有跨越地理空间的特点。涉案的侵权影视视频虽然存储于境外服务器，但鉴定人员通过网络技术于境内完成提取工作。因这类证据形成于境内，所以不属于境外证据，也就无须经过相应的涉外协助程序。

三、"未经许可"的证明

在侵犯著作权罪认定中，"未经许可"是一个罪质要件。在早期实践中，涉案的著作权相对集中，且犯罪分子通常是采用线下方式作案，司法机关通常是通过权利人确证的方式，来证明"未经许可"的。而在网络侵犯著作权案件中，权利人往往较为分散，该案中众多权利人甚至分布于境外的不同地区。因此，这种传统的证明方式显然已经无法完成网络侵犯著作权案件中"未经许可"事实的证明。

该案中，司法机关采用了"三步审查"的证明方式。首先，司法机关向国家广播电视总局调取"信息网络传播视听节目许可证"持证机构名单，证明涉案的盗版网站不具有相应的经营资质。其次，司法机关根据固定比例抽取部分涉案视频，委托美国电影协会、韩国著作权委员会等相关著作权认证机构出具权属证明，证明抽样的涉案视频均未经权利人授权。最后，审查被告人的供述和辩解。该案中的被告人并未提出相反的辩解。同时，被告人无法提供涉案的所有影视作品的

① 参见叶青主编:《诉讼证据法学》，北京大学出版社2013年版，第90页。

授权证明，并如实供述所有涉案影视作品均未经授权的事实。经上述三个步骤，司法机关依法认定了“未经许可”的事实。

笔者认为，“三步审查”的证明方式有司法解释的依据。2020 年《最高人民法院、最高人民检察院关于办理侵犯知识产权刑事案件具体应用法律若干问题的解释（三）》第 2 条第 2 款就针对权利人分散情形下，只要有证据能够证明涉案复制品系非法复制发行且被告人无法提供许可证明文件的，即可认定“未经著作权人许可”。该司法解释为司法机关针对案件特点探索能动、灵活的证明方式提供了依据。

从整体的证明逻辑来看，这种证明方式是推定和部分印证点的相互组合和补强，使“未经许可”的证明达到了“排除合理怀疑”的程度。推定是在直接证据缺失情况下，司法机关结合间接证据进行司法证明的一种方式。理论上认为，推定是一种降低证明标准的证明方式。证明标准“降低”的部分通常要通过被告人无合理辩解、无相反辩解或者补强证据等方面予以补足。而部分印证点事实上也无法撑起证明体系，要完成刑事证明仍然需要得到补强。在该案中，在“未经许可”的证明上，只有被抽取的视频有被告人供述的支撑和权利人确证的印证。其他未被抽取的视频仅有被告人供述，而尚未得到其他证据印证。

在该案的“三步审查”证明中，推定和部分印证点的有机结合，达到了证明力相互补强的效果。该案的推定是合乎常情常理的。既然权利人一般不可能授权没有经营资质的网站，那么，司法机关只要获取涉案网站没有列入国家广播电视总局的许可名录里，就可以推定“未经许可”的待证事实。同时，被告人供述以及后续被抽取的侵权视频均被证实未经授权的部分印证点，可以补强上述推定，使降低的证明标准得到补足，达到了“排除合理怀疑”的程度。反之亦然，部分印证点也因为有了上述推定的成立，使司法机关可以在没有全面印证的情况下依法认定“未经许可”。

四、涉案数额的认定

涉案数额的认定是涉及罪与非罪、罪轻与罪重的一个关键要素。侵犯著作权罪的涉案数额、数量标准较多，分别有非法经营数额、违法所得数额、传播数量、会员人数等。实践中，非法经营数额和违法所得数额是两个较为常用的认定标准。

根据《最高人民法院、最高人民检察院关于办理侵犯知识产权刑事案件具体应用法律若干问题的解释》第12条、《最高人民法院关于审理非法出版物刑事案件具体应用法律若干问题的解释》（以下简称《解释》）第17条，非法经营数额通常是指侵权产品的价值[①]，而违法所得数额是指获利数额[②]。而该案中，在案证据能够证实的是，陈某收到境外人员汇入的盗版影视资源网站运营费用共计1250余万元，各涉案人员的工资收入，以及各涉案人员上传下载侵权视频的部数。诸如涉案盗版网站的广告收入等事实没有证据能够查实。

对于如何评价涉案数额，案件办理中有不同意见：一是认为应将网站运营费用1250余万元评价为非法经营数额；二是将各涉案人员的工资收入评价为各自的违法所得数额。

笔者赞同第一种意见，第二种观点没有从规范层面上去理解违法所得。该案在办理中采纳了第一种意见。

在侵犯知识产权犯罪中，违法所得数额具有犯罪行为获利的根本属性。单纯从文义解释来看，各涉案人员的工资收入似乎可以理解为犯罪行为的获利。但是，从规范层面上分析，侵犯著作权罪中的违法所得数额，是特指实行行为所产生的违法所得。在该案中，违法所得具体表现为，整体传播侵权视频行为所产生的收益。在理解上有两个关键点：一是整体性，即便是在共同犯罪中，违法所得必然从整体犯罪行为的角度去评价；二是直接对价性，违法所得是犯罪行为的直接对价，即实施传播侵权视频直接获取的收益，而不是二次分配到各自涉案人员的获利或是为实施犯罪所支出的成本。换言之，如果该案中境外人员到案，查实了广告收益，那么，广告收益也可以认定为违法所得数额。因为其符合整体性和直接对价性的特征。而该案中，各涉案

---

① 《最高人民法院、最高人民检察院关于办理侵犯知识产权刑事案件具体应用法律若干问题的解释》第12条规定，本解释所称"非法经营数额"，是指行为人在实施侵犯知识产权行为过程中，制造、储存、运输、销售侵权产品的价值。

② 《最高人民法院关于审理非法出版物刑事案件具体应用法律若干问题的解释》第17条第2款规定，本解释所称"违法所得数额"，是指获利数额。

人员的工资收入既不体现犯罪行为整体收益，也不是犯罪行为的直接对价，因而不属于规范意义上的违法所得数额，只能作为量刑情节予以考虑。

该案中，网站运营费用1250余万元的属性确实不同于传统意义上非法经营数额的表现形式，但从类型化的角度来看，其仍符合非法经营数额的本质特征。根据司法解释的规定，侵犯著作权罪中的非法经营数额应理解为侵权产品价值的数额。而该案中，侵权影视视频不存在有形载体，是信息网络空间中的产物，我们很难从载体的角度对其价值进行评价。事实上，刑法中构成要件要素的含义都是从类型化的角度去理解的，非法经营数额中“侵权产品的价值”也应当从这个角度去解释。在传统场合下，侵权产品的价值通常表现为侵权产品的交换价值。例如《最高人民检察院、公安部关于公安机关管辖的刑事案件立案追诉标准的规定（一）》中规定的实际销售的价格、标价、被侵权产品的市场中间价格，都体现为一种交换价值。这是因为，侵犯著作权行为通常会有销售侵权产品的延续行为，只有侵权产品流入市场，才会对他人著作权造成实际侵害。以侵权产品的生成价值、销售利润两部分的总和作为量刑标准，更能反映侵权产品流入市场对法益造成的实际侵害程度。而在该案中，侵权影视视频并未流入市场，不存在销售环节，也就没有销售利润部分。但是，侵权产品的生成价值是可以客观衡量计算的。详言之，涉案盗版网站上的侵权视频是通过各涉案人员下载、切片、上传、租用并使用服务器等网站运营行为生成的。而这些网站运营行为是有对价的，即陈某收取的1250余万元，也就是侵权产品的生成价值。因此，将该1250余万元评价为非法经营数额是合适的。

深度链接行为的刑事定性标准重构

叶　捷　陈天一　李益明*

摘　要　深度链接行为实质损害了著作权，破坏了网络著作权的生态平衡，本质是对被链网站中作品的传播，具有现实危害性，应用刑法予以规制。判断深度链接行为是否属于信息网络传播行为的标准存在刑民分歧，服务器标准、用户感知标准、社会危害性标准、实质替代标准、实质呈现标准等在网络著作权时代存在不同的缺陷。对信息网络传播行为的判断应当牢牢抓住两个根本要素，即“作品的提供行为”和“使作品处于可为公众获得状态”，采取“两步走”的复合判断标准对深度链接行为进行评价，使深度链接行为在前置法与刑法中的判断标准保持一致，实现刑法与前置法的顺畅衔接，维护法秩序的统一。

关键词　深度链接　判断标准　现实危害性　法秩序统一

一、问题的提出

［案例一］　原告快乐阳光公司享有某综艺节目的信息网络传播权，被告同方公司生产的机顶盒中绑定了由案外人开发的“兔子视频”在

*　叶捷，上海外国语大学贤达经济人文学院讲师，法学博士；陈天一，华东政法大学知识产权学院博士研究生；李益明，浙江省杭州市人民检察院法律政策研究室四级高级检察官。

内的诸多影视软件，并在其产品宣传中将内置软件作为产品卖点。用户通过该软件可以实现影视点播功能，同时可以通过该软件观看该综艺节目，但是被告公司并未取得著作权人授权。①

［案例二］ 被告人段某某利用技术创立“窝窝电影网”视频网站，未经著作权人许可，使用技术手段，对各大影视网站和视频App中的影视作品设置加框链接，以提升“窝窝电影网”的使用度和网站的浏览量，并在网页内设置各类目录、浏览排名等方式便于使用者挑选影视作品观看，为提升使用者的再使用率其利用技术措施屏蔽影视作品中的片头广告。“窝窝电影网”运营期间，段某某主要以利用网站流量接受软件、产品推广和投放广告的方式牟利，至案发前，段某某共通过广告费牟利74万余元。经对涉案电影网页客户端、服务器端等进行司法鉴定，存在有效链接的影视作品共计511部。②

“戈斯汀教授尝言：著作权从一开始就是技术之子。”③ 技术催生了新的媒介，从而对著作权的传播产生影响。技术革新带来了形形色色的著作权载体，作品传播的方式也越发多样。其中，通过链接特别是深度链接进行作品传播当属目前最为广泛的一种作品传播方式。与点击后就能直接跳转至原网站，显示原网站内容及其网站地址的浅度链接④不同，深度链接是在互联网上架设影视网站，未经著作权人的许可，使用采集、聚合、链接等形式对各大正版资源网站的影视作品资源进行传播，使得使用架设网站的用户可以对被侵权影视作品进行在线浏览或者在其指定播放器中浏览，并在传播过程中隐藏被链网站的相关标识。

《刑法修正案（十一）》对《刑法》第217条侵犯著作权罪的规定作出调整，将侵犯著作权罪的行为方式加入“信息网络传播”行为，

① 参见北京知识产权法院民事判决书，（2015）京知民终字第559号。

② 参见上海市徐汇区人民法院刑事判决书，（2017）沪0104刑初325号。

③ 孔祥俊：《网络著作权保护法律理念与裁判方法》，中国法制出版社2015年版，第264页。

④ 参见孙玉荣、王永斌：《深度链接行为的法律规制探析——兼评“腾讯公司与易联伟达信息网络传播权纠纷案”》，《科技与法律》2017年第1期。

但这并不意味着彻底解决深度链接行为入罪问题。鉴于深度链接的新颖性且与浅度链接有所区别，要将深度链接行为纳入刑法规制的范围，就必须确定信息网络传播行为的判断标准。然而，信息网络传播行为的判断标准一直存在争议。

案例一中，原告主张被告公司生产的机顶盒中绑定的视频软件所提供的影视作品，在使用过程中并未跳转到被链接网站，这种情况使得使用者认为其所观看的内容是由被告自身提供，该行为属于信息网络传播行为，被告未尽合理审查义务构成侵权，应当承担侵权责任。被告则认为，其所绑定的视频软件并未在服务器中上传、存储相关影视作品，其实施的不是信息网络传播行为而是搜索链接服务提供行为，其仅为硬件生产商，涉案产品具有实质性非侵权用途，不应承担侵权责任。审理该案的北京知识产权法院回溯《世界知识产权组织版权公约》（WCT）认为，《著作权法》第10条第12项所规定的信息网络传播行为应指向的是最初将作品置于服务器中的行为，信息网络传播行为的判断应采用服务器标准，而非用户感知标准。

审判机关在民事判决中对信息网络传播行为的判断多采用服务器标准，最高人民法院的相关民事判决也认同此种标准。[①] 但现实情况却是越来越多的深度链接使用技术措施避开将被链作品上传到服务器这一环节，却又实质侵害了权利人的著作权。若在知识产权民事裁判中对深度链接行为是否侵犯信息网络传播权的判定依然坚持采用服务器标准，由于该行为只在传播过程中设置了链接通道而不是将作品上传至服务器，得出的结论往往是深度链接行为不属于信息网络传播行为。由此产生的问题是，一旦深度链接行为无法被纳入信息网络传播行为的范畴，则不满足侵犯著作权罪的构成要件，无法通过刑法予以规制。

但是司法实践中亦有作出深度链接行为构成犯罪的判决，如案例二。审理法院认为，被告人设置深度链接的行为具有社会危害性和法益侵害性，由此对被告人进行定罪。这就产生了民事和刑事上对于深度链接行为性质判断标准的分歧，也显现出侵犯著作权罪的前置法在

① 参见最高人民法院民事判决书，（2009）民提字第17号。

判断侵权行为时采用服务器标准之弊端所在，其常在刑事审判中成为辩护律师用于反驳控诉的主要理由。案例二中，段某某的辩护人的抗辩理由是，信息网络传播行为构成侵权的判断标准应为服务器标准，段某某并没有把他人的影视作品上传到服务器，按照服务器标准其行为不属于对著作权的侵权行为，当然也不成立犯罪。

因此，有学者指出服务器标准属于一种较为保守的标准，刑事审判之所以采取较为激进的方式，实际上与现阶段危害性较强的深度链接侵权行为频发有关。[①]显然，深度链接民事判断标准和刑事判断标准的分歧会导致法秩序失去统一性，使得民法、刑法这两个不同规范的认定标准产生分歧。[②]因此，有必要找寻一种相对客观、切合当前知识产权保护情况的标准来解决民法和刑法领域的冲突。

二、信息网络传播行为现有判断标准之探讨

当前司法实践对深度链接行为能否入罪规制最棘手的问题是，判定深度链接行为是否属于信息网络传播行为究竟应采取何种标准才能使各个部门法之间能够顺畅衔接。信息网络传播行为的本质在于将作品、表演、录音录像制品置于信息网络中，使公众能够在个人选定的时间和地点获得。有学者认为，深度链接不具有独立性，其属于被链网站的附属品，难以满足“使公众在个人选定的时间和地点获取作品”这一信息网络传播行为的要件，仅仅只能将其视为一种信息网络传播行为的帮助行为，因此不需要通过刑法予以规制。[③]

但是笔者认为，应当对深度链接行为通过《刑法》中的侵犯著作权罪予以规制。我们不能将深度链接行为视为简单的引导用户访问的行为，而应视为传播行为。该行为实质损害了权利人的著作权，并且互联网带来的强扩散和快传播效应会极大加重该行为的危害和著作权人的损失，严重破坏网络著作权的生态平衡。在侵犯著作权人相关权益

---

① 参见谢晅:《深度链接行为刑法规制问题研究》,《上海法学研究》2020年第19卷。

② 参见王昭武:《法秩序统一性视野下违法判断的相对性》,《中外法学》2015年第1期。

③ 参见林清红、周舟:《深度链接行为入罪应当保持克制》,《法学》2013年第9期。

的行为中，无论设链者主观上是基于单纯传播被链网站中的作品、增加公众浏览作品的途径，还是为了提高其所设网站的流量而实现赚取广告费的目的，本质是对被链网站中作品的传播，具有现实危害性。当然，对入罪判断标准应考虑周详并保持谨慎的态度。

学界对于信息网络传播行为判定，提出了服务器标准、用户感知标准、社会危害性标准、实质替代标准、实质呈现标准等不同判断方法。①

（一）服务器标准

民事审判中，对于信息网络传播行为的主流判断标准是服务器标准。顾名思义，只有将作品上传至服务器中才构成信息网络传播行为。然而，就当前的网络环境而言，“将作品上传至服务器”已经不再是侵犯信息网络传播权的必由之路。如甲将作品上传至私人网盘，设置为仅自己可见。服务器提供者乙未经甲的许可，擅自将作品公开。甲虽然有上传作品的行为，但其无法“使公众在其个人选定的时间和地点获得作品”。因此，甲的行为不应被认定为信息网络传播行为。正如学者所言：“真正的信息网络传播行为人是那个为公众打开作品仓库之门的人，而不是送货人或仓库保管员。”②除此之外，更多的行为人以聚合、深层链接的形式跳过原网站对被侵权作品进行侵害，这种通过技术性操作实现的更隐蔽的链接行为可以被认为是对服务器标准的规避。

网络时代，作品的载体形式将会随着科学技术的进步变得更加多样，传播媒介和手段亦变得更加难以预测，坚持使用服务器标准对信息网络传播行为进行判定，会受限于“上传至服务器”这一关键判断环节，使实质性侵害行为的认定链条被此环节阻断，这样不仅大大缩小了信息网络传播权的权利范围，而且难以规制以技术手段规避服务器而将作品进行网络传播的犯罪行为。

---

① 参见刘银良:《信息网络传播权的侵权判定——从“用户感知标准”到“提供标准”》,《法学》2017 年第 10 期。

② 刘文杰:《信息网络传播行为的认定》,《法学研究》2016 年第 3 期。

（二）用户感知标准

用户感知标准是指以一般用户的主观感受为标准，用户感知的客体是作品的提供者。用户直观地认为哪个网站是作品的提供方，则将其视为作品提供者。用户感知标准充斥着浓烈的个人主观臆象，可能会产生“横看成岭侧成峰”的效应，并且普通用户的主观感受也会受到网站的页面设计、被链网站中标识的明晰性等不确定因素的影响。对于同一作品，不同的用户能从不同的角度指出其所认为的作品提供者。因此，单一的用户感知标准在司法实践中不利于裁判者进行客观判断以得出客观公正的结论。

（三）社会危害性标准

社会危害性标准是目前刑事审判中所采取的标准，其支撑法理在于法益侵害的等同性，即根据深度链接行为具有实质危害性而将其归入信息网络传播行为的规制范畴，从而成立侵犯著作权罪的正犯。可以说社会危害性标准是刑事审判中法官拟对深度链接行为进行定罪的产物，因为民事审判的主流观点是服务器标准，由于深度链接行为绕开了上传至服务器的环节，若依据服务器标准，即便深度链接行为对著作权人和其他相关权利人造成实质损害，也不符合侵犯著作权罪的构成要件。因此，鉴于深度链接行为会导致著作权人的权利遭受实质性损害，具有社会危害性，与其他为刑法所规制的侵犯著作权罪的行为具有等同性，部分法官认为深度链接行为的法益侵害性足以达到侵犯著作权罪的标准，成立侵犯著作权罪。但运用“同等危害性”进行解释的底层逻辑有违罪刑法定原则之嫌。

（四）实质替代标准

“实质替代标准旨在通过法经济学分析的进路另辟蹊径，以摆脱教义层面的过度纠缠。”[①] 实质替代标准认为，当网站使用者不需要进入被链接网站，处于设链网站中便能完成对被侵权作品的浏览，被链网站

① 徐珉川：《论互联网“提供作品”行为的界定》，《中外法学》2020年第2期。

对于作品的传播权利被深度链接的提供者所替代，则深度链接行为构成侵权，进而可能构成侵犯著作权罪。实质替代标准被诟病的关键在于其将结果用以评判侵权行为这一过程行为的性质，错误地将竞争法思维用于著作权领域[①]，造成对行为判断“由果推因”的逻辑错乱。

（五）实质呈现标准

近年来，有学者提出实质呈现标准说，认为当作品展现于公众面前的方式被深度链接实质性控制与改变，作品的传播可以完全由深度链接网站自主控制，此时被侵权作品融合成为设链网站的一部分，成立信息网络传播行为。[②]实质呈现标准与实质替代标准虽名为“实质”但实为主观分析，且在应用过程中仍需考虑何种程度能够划入“融合”二字的范畴，实质上仍然不能脱离深度链接的使用者或裁判者对作品的呈现行为或效果进行主观判断和评价，其所存在的缺陷与用户感知标准相似。

三、复合式判断标准之提倡

前述几种对信息网络传播行为的判定标准均存遗憾，难以应对当前随技术变化的信息网络传播权保护的复杂局面和知识产权强保护趋势。笔者认为，对于判断是否侵犯信息网络传播权，应当牢牢抓住信息网络传播行为的两个根本要素，即“作品的提供行为”和“使作品处于可为公众获得状态”。[③]“作品的提供行为”是判断侵犯信息网络传播权的前置条件，“使作品处于可为公众获得的状态”是判断侵犯信息网络传播权的后置条件，只有在前置条件和后置条件均满足的情况下才能认定该行为侵犯信息网络传播权。因此，信息网络传播行为的判断应遵循从前到后的顺序逐一分析。“提供行为”旨在确定作品的提供者。通过各种链接亦或者新型载体在网络上对作品进行传播的行为属于对

① 徐珉川:《论互联网“提供作品”行为的界定》,《中外法学》2020 年第 2 期。

② 参见欧阳本祺:《论网络环境下著作权侵权的刑事责任》,《法学家》2018 年第 3 期。

③ 参见刘银良:《信息网络传播权的侵权判定——从“用户感知标准”到“提供标准”》,《法学》2017 年第 10 期。

作品进行呈现或提供，符合“提供行为”这一要素。“使作品处于公众可获得的状态”旨在考察作品是否处于被传播的状态。此时需要采取“新用户感知标准”，该标准对于用户感知的客体进行重塑，认为用户感知的客体应当为作品。倘若行为人通过深层链接方式让用户感知作品，就认定其实施了向公众提供作品的行为，从而可能构成对信息网络传播权的侵犯。[①]这种通过“两步走”的方式判断是否侵害信息网络传播权的标准可称为“复合标准”。相较于之前的各种判断标准，复合标准具有合理性。

首先，采用复合标准能够较好地解决当前刑事审判与民事审判之间的脱节问题。当前我国学者对于司法实务中的刑民衔接问题各执己见，为了保障刑民衔接的顺畅，有学者主张，“刑民衔接意味着在《著作权法》和保护著作权的刑法条文中，对同一行为和客体的描述应使用相同的术语，且具有相同的含义，作为犯罪认定基础的侵权行为应具有相同的构成要件，达到的效果是只有属于《著作权法》规定的可构成犯罪的特定侵权行为，才可能依刑法的规定构成相应的犯罪行为”[②]。笔者认为这一观点有待商榷，因为各部门法设立的目的不尽相同，所要规制的内容范围也有所差异，倘若笼统地认为对同一行为或者客体的描述应当具有相同的含义，则可能仅具有形式上的法秩序统一，而实质上却脱离了法秩序统一之本意。例如，同样是“明知”一词在民法和刑法等不同部门法语境下的含义不尽相同。在侵害信息网络传播权的民事案件中，《最高人民法院关于审理侵害信息网络传播权民事纠纷案件适用法律若干问题的规定》第 13 条将网络服务提供者收到有关侵权的初步证据却未采取必要措施的推定为其明知已经存在侵权行为，是根据反应行为对主体主观态度的一种判断。而在刑法中，主流观点认为“明知”是行为人已经知道某种事实存在或者可能存在。[③]因此，

---

① 参见刘银良:《信息网络传播权的侵权判定——从“用户感知标准”到“提供标准”》,《法学》2017 年第 10 期。

② 王迁:《论著作权保护刑民衔接的正当性》,《法学》2021 年第 8 期。

③ 参见王新:《我国刑法中“明知”的含义和认定——基于刑事立法和司法解释的分析》,《法制与社会发展》2013 年第 1 期。

不同部门法对相同词语的含义进行差异化解读是应然和客观存在的一种状态，并不违法秩序统一之本意。侵犯著作权罪是法定犯，其显著特征是二次违法性，根据行政管理法规确定法定犯的违法性，是坚守罪刑法定原则的重要路径。[①]在二次违法性的判断过程中，对同一行为在前置法与后置刑法中的判断标准应当保持一致。例如，前述案例二段某某侵犯著作权罪一案中，段某某对影视网站设置加框链接，并帮助用户屏蔽片头广告，使网站使用者能够观看其他软件中的作品，此行为已经成立复合标准中前置的“提供行为”。同时，用户在观影过程中也能感受到作品的存在，符合后置标准“使作品处于公众可获得状态”。因此，段某某的行为在民事上构成对信息网络传播权的侵害，同时也符合侵犯著作权罪的构成要件，成立侵犯著作权罪。

其次，复合标准在判断信息网络传播行为时更为清晰和准确。如前文所述，单一的“用户感知标准”会造成对侵权行为的判断趋向主观化，而复合标准中对深度链接行为是否侵犯信息网络传播权进行判断时，按照“提供行为”和“呈现公众状态”两个要素进行判断是对行为本身的判断，而非从结果倒推行为性质，具有逻辑上的自洽性。同时在对第二个要素“呈现公众状态”进行判断时结合“新用户感知标准”，当用户能感知到被侵权作品，则第二个要素“呈现公众状态”成立。深度链接行为是否侵犯信息网络传播权，以两步走的方式对“提供行为”和“使作品处于公众可获得的状态”两个要素进行判断更为客观，在此基础上结合主观方面的故意来判断是否成立侵犯著作权罪。

最后，复合标准符合国际知识产权的保护理念。知识产权有助于激发社会创造力，增强国家硬实力，其重要性不断提升。我国高度重视并不断加强知识产权保护法治化，对知识产权采取强保护是未来之势。欧盟警署近期发布的报告显示，其对知识产权保护观念有将知识产权侵权行为进行犯罪化规定的趋势。同时，瑞典在其《著作权法》中规定，以故意或者重大过失侵犯著作权的行为应被判处罚金或者 2 年以下的自由刑。以轻缓化刑罚的方式对侵犯著作权犯罪进行规制，既符

---

① 参见刘艳红：《法定犯与罪刑法定原则的坚守》，《中国刑事法杂志》2018 年第 6 期。

合刑法谦抑性和罪责刑相适应原则，又能借刑罚溢出效应的震慑力达到保护知识产权的目的。复合标准不仅能够适当扩大信息网络传播权的保护范畴，而且能有效规制利用深度链接侵犯著作权的犯罪行为，以此来加强对著作权的保护，符合知识产权保护的国际趋势。

四、结语

网络信息时代，对于著作权而言，其载体的形式和样态越发多样和技术化，这对司法实践的客观性和公正性提出了全新的要求。我们只有抓住问题的本质，厘清信息网络传播权判断标准的逻辑演进，才能应对深度链接等全新型传播方式。当前知识产权制度处于飞速发展和演变的阶段，需要及时对制度进行革新以应对不断变化的内外部环境。当然，知识产权刑事保护的关键所在是法律规范与技术规范之间的平衡，在发展、创新、演进的过程中需要始终坚持利益平衡原则[①]，以此更好地维护权利人与社会公众之间的关系。

① 参见吴汉东:《论网络服务提供者的著作权侵权责任》,《中国法学》2011年第2期。

侵犯商业秘密罪的行为构造与罪量标准 *

广东省佛山市顺德区人民检察院课题组 **

摘　要　2021 年 3 月 1 日起施行的《刑法修正案（十一）》对《刑法》第 219 条侵犯商业秘密罪作出了较大的修改，侵犯商业秘密罪的刑事制裁范围出现了新问题。在实质的、统一的司法认定标准出台之前，商业秘密"同一性"和"秘密性"的判断仍是司法实践中判断侵权行为是否成立的重要基准；应将"非法获取行为"作为本罪的构成要件行为类型，技术员工离职后，对原公司的商业秘密的保密义务是一种法定义务；即使"重大损失"要件被删除，其依然是判断"情节严重"的重要因素，凡是可以衡量企业竞争性利益减损程度的指标均可作为评价对象。

关键词　侵犯商业秘密罪　同一性　秘密性　重大损失

一、侵犯商业秘密罪认定中的争议

2021 年 3 月 1 日起施行的《刑法修正案（十一）》对《刑法》第

---

* 本文为 2021 年度广东省人民检察院检察理论研究课题"侵犯商业秘密罪几个问题研究"的阶段性成果。

** 课题组负责人：徐彪，广东省佛山市禅城区人民检察院党组书记、检察长、三级高级检察官；课题组成员：李静芝，湖南师范大学环境与资源保护法硕士研究生；李荣楠，广东省佛山市顺德区人民检察院北滘检察室主任、四级高级检察官；舒新军，广东省佛山市顺德区人民检察院北滘检察室一级检察官；程伊乔，清华大学刑法学博士研究生。

219条侵犯商业秘密罪作出了较大的修改[①]。首先，将“情节严重”作为入罪的衡量标准，破除了司法实践长期唯“损失数额论”的现象。然而，在新的司法解释出台之前，以“情节严重”作为入罪标准，由于各种考量因素的范围和程度具有不确定性，在适用中司法机关可能无所适从。其次，删除了商业秘密的定义，对于“密点”[②]的认定亟需实质的、统一的司法认定标准。最后，用“违反保密义务”取代“违反约定”，由此产生保密义务主体的界定问题。广东格兰仕集团有限公司（以下简称格兰仕公司）被侵犯商业秘密案几乎覆盖了以上所有问题的处理。

［**基本案情**］ 刘某原系格兰仕公司磁控管部门的核心技术人员，熟悉生产设备、工艺流程等一系列配套工作。中山市A公司为生产磁控管便找到刘某。刘某辞职后到中山市A公司实际出资且新成立的中山市B公司任职磁控管研发负责人。刘某在独立研发B公司的磁控管过程中，使用了其在格兰仕公司工作期间复制的部分磁控管的产品设计图纸、部分工装夹具图纸，按照与格兰仕公司大致的工艺流程进行多次试验，生产出磁控管并出售给A公司。截至刘某投案，B公司共生产磁控管400多万只，获得的利润超2000万元。

尽管该案发生在《刑法修正案（十一）》颁布实施以前，但是就本案有关构成要件的诸种争议而言，不仅涉及何为“商业秘密”这一基础问题，而且涉及公司前员工离职后是否存在保密义务、没有签署保密协议是否降低了行为人的保密义务等问题，其在法律适用上具有典型性。

二、基准：商业秘密“同一性”和“秘密性”的判断

尽管《刑法修正案（十一）》删除了关于商业秘密的定义，但在

---

① 《刑法修正案（十一）》将侵犯商业秘密罪原规定中的“给商业秘密的权利人造成重大损失”“造成特别严重后果”修改为“情节严重”“情节特别严重”，删除了拘役刑以及原第2款商业秘密的定义，将第1款第3项中的“违反约定”改为“违反保密义务”，并删除了行为人“应知”他人侵犯商业秘密行为构成犯罪的规定，仅以“明知”这一主观要素来限定入罪范围。

② “密点”是指权利人主张的不同于公知技术或公知信息的，为本企业所独有的，能为企业带来经济利益、具有实用性，并由企业采取了保护措施的技术信息或经营信息。

实质的、统一的司法认定标准出台之前，笔者认为司法实践中商业秘密“同一性”和“秘密性”的判断仍是判断侵权行为是否成立的重要基准。“同一性”问题涉及使用者权限的划定，应在界定技术信息种类的基础上，判断是否具有实质的同一性，必要时进行利益衡量。例如，行为人凭借在先前公司所获得能力的一部分在后来的公司中参与相同或类似技术的研发工作，在什么范围之内，可以认为其在后来的公司所产生的智力成果与前公司的技术信息具有同一性。有些技术信息很难被固定，除了生产研发过程中严格控制的零部件图纸之外，还包括对某种重要设备的生产制作方法。如果这种制作方法被公司技术人员掌握、熟知，经过改造，运用到后公司的生产作业中，优化了生产制作的方法，此时则需要衡量，这一行为应归属于行为人自身的特殊技能所延续的成果还是一种窃取商业秘密的行为，这就需要依技术信息的特质作具体判断。

商业秘密所要求的“不为公众所知悉”，是指“该信息不能从公开渠道直接获取”[①]。“不为公众所知悉”又被称为“秘密性”，这是商业秘密属性的核心要素。首先，应经过专门机构鉴定，认为被指控的图纸等技术信息与权利人所拥有的技术信息具有“同一性”。其次，“秘密性”的认定受商业秘密权利人所采取的保密措施的程度影响。“秘密性”要综合考量客观条件，审查该商业秘密的保密状态。如果该技术信息缺乏保密性措施，应当审慎认定“秘密性”。最后，“秘密性”无须员工与权利人之间签订专属的保密协议。根据《国家工商行政管理局关于禁止侵犯商业秘密行为的若干规定》（1998年修订）和有关法律规定，权利人就商业秘密所采取的保密措施的要求是“适当的”“合理的”，该合理和适当是指权利人所采取的保密措施能够使义务人明确知悉其有保密的义务，并不要求签订专属的保密协议。

格兰仕公司被侵犯商业秘密案中，被告人刘某作为格兰仕公司磁控管部门的核心技术工作人员，利用工作便利，向外发送磁控管的相关

① 参见《国家工商行政管理局关于禁止侵犯商业秘密行为的若干规定》（1998年修订）第2条规定。

生产可行性报告、成本分析等资料。经鉴定，在中山市B公司扣押的磁控管相关技术图纸、实物和格兰仕公司的不为公众知悉的磁控管产品设计图纸技术信息具有同一性。尽管被告人刘某和格兰仕公司没有签订保密协议，但是格兰仕公司发布了《员工手册》等一系列公司规章制度，要求全体员工对公司的技术等保密，可以认为采取了合理的保密措施。

三、定性：侵犯商业秘密的行为认定

（一）非法获取行为

以不正当手段获取他人商业秘密的行为，本质上侵犯了商业秘密的保密性，因此无论是行为人在获取之后是否实际对其加以披露、使用或允许他人使用，商业秘密的保密性都受到了侵害，单纯的非法获取行为可以独立成为一类侵权行为。[①] 首先，应在有限范围内承认非法获取行为是侵犯商业秘密罪的行为类型。例如，员工出于个人恩怨，窃取公司正在研发的资料并将其毁损，对公司未来的经营和发展可能造成实质的破坏。其次，非法获取他人商业秘密进而毁损的行为，相比于泄露作为技术信息的商业秘密而言，对人类智力成果的毁损是终局性的，损失难以挽回。最后，对于严重侵害特定权利人的商业秘密，使其在市场中的竞争优势明显丧失，但是却难以说明具有严重扰乱自由竞争的市场秩序的情节，可以以侵犯商业秘密罪未遂予以处罚，使得罪责刑相适应。

（二）合法获取后的利用行为

行为人合法获取商业秘密，之后加以利用的情形较为复杂，包括披露、使用或者允许他人使用等。对于合法获取商业秘密者，其保密义务是法定义务，而非约定义务。在格兰仕公司被侵犯商业秘密案中，前员工刘某虽未与格兰仕公司签订保密协议，但不能认为员工离职后

---

① 参见李兰英、高扬捷等:《知识产权刑法保护的理论与实践》，法律出版社2018年版，第408页。

因不受公司规章制度制约而不具有保密义务，也不能因双方没有签订保密协议因而不属于违约行为而否定行为人的保密义务。员工离职后，对原公司的商业秘密的保密义务是一种法定义务，即便是合法获取的商业秘密，对其非法使用的行为也完全符合本罪构成要件。

非法泄露他人商业秘密的行为不限于为自己谋利的情形。单纯的使用情形是指前员工没有履行保密义务，使用行为导致其现公司生产经营利润增加，但是尚未导致该商业秘密向其他市场竞争主体扩散。这种行为只是在同行竞争中，不当抬高了现公司的竞争优势，同时使得前公司在一定程度上丧失了竞争优势。而合法获取后的披露行为则不同，其本身可能并不是为了谋取利益，但却是一种破坏性行为。例如，行为人将正在研发的作为技术信息的商业秘密，发布到网络平台使得商业秘密的研发价值落空，即便客观上难以评估损失大小，也可以认为这种披露行为足以构成“情节严重”。

（三）间接侵犯商业秘密的行为

《刑法》第219条第2款规定：“明知前款所列行为，获取、披露、使用或者允许他人使用该商业秘密的，以侵犯商业秘密论。”学界将此类行为称为间接侵犯商业秘密的行为。在格兰仕公司被侵犯商业秘密案中，中山市A公司的行为是否可被评价为间接侵犯商业秘密值得探讨。对于间接侵犯商业秘密行为的认定，主要在于确定明知的程度。《刑法修正案（十一）》将侵犯商业秘密罪的“应知”删去，仅保留“明知”，说明对于间接侵犯商业秘密的行为提高了主观要素的标准。哪怕在“应知”保留之际也并不能将“应知”理解为应当知道。“应知”应属于“实知”的范畴，不属于刑事推定的问题。因此，即便不援用“从旧兼从轻原则”，适用《刑法修正案（十一）》之前的条文，对于格兰仕公司被侵犯商业秘密案，在没有证据证明中山市B公司实际知道刘某违反了保密义务的要求，使用他人商业秘密的情况下，不能认为B公司的投资者A公司符合“应知”的标准。

四、定量：侵犯商业秘密案件“情节严重”的认定

侵犯商业秘密罪的保护法益是竞争性利益，而竞争优势的直接效果

就是带来更多的财产性收益，因此，即使《刑法修正案（十一）》删除侵犯商业秘密罪中“重大损失”这一构成要件，即侵犯商业秘密罪由原来的结果犯修改为行为犯[①]，“重大损失”依然是重要的判断因素，对于“重大损失”的判断依然是司法实务中不可避免的环节。根据2020年《最高人民检察院、公安部关于修改侵犯商业秘密刑事案件立案追诉标准的决定》（以下简称《立案标准决定》）中，仍然是将“给商业秘密权利人造成损失数额”作为重要标准。侵犯商业秘密罪以复杂的市场经济环境作为背景，这决定了无法实施精确的损失数额计算。实际上，司法实践早已突破“确定发生的实际损失”的限制，将各种推定的损失作为计算方法。[②]刑法不是民法，数额的计算是为了反映法益侵害程度，而不是为了合理地给予被害人损失赔偿。因此，当犯罪行为使得被害企业完全丧失了对商业秘密的支配时，可以将商业秘密本身的价值作为损失数额。此外，商业秘密的权利人为减轻对商业运营、商业计划的损失或者重新恢复计算机信息系统安全、其他系统安全而支出的补救费用，应当计入给商业秘密的权利人造成的损失。在认定补救成本时，要注意比例原则的适用。

除损失标准外，《立案标准决定》还将违法所得数额作为重要标准。但是，违法所得数额的计算也要考虑与侵犯商业秘密行为之间的因果关系，“发挥主要作用时，可以将全部利润数额认定为损失；起次要作用时，不宜将全部利润计入重大损失”[③]。此外，《立案标准决定》规定，以不正当手段获取权利人的商业秘密，不论是否披露、使用或者允许他人使用，损失数额都可以根据该项商业秘密的合理许可使用费确定。

刘某作为格兰仕公司的前员工，其侵犯商业秘密的行为，不属于不正当手段获取，由于行为人占有是合法的，社会危害性相对较小，故

---

① 参见翁安娜:《侵犯商业秘密罪中“重大损失”的认定研究》,《山东青年》2021年第5期。

② 参见刘科:《侵犯商业秘密罪刑事门槛的修改问题》,《法学杂志》2021年第6期。

③ 王文静:《论侵犯商业秘密罪中“重大损失”的认定原则》,《法学评论》2020年第6期。

造成的损失不以商业秘密的合理许可使用费或者商业秘密的商业价值作为损失认定的依据。同时，权利人的产品非市场唯一厂家且不对外销售，日本东芝、松下、韩国 LG 以及中国的美的等公司也占有微波炉磁控管的部分市场份额，因此在既无充分证据证明权利人产品的合理利润，也无充分证据证明被告人新东家产品的合理利润的复杂情况下，属于合理利润无法确定的特殊情况，应结合在案的相关证据和有利于被告人的原则，选择依据侵权人生产的产品的实际销售价格和实际数量，根据被害人产品的相对生产成本，得出侵权产品的相对合理利润来推算本案格兰仕公司因被侵权造成的经济损失。司法机关根据格兰仕外购磁控管的合理利润和自制磁控管的成本、B 公司从 2018 年到 2020 年被告人刘某投案自首期间具体销售磁控管的情况，认定格兰仕公司因被侵权造成销售利润的损失为 2022.56145 万元，并据此认定被告人的行为已达“造成特别严重后果”的情节。

在判断侵犯商业秘密犯罪的秩序法益是否受到侵害的问题上，刑法当然应当基于自身承载的任务和条文的规范目的独立判断违法性的有无和大小，不完全受制于前置法的规定。但同时也要尽可能清晰地、类型化地把握“情节严重”的入罪门槛。格兰仕公司被侵犯商业秘密案的理论研究价值更典型地体现在其反映了市场经济时代，劳动者生存与发展的权利与企业市场公平竞争的权利之间的博弈。刑法既应当重视在市场秩序稳定和安全方面的刑事保护任务，又应当审慎地介入包括侵犯商业秘密罪在内的知识产权保护的合理范围。

侵犯商业秘密罪行为对象之审查与认定

朱　刚　谭金生*

摘　要　侵犯商业秘密罪的行为对象是商业秘密。“商业秘密”的构成经历了从“四要件”到“三要件”的发展过程。审查认定涉案商业信息是否属于“商业秘密”，必须依法准确把握“商业秘密”三个构成要件的基本含义。对“不为公众所知悉”，应当着重审查涉案商业信息是否“为公众所知悉”，以及被告方以反向工程为由提出的抗辩；对“具有商业价值”，应当着重审查涉案商业信息权利人在投入和收益两个方面的情况；对“相应保密措施”，应当着重审查是否符合《最高人民法院关于审理侵犯商业秘密民事案件适用法律若干问题的规定》第6条第1款规定的七种情形。对专门鉴定意见，应当着重审查鉴定主体的合法性、鉴定材料的客观性、鉴定方法的科学性三个方面。

关键词　侵犯商业秘密罪　行为对象　构成要件　审查要点

为进一步加强企业产权保护和优化营商环境，《刑法修正案（十一）》对《刑法》第219条作了大幅修改，降低侵犯商业秘密罪入罪门槛，

*　朱刚，重庆市人民检察院检察委员会委员、法律政策研究室主任，法学博士，全国检察业务专家；谭金生，重庆市人民检察院法律政策研究室三级高级检察官，法学博士。

提高法定刑幅度，强化对侵犯商业秘密犯罪的惩处力度。侵犯商业秘密罪，是指以盗窃、贿赂、欺诈、胁迫、电子侵入或者其他不正当手段获取权利人的商业秘密，披露、使用或者允许他人使用以不正当手段获取的权利人的商业秘密，以及违反保密义务或者违反权利人有关保守商业秘密的要求，披露、使用或者允许他人使用其所掌握的商业秘密的行为。侵犯商业秘密罪的行为对象是商业秘密，因此，准确认定涉案商业信息是否构成商业秘密，是办准办好侵犯商业秘密刑事案件的关键。《刑法修正案（十一）》出台之前，《刑法》和《反不正当竞争法》对"商业秘密"作了相同界定，相关司法解释也作了详细规定。但在实践中，对商业秘密的审查认定仍然是办理侵犯商业秘密刑事案件的重点和难点。广东省佛山市顺德区人民检察院课题组撰写的《侵犯商业秘密罪的行为构造与罪量标准》（以下简称"顺德文"）全面探讨了侵犯商业秘密罪的司法认定问题，并对商业秘密的"秘密性"从"同一性"和"秘密性"两个方面进行研究，孙秀丽、张婷婷撰写的《商业秘密非公知性鉴定审查要点——以侵犯机械设计技术秘密为例》（以下简称"孙张文"）则对商业秘密的非公知性鉴定审查进行研究，为进一步深入探讨侵犯商业秘密罪的行为对象——"商业秘密"构成要件提供了良好基础。下面，本文将结合这两篇文章及司法实践中的一些典型案例，着重探讨一下侵犯商业秘密罪行为对象——商业秘密的审查与认定问题。

一、"商业秘密"的立法、司法解释沿革

在我国法律体系中，"商业秘密"的首次出现是在1991年颁布实施的《民事诉讼法》中，首次对其作出司法解释是1992年最高法出台的《关于适用〈中华人民共和国民事诉讼法〉若干问题的意见》（已失效），而首次作出立法解释的则是1993年颁布实施的《反不正当竞争法》。

（一）立法解释

对"商业秘密"作出立法解释的法律只有《反不正当竞争法》和《刑法》，而《刑法》的规定又是基于前者。因此，对"商业秘密"的

立法解释主要体现在《反不正当竞争法》中。“商业秘密”的立法解释经历了从“四构成要件”到“三构成要件”的发展过程：

1.“四构成要件”。1993 年，我国颁布实施首部《反不正当竞争法》，该法第 10 条第 3 款规定，商业秘密是指不为公众所知悉、能为权利人带来经济利益、具有实用性并经权利人采取保密措施的技术信息和经营信息。这一定义明确了“商业秘密”的内涵和外延。“商业秘密”的内涵包括四个构成要件，即“不为公众所知悉”“能为权利人带来经济利益”“具有实用性”“经权利人采取保密措施”，有学者将其概括为新颖性、价值性、实用性和保密性四个特征[①]，后又有学者将“新颖性”改为“秘密性”，并渐成学界通说。[②]“商业秘密”的外延是指“技术信息和经营信息”。1997 年修订后的《刑法》第 219 条第 3 款全文援用了《反不正当竞争法》第 10 条第 3 款的规定，仅将其中的两个顿号改为逗号。2017 年，《反不正当竞争法》进行首次修订，但是并未实质改变“商业秘密”的定义，仅在原条文中的“采取”和“保密措施”之间增加了“相应”一词。

2.“三构成要件”。2019 年，《反不正当竞争法》再次进行修订，其中第 9 条第 4 款对原相应条款作了三处修改：一是将“能为权利人带来经济利益”修改为“具有商业价值”，凸显了“商业秘密”的商品属性，符合社会主义市场经济的基本规律和客观实际；二是删除了可操作性不够强的“具有实用性”及其前面的顿号，使“商业秘密”的商品属性更加明确；三是将“技术信息和经营信息”修改为“技术信息、经营信息等商业信息”，将“商业秘密”归类为“商业信息”，并用“等”字兜底，为未来发展提供弹性空间。这次修订，使“商业秘密”的构成从“四要件”变为“三要件”，即“不为公众所知悉”“具有商业价值”和“经权利人采取相应保密措施”，也就是通说认为的“秘密性”“价值性”“保密性”。不过，2020 年出台的《刑法修正案

① 参见周光权：《侵犯商业秘密罪疑难问题研究》，《清华大学学报（哲学社会科学版）》2003 年第 5 期。

② 参见北京市高级人民法院知识产权庭课题组：《〈反不正当竞争法〉修改后商业秘密司法审判调研报告》，《电子知识产权》2019 年第 11 期。

（十一）》并未比照《反不正当竞争法》，在《刑法》中重复规定“商业秘密”的定义，以免《反不正当竞争法》修订后《刑法》相应条款随之修正。

（二）司法解释

司法解释主要从外延和构成要件两个方面，对“商业秘密”进行了解释。

1. 对“商业秘密”外延的解释。对“商业秘密”外延进行解释的司法解释有三个：一是 1992 年最高法出台的《关于适用〈中华人民共和国民事诉讼法〉若干问题的意见》（已失效）。该意见第 154 条列举了“商业秘密”的外延为“技术秘密、商业情报及信息等”，并以“生产工艺、配方、贸易联系、购销渠道等当事人不愿公开的商业秘密”为例。二是 2015 年最高法出台的《关于适用〈中华人民共和国民事诉讼法〉的解释》。该解释第 220 条规定“商业秘密”是指“生产工艺、配方、贸易联系、购销渠道等当事人不愿公开的技术秘密、商业情报及信息”。三是 2020 年最高法出台的《关于审理侵犯商业秘密民事案件适用法律若干问题的规定》（以下简称《若干规定》）。该规定第 1 条第 1、2 款列举了“商业秘密”两种主要类型——“技术信息”和“经营信息”的外延，第 3 款则规定了“经营信息”中的“客户信息”的定义。

2. 对“商业秘密”构成要件的解释。对“商业秘密”构成要件进行解释的司法解释有两个，分别对应“四构成要件”和“三构成要件”：

（1）对“四构成要件”的解释。2007 年，最高法出台《关于审理不正当竞争民事案件应用法律若干问题的解释》（已失效，以下简称《若干解释》），对 1993 年《反不正当竞争法》第 10 条第 3 款中的“不为公众所知悉”“能为权利人带来经济利益、具有实用性”“保密措施”进行了解释。根据《若干解释》，“不为公众所知悉”，是指有关信息不为其所属领域的相关人员普遍知悉和容易获得；“能为权利人带来经济利益、具有实用性”，是指有关信息具有现实的或者潜在的商业价值，能为权利人带来竞争优势；“保密措施”，是指权利人为防止信息泄露所采取的与其商业价值等具体情况相适应的合理保护措施。同时，《若干解释》还列举了六种“不构成不为公众所知悉”和七种“应当认定权利人采取了保密措施”的情形。

（2）对“三构成要件”的解释。《若干规定》在《若干解释》的基础上，对2019年修订后的《反不正当竞争法》第9条第4款中的“不为公众所知悉”“具有商业价值”“相应保密措施”进行了解释。对“不为公众所知悉”的解释，保留了“所属领域的相关人员”“普遍知悉”“容易获得”等表述，增加了“权利人请求保护的信息在被诉侵权行为发生时”等表述，优化了可以认定为公众所知悉的几种具体情形。对“具有商业价值”的解释，保留了“具有现实的或者潜在的商业价值”等表述，增加了“因不为公众所知悉”等表述。对“相应保密措施”的解释，保留了“合理保密措施”这一表述，增加了“在被诉侵权行为发生以前”等表述。

二、“商业秘密”的构成要件

根据2019年修订后的《反不正当竞争法》，“商业秘密”的成立包含了“不为公众所知悉”“具有商业价值”“经权利人采取相应保密措施”三个要件。依法适用“商业秘密”的相关法律规定，必须准确把握这三个要件的基本含义。

（一）“不为公众所知悉”

“不为公众所知悉”，是指权利人请求保护的信息在被诉侵权行为发生时不为所属领域的相关人员普遍知悉和容易获得的情形，包含了“公众”“普遍知悉”“容易获得”三个关键要素。

1.“公众”。商业秘密最重要的特征是秘密性，正因为其未公开，不为“公众”所知悉，权利人才能获得“垄断性”的现实或潜在的商业利益。但是，这里的“公众”并非泛指社会大众，而是特指一定领域内的相关人员，即“所属领域的相关人员”。“领域”，一般是指一个国家行使主权的区域，或者学术思想或社会活动的范围，例如思想领域等。但是，《若干规定》第3条中的“领域”应当是指国家法律法规认可的行业或者业界。因此，“所属领域的相关人员”是指某行业或者业界的从业人员。有学者认为，《若干规定》第3条中的“所属领域的相关人员”源自《与贸易有关的知识产权协定》(TRIPs)，相对应的英文表述是TRIPs第39条中的“persons within the circles that normally deal with the kind of information”。[①]但是，TRIPs官方中文表述却是“通常处理所涉信息范围内的人”。其实，TRIPs官方中文表述更充分展现了商业秘密的秘密性，不过《若干规定》并未采用这一表述。另外，需要注意的是，这里的“公众”指的是非特定对象。

2.“普遍知悉”。“普遍知悉”描述的是一种客观事实，即涉案商业信息事实上已经或者能够被“所属领域的相关人员”知悉，且知悉的途径必须是合法的，即排除了通过不正当手段知悉涉案商业信息的情形。《若干规定》第4条第1款第1、3、4、5项均属“普遍知悉”的情形，可以分为两类：一类是在所属领域属于一般常识或者行业惯例，另一类是已经通过公开出版物或者其他媒体，公开报告会、展览等方式，以及其他合法渠道公开披露的情形。对“普遍知悉”的情形，“所属领域的相关人员”都可以通过网络、报纸、杂志等公开渠道合法获得。但是，如果涉案商业信息系通过不正当手段知悉的，即便“所属领域的相关人员”大部分已经知悉，也不能视为“普遍知悉”。“孙张文”对“容易获得”和“普遍知悉”进行了区分，但是归类逻辑不够清晰：一方面认为“普遍知悉”属于“一般常识或者行业惯例”，另一方面又认为其侧重于评判商业信息本身体现的智力创造程度高低。事实上，“一般常识或者行业惯例”很难体现出商业信息权利人的智力创造特征。

3.“容易获得”。“容易获得”描述的是一种的可能性情形，主要从获取涉案商业信息所需要付出的智力支持的难易程度来界定“不为公众所知悉”的范围。如果涉案商业信息“容易获得”，即“所属领域的相关人员”不需要一定程度的智力手段即可获得，那么就证明这种商业信息不值得保护。从鼓励创新看，也应当将“容易获得”的商业

---

① 参见刘文鹏:《商业秘密“不为公众所知悉”认定若干问题研究》,《科技与法律》2012年第3期。

信息排除在“商业秘密”之外。《若干规定》第4条第1款第2项，即“该信息仅涉及产品的尺寸、结构、材料、部件的简单组合等内容，所属领域的相关人员通过观察上市产品即可直接获得”就体现了这种精神。总体来说，“容易获得”是为了防止“商业秘密”过于宽泛而成为正常商业活动的障碍。需要注意的是，“‘容易获得’并非臆想的”[①]，而是一种实实在在的可能性。

（二）“具有商业价值”

“具有商业价值”，是指权利人请求保护的信息因不为公众所知悉而具有现实的或者潜在的商业价值。“商业秘密”之所以成为国家法律的保护对象，就是因为其具有商业价值，即能够为权利人带来一定的经济收益或者竞争优势。实践中，如果涉案商业信息能够为权利人带来经济利益，法院就会认定属于商业秘密。例如颜某某侵犯商业秘密案[②]，二审认为，涉案客户信息能够为权利人的经营带来经济利益，因此具有商业价值。对如何证明涉案商业信息为权利人带来了经济利益，往往通过权利人利用该商业信息进行交易的一些情况来证明。在民事诉讼中，往往需要权利人提供证明利用涉案商业信息获取经济利益或者取得竞争优势的证据，否则会导致败诉的结果。例如花样年公司诉刘某某等侵犯商业秘密案[③]，花样年公司诉称刘某某等离职后私自保存公司包含合作方联系人、联系方式、项目详细信息、合作商务条件等重要经营信息的业务合同以及公司内部秘密请示文件，侵犯了其商业秘密，带来巨大负面影响和不可估量的商业风险，请求判令被告立即停止侵害、连带赔偿经济损失。法院认为，花样年公司仅提交了公司有关员工薪酬、奖金等方面的经营资料，未能体现出与公司取得竞争优势相关，因此不符合“具有商业价值”的规定，故驳回花样年公司的诉讼请求。该案虽然是一起民事诉讼案件，但是对检察机关审查认定涉案商业信息是否“具有商业价值”有很重要的借鉴意义。

---

① 戴磊：《论商业秘密的秘密性》，《山东审判》2005年第1期。

② 参见江苏省扬州市中级人民法院刑事裁定书，（2017）苏10刑终199号。

③ 参见广东省深圳市福田区人民法院民事判决书，（2022）粤0304民初3303号。

（三）“相应保密措施”

“相应保密措施”，是指权利人为防止商业秘密泄露，在被诉侵权行为发生以前所采取的合理保密措施，包含了“保密措施”和“相应”两个关键要素。

1. “保密措施”。“保密措施”，作为一个具有法律意义的行为，包含了主客观两方面的因素。从主观方面看，商业信息权利人应当具有保护商业秘密的主观意图。如果权利人没有保护商业秘密的主观意图，不采取相应的“保密措施”，就会导致商业信息容易“为公众所知悉”，从而丧失商业秘密所必须具备的秘密性。从客观方面看，权利人必须确实采取了相应的“保密措施”，以避免商业信息“为公众所知悉”。对此，《若干规定》第6条列举了七种“应当认定权利人采取了相应保密措施”的具体情形，归纳起来可以分为三类：一是权利人与相对方通过双方协商约定保密义务或者提出保密要求等，属于双方合意的情形；二是权利人通过采取限制访问涉密场所、接触或者获取涉密信息人员范围等单方面管理措施防止商业秘密泄露，属于权利人单方面采取保密措施的情形；三是其他合理保密措施，属于兜底性的，防止挂一漏万。

2. “相应”。商业信息要成为国家法律的保护对象，权利人必须对商业信息采取保密措施，而且必须达到“相应”程度。可见，判断保密措施是否达到“相应”程度，也是认定商业秘密是否成立的重要内容。如果说“保密措施”从“事实”层面规定了商业秘密的保密性要件，那么“相应”就是从“程度”层面规定了商业秘密的保密性要件，目的在于解决权利人采取的保密措施是否合理的问题。[①] 权利人采取的保密措施达到“相应”程度，需要满足三方面条件：一是采取的保密措施应当有效，即能够有效阻止侵犯商业秘密行为的发生；二是采取的保密措施适当即可，并不要求权利人做到万无一失；三是采取的保密措施应当合法。根据禁止权利滥用规则，权利人不得采取侵犯他人

① 参见姚建军：《中国商业秘密保护司法实务》，法律出版社2019年版，第11页。

权利甚至损害公共利益的保密措施。[①]

三、“商业秘密”的审查要点

商业秘密是否成立，是认定是否构成侵犯商业秘密罪的前提。办案中，应当围绕商业秘密的三个构成要件进行重点审查，并重视对鉴定意见的审查。

（一）对“不为公众所知悉”的审查

对“不为公众所知悉”，应当着重审查涉案商业信息是否“为公众所知悉”，以及被告方以反向工程为由提出的抗辩。

1. 涉案商业信息是否“为公众所知悉”。“不为公众所知悉”是“商业秘密”的构成要件之一。但是，“不为公众所知悉”是一个消极事实，而“公众”是不特定对象的集合体，客观上决定了控方不可能逐一查证“所属领域的相关人员”，被告方也常常以涉案商业信息已“为公众所知悉”来抗辩。为此，《若干规定》归纳了五种“为公众所知悉”的具体情形。因此，在审查涉案商业信息是否“为公众所知悉”时，应主要围绕这五种具体情形进行。只有排除了这五种“为公众所知悉”的情形，才能认定涉案商业信息“不为公众所知悉”。例如“孙张文”提到的上海瑞某公司商业秘密被侵权案，由于该公司利用涉案技术信息生产的机械设备已公开销售，因此检察机关审查了是否存在使用公开、销售公开的情形。

2. 对“反向工程”抗辩理由的审查。根据《若干规定》第 14 条，通过自行开发研制或者反向工程获得被诉侵权信息的，应当认定不属于侵犯商业秘密的行为。反向工程，是指通过技术手段对从公开渠道取得的产品进行拆卸、测绘、分析等而获得该产品的有关技术信息。实践中，一些被告人常常以反向工程作为辩护。对此，可以结合被告方提供的实施反向工程的有关证据，全面审查反向工程是否确实客观

① 参见沈汪成:《我国商业秘密相应保密措施构成认定标准之完善》,《吉林工商学院学报》2021 年第 3 期。

存在。例如罗某等侵犯商业秘密案[①]，多名被告人上诉辩称，涉案商业信息系通过反向工程获得。经审查，涉案商业信息进入市场后从未通过公开出版物或者其他媒体披露，无法通过公开渠道直接获取，而侦查机关查获的技术图纸与被告人电脑中存储的技术图纸绝大部分完全相同，也没有任何证据证明反向工程是客观存在的。

（二）对“具有商业价值”的审查

对“具有商业价值”，应当着重审查两个方面的情况：一是权利人的投入，即涉案商业信息形成过程中权利人投入的研发成本、支付的商业秘密许可费、转让费等情况。如金某某侵犯商业秘密案[②]，检察机关审查了明发公司会计凭证、增值税专用发票以及供应商、明发公司员工证言证实，涉案加工设备、原材料供应商均系明发公司花费大量人力、时间和资金，根据明发公司生产工艺的特定要求，对所供产品及设备的规格、功能进行逐步调试、改装后选定，能够给明发公司带来成本优势，从而证明涉案商业信息“具有商业价值”。二是权利人的收益，即权利人通过涉案商业信息获得的收益、利润、市场占有率等情况。例如李某某侵犯商业秘密案[③]，法院认为，涉案客户名单能够为权利人的经营解决实际问题，带来了经济利益，并以其出口交易合同、票据等作为证据。

（三）对“相应保密措施”的审查

对“相应保密措施”，应当着重审查是否符合《若干规定》第6条第1款规定的七种情形。实践中，该款第1至6项规定的“应当认定权利人采取了相应保密措施”是比较明确的。例如“顺德文”提到的刘某侵犯商业秘密案，格兰仕公司虽然没有与刘某签订保密协议，但是发布了《员工手册》等一系列公司规章制度，明确要求全体员工对

---

① 参见湖南省衡阳市中级法院刑事裁定书，（2018）湘04刑终158号。

② 参见《关于印发最高人民检察院第二十六批指导性案例的通知》发布的检例第102号。

③ 参见福建省厦门市中级人民法院刑事判决书，（2015）厦刑终字第590号。

公司的技术等保密，符合《若干规定》第6条第1款第2项规定的情形，因此“应当认定权利人采取了相应保密措施”。对该条第7款规定的“其他合理保密措施”，应当结合在案证据，根据商业秘密及其载体的性质、商业秘密的商业价值、保密措施的可识别程度、保密措施与商业秘密的对应程度以及权利人的保密意愿等因素，审查认定权利人是否采取了“相应保密措施”。

（四）对专门鉴定意见的审查

对商业秘密的认定，具有很强的专业性，通常需要借助鉴定机构出具的鉴定意见。审查鉴定意见，应当着重从三个方面进行：一是鉴定主体的合法性，包括鉴定机构、鉴定人员的鉴定资质，委托鉴定事项是否符合鉴定机构的业务范围，鉴定人员是否存在应予回避等情形；二是鉴定材料的客观性，包括鉴定材料是否真实、完整、充分，取得方式是否合法，是否与原始材料一致等；三是鉴定方法的科学性，包括鉴定方法是否符合国家标准、行业标准，方法和标准的选用是否符合相关规定。同时，要注意审查鉴定意见与其他在案证据能否相互印证，证据之间的矛盾能否得到合理解释。例如汪某某侵犯商业秘密宣告无罪案①，一审、重审均认定被告人构成犯罪，但是二审认为，第二次鉴定所依据的技术资料存在较大疑点，不能认定涉案商业信息“不为公众所知悉”，最终改判无罪。“孙张文”从程序和实体两方面归纳了鉴定意见的审查要点，对检察机关办理此类案件有很好的参考价值。但是，实践中主要还是从以上三个方面进行重点审查。对鉴定意见的科学依据以及合理性、客观性问题，可以聘请或指派有专门知识的人辅助审查，出庭公诉时申请鉴定人及其他有专门知识的人出庭，加强指控和证明犯罪。

---

① 参见2017年4月21最高人民法院发布的2016年中国法院10大知识产权案件及50件典型知识产权案例［江苏省高级法院刑事判决书，（2015）苏知刑终字第00012号］。

破解联网本地客户端软件并销售牟利行为涉罪名认定

吴文迪　金慧垒*

摘　要　对于破解联网本地客户端软件并销售牟利行为的司法认定，首先，要对该软件是否是具有著作权进行认定。著作权主要体现在软件的独创性，可以从软件的研发、投入、著作权登记情况、与同类软件的比较等多方面进行认定。其次，认定侵权行为是否属于《刑法》上规定的侵犯著作权的方式，须从软件的来源、破解的手段、销售的方式等进行判断。最后，判断该行为是否还构成其他罪名，与计算机软件相关的罪名除了侵犯著作权罪，还有《刑法》第285、286条等，须一一进行分析论证，从而准确定性。

关键词　本地客户端软件　破解　销售　侵犯著作权

［**基本案情**］　2010年12月至2019年6月，被告人吴某某在未经浙江某软件网络信息股份有限公司（以下简称软件公司）许可的情况下，违反该公司的《软件使用协议》，明知被侵权软件仅供自用、非商用，不得复制、分发的情况下，仍通过绕过认证服务器、链接到未设置保密措施的行情数据服务器的技术手段对该公司的四款本地客户端

*　吴文迪，浙江省杭州市余杭区人民检察院第二检察部主任、一级检察官；金慧垒，浙江省杭州市余杭区人民检察院第二检察部四级检察官助理。

软件进行破解，使得免费或者低档次的会员可以登录到本地客户端获取相应数据内容，即享受高档次收费会员才能享受的股票分析服务。吴某某通过网络销售破解版的本地客户端软件及账号密码非法牟利，销售金额高达人民币 105 万元。

经中国版权保护中心版权鉴定委员会鉴定，被告人吴某某销售的上述破解后的四款软件分别与软件公司的相对应软件具有同一性。

一、分歧意见

本案中被告人吴某某通过绕过软件公司认证服务器验证，链接到未设置保密措施的行情数据服务器，使得免费用户能够登录该软件公司研发的本地客户端软件并获取该软件收费内容的权限。后续被告人吴某某通过销售上述破解版本地客户端软件及相应账号密码牟利。上述行为如何定性，存在三种观点。

第一种观点认为，被告人吴某某的行为构成侵犯著作权罪。首先，被侵权软件系受《著作权法》保护的作品，根据《著作权法》第 3 条的规定，作品是指文学、艺术和科学领域内具有独创性并能以一定形式表现的智力成果，包括计算机软件。计算机软件通过源代码在计算机上实现一定的功能，并通过一定的操作界面予以展现，所以源代码、特殊功能以及操作界面等，只要是具有独创性的智力成果，就可以认定受《著作权法》保护。被侵权软件系用户使用的本地客户端软件，需与软件公司的认证服务器和行情数据服务器结合使用，本地客户端软件的源代码凝结了开发者的智慧，当然受到《著作权法》的保护。其次，软件公司享有被侵权软件的著作权，根据软件公司工作人员的证言、提交的《著作权登记证书》等可以证实被侵权软件均系软件公司的研发人员根据市场需求花费时间、财力独立研发，并根据用户的体验、反馈等持续进行更新改进。再次，被告人吴某某对被侵权软件进行破解，并复制、发行了破解后的软件。通过对被告人吴某某的软件安装包进行勘验和功能性鉴定后，可以证实吴某某仅是对登录界面以及对实现连接软件服务器方法的相关代码进行了修改，从而绕开软件公司设置的认证措施，对于软件登录后的功能以及界面、实现各种功能的代码均未作大改动。被告人吴某某以营利为目的，将上述破解后的软件以安装包的形式进行销售符合《刑法》第217条规定的“未经著作权人许可，复制发行其计算机软件作品”。最后，被告人吴某某销售的破解版软件与被侵权软件具有同一性，经中国版权保护中心版权鉴定委员会对被告人吴某某处的软件安装包和软件公司提供的安装包进行比对鉴定，发现被告人吴某某通过技术手段改动并售卖的四款软件与软件公司的被侵权软件程序基本一致，安装启动过程相同和基本相同的文件占比至少达到75%以上，甚至高达99%，构成实质性相似①。综上，被告人吴某某以营利为目的，未经软件公司许可，复制、发行破解后的被侵权软件，攫取了本应由软件公司获得的收益，给软件公司造成了损失，故被告人吴某某侵犯了软件公司的著作权。

第二种观点认为，被告人吴某某的行为构成非法获取计算机信息系统数据罪。本案中，被告人吴某某发现可以免费获取被侵权软件收费数据的IP地址，明文传输后，使用修改过的客户端，让用户到其自己的客户端去验证，进而通过配置表来获得收费信息。被告人吴某某能获利的根本来自被侵权软件中的行情数据，这些数据来自行情数据服务器而非本地端客户端软件，其只伪造了登录路径，而该路径不属于计算机软件保护的范畴。因此，该行为实质是采用技术手段获取该计算机信息系统中存储、处理或者传输的数据，所以应当评价为非法获取计算机信息系统数据罪。

第三种观点认为，被告人吴某某的行为不构成犯罪。首先，被告人吴某某的行为不构成侵犯著作权罪。一方面，该软件作为一个特定行业的服务性客户端，大多数元素来自其行业固有的传承，如最基本的K线图、MACD指标、KDJ指标等都是股票市场既有产物，故被侵权软件缺乏自己的独创性，不构成《著作权法》中的作品。另一方面，被侵权软件原本就可以在软件公司官网免费下载，软件公司通过数据信息服务来营利而非通过软件来营利，复制发行相关软件并不能营利，不具有侵犯著作权中的“以营利为目的”。此外，被侵权软件之所以可以

① 沈忆佳:《网文时代侵犯著作权犯罪中“实质性相似”的判定研究》,《上海法学研究》集刊2020年第15卷。

收取如此高昂的会员费用，主要是其能够提供人工投顾服务，以及一些保本赚钱的允诺。其次，被告人吴某某的行为不构成非法获取计算机信息系统数据罪。被侵权软件的本质是提供行情数据，行情数据来自本就公开的行情数据服务器，故上述数据不具有保密性特征。用户通过被侵权软件本身不能实现任何需求，需要链接行情数据服务器才能发挥作用，而软件公司并没有对这些行情数据服务器设置任何保护措施，被告人吴某某将链接指向这些未设置保护措施的行情数据服务器没有侵犯软件公司的权益，不构成非法获取计算机信息系统数据罪。

二、评析意见

笔者同意第一种观点，吴某某的行为应当评价为侵犯著作权罪。

（一）被侵权软件是具有独创性的智力成果，是《著作权法》意义上的作品

虽然被侵权软件中诸如K线图、MACD指标、KDJ指标都是既有产物，但并不妨碍被侵权软件具有独创性。上述分析指标是同类型的行业软件均会用到的经典指标，除此之外，被侵权软件是一个完整独立的软件，而不仅是一个到行情数据服务器的路径，行情数据服务器中的数据只是其用来进行分析的素材来源，该软件还会对数据进行其他方面分析，同时具有接入各大证券公司进行多账户交易等功能，故被侵权软件应被评价为受《著作权法》保护的作品。

（二）被侵权软件的著作权主要体现在数据分析上，而非单纯的数据和人工投顾服务

被告人吴某某辩称软件本身无价值，而作为软件素材来源的行情数据和人工投顾服务才具有价值。行情数据来自于行情数据服务器，本身就可以从网络公开获取，且其破解的软件并不包含人工投顾服务，被侵权软件市场上售卖价格高是基于人工投顾服务和保本赚钱许诺等，所有这些都不是软件本身就能达到的。经查证，被侵权软件的数据来源于证券交易所，但用户获得的数据并非证券交易所的裸数据，而是经过被侵权软件分析之后的数据，该软件的著作权也主要体现在数据

分析方面。行情数据服务器主要用于提供股票行情数据，而对行情数据的分析大多是在股票软件的本地客户端完成的，如果被侵权软件客户端不具备分析功能，而仅仅提供行情服务器中的裸数据，那么它就不会从一众软件中脱颖而出，成为具有行业龙头地位的软件。被告人吴某某提到的人工投顾服务，当然是软件价值的一部分，但根据调查，用户看重的主要还是软件本身，人工投顾服务是锦上添花的选项而非主要价值体现。另外，软件公司并未有“保本赚钱”的允诺，更不存在靠相关允诺来售出高价。

（三）软件是否可以免费下载不影响其具有著作权

被告人吴某某辩解，被侵权软件本身就是可以在官网免费下载的，软件本身不具有价值，故其销售软件的行为本身并不能牟利，也不能据此认定其侵权。上述辩解显然违背了《计算机软件保护条例》（以下简称《保护条例》）和软件公司的《软件使用协议》。根据《保护条例》第24条的规定，未经著作权人许可，不得复制或者部分复制著作权人的软件，不得向公众发行、出租、通过信息网络传播著作权人的软件。软件公司的《软件使用协议》明确载明，软件公司提供的一切信息、服务、软件的所有知识产权，都归软件公司所有，包括但不限于软件源代码、页面脚本代码、文字表述及其组合、图标、图饰、图像、图表、色彩、界面设计、版面框架、有关数据、附加程序、印刷材料或电子文档等。明确标识免费产品的，用户可以进行自用的、非商业性、无限制数量地下载、安装及使用，但不得复制、分发。故虽然被侵权软件可以免费下载，也仅限于自用，不得用于商用，不得复制、发行。本案中涉及的四款软件下载后需支付费用才可以享受收费服务，从被告人吴某某处购买破解版的软件使得原本需要向软件公司支付的费用转为向被告人吴某某支付，使被告人吴某某获利，软件公司遭受损失。

（四）本案不宜认定为非法获取计算机信息系统数据罪

非法获取数据类犯罪，实质是对数据保密性的侵犯[①]，故非法获取计算机信息系统数据罪，其数据也应当具有“保密性”的特征。被告人吴某某辩称其获取到的数据是来自公开的行情数据服务器，故其获取的数据不具有“保密性”特征，但所谓的公开的行情服务器只是软件分析的素材来源，其获取的其实是本地客户端的数据。根据软件公司工作人员的证言，行情数据服务器上的数据主要是证券交易所的行情数据，只进行了小部分的分析，而本地客户端完成了主要的数据分析，软件公司对这些数据采取了保密措施，只有购买了会员账号的用户才可以使用这些收费服务。被告人吴某某绕开了软件公司设置的认证收费会员的技术措施，获取了软件公司采取了保密措施的数据，故本案被告人吴某某的行为构成非法获取计算机信息系统数据罪。但该行为只是被告人吴某某侵犯著作权的手段行为，被告人吴某某的目的是通过复制、发行破解版的被侵权软件牟利，故存在手段与目的的竞合关系，在两者法定刑相同的情况下，从全面评价的角度来看，侵犯著作权更能全面评价其行为。因此，本案应认定为侵犯著作权罪。

检察院提起公诉后，法院作出一审判决，认定被告人吴某某犯侵犯著作权罪，判处有期徒刑 5 年 6 个月，并处罚金人民币 200 万元，禁止被告人吴某某自刑罚执行完毕之日起 3 年内从事计算机软件的销售工作。

---

① 参见杜前、李玉文、赵龙:《非法获取数据出售的行为性质》,《人民司法》2021 年第 14 期。

侵犯他人实用艺术作品著作权保护思路探究

付红梅　汤志娟*

摘　要　实用艺术作品是否能通过著作权保护，需要遵循一定的判断逻辑，首先要以一般公众的标准判断该涉案实用艺术作品是否具有艺术性，艺术性是其受到《著作权法》保护的基础；其次判断该作品的实用性与艺术性是否能分离，这种分离包括观念上可分离性；最后以一般美术作品的标准判断其独创性是否符合著作权法保护标准。

关键词　实用艺术作品　著作权　艺术性　独创性

［**基本案情**］2017年6月23日，知识产权权利公司创作完成并首次发表涉案36款小动物形象的美术作品，并在我国国家版权局进行作品登记，同时还申请了登记为外观设计专利。后又以36款小动物形象为基础生产了手机数据线保护套。36款小动物造型的数据线保护套通过动物身体的包裹性以及匍匐前进的姿势实现了对数据线的保护和稳固功能，同时36款小动物憨态可掬的造型也使商品一时间成为网红款。

2018年5月至2019年12月，被告人潘某以营利为目的，未经授

* 付红梅，上海市浦东新区人民检察院第六检察部二级检察官；汤志娟，上海市浦东新区人民检察院张江地区检察院三级检察官。

权和许可，从市场上购入正品36款小动物数据线保护套，后委托他人制造模具并大量生产，并通过网络对外销售。2019年12月20日，公安机关在被告人潘某的公司查扣了大量手机数据线保护套。经司法审计，2018年5月至2019年12月，被告人潘某已销售涉案手机数据线保护套30万余个，销售金额人民币45万余元；现场查扣手机数据线保护套31万余个，货值人民币49万余元。

一、分歧意见

为了获取更多消费者青睐，越来越多的生产者将艺术与实用功能相结合，制造出既实用又富有艺术美感的产品。生产者为了全方位保护自己的利益，往往将该类产品既进行著作权作品登记，同时还申请注册为外观设计专利。实践中，对兼具实用性和功能性的实用艺术作品是否能纳入《著作权法》保护、保护的标准如何界定等存在不同的认识。具体到本案，存在三方面的争议。

（一）涉案数据线保护套知识产权属性以及保护

第一种观点认为，涉案数据线保护套是一套立体美术作品，尽管有保护数据线的功能，并不妨碍其作为美术作品受到著作权的保护。第二种观点认为，涉案数据线保护套外观新颖，且作者申请了外观设计专利，应当从保护外观设计专利的角度保护该作品。第三种观点认为，涉案数据线保护套是实用艺术作品，它们不仅能实现数据线保护的功能，且造型独特，具有一定的美感，可从著作权角度进行保护。

（二）涉案数据线保护套是否具有独立的艺术美感

实用艺术作品受到《著作权法》保护必须遵守“著作权仅保护表达、不保护思想”的原则。本案涉案数据线保护套是否具有艺术美感，以及艺术美感能否独立于实用性存在不同的认识。第一种观点认为，涉案数据线保护套的功能性部分和展示美感融为一体，不具有独立的艺术美感，不属于著作权保护的范畴。第二种观点认为，站在普通大众的视角看，没有小动物造型也能够实现其保护数据线的功能，故涉案数据线保护套的实用性与艺术性在观念上可以分离。

（三）涉案数据线保护套是否具有独创性

第一种观点认为，该数据线保护套不具有较高的艺术水准，不具有独创性，不应受到著作权保护。理由是该数据线保护套作为实用艺术作品若要受到著作权保护，应当达到较高水准的艺术创作高度，否则将导致大量的艺术水准不高的实用艺术作品获得著作权的高水平保护，从而架空外观设计专利制度。第二种观点认为，涉案数据线保护套具有独创性，由于实用艺术作品在进行艺术创作的时候要以实现其实用性为基础，势必对艺术性有所牺牲，创作的自由度受到牵制，所以应当适用低于一般美术作品的创作性判断标准，以便更好地保护实用艺术作品创作的积极性。第三种观点认为，创作水准或质量的评断没有统一标准，判断实用艺术作品的艺术高度应当参照著作权对美术作品的要求，站在普通大众视角，涉案数据线保护套体现了作者对美学的独特观点，故涉案数据线保护套具有独创性。

二、评析意见

实用艺术作品并不当然可通过著作权法进行保护。虽然知识产权权利人对 36 款动物造型既申请了立体美术作品登记，同时就其外观也申请了外观设计专利，但从客观实用情况看，其本身是可供消费者使用的、实现数据线保护功能的实用艺术作品。对实用艺术作品的保护既不同于纯粹的美术作品直接适用著作权进行保护，也不同于工业产品外观设计通过专利法途径保护，而需要按照一般公众的标准判断该涉实用艺术作品是否具有艺术性，再判断该作品的实用性与艺术性是否可分离，最后以一般美术作品的标准判断其独创性是否符合著作权法保护标准。具体理由如下：

（一）艺术性是其受到著作权法保护的基础

为了获取更多的消费者青睐，越来越多的生产者将艺术与实用功能相结合，制造出既实用又富有艺术美感的作品。将这种兼具实用性和功能性于一体的实用艺术作品，在具备一定条件的基础上，纳入著作权法保护，有其正当性和必要性。

1. 涉案数据线保护套不同于纯粹的立体美术作品。司法实践存在采用著作权法体系以一般作品的规定或对美术作品的规定来保护实用艺术作品。[①] 理论界和实务界对此论断的合理性存在不同的认识，如有观点认为，艺术方面的一致性没有为美术作品、建筑作品、舞蹈、杂技、曲艺、音乐、戏剧等作品类型的统一提供充分理由，同样也不能作为将实用艺术作品纳入美术作品的足够理由。[②] 笔者认为，实用艺术作品与立体美术作品存在较大差异：一是两者的功能不同，传递静态的视觉美感是美术作品的基本功能，而实用艺术作品是在满足消费者需求功能的基础上，兼具了审美效果；二是两者的价值内容不同，纯粹美术作品原稿有着特殊的意义，其拥有展览权，而实用艺术作品的价值在于量产和流通，在具有实用性的基础上利用艺术性吸引消费者购买其作品，而展览权一定程度上限制了商品的流通。因此不宜直接将实用艺术作品作为美术作品纳入著作权法的保护。本案中，权利人就 36 款小动物造型申请了著作权登记，但是涉案数据线保护套并不是纯粹的美术作品，而是兼具了艺术性和实用性，故不宜直接援用著作权法对美术作品的保护。

2. 涉案数据线保护套不同于一般工业产品外观设计。工业产品外观设计立足于产品外观设计的新颖性，受专利法保护，这种新颖性要求与目前市面上的其他产品不相似，并且这种外观设计主要在于为其功能的实现提供了有别于其他同类产品的技术方案。实用艺术作品的实用性是该作品呈现出来的被人们所用的功能性部分，与工业产权有交叉。比如某知名品牌电吹风的外观设计，其独特的外形设计直接服务于其吹风功能，是工业产品技术的一部分，属于“思想”范畴，而非对该技术方案的“表达”，因此受到专利法保护而非著作权法。实用工业艺术作品的外观呈现出艺术美感，要求作者独立创作，与该产

① 参见刘斌:《实用艺术作品的著作权保护研究》，西北大学 2019 年硕士学位论文。该论文中作者检索了中国裁判文书网 2011—2018 年实用艺术（作）品侵权案件的审理情况。

② 参见冯晓青、付继存:《实用艺术作品在著作权上的独立性》，《法学研究》2018 年第 2 期。

品要实现的功能没有必然关系。换言之，没有该艺术的造型，其功能也可以实现，故实用工业艺术作品的艺术性是服务于“思想”的一种“表达”，属于著作权法保护范畴。经调研发现，市场上实现数据线保护功能的保护套在外观上表现出很大的不同，其中最基础款的是直筒型，它能够用于固定数据线的接口，保障数据线接口处因翻折影响使用。而本案的36款小动物造型的数据线保护套内部中空的设计，就能够实现固定数据线接口，防止数据线接口翻转的功能，而其外在的小动物形象却相较其他普通数据线保护套更能够吸引消费者。

3. 涉案数据线保护套获著作权保护的本质在于其艺术性。著作权法保护独创性的表达，其目的是保护和鼓励创作，促进文化科学事业的繁荣和发展。我国著作权法并未明确排除，也没有全面规定实用艺术作品的保护。不少学者担心著作权保护实用艺术作品会导致著作权的“手”过多地伸向专利法保护领域，导致著作权保护和专利保护范围的失衡。实际上，人民群众对美好生活的向往越来越浓郁，对物品的需求和品味也日益提高，实用艺术作品已经形成一个巨大的产业和市场，尤其是一些中小企业，想在激烈的市场竞争中获得优势，往往从作品的艺术性上入手，力争成为“爆款”，这其中已经凝结了作者一定的智力成果，对于具有独立艺术性的这类实用艺术作品应当受到著作权保护。因此著作权是否保护某特定客体，主要考察该客体是否具有独创性，而非显著是属于某一具体作品类型。[①]

（二）艺术性需在观念上独立于其实用性

如前分析，著作权只保护独特的表达，不保护技术方案和实用功能。判断该实用艺术作品是否受到著作权保护还需要判断该实用艺术作品的实用性与艺术性是否可以分离。该要求能将一部分具有艺术造型的实用艺术作品排除在著作权法保护的范围外，能保证我国著作权体系的纯洁性以及内外逻辑的一致性，也能避免著作权法保护“手伸太长”的担忧。

---

① 参见王玉凯:《从歼10模型案谈实用艺术作品的著作权保护》,《中国版权》2015年第1期。

1. 可分离性的判断依据——观念上的可分离。对具体实用艺术作品的艺术性和实用性能否分离遵循的原则，在理论界存在物理上可分离和观念上可分离两种不同观点。笔者赞同采取观念上分离的原则。市面上具有实用功能的作品往往存在两种情况：一种情况是艺术性部分和实用性部分在物理上就可以直接分离。物理上的分离意味着两种表达方式可以相互独立而存在，如果将此种情况纳入著作权的保护范围，将会混淆作品与作品载体的界限，引起保护期限的混乱。对该类作品可仅对其艺术性部分进行著作权保护的判断即可，无须将整体实用艺术作品纳入著作权法的考虑范围。另一种情况是从物理上无法将其实用功能与艺术性进行分离，但从观念上可以做到相分离。换言之，从物理的角度拆分其实用性和艺术性将使得其整体遭到毁灭性破坏。但是从观念上看，即便没有其艺术的外在表现也能够实现实用功能，其艺术性仅是为其实用功能增色，这种情况艺术性与功能性可以在观念上进行分离。本案中 36 款小动物的数据线保护套即使不采取 36 款小动物的外形，也仍然能够实现数据线保护的功能，而其 36 款小动物的造型又具有艺术性，从而认定这 36 款小动物造型的数据线保护套作为实用艺术作品具备了《著作权法》仅保护表达的原则。

2. 分离的具体标准——产品消费者视角。审美的判断因个体的不同会产生较大的差异，在判断具体实用艺术作品的实用性和艺术性是否能分离应站在产品消费者视角。一方面，因为实用艺术作品是一个市场的产物，站在消费者视角判断符合期待；另一方面，消费者作为判断的主体在商标侵权案的办理中已经得到了广泛的采纳。具体到本案，36 款小动物的数据线保护套因其不是以独立的凸起物的形式而存在，而是整个手机数据线保护套通过动物身体的包裹性以及匍匐前进的姿势实现对手机数据线的保护和数据线的稳固。从功能上看，市面上销售的数据线保护套有各种造型，都是通过对数据线的包裹实现其保护的功能，改动其外在造型，依然可以实现对数据线的包裹和保护，不影响其实用功能的实现；从消费者角度看，消费者选择该款数据线保护套的目的主要是被其张大嘴的可爱外形所吸引。故 36 款小动物憨态可掬的造型设计与其本身的实用功能在观念上可以分离，具有艺术美感。

（三）艺术性判断以具有一般美术作品的独创性为准

无论采取何种论证逻辑，认定具体实用艺术作品是否受著作权保护，独创性都是绕不开的主题。对于实用艺术作品的艺术性应当采取何种标准存在较大分歧。要么为了限制更多的实用艺术作品进入著作权保护，采取更高的艺术标准，要么站在实用艺术作品的艺术创造受到实用性功能限制的角度，认为应当低于一般美术作品的判断标准。笔者认为应当将实用艺术作品的艺术性判断标准与纯粹的美术作品保持一致，功能性不应该影响艺术性的判断。而对艺术性判断的关键点在于是否具有独创性，如系作者独立创作，体现出作者独特的表达，具有一般美术作品的艺术高度，即只要创作者将其美学的独特观点在物质载体之上以可视方式表现出来，形成艺术造型符合最低限度创造性的要求，应当认定其具有独创性，属于美术作品[①]，受著作权法的保护。本案中 36 款小动物的造型设计从以下两个方面进行判断，可以认定涉案作品具有独创性：

1. 原有形象上的再创作不影响作品独创性的认定。“独”要求源自本人的独立创作，既可以是从无到有的独立创作，也不排斥站在他人肩膀上进行再创作。本案中，涉案数据线保护套的外形是 36 款动物造型，其中部分动物形象与一些经典动漫形象、常见动物形象相似，如小蓝鲸、小熊猫、小黄鸭等，消费者一眼就能够识别出原有形象，差异性较小，而此时则需要分辨该作品是否属于临摹作品。临摹作品是对原作品的复制还是演绎，应当区分临摹作品的具体情况予以个案认定。如与原作品相比在视觉上没有可以被客观识别的差异，或者差异过于细微，缺少源自临摹者自身的成果，则此种临摹是对原作品的精准复制，不认定为系权利人独立创作的作品。如临摹的结果与原作品在视觉上差异明显，而且差异部分达到了独创性中“创”的要求，则临摹的结果构成原作的演绎作品。本案中这 36 款小动物造型与动物原型、卡通原型作品相比，依然有可以被客观识别的差异，蕴含了权利

① 参见王迁:《知识产权法教程》(第六版)，中国人民大学出版社 2019 年版，第 76 页。

人个性奉献，达到了独创性中“创”的要求。

2. 作品是否具有新颖性不影响独创性认定。“创”是著作权人的智力创造活动，蕴含着作者的个性奉献，要求作品能够体现作者独特的智力判断与选择。新颖性与独创性不能画等号，不具有新颖性的作品并不当然不具有独创性。著作权“创”的认定，要体现出“高和低”的问题，但并不要求作品在文学、艺术或科学价值上有较高的成绩。因此，对“创”的认定不宜采用过于苛刻的要求。本案中 36 款小动物均采用张大嘴的造型、小眼睛、匍匐的动作等，形象憨态可掬，具有一定的艺术高度，能够体现作者独特的智力判断与选择、展示作者的个性，应当认定具有独创性。

最终，P 区人民检察院以侵犯著作权罪提起公诉，经开庭审理后，P 区人民法院以侵犯著作权罪判处潘某有期徒刑 3 年 3 个月，罚金人民币 50 万元。

论网络环境下侵犯著作权罪中的“复制发行”

雷知仁　胡　松*

摘　要　《刑法修正案（十一）》在侵犯著作权罪中将信息网络传播与复制发行并列，经此修订，对“复制”行为的认定，应当坚持在物质载体上固定作品的要求，对“发行”的认定则应坚持以转移所有权的方式提供作品原件或者复制件，且“发行”和“信息网络传播”行为之间相互独立、互不包容，从而协调《刑法》与《著作权法》之间的关系，消解司法实践中民事裁判和刑事裁判的冲突，维护法治体系统一。

关键词　侵犯著作权罪　复制　发行　信息网络传播

一、网络环境下“复制发行”的认定争议

［**基本案情**］ 2018年1月至案发，梁某某以营利为目的，成立相关公司，组织人员开发“人人影视字幕组”网站及移动客户端，将境外网站下载的未经授权的电影作品，翻译后压制、上传至网络服务器，通过网站和客户端向用户提供在线观看和下载服务。其间，梁某某等人以接受“捐赠”、收取广告费、销售含有盗版电影作品的硬盘等方式获取经济利益。经审计及鉴定，“人人影视字幕组”网站及移动客户端

*　雷知仁，北京师范大学法学院；胡松，湖北省人民检察院法律政策研究室四级检察官助理。

内共有未经授权的影视作品32824部，会员683余万人，经营额总计达1200余万元。法院以侵犯著作权罪判处梁某某有期徒刑3年6个月，罚金150万元，违法所得予以追缴。[①]

有观点认为，本案涉案人员实施了复制发行行为，完全符合侵犯著作权罪客观要件。[②]但是，通过互联网传播盗版影视作品，是否能被解释为侵犯著作权罪中的“复制发行”，并非毫无争议。本案尚需就三个焦点问题进行分析：一是涉案人员通过境外网站下载未授权电影后，组织人员翻译，添加字幕后上传至网络服务器的行为，是否构成“复制”；二是通过信息网络向他人提供在线观看和下载服务，是否构成“发行”；三是《刑法》中“复制发行”，是否应当与《著作权法》相关术语的内涵保持一致。有观点认为，网络时代，复制从占有转变为感受，发行也突破了有形载体的束缚转变为无载体发行，对刑法概念的解释不必以民法的规定为前提。[③]2004年《最高人民法院、最高人民检察院关于办理侵犯知识产权刑事案件具体应用法律若干问题的解释》（以下简称《2004年解释》）将通过信息网络传播他人作品的行为视为“复制发行”，2011年《最高人民法院、最高人民检察院、公安部关于办理侵犯知识产权刑事案件适用法律若干问题的意见》（以下简称《2011年意见》）再次明确网络传播属于发行。在《刑法修正案（十一）》将信息网络传播行为单独入罪后，前述观点是否合理、司法解释相关条款是否依然有效值得探讨。

二、网络环境下“复制”行为的认定要点

2020年11月《著作权法》修改，在印刷、复印等典型的“复制”行为之外增加了“数字化”方式，而“人人影视字幕组”未经授权“数字化”再生产电影作品的行为能否被法律评价为“复制”进而构成

① 参见上海市第三中级人民法院刑事判决书，（2021）沪03刑初101号。

② 参见高卫萍、王思嘉：《“盗版型”侵犯著作权罪司法实务问题探析——以“人人影视字幕组案”为研究对象》，《中国版权》2022年第4期。

③ 参见李小文、杨永勤：《网络环境下复制发行的刑法新解读》，《中国检察官》2013年第6期。

犯罪，需要从复制权的构成要件出发进行分析。

（一）“复制”必须借助物质载体再现作品

法院将梁某某等人借助互联网下载、翻译、压制、上传盗版电影的行为定性为“复制”，这种网络复制与传统的实物复制具有显著差异。我国《著作权法》所列举的典型“复制”行为，印刷、复印、拓印都会形成作品的复制件，录音、录像、翻录、翻拍都会将作品固定在物质载体上，复制的本质是在有形载体上稳定地再现作品。[①]是否在有形载体上再现作品，是《著作权法》上的复制权与表演权、广播权的根本区别之一。[②]这一要件在域外法律中也有体现，《英国 1988 年版权、外观设计和专利法》第 17 条就规定，与文学、戏剧、音乐或艺术作品相关的复制是指以任何物质形式复制作品，也包括通过电子方式将作品存储在任何介质中。[③]借助物质载体重现作品，则必然产生作品的复制件，《美国 1976 年版权法》第 101 条明确，复制件就是用来固定作品的有形物，并且可以通过该复制件传输、复制、感知作品。[④]美国国会曾在立法报告中强调，复制件包括固定所有受版权保护的作品的物质载体。[⑤]实践中，美国法院也曾指出，法院以前没有解决过通过互联网未经授权传输数字音乐文件是否构成版权法意义上的复制的问题，但当受版权保护的作品固定在新的物质材料中时，就会发生复制。[⑥]因此，要构成“复制”，必然需要通过物质材料再现作品，并形成一个复制件。

随着互联网的发展，如“人人影视字幕组”这样的网络复制行为数量剧增，是否从根本上改变了“复制”的要件？前文案例中，电影等数字作品虽然是以电子数据形式存在，看似无形，但其存储的基础是

① 参见吴汉东：《知识产权法》，北京大学出版社 2022 年版，第 81 页。

② 参见王迁：《网络环境中的著作权保护研究》，法律出版社 2011 年版，第 7 页。

③ 参见《英国 1988 年版权、外观设计和专利法》，中国保护知识产权网，http://ipr.mofcom.gov.cn/hwwq_2/zn/Europe/UK/Design.html，最后访问日期：2023 年 3 月 6 日。

④ 参见裴安曼：《美国版权法》，商务印书馆 2020 年版，第 4 页。

⑤ See House of Representatives Report, No.94-1476, 94th Congress 2d Session, 1976, p.53.

⑥ See Capitol Records, LLC v. ReDigi Inc, 910 F.3d 649 (2th Cir.2018).

硬盘等物理硬件，对电子数据进行复制依然需要借助物质载体，下载和上传电子作品都不可能脱离物质载体而单独进行，前述英美的法律和司法实践也印证了这一点。因此，互联网的发展，并未改变复制权借助物质载体再现作品的要件，只不过是载体从传统的实物载体转换为了数字载体。那种认为网络时代的“复制”体现出非物质化的观点，违背我国《著作权法》的文义解释，误解了计算机运行的底层逻辑，不具有合理性。

（二）“复制”必须使作品“固定”

“复制”是借助物质载体再现作品的行为，但是，并非所有再现都能称为法律上的“复制”，如借助投影仪播放电影。这就涉及认定“复制”行为的第二个要点，即作品必须被“固定”在物质载体上，这种固定是相对稳定和持久的。[①]《美国1976年版权法》第101条就明确规定，作品以有形形式“固定”，需要足够持久或稳定，使它能够被感知、复制或以超过短暂长度的时段被传输。[②]美国国会的说明中也指出，对“固定”一词的定义，从概念上将那些纯粹转瞬即逝或暂时的复制品加以排除，比如短暂地投射到屏幕上，在电视或其他电子显示器材上显示，或者在计算机内存中短暂存储。[③]互联网环境下，这一要件依然成立。将作品数字化后上传到互联网，将导致在网络服务器的硬盘中固定作品，这种“固定”是相对稳定且持久的，只要不人为地擦除硬盘数据，常见的外部存储器如普通固态硬盘理论寿命可达20年[④]，数字作品可以长久地保存在存储装置中。

前文案例中，“人人影视字幕组”下载和上传电影的行为，都借助计算机存储装置这一物质载体对数据作品进行了再现，且这种再现是持续而稳定的。只要服务器上的数据不被人为擦除，这些电影就可以

① 参见吴汉东：《知识产权法》，北京大学出版社2022年版，第81页。

② 参见裴安曼：《美国版权法》，商务印书馆2020年版，第5页。

③ See House of Representatives Report, No.94–1476, 94th Congress 2d Session, 1976, p.53.

④ 参见吕新平、王丽彬：《大学计算机基础》，人民邮电出版社2018年版，第201页。

“固定”在存储装置中。因此，即使《著作权法》未将“数字化”列为“复制”的方式之一，该行为也完全符合“复制”行为的构成要件。部分学者将关注焦点放在该案的字幕翻译行为是否构罪上，在《刑法》未将盗版翻译这种民事侵权行为规定为犯罪的前提下，借道共犯理论论证翻译行为构成侵犯著作权罪。[①]笔者认为这是误读了案件争议焦点，因为本案的复制行为不是发生在翻译环节，即使是合法翻译，也不影响字幕组下载和上传未经授权作品属于非法“复制”的定性。另外，认为网络时代对《刑法》第217条“复制”的解释可以突破《著作权法》的规定，扩大为非物质化复制的观点，既不符合刑法文义解释的一般规则，还会导致《刑法》和《著作权法》适用上的冲突。因此，网络环境下，对《刑法》第217条“复制”行为的解释，还是应当坚持在物质载体上固定作品的要求。

三、网络环境下“发行”行为的认定要点

《刑法修正案（十一）》将网络传播与复制发行并列规定，完全改变了《2004年解释》和《2011年意见》的规定。对“发行”概念的解释，既涉及对刑法条文关系的理解，还涉及《刑法》与《著作权法》衔接的问题。

（一）“发行”应当提供作品的原件或复制件

前文案例中，争议焦点之一是梁某某等人实施的网络传播行为是否应当被视为侵犯著作权罪中的“发行”行为，因为网络传播并未像传统的发行一样向公众提供诸如书籍等实物产品。根据我国《著作权法》，构成“发行”需要提供作品原件或复制件，这与世界其他国家的规定一致。《美国1976年版权法》第106条就将发行权定义为向公众发行有版权的作品的复制件或者录音制品，而第101条将复制件定义为“有形物”。[②]《英国1988年版权、外观设计和专利法》第18条规

① 参见王萤:《字幕组的恩怨江湖与相关知识产权犯罪分析 | 评“人人影视”字幕组涉刑案》，载微信公众号“中国法律评论”，2021年2月7日。

② 参见裴安曼:《美国版权法》，商务印书馆2020年版，第24页。

定，“发行”是将先前未在英国投入流通领域的作品复制件投入流通领域。[①]《欧盟版权指令》将发行权定义为成员国应就其作品原件或其复制件，赋予作者授权或禁止以出售或其他方式向公众发行的专有权。[②]欧盟法院在判决中也指出，欧盟立法者在发行权中使用有形物的用语，是为了使作者能够控制体现其智力创作成果的有形物的初始市场。[③]《世界知识产权组织版权条约》第6条也明确指出，发行权是作者向公众提供其作品原件和复制品的专有权。关于该条约的议定声明指出，条约第6条所用“原件和复制品”，专指可作为有形物品投放流通的固定的复制品。[④]结合我国《著作权法》及其他国家和国际条约的规定，可以发现，发行权的对象是作品的物质载体，即原件和复制件，并非作品本身，构成发行必须提供作品的原件或复制件。

厘清了发行权是向公众提供作品的物质载体，即原件或复制件后，再来观察前述案例所谓“网络发行”就很清晰：梁某某等人将电影上传到网络服务器，数据本身构成作品，上传行为是“复制”行为。数据上传到网络服务器后，当然也有物质载体，那就是服务器的硬盘，此时，行为人通过网络向公众提供电影下载和在线观看等服务，传播的是数据，即“作品”本身，而非作品的原件或复制件，即存有该“作品”的硬盘。因其传播的是“作品”本身，并非在向公众提供原件或复制件，这种网络传播行为不符合“发行”的要件。

（二）“发行”必须转让作品所有权

根据我国《著作权法》，“发行”只有出售或者赠与两种方式，不

---

① 参见《英国1988年版权、外观设计和专利法》，中国保护知识产权网，http://ipr.mofcom.gov.cn/hwwq_2/zn/Europe/UK/Design.html，最后访问日期：2023年3月6日。

② See Directive 2001/29/EC of the European Parliament and of the Council of 22 May 2001 on the Harmonisation of Certain Aspects of Copyright and Related Rights in the Information Society, Article 4.1.

③ See Art&Allposters International BV *v*. Stichting Pictoright, Case C 419/13, 22 January 2015, ECJ.

④ 参见《关于〈世界知识产权组织版权条约〉的议定声明》，WIPO网，https://wipolex.wipo.int/zh/treaties/textdetails/12741，最后访问日期：2023年3月6日。

论是出售还是赠与，均会导致作品物质载体所有权的转移。在采纳狭义“发行”概念的国际条约和其他国家或地区的法律中，发行必然导致作品所有权转移。如《世界知识产权组织版权条约》第6条规定的发行方式就是通过销售或其他所有权转让形式，《欧盟版权指令》也强调发行需要通过销售或其他方式进行。欧盟法院曾指出，发行的概念，仅适用于转移作品原件或者复制件所有权的情形。因此，不论是给予公众使用受版权保护作品的权利，还是向公众展示这些作品而不给予他们使用的权利，都不构成“发行”。[①]我国《著作权法》将出租等转移占有形式单独列出，规定为“出租权”等权利，很明显也采取的是狭义“发行”概念。事实上，我国法院也早就意识到网络传播不构成《著作权法》意义上的“发行”。1999年北京市海淀区人民法院就曾在王蒙等诉世纪互联通讯技术有限公司未经许可将其作品上网传播侵犯著作权案中指出，通过网络传播作品，是作品使用的方式之一，与出版、发行、表演、播放等有不同之处，并认为网络内容服务商未经授权通过互联网传播他人作品的行为是一种侵权行为。[②]《著作权法》增加信息网络传播权后，上海市第一中级人民法院曾在源泉知识产权代理有限公司诉百度网讯科技有限公司、上海数字世纪网络有限公司侵犯著作财产权纠纷案判决中认为，发行权显然需要转移作品载体所有权或占有，发行权和信息网络传播权保护的侧重点和范围并不相同。[③]可见，构成“发行”需转让所有权，在域内外司法实践中是必须条件。

既然发行需要转移所有权，网络传播行为与发行行为的界限就更加清晰，如美国电子前沿基金会就曾借助音乐作品网络传播的过程来区分二者：电子传输通常涉及在A点读取数据并在B点复制该数据。由于在A点的数据并不一定被读取数据的过程所销毁，在A点的人可能仍然享有原始数据，因此并未发生销售或以其他形式进行的所有权转

① See Peek & Cloppenburg KG *v.* Cassina SpA, Case C-456/06, 17 April 2008, ECJ.

② 参见北京市海淀区人民法院民事判决书，（1999）海知初字第57号。

③ 参见上海市第一中级人民法院民事判决书，（2009）沪一中民五（知）初字第23号。

移，通过网络传播音乐作品也不构成发行。[①]前述案例中，“人人影视字幕组”通过服务器将电影数据提供给社会不特定公众下载，电影被使用者下载后就存储在使用者的设备中，数据读取过程中“人人影视字幕组”服务器上的数据并未被销毁，依然享有原始数据，保留电影数据的存储装置（作品原件或复制件）也没有发生所有权转移，其结果是电影在新的物质载体上固定，形成了新的作品复制件，也就是作品复制件绝对数量的增加，这种并未导致所有权转移的传播行为，并不符合“发行”的构成要件。从法律的文字含义和我国的司法实践及域外规定都可以得出，在解释“发行”时，应当坚持提供作品原件或复制件和转移所有权两个要件，对于“人人影视字幕组”这类网络传播行为，不能将其定性为“发行”行为。

四、“发行”与“信息网络传播”相互独立、互不包容

如前述案例般将网络传播定性为“发行”的刑事裁判，实务中认为网络时代“发行”体现为无载体、所有权无须转移的观点，司法解释将信息网络传播视为“发行”的规定，都非新鲜事物。早在1996年，世界知识产权组织在缔结《世界知识产权组织版权条约》和《世界知识产权组织表演和录音制品条约》进行外交磋商时，美国代表团就建议在条约“发行权”中增加“通过传输提供作品原件或复制件”的表述。[②]美国法院也认为，版权法规定“发行”需要转让所有权，但在电子传输过程中这个要件可以被突破。[③]也许是受美国实践的影响，我国有学者就认为只要意图转让复制件，就构成网络发行。[④]但是，需要指出的是，美国代表团希望在世界知识产权组织条约发行权中增加信息网络传播的努力以失败告终，相关专家曾指出，议定声明对条约“原件”和“复制件”定义的澄清，是为了将任何形式的数字传输从两个

---

① See London-Sire Records, Inc. *v.* Doe 1, 542 F. 2d 153 (D.Mass.2008).

② 参见王迁:《网络著作权专有权利研究》，中国人民大学出版社2022年版，第115页。

③ See London-Sire Records, Inc. *v.* Doe 1, 542 F. 2d 153(D.Mass.2008).

④ 参见何怀文:《网络环境下的发行权》,《浙江大学学报》2013年第5期。

条约规定的发行权以及发行权用尽的范围中排除出去。[①]而美国法院之所以对“发行”作出扩大解释，源于其版权法上并没有规定类似于我国信息网络传播权的权利，因此通过对发行权的扩大解释来对此类行为予以规制。

在我国《刑法》和《著作权法》都已对信息网络传播行为作出规定的情况下，如果今后仍将网络传播行为解释为“发行”，会产生以下危害：一是会导致《刑法》第217条内部不协调。既然《刑法修正案（十一）》明确了“复制发行”与“通过信息网络向公众传播”是并列的危害行为，从刑法文义解释上看，二者之间并不存在包容关系，而是相互独立的行为，如依然把信息网络传播解释为发行，那么这二者之间就完全重合，《刑法修正案（十一）》关于该处的修正也就成为具文。二是会导致严重的刑民脱节。《著作权法》早在2001年就增设了信息网络传播权，但《刑法》一直未作修订，反而是《2004年解释》和《2011年意见》将信息网络传播视为发行。曾有一种代表性的观点认为，对《刑法》中“复制发行”的解释，不以《著作权法》的规定为前提，二者的含义可以不一致，即在特定情形中，即使不构成民事侵权或行政违法，也可以构成知识产权相关犯罪。[②]这造成司法审判中严重的刑民脱节现象。如前所述，民事法官早就明确指出发行权和信息网络传播权保护范围并不相同，但刑事法官却只能依据司法解释将“人人影视字幕组”通过网络传播的行为认定为“复制发行”，这种刑民裁判的不协调，不利于发挥法治“固根本、稳预期、利长远”的作用，也会损害司法公信力。在我们推进知识产权三合一改革进程中，前述观念只会导致参加“三合一”审判的法官裁判时自相矛盾。[③]因此，在《刑法修正案（十一）》已对侵犯著作权罪进行修订的情况下，今后在办理类似“人人影视字幕组”这样的案件时，应当坚持刑民衔接的

① 参见王迁:《网络著作权专有权利研究》，中国人民大学出版社2022年版，第119页。

② 参见《上海知识产权刑事保护会议综述》，载微信公众号“上海审判研究”，2017年10月17日。

③ 参见王迁:《论著作权保护刑民衔接的正当性》，《法学》2021年第8期。

基本观念，在解释“复制发行”概念及其与信息网络传播之间的关系时，应当以《著作权法》相关术语的内涵为前提。同时，应当明确司法解释中将信息网络传播视为发行的条款已经失效，才能实现不同部门法之间的协调一致。

五、结语

近年来，司法系统大力推行知识产权检察职能集中统一履行试点、审判职能“三合一”改革，以综合司法保护助力创新驱动发展。而以“人人影视字幕组”为代表的案例则显示，推动改革向深里走、难点攻，不仅要重组机构、重塑机制，更需建立起以民事救济为常态、行政处罚为主体、刑事惩治为补充的递进式知识产权保护体系，保持部门法之间法律概念的一致性，促进实现法律适用统一、裁判结果一致、保护效果最佳，织密知识产权的法治保护网。

行为既未遂语境下侵犯注册商标类犯罪数额的认定

储铭铭 *

摘　要　在计算侵犯注册商标类犯罪数额时，应首先明确单次行为既未遂的标准。其中，假冒商品是否因该行为进入新的流通环节，是销售假冒注册商标的商品行为既未遂的核心判断标准，若通过假冒他人注册服务商标，成功招揽客户预付款或接受服务，则假冒服务商标犯罪行为既遂。违法所得是行为人已经获得的利益，而销售金额和非法经营数额可以是预期利益，在同一案件里会出现违法所得与销售金额、非法经营数额认定不同步情况，需经过严格分析分别计算。

关键词　侵犯注册商标　既未遂　犯罪数额　违法所得

一、计算侵犯注册商标类犯罪数额面临的问题

当前，侵犯注册商标类犯罪数量快速增长，在社会分工越来越细化的互联网时代，该类犯罪呈现出生产、物流、销售环节分离、上下线延长、受害人分布广等特征，案发时往往存在犯罪行为完成一部分即被停止的情况。部分已完成的生产、销售行为对应的还未收到的商品、服务价值应计入既遂数额还是未遂数额是司法实务中必须解决的问题。

---

* 储铭铭，江苏省无锡市新吴区人民检察院第一检察部二级检察官。

[基本案情] 2017年5月至2019年1月，被告人邓某某明知从香港购进的咖啡为假冒“星巴克”注册商标的商品，仍伙同他人以每件180元的价格，将21000余件假冒咖啡销售给S食品公司，销售金额383万余元。同期，被告人陈某某、甄某某等从邓某某处购入假冒“星巴克”咖啡后，使用伪造的授权文书，以S食品有限公司名义将19000余件假冒“星巴克”咖啡销售给全国18个省份50余家商户，销售金额724万余元，其中有部分咖啡已发至客户，但货款尚未收到。法院以销售假冒注册商标的商品罪判处S食品公司罚金320万元；判处邓某某、陈某某等5人有期徒刑1年9个月至5年不等，并处罚金。S食品公司、邓某某等均未提出上诉，判决已生效。

对于本案，辩护人认为，商品已销售，但仅收到部分货款，货款未收到的部分事实应当认定为犯罪未遂。公诉人认为，根据S食品公司内部销售流程，相关假冒商品已发至客户，销售行为已经完成，应认定为犯罪既遂，是否收到货款不影响犯罪既遂的认定。最高检2022年发布的保护知识产权服务保障创新驱动发展典型案例之一“上海赤某教育科技有限公司、姚某假冒注册商标案”即假冒“LEGO”“乐高教育”案，涉案上海赤某教育科技有限公司被查处时，存在收取培训课时费但尚未提供服务的情况，对于该部分预收费用是计入既遂数额还是未遂数额理论上也存在较大争议，司法机关最终认定所收取的课时费均应计入既遂数额。本文将从刑法既未遂理论、该类犯罪行为的特点、当前打击侵犯知识产权犯罪刑事司法政策、上下游关联犯罪行为的既未遂逻辑自洽等角度，对侵犯注册商标类犯罪各罪名涉及的非法经营数额、销售金额、违法所得数额和货值金额的认定提供合理的计算方法和标准。

我国刑事法领域，将以一定数额作为入罪标准的犯罪称为数额犯，将以“情节严重”“情节恶劣”为构成要件的犯罪称为情节犯。在《刑法修正案（十一）》对《刑法》第214条作出修改前，销售假冒注册商标的商品罪以“销售金额数额较大”作为入罪标准，系典型的数额犯。在数额犯中，“数额较大”通常是构成犯罪的基本条件，可以将其称之为基础型犯罪数额。[①] 当数额犯的基础型犯罪数额没有实现时，能否像一般犯罪一样构成未遂在理论上存在争议，比如销售假冒注册商标的商品罪中销售金额5万元入罪，那么销售金额3万元是不是犯罪未遂？否定说认为，基础型数额犯不存在犯罪未遂形态。肯定说则认为，数额犯同样可以因数额未达法定标准而成立未遂。2011年《最高人民法院、最高人民检察院、公安部关于办理侵犯知识产权刑事案件适用法律若干问题的意见》（以下简称《意见》）第8条规定，假冒注册商标的商品尚未销售，货值金额在15万元以上的，以销售假冒注册商标的商品罪（未遂）定罪处罚。上述规定明确了销售假冒注册商标的商品罪有未遂形态，以及未遂的数额标准，该类犯罪是否存在未遂问题已有定论。"《意见》虽然没有明确给出'未销售商品的货值金额'的定义，但从文义解释的角度看，'未销售商品的货值金额'就是尚未销售的假冒注册商标的商品的价值金额，是针对销售假冒注册商标的商品罪未遂的一个法律术语。"[②] 笔者认为，在司法实践中，对于这类所谓的数额犯，有必要区分"行为既未遂"与"犯罪既未遂"两个概念。"行为未遂"指的是行为人实施的某一次行为未能得手，如与下家签订销售1万元的假冒货物的合同，但未发货也未收款；"犯罪未遂"指的是《刑法》第23条的规定的"已经着手实行犯罪，由于犯罪分子意志以外的原因而未得逞"，如销售假冒注册商标的商品罪的未遂便是假冒注册商标的商品货值达15万元以上但尚未销售。"犯罪既遂"和"行为既遂"概念区别同上。确定"行为既未遂"的标准，即某一次（笔）行为是否既遂，是"犯罪既未遂"认定的前提。本文讨论的是行为既未遂语境下侵犯注册商标类犯罪数额的认定问题，即某一次（笔）犯罪数额是否应计入该类犯罪三个罪名对应的非法经营数额、销售金额、违法所得（计入上述三项的均为既遂数额）、货值金额（未遂数额）的问题。

① 参见王华伟：《数额犯未遂问题研究》，《法律科学（西北政法大学报）》2019年第5期。

② 蒋永良主编：《检察视野下的知识产权保护理论与实践》，中国政法大学出版社2014年版，第41页。

二、既未遂语境下销售假冒注册商标的商品罪犯罪数额的认定

（一）存在的争议

《意见》明确假冒注册商标的商品尚未销售，货值金额在15万元以上的，以销售假冒注册商标的商品罪（未遂）定罪处罚。2004年《最高人民法院、最高人民检察院关于办理侵犯知识产权刑事案件具体应用法律若干问题的解释》（以下简称《2004年知产司法解释》）第9条第1款规定："刑法第二百一十四条规定的'销售金额'，是指销售假冒注册商标的商品后所得和应得的全部违法收入。"上述两条规定分别明确了"假冒注册商标的商品尚未销售的"计入"货值金额"，"销售假冒注册商标的商品后所得和应得"计入"销售金额"。

上述规定看似明确，但面对复杂的案情，还存在适用争议。如本文的销售假冒"星巴克"咖啡案中，辩护人和公诉人对于发货但未收款的部分是否应计入销售金额便产生分歧。销售行为一般分为寻找客户、谈判、达成销售合意、签订合同、付款、收款、发货、收货等环节，案发时会出现已完成的环节各异的情况。对于完成哪些环节可视为《2004年知产司法解释》第9条第1款的"销售假冒注册商标的商品后"，实践中有的观点认为，双方以订立合同等形式达成销售合意，尚未实际履行的，不能把合同约定的金额认定为销售金额，但达成销售合意一方实际履行的，如已经交付商品或者已经支付货款的，则可计入销售金额。学者刘宪权、吴允锋合著的《侵犯知识产权犯罪理论与实务》一书第7章"侵犯知识产权犯罪未完成形态问题研究"部分写道："销售侵权、假冒产品犯罪属于结果犯，尽管它与贩卖毒品罪同样都存在非法交易行为，但在既遂形态的掌握上，应以将侵权、假冒产品的交付行为实施完毕为准。"[①] 而该书第9章"侵犯知识产权犯罪数额认定分析"部分在分析销售金额计算标准时认为："对于行为人与他人

---

① 刘宪权、吴允锋：《侵犯知识产权犯罪理论与实务》，北京大学出版社2007年版，第157页。

签订合同并预收货款后，由于客观原因而尚未发出假冒注册商标商品的情况，仍然应当将预售的货款认定为销售金额。”① 同一本著作，不同学者撰写的内容对此都持不同意见，可见对这一问题的认识分歧较大。

（二）销售假冒注册商标的商品行为既未遂的标准

首先，售假行为既未遂的核心判断标准是假冒商品是否因行为人的行为进入新的流通环节。设置销售假冒注册商标的商品罪是为了规制将假冒商品推向市场流通的行为。“本罪侵害的是复杂客体，既侵害了他人注册商标的专用权，破坏了国家对商标的管理制度，又损害了注册商标的信誉和消费者的合法权益。”② 该罪侵犯的是复合法益，包括商标权利人权益、不知情消费者的权益及市场经济秩序，前面两项是个人法益，市场经济秩序则是超个人法益，其中最核心的法益是商标权利人权益。商标权利人权益包括产品质量等方面的商誉和预期市场份额，而对商誉的损害、市场份额的侵蚀，都是以假冒商品流通为前提。《2004年知产司法解释》第9条第1款规定，销售金额是指销售假冒注册商标的商品后所得和应得的全部违法收入，不管货款是否收到，只要将假冒产品成功推向市场就是既遂，符合刑法学的既未遂理论。据此，在销售假冒“星巴克”咖啡案中，公诉人的观点，即发货后无论是否收款，已发货物价值均应计入销售金额，有了理论支撑。

其次，从提升打击犯罪效率和从严打击侵犯知识产权犯罪角度出发，合理、具体、明确地确定售假犯罪行为的着手、得逞节点，给司法办案提供指引。犯罪的着手表明法益处于现实、紧迫的危险中。售假行为具有隐蔽性，往往追查到购买者的情形有限，大量案件都是仅能查处到仓储假冒货物。因此，为有效打击该类犯罪，应将假冒商品放在仓库内待售视为着手，持有待售的假冒商品，应计入未遂的货值金额，达到司法解释规定的15万元就应入罪。犯罪的得逞，意味着对

① 刘宪权、吴允锋：《侵犯知识产权犯罪理论与实务》，北京大学出版社2007年版，第158页。

② 陈辐宽主编：《知识产权犯罪疑难问题解析》，中国检察出版社2010年版，第147页。

法益已产生实际危害，将假冒商品交付给下家或者消费者，假冒商品因行为人行为进入新的流通环节，自此对法益产生实际危害。此处的交付可依民商事领域交易惯例确定，如通过快递方式发货，货物交给物流公司可视为交付。只要假冒产品已经交付，便符合“销售假冒注册商标的商品后应得的违法收入”的规定，无论货款是否收回，均应计入既遂的销售金额。

再次，比照关联罪名分析，进一步明晰是否既遂标准。《意见》第7条规定：“在计算……假冒注册商标侵权产品价值时，对于已经制作完成但尚未附着（含加贴）或者尚未全部附着（含加贴）假冒注册商标标识的产品，如果有确实、充分证据证明该产品将假冒他人注册商标，其价值计入非法经营数额。”该条明确了假冒注册商标行为“即将附着”的既遂标准，该标准比严格意义上的既遂标准（使用他人注册商标行为完成）向前推进了一步，体现了对侵犯注册商标犯罪的从严打击原则。比照关联罪名，“即将交付”可以作为销售假冒注册商标的商品行为的从严打击标准。按交易习惯，“即将交付”可以以“行为人已完成进货行为，并从下家或者消费者处收到货款”标准来认定。上文已经分析，仓库内有假冒商品便可认定已着手实施售假犯罪。收到货款表明双方已经达成交易合意，行为人有交付假冒商品的高度可能性，且行为人已因此获利，认定为既遂符合一般人的认知。

最后，基于上下游关联犯罪行为的既未遂标准逻辑自洽角度分析。司法实践中有观点认为，无论售假人员的仓库内是否有货，只要其以售卖假冒商品名义收取了货款，便认为其犯罪行为既遂，所收货款应计入销售金额。笔者并不认同这一观点，这不仅是因为司法解释规定“销售假冒注册商标的商品后应得的违法收入”计入销售金额，还因为难免会出现货物都没有生产出来便已经预收款项的情况。此时，假冒产品源头的生产者都未被认定为既遂，而下游售假人员就被认定为既遂，明显违背常理。此外，应注意的是，此种既不能认定为既遂的销售假冒商品行为，也不能认定为未遂行为，售假行为未遂必须执行行为人持有货物待售标准，行为人仅预收货款而未持有货物，只能是为犯罪做准备，可认定为犯罪预备。

综上，对于假冒商品已交付的，无论是否收到货款，货物价值均应计入既遂的销售金额；对于已预收货款但尚未发货的，只有行为人持有待售的假冒商品，存在“即将交付”的高度可能性才可考虑认定为行为既遂，其对应的价值计入销售金额。

三、既未遂语境下假冒注册商标罪犯罪数额的认定

《意见》第7条明确了假冒注册商标行为“即将附着”为既遂标准。设置假冒注册商标犯罪目的在于惩治制假人员，只要生产出了假冒商品，无论售出与否都构成既遂，因而判断该类行为的既遂不用关注收款和发货行为，其标准简单明了，就是“即将附着”。但该罪名犯罪形态还有两个问题需要进一步明确，一是假冒注册商标罪未遂金额的认定及其具体认定标准；二是假冒服务商标入罪后，假冒服务商标行为的既未遂标准如何把握，也就是本文提到的假冒“LEGO”“乐高教育”案中争议如何解决，预收的货款能否认定为既遂犯罪金额。

（一）假冒商品商标的犯罪数额的认定

目前关于办理侵犯知识产权刑事案件三部司法解释和《意见》都没有涉及假冒注册商标的未遂标准问题，这与已将假冒注册商标犯罪行为既遂标准向前推进一步确定为“即将附着”有关，现实、紧迫的危险行为已经升格纳入既遂予以处罚。

司法实践中，存在一种争议情形，即预收货款但尚未生产假冒商品能否认定为未遂行为。如果算作未遂行为，那么金额达到多少可以当作未遂犯罪纳入刑事处理。假冒商品商标犯罪的实行行为是将标识使用在假冒商品上，在贴附商标标识前的租赁厂房、购买机器、准备原料、定制标识等都是为此做准备，应认定为预备行为。单纯的收款行为，笔者认为也仅能认定为预备行为，因为假冒注册商标罪保护的主要是权利人权益，在行为人尚未开始着手制造假冒产品而仅是预收货款时，其损害的主要是购买者的权益，没有对权利人权益造成现实、紧迫的危害。这种情况下，如果行为人收款时谎称自己将交付的货物系正品，即支付货款的消费者并非知假买假，且其欲销售的假冒产品价值和所收货款相差较大，则可考虑以诈骗罪定罪处罚。若消费者系知假买假，只能对行为人以假冒注册商标犯罪预备犯进行评价。对此

类行为，把握处罚必要性时应遵循罪责刑相适应原则，惩治犯罪未完成形态要求其社会危害性达到了刑罚惩罚的程度。因此，对照销售假冒注册商标的商品罪的未遂入罪门槛，未遂数额应至少达到其既遂标准的 3 倍以上，即行为人收款数额必须达到假冒注册商标犯罪既遂标准的 3 倍甚至更高才能考虑定罪处罚。

（二）假冒服务商标的犯罪数额的认定

笔者认为关于办理侵犯知识产权刑事案件的司法解释之所以没有对“仅预收货款但尚未生产销售假冒商品能否认定为未遂行为”这种情况作出规定，主要是因为之前司法实践中出现此类情形比较少，但假冒服务商标入罪以后情况有所改变，在服务交易中，会员制、先付款后消费的情况非常普遍。服务交易在提供服务与收受对价之间具有时空错位的特征，犯罪行为被查处时，往往存在已提供部分服务但尚未收受价款，或已收受价款但尚未提供服务的情况。

既遂的标志是着手实施犯罪后得逞，对保护的法益产生了实际危害。假冒商品商标犯罪中，涉案商标附着或者即将附着于商品即对商标权产生实际侵害，而服务交易中，即便尚未提供或完全提供所宣传的服务，行为人通过在广告、宣传单、招牌、门楼上使用假冒服务商标吸引消费者预支价款的行为，已构成在服务上使用假冒商标，是典型的“搭便车”经营行为，对服务商标权产生了实际侵害。因而，假冒他人服务商标案件，对于已收取预付款但尚未提供或完全提供服务的，或已提供服务但尚未收款的，实际收取的数额以及应收数额均应计入既遂的犯罪数额。

此外，笔者认为非法制造注册商标标识犯罪行为的既未遂可参考假冒注册商品商标犯罪认定，销售非法制造的注册商标标识犯罪行为的既未遂可参考销售假冒注册商标的商品罪认定，在此不再赘述。

四、既未遂语境下违法所得与销售金额、非法经营数额的关系

根据上文分析，销售假冒“星巴克”咖啡案中，已发货但尚未收款的，对应的货物价值可计入销售金额，但将对应的货物价值扣除成

本后计算出的被告人能够预期获得的利润，能否计入违法所得的问题，涉及既未遂语境下违法所得与销售金额、非法经营数额的关系问题。

《2004年知产司法解释》第1条和第3条明确假冒注册商标罪和非法制造、销售非法制造的注册商标标识罪可以以违法所得数额较大入罪，但自《刑法修正案（十一）》对销售假冒注册商标的商品罪的入罪条件由“销售金额数额较大”修改成“违法所得数额较大或者有其他严重情节的”后，“违法所得”概念及其计算方式备受关注，虽然关于如何计算违法所得即扣除哪些成本尚待司法解释明确，但违法所得应区别于销售金额、非法经营数额是确定的。司法解释对侵犯注册商标类犯罪三个罪名的犯罪数额都规定了不同的标准，分别有非法经营数额、销售金额、违法所得或者件数，但有一点是明确的，即犯罪行为符合其中一个标准便可按犯罪处理。目前理论界和实务界均有共识的是如果犯罪行为同时符合数个标准，在定罪量刑时，以超过入罪标准（或升格刑标准）较多的犯罪数额予以量刑，其他方面的数额作为酌定情节予以考虑。这里要讨论的是既未遂语境下违法所得与销售金额、非法经营数额的认定是否同步的问题。

笔者认为，侵犯注册商标类犯罪中违法所得必须是行为人已经获得的利益，没有获得的预期违法利益，不应视为违法所得。《2004年知产司法解释》第9条第1款在解释“销售金额”时，已经区分所得和应得的违法收入，所得和应得在知识产权犯罪领域不是一个概念，这是衡量行为人犯罪行为社会危害的不同维度。《最高人民法院、最高人民检察院关于适用犯罪嫌疑人、被告人逃匿、死亡案件违法所得没收程序若干问题的规定》第6条规定，通过实施犯罪直接或者间接产生、获得的任何财产，应当认定为《刑事诉讼法》规定的“违法所得”，强调违法所得是已经取得的财产（财物）及其孳息。从普通民众朴素认知看，违法所得也应该是已经拿到手，受其掌控的财物。

因违法所得必须是已得利益，但销售金额和非法经营数额可以是预期的，因此在同一个案件中会出现认定不同步问题，下面结合具体情形予以分析。第一，已生产但尚未销售。对于假冒注册商标罪、非法制造注册商标标识罪，仅生产产品但尚未销售的，可计入非法经营数额，但不应计入违法所得。第二，已发货且已收款。在计入非法经营数额或销售金额的同时，可在扣除应扣除的成本后，同步计入违法所得。第三，已发货但尚未收款。对于假冒注册商标罪、销售假冒注册商标的商品罪以及非法制造、销售非法制造注册商标标识罪，已发货但没有收款的，可计入非法经营数额或销售金额，但因此时还是预期收益，不应计入违法所得。第四，已收款但尚未发货。此种情况最复杂，应依据上文分析的计算销售金额或者非法经营数额标准予以确定，坚持违法所得与销售金额、非法经营数额同步认定原则。对于假冒注册商标罪、非法制造注册商标标识罪，如果生产涉案商品或者标识行为已完成（包括即将附着），则可同步计入，否则系预备行为；对于销售假冒注册商标的商品罪、销售非法制造注册商标标识罪，只有已完成进货行为，仓库内有货物，才能同步计算，否则系预备行为。

冒用知名酒店品牌从事经营活动的定性分析

王圣达 *

摘　要　行为人面向不特定多数人销售假冒注册商标产品的行为属于市场行为，因该行为不存在核心欺骗行为，行为人涉嫌假冒注册商标罪，而非诈骗罪。冒用知名酒店品牌从事经营活动的行为侵犯了知名酒店的服务商标，若侵权行为发生在《刑法修正案（十一）》生效之前，因行为人在实施犯罪行为时不具有违法性认识可能性，该行为不构成犯罪。

关键词　酒店品牌　服务商标　刑法修正案（十一）

［基本案情］　2017 年 5 月 17 日至 2018 年 4 月 9 日，宁波某酒店有限公司在未获得“格林豪泰”注册商标权利人格林豪泰酒店（中国）有限公司授权的情况下，擅自在网络预订平台“去哪儿网”“携程网”“美团网”上使用“格林豪泰”商标标识从事经营活动，违法经营额达人民币 51 万余元。

经审查，检察机关认为涉案酒店不构成犯罪，遂与当地市场监督管理局召开行刑衔接会商座谈，并邀请知识产权保护协会等部门参与。与会专家一致认为涉案酒店是民事侵权，不构成犯罪。经释法说理，公安机关认可检察机关的意见。同时，涉案酒店及时注销或变更相关网络预

* 王圣达，浙江省宁波市海曙区人民检察院集士港检察室副主任。

订平台的酒店名称，并主动联系被侵权企业，赔偿人民币 4 万元。

一、分歧意见

关于本案的定性，有三种观点。

第一种观点认为，涉案酒店在第三方平台冒用知名酒店品牌，属于以非法占有目的，虚构事实、隐瞒真相，欺骗消费者的行为，消费者陷入错误认识进而消费，符合诈骗罪的构成要件。

第二种观点认为，涉案酒店虽有欺骗消费者的行为，但该行为性质只是侵害国家商标管理制度和注册商标专用权的随附行为，属于辅助欺骗行为，而非核心欺骗行为。涉案酒店主要犯罪目的是通过冒用知名酒店商标进行酒店经营活动，涉嫌假冒注册商标罪。

第三种观点认为，涉案酒店的行为侵害国家商标管理制度和注册商标专用权，具有违法性，但不构成犯罪。原因在于涉案酒店侵害的知名酒店商标属于服务商标，侵权行为发生在《刑法修正案（十一）》生效之前，行为当时不具有刑事违法性认识可能性。

二、评析意见

笔者认可第三种观点，涉案酒店的行为侵害国家商标管理制度和注册商标专用权，但不构成假冒注册商标罪。理由如下：

（一）涉案酒店的行为不构成诈骗罪

1. 从侵害的法益角度看，涉案酒店侵害的是国家商标管理制度和注册商标专用权

犯罪的本质是法益侵害。假冒注册商标罪属于知识产权犯罪，其侵害的法益是国家商标管理制度和注册商标专用权；而诈骗罪属于侵财类犯罪，其侵害的法益是公私财物的所有权。具体看假冒注册商标罪，《刑法》第 213 条规定，“未经注册商标所有人许可，在同一种商品、服务上使用与其注册商标相同的商标，情节严重的，处三年以下有期徒刑，并处或者单处罚金；情节特别严重的，处三年以上十年以下有期徒刑，并处罚金”。从条文内容看，假冒注册商标罪的犯罪行为有两部分组成，一是“未经注册商标所有人许可”，二是“在同一种商品、

服务上使用与其注册商标相同的商标”。换言之，如果在使用他人商标时，已经得到了授权许可，或者虽然使用了同一个商标，但并非用于同一种商品、服务，则不属于犯罪行为。该罪的处罚标准有两个量刑档次，分别是“情节严重”和“情节特别严重”。由此可知，假冒注册商标罪保护的是国家和商标所有权人的利益，其犯罪对象是注册商标，而非消费者的财物。而诈骗罪的犯罪对象是被害人的财物，造成的结果是被害人没有获得同等对价的商品、服务，完全丧失其对财物的占有。笔者认为，判断行为侵害了何种法益，关键在于行为人的主观故意。涉案酒店构成诈骗罪还是假冒注册商标罪，关键在于审查涉案酒店是通过侵害国家商标管理制度和注册商标专用权来销售自己的产品，还是单纯骗取被害人的财物。具体到本案，涉案酒店经营的是正规的酒店服务，行为人供述其在第三方平台上假冒“格林豪泰”品牌只是想吸引消费者注意，并没有打算在住宿服务上欺骗消费者。根据“主观见之于客观”的认定方法，涉案酒店的行为不属于专门骗取消费者财物的行为。

2. 从日常的商业活动看，涉案酒店的行为属于商业行为

在现实生活中，很多犯罪都会涉及“欺骗”的成分，例如销售假冒注册商标的商品，或者销售伪劣产品，都是通过在不同程度上欺骗消费者继而赚取不法利益。司法实务中存在将“欺骗行为”简单认定为诈骗罪的错误倾向，原因在于诈骗罪的入罪金额门槛普遍低于其他犯罪。笔者认为，判断行为侵害了何种法益，除了审查行为人的主观故意外，还应结合行为人的客观行为综合认定，本案要审查涉案酒店的客观行为是否属于商业行为。具体到诈骗罪，诈骗罪的构成要件是行为人以非法占有目的，虚构事实、隐瞒真相，使被害人陷入错误认识，从而主动交付财物，行为人继而控制财物。从行为目的看，诈骗罪的行为目的是骗取被害人的财物，而商业行为的目的是销售货物、赚取利润，因此诈骗罪的犯罪行为不属于商业行为，如果商业行为的过程中行为人侵犯了国家商标管理制度和注册商标专用权，不应认定为诈骗罪。笔者认为，判断是否属于商业行为，可以综合以下几个方面：一是行为是否面向不特定多数人。如果行为只是针对于特定被害人，则不属于商业行为。二是商业行为的牟利方式是销售货物进而赚取利润，因此必须存在符合商品性质的货物和符合行业规范的利润。如果

销售的货物不可使用，失去了商品的属性，或者商品成本非常低廉，远低于售卖价格，则该行为已经实际脱离了商业行为的范畴，属于单纯欺骗消费者的行为。具体到本案，涉案酒店面向不特定消费者提供了有质量的住宿服务，且标价低于格林豪泰酒店，不存在夸张的利润。因此，可以认定涉案酒店实施的是商业行为。

3. 从行为的基本模式看，涉案酒店没有核心欺骗行为

是否构成诈骗罪，关键在于区分行为人实施的是核心欺骗行为还是辅助欺骗行为。从表面上看，核心欺骗行为是实现非法占有目的的核心行为，即行为本身就是非法占有的行为，而辅助欺骗行为只是辅助占有实现的行为。从实质上看，核心欺骗行为是一种虚假的表意行为，即行为人设立、变更或消灭某种民事法律关系的意思表示是虚假的，行为人没有履行该民事法律义务的意图。以诈骗罪、民事欺诈和假冒注册商标罪进行比较，诈骗罪具有核心欺骗行为，其表意行为本身是虚假的，而民事欺诈只存在辅助欺骗行为，没有核心欺骗行为，即民事行为是真实的，行为人只是在促成民事关系的过程中使用了“虚构事实、隐瞒真相”等欺骗方法。同理，如果民事行为是真实的，行为人在促成民事关系的过程中使用“虚构事实、隐瞒真相”等欺骗方法侵害国家商标管理制度和注册商标专用权，则构成假冒注册商标罪。该认定方法同样适用于生产、销售伪劣产品罪、虚假广告罪、假冒专利罪等含“欺骗”性质的犯罪。具体到本案，涉案酒店虽有虚构事实、隐瞒真相的欺骗行为，但该行为只是辅助欺骗行为，涉案酒店有真实的交易行为和履行民事义务的意图，没有核心欺骗行为，故不构成诈骗罪。

（二）涉案酒店的行为不构成假冒注册商标罪

1. 从法律解释的角度看，被侵权商标应认定为服务商标

《商标法》第 3 条规定，“经商标局核准注册的商标为注册商标，包括商品商标、服务商标和集体商标、证明商标；商标注册人享有商标专用权，受法律保护”。从体系解释的角度看，商品商标和服务商标同属一条，是并列关系，可以说明两者都具有商标的性质，只是针对的载体不同。从文义解释的角度看，商品商标的载体是商品，是指生产者在自己生产或经营的商品上使用的商标；而服务商标对应的是服

务，所以又称服务标记或劳务标志，是指提供服务的经营者为将自己提供的服务与他人提供的服务相区别而使用的标志。根据世界知识产权组织的要求，我国作为尼斯联盟成员国，自 2023 年 1 月 1 日起正式使用《商标注册用商品和服务国际分类（第十二版）》，该文件分 45 个类别具体划分商标类型归属，其中酒店商标被划分到第 43 类，属于服务商标。具体到本案，格林豪泰酒店（中国）有限公司作为注册商标权利人，享有“格林豪泰”商标的商标专用权。该公司作为精品连锁商务酒店，主营业务为住宿服务，并不涉及售卖具体的实物商品，因此“格林豪泰”作为酒店商标，属于典型的服务商标。

2. 从法条内在逻辑的角度看，《刑法修正案（十一）》生效之前，服务商标不受刑法保护

2021 年 3 月 1 日，《刑法修正案（十一）》正式生效，其生效之前的《刑法》第 213 条规定，未经注册商标所有人许可，在同一种商品上使用与其注册商标相同的商标，情节严重的，构成假冒注册商标罪。《刑法修正案（十一）》将该条文修改为，未经注册商标所有人许可，在同一种商品、服务上使用与其注册商标相同的商标，情节严重的，构成假冒注册商标罪。《刑法修正案（十一）》颁布以前，有观点认为对“商品”一词应作广义解释，除了狭义的商品外还应包括服务在内。但由于《刑法》未明文将服务商标纳入到知识产权犯罪领域的保护范围中，根据罪刑法定原则，司法实践中亦未对侵犯服务商标的行为予以定罪处罚。从法条内容看，《刑法修正案（十一）》专门在“商品”的基础上增设了“服务”的内容，其内在逻辑也说明在《刑法修正案（十一）》生效之前，侵害服务商标的行为不在刑法的处罚范围之内。从法条演变的内在逻辑看，正因为此前未明确打击侵害服务商标的行为，《刑法修正案（十一）》才对法条进行了修改，否则这种修改会显得没有必要。

3. 从刑法溯及力的角度看，涉案酒店不构成犯罪

本案是典型的旧法规定某种行为不构成犯罪，但新法规定该行为构成犯罪的情况。根据“不法—有责”的犯罪构成二阶层体系，认定行为人是否构成犯罪，首先应判断行为在客观上是否存在法益侵害性和（违法）阻却事由，要求行为主体，针对行为对象，实施了危险行为，

造成了危害结果，危险行为和危害结果之间有因果关系，且不存在正当防卫、紧急避险、被害人承诺等事由。若行为属于“不法”行为，则进一步判断“有责”层面是否成立，即行为人是否存在法益侵害的主观罪过性，除了判断行为人是否具有故意或过失等非难可能性，还要考虑是否存在主观（责任）阻却事由，如责任年龄、责任能力、违法性认识可能性、期待可能性等。具体到本案，该案在审查起诉阶段，《刑法修正案（十一）》已经生效，涉案酒店侵害了商标所有权人的服务商标，符合假冒注册商标罪的构成要件，属于“不法”行为。但在“有责”层面，涉案酒店的侵权行为发生在《刑法修正案（十一）》生效以前，考虑到法无明文规定不为罪，涉案酒店在实施侵权行为时，并不具有违法性认识的可能性，因此可以阻却责任，不构成犯罪。

（三）涉案酒店的行为具有违法性，商标所有权人可依据《商标法》维护合法权益

《刑法修正案（十一）》将服务商标纳入刑法保护，体现了立法机关保护知识产权力度的不断提升。涉案酒店的行为虽不构成犯罪，但具有违法性，应通过《商标法》予以规制。在侵害注册商标专用权的行为认定标准、商标注册人或者利害关系人的救济途径方面，本案发生时适用的2013年版《商标法》，与现行适用的2019年版《商标法》内容一致。《商标法》第3条规定，服务商标受法律保护。《商标法》第57条规定，给他人的注册商标专用权造成其他损害的行为，属于侵害注册商标专用权的行为。《商标法》第60条规定，侵害注册商标专用权的行为，引起纠纷的，由当事人协商解决；不愿协商或者协商不成的，商标注册人或者利害关系人可以向人民法院起诉，也可以请求工商行政管理部门处理。对侵害商标专用权的赔偿数额的争议，当事人可以请求进行处理的工商行政管理部门调解，也可以依照民事诉讼法向人民法院起诉。经工商行政管理部门调解，当事人未达成协议或者调解书生效后不履行的，当事人可以依照民事诉讼法向人民法院起诉。因此，商标所有权人可依据《商标法》与当事人协商，也可通过向法院起诉或者请求工商行政管理部门处理的方式，挽回自己的经济损失，维护合法权益。

“飞单”行为[*]构成侵犯商业秘密罪剖析

汪俏蓉　徐国平[**]

摘　要　近年来，外贸业务员“飞单”带走客户资源的行为屡禁不止，是全国外贸行业较为普遍的侵犯商业秘密现象。受制于法律界限相对模糊、技术专业性强、损失数额认定标准不尽统一等多种因素，依法打击业务员“飞单”行为公开的成功判例不多。本案主要经营信息的性质、损失金额、信赖交易免责方面，有较大争议。符合商业秘密要件的经营信息，应当纳入刑法保护，损失以权利人同类产品毛利润认定相对客观公平。

关键词　经营信息　商业秘密　损失　金额

［基本案情］ N市某K国际贸易有限公司（以下简称K公司）于2003年注册成立，主营各类货物的进出口业务。欧洲S公司（以下简称S公司）是K公司的客户，该公司特定联系人自2009年起向K公司询价，于2012年起代表S公司向K公司采购手推车及配件、捆绑带、

---

*　外贸“飞单”即业务员将“老东家”发展稳定的客户，以更低的价格带到自己的新公司开展贸易。近年来，外贸业务员“飞单”带走客户资源的行为屡禁不止，是全国外贸行业较为普遍的侵犯商业秘密现象。受制于法律界限相对模糊、技术专业性强、损失数额认定标准不尽统一等多种因素，依法打击业务员“飞单”行为公开的成功判例不多。

**　汪俏蓉，浙江省宁波市鄞州区人民检察院第三检察部主任、四级高级检察官；徐国平，浙江省宁波市鄞州区人民检察院福明检察室副主任、一级检察官。

篷布、植物架、塑料桌、镰刀、行李网、扳手、手电筒等各类园林工具产品。

被告人张某于2007年入职K公司，先后担任业务部门的业务助理、经理等职务，负责客户S公司的外销业务和客户维护工作，后于2018年7月离职。在职期间，被告人张某与K公司签订《劳动合同》及《商业秘密保密协议》，约定员工对公司的商业信息负有保密义务及保密的内容范围。

2014年4月，被告人张某于K公司在职期间注册成立N市某G国际贸易有限公司（以下简称G公司），使用K公司的经营信息，自2016年起以G公司名义与S公司及该公司特定联系人，开展和K公司同类产品的外销业务。2018年7月被告人张某离职时，擅自将K公司与S公司交易的电子邮件、K公司的采购合同带至G公司，给所雇人员继续从事与S公司外销业务的跟单、采购工作。此外，2018年1月至2019年，被告人张某还通过其他公司向S公司销售产品。上述过程中，张某的交易对象有且仅有S公司一家。被告人张某未按通知提交其侵权违法所得的证据，权利人K公司因被侵权而减少的销售量亦无法查明。

经鉴定，K公司主张的《经营信息秘点说明》中与特定客户相关的特定联系人及特定电子邮箱、交易历史、交易金额、交易习惯、客人的需求、客户的形成与维护的信息，是不为公众所知悉的经营信息。经审计，2016年至2021年11月，被告人张某以G公司等名义向S公司出口和K公司同类产品，销售金额达6200多万元，给K公司造成经济损失570多万元。

一、分歧意见

本案在办理过程中，针对案件定性和数额认定存在诸多分歧。

（一）涉案经营信息的性质

《刑法修正案（十一）》删除了原侵犯商业秘密罪中的关于“商业秘密”的界定条款，即本条所称商业秘密，是指不为公众所知悉，能为权利人带来经济利益，具有实用性并经权利人采取保密措施的技术信息和经营信息。[①]但"商业秘密"的刑法学以及《反不正当竞争法》的定义要件并未实质变化。本案所涉的经营信息，是否具备"商业秘密"的秘密性、价值性、保密性特征，从而能否认定为本罪中的"商业秘密"，主要产生以下罪与非罪分歧。

1. 秘密性。有一种观点认为，本案K公司的经营信息不具有秘密性，不属于特殊的深度信息，也不需要通过创造性劳动或代价才能获得，不符合商业秘密的非公知性要件。针对鉴定意见认定的具体秘点，该观点进一步指出：S公司的名称、地址、电话等联系信息以及需求均可通过包括互联网、展销会等公开渠道检索获取；询价、下单、出货的交易流程，是外贸行业常见且公开的交易方式；客户采取交叉报价单方式以获取更低的报价，故交易价格也不具有秘密性；交易编号不具有秘密性，交易产品在成交后3个月即成为公知信息。另一种观点认为，鉴定意见确认了K公司的经营信息具有秘密性，该鉴定意见经审查符合证据要求，可以采信。

2. 价值性。有观点基于涉案经营信息的公开性与时效性，以及交易机会不能等同于实际交易、经营信息在公开竞价情况下不会带来竞价优势，否认涉案经营信息的经济价值，认为K公司与客户之间的交易以及张某离职后与客户之间的交易，均不涉及K公司所主张的交易历史、交易习惯、客户的形成与维护三方面的经营信息，此三方面的经营信息因其时效性显著尤其不具有价值性。另一种观点则认为，经营信息为权利人带来了经济利益，具有市场价值性。

3. 保密性。有观点认为K公司自身亦不清楚其经营信息的具体范围，也未采取明确、有效的保密措施。理由在于：（1）公司与员工签订的保密协议不具有明确的指向性，协议所称的商业秘密信息包括客户

---

① 在《刑法修正案（十一）（草案）》审议和征求意见过程中，主要有以下意见："等商业信息"的兜底性规定，缺乏确定性容易形成"口袋罪"，沦为不正当竞争的工具，并为滥用商业秘密刑事保护制度打击竞争对手以及公权力干预经济纠纷留下漏洞，建议进一步斟酌。还有意见提出，《反不正当竞争法》已对"商业秘密"作了规定，而且《反不正当竞争法》修改频繁，建议不作明确规定。立法工作机关经研究，在草案二次审议稿中删除了对"商业秘密"的规定条款。参见杨万明主编：《〈刑法修正案（十一）〉条文及配套〈罪名补充规定（七）〉理解与适用》，人民法院出版社2021年版，第212页。

名单、行销计划、销售和采购价格、定价政策、产销策略等，客户名单包含客户名称、电话，不具有秘密性，其他商业秘密信息均是采购环节的信息，不构成秘点；（2）K 公司所称的保密措施不具有有效性，K 公司并未对员工进行过保密培训，初期使用公共邮箱收发客户邮件，后期使用 vp3 邮箱是经张某申请，并非出于保密目的，张某在职时接触以及离职时交接的内容均未体现公诉机关指控的秘点。另一种观点认为，K 公司通过和员工签订保密协议、办公地点设置门禁等方式采取一定的保密措施，故具备保密性。

（二）个人信赖交易的免责

有一种观点认为，被告人张某离职后与 S 公司的交易系客户基于对张某的个人信赖与私人交往，而张某则是依靠其个人的业务技能、知识经验、与客户共同的兴趣爱好所形成的友情和个人信赖所积累实现，进而认为张某可以免责、不构成侵犯商业秘密犯罪。

另一种观点认为，张某根据业务往来与 S 公司建立的“私人信赖”，仍是以张某在 K 公司的职务行为作为基础的，具有违法和违约的双重性质，不能成为免责的借口。

（三）损失金额认定

《刑法修正案（十一）》对侵犯商业秘密罪作了修改，其中，定罪量刑标准由“给商业秘密的权利人造成重大损失的”“造成特别严重后果的”分别调整为“情节严重”“情节特别严重”，由于《刑法修正案（十一）》尚无相应的司法解释，本案适用 2020 年施行的《最高人民法院、最高人民检察院关于办理侵犯知识产权刑事案件具体应用法律若干问题的解释（三）》（以下简称《司法解释（三）》），在这一点上并无争议。但是，在具体适用《司法解释（三）》对损失数额的认定进而据以定罪量刑方面，分歧较大。

第一种观点认为，被告人的行为并未造成 K 公司的经济损失。一方面，没有证据证明 K 公司与 S 公司的交易量减少，因此，不能证明张某抢夺了 K 公司的交易机会。另一方面，两者的付款条件不同，K 公司的付款条件是发货后 30 天至 90 天付款，G 公司的付款条件是 30%

定金、发货后付尾款，S公司给予G公司更优越的付款条件，体现了S公司对G公司的扶持，K公司交易机会的减少并不能归责于张某。

第二种观点认为，未查明权利人K公司减少的销售量，径行以侵权产品销售量和毛利润计算K公司涉案期间的损失，属损失计算方法错误，且以K公司2009年至2018年7月的产品毛利润来衡量K公司2019年1月至2021年11月损失，认定不客观、不公正。

第三种观点则认为，张某的行为造成权利人竞争优势降低、交易机会流失进而产生损失。损失的计算，应当考虑其他市场因素以及以侵权为业等情况，保证公平合理。

二、评析意见

笔者认为，关某行为构成侵犯商业秘密罪，主要理由如下：

（一）涉案经营信息的性质认定

K公司的经营信息符合“商业秘密”的特征和要件。

1.秘密性。经营信息秘密性的证明方式不同于技术信息，无法通过检索查新的方式确定其非公知性，只能通过鉴定机构客观评价并结合反向排除的方式认定。

本案中，具备相应鉴定资质的首都知识产权服务业协会作出鉴定意见，依法确认了涉案信息系不为公众所知悉的经营信息，并对具体秘点进行了逐一分析，明确指出K公司主张的经营信息中与特定客户即S公司相关的特定联系人、联系方式、交易历史、交易金额、交易习惯、客户需求等信息，是相互关联的一组信息，是在针对特定客户长期经营活动中，根据其具体特点，逐渐积累、完善、总结、归纳而形成，有别于公知的客户信息及常规性的客户信息组合，不是所属领域相关人员普遍知悉和容易获得的。由此可见，K公司所主张的属于商业秘密的经营信息不仅仅是客户名称、联系人、联系方式等一般信息的简单罗列，仅客户名称、地址、联系方式等简单客户信息，当然不属商业秘密范畴。

K公司将作为交易对象的客户交由张某及其所在团队对接、联系和维护，张某及其所在团队通过长期与客户联系沟通，不仅掌握了客户的基本信息，还可以进一步了解包括客户需求以及对产品质量、价格、交易习惯等方面的特殊要求和特定信息，这些信息是K公司通过长期与客户沟通、交易而形成，具有独特性，K公司与S公司的邮件内容、报关材料等客观证据也反映了上述信息的形成过程。这些经营信息均系张某在K公司任职期间形成，需要付出一定的代价才能获得，其权属当属K公司所有。

虽然S公司的联系人、电话、传真、邮箱等信息均可以通过网络或展销会公开查询到，但上述信息仅涉及S公司的总经理名字、公司简介以及该公司网站展示的部分商品名称、价格等，上述信息仅系公司的一般的商业宣传行为，如前所述，其当然不属商业秘密范畴。仅凭上述公开宣传信息，而不了解客户具体业务联系人、联系邮箱、客户交易历史、交易习惯、客户具体需求等关键信息，不可能达成实际交易。同样，S公司采购产品后销售给同行业的另一家公司，但该另一家公司公开销售的产品型号及价格不可能等同于S公司的采购需求及交易价格，亦不能证明其销售的产品均来源于S公司，不能据此否定K公司经营信息的秘密性。

客户交叉报价的行业习惯，只是客户为了取得更低报价的一种商业手段，而报价也不能等同于产品的成交价格，不能由交叉和公开报价推断得出经营信息的公开性。事实上，被告人张某既没有同时也不可能从公开渠道获取到S公司成交的关键信息，相反，出于司法办案需要，侦查机关经向海关调取，才取得G公司以及其他公司向S公司销售产品的出口申报记录，无法从公开渠道获得供应商与S公司的具体交易内容。因此，S公司在中国向供应商采购产品的类型、交易价格、交易历史不属于公知信息。

2. 价值性。如鉴定意见所述，涉案经营信息是由特定联系人、联系方式、交易历史、交易金额、交易习惯、客户需求等组成的相互关联的一组信息，特定客户的综合信息是通过长期、稳定交易所形成，能为权利人带来竞争优势，具有商业价值。从实际来看，K公司通过长期与S公司交易，创造了较高的业务额，而张某利用该经营信息与S公司交易，仅5年时间，出口销售金额就高达6000余万元，足见该经营信息具有经济价值。

虽然实际成交与经营信息没有一一对应，张某交易产品与K公司交易产品存在产品质量等差异，笔者认为，涉案经营信息相对稳定，具体的产品质量标准与成交价格随市场更迭发生变化，是常见的经济现象。考虑到产品单价受市场影响，不作为单独比对项，同类产品检测标准变化、尺寸差异不影响对涉案经营信息的实质性使用。在案证据证实，张某与S公司交易过程中涉及的联系人及其联系邮箱、客户需求、交易产品类型与K公司的涉案经营信息相同，K公司与S公司在同类产品交易过程中形成深度交易信息，仍会为张某提供竞争优势，足以认定被告人张某使用了K公司有价值的涉案经营信息。

3. 保密性。在案证据证实，K公司制定的员工手册、反舞弊与举报制度等文件，明确规定了保守商业秘密义务、泄露公司商业秘密的惩处措施等；K公司与张某签订的劳动合同中，有专章约定了商业秘密和竞业禁止，明确约定员工在职及离职后保守公司商业秘密、不得擅自使用商业信息秘密；与张某签订的保密协议对公司商业秘密的内容和范围、保密义务的内容、交还保密材料、保密协议的期限、保密费的数额及其支付方式、违约责任等内容进行了详细约定；K公司还对与S公司联系的邮箱及其登录人员范围进行了限定并设置了权限。上述保密措施明确指向客户的电子邮件、客户名单、销售环节的价格和策略，而电子邮件、外销合同电子版本、出货清单是可以显示客户联系人、联系方式、交易产品类型、价格、交易量、付款条件等信息的载体，且上述保密措施指向的信息与K公司主张的经营信息相符，被告人张某对涉案经营信息负有保密义务。上述事实、证据足以证实K公司对涉案经营信息具有明确的保密意愿，并采取了必要的保密措施。

（二）个人信赖交易的免责

笔者认为张某与S公司的交易，绕开了K公司，不能认定为S公司给予其的个人信赖。

1. 张某与K公司签订的劳动合同约定，张某在K公司任职期间，所得的知识产权和与知识产权相关的权益以及因工作关系持有的所有文件、资料等，均归K公司所有。张某与S公司及其联系人进行接洽、沟通，系K公司分配的工作内容，张某使用K公司提供的客户信息与客户进行沟通，系其正常的履职行为。S公司在张某自K公司离职后仍然和K公司进行长期的合作，也从侧面说明S公司并非只认张某一个业务员，而是基于利润的多少选择交易伙伴。案卷所附的2009年期间S公司与K公司的电子邮件，亦显示其对K公司关于车轮的报价不满意并给出其目标价格，结合S公司交叉报价以获取更低的成交价格的事实可知，价格才是促成交易的重要因素。

2. 本案不适用《最高人民法院关于审理侵犯商业秘密民事案件适用法律若干问题的规定》（以下简称《审理规定》）相关免责条款。根据《审理规定》第2条第2款，“客户基于对员工个人的信赖而与该员工所在单位进行交易，该员工离职后，能够证明客户自愿选择与该员工或该员工所在的新单位进行交易的，人民法院应当认定该员工没有采用不正当手段获取权利人的商业秘密”。首先，该司法解释规定“能够证明客户自愿选择与该员工或该员工所在的新单位进行交易的，人民法院应当认定该员工没有采用不正当手段获取权利人的商业秘密”，其适用的前提条件是“员工离职后”。本案中，张某成立G公司时尚未从K公司离职，其绕过K公司、以G公司名义与S公司进行交易的行为亦发生在K公司任职期间，而非发生在其离职后，故张某的行为不符合适用上述规定的情形。其次，张某与K公司签订的劳动合同明确约定，无论乙方（指张某）因何种原因离职，均承担如同在职期间一样的保密义务和不擅自使用有关秘密信息的义务，且不得与甲方（指K公司）和甲方关联企业的任何客户联系（含客户主动联系乙方），否则，视为乙方侵害甲方的经营秘密。依照该约定，张某离职后，即便系客户主动联系张某，其行为亦属于侵犯K公司经营秘密的行为。最后，张某在K公司任职期间依照劳动合同享受K公司提供的劳动报酬和福利待遇，其本应为K公司履职尽责，但其却私下另立公司，将K公司的客户转为与其另立的公司进行交易，减少了该客户与K公司交易的机会，给K公司造成巨额损失。其行为既违反了其与K公司所签劳动合同、保密协议的约定以及K公司相关制度的规定，也违背了作为员工最基本的职业操守。

（三）损失金额认定

知识产权侵权案件损失认定的方式主要是权利人受到的实际损失、侵权人的违法所得。因本案张某并未按照行政和司法机关的通知要求，提交其与S公司交易所获得的违法所得的证据，故以权利人受到的损失认定本案损失金额。

根据《司法解释（三）》第5条第1款第3项规定，违反约定、权利人有关保守商业秘密的要求，披露、使用或者允许他人使用其所掌握的商业秘密的，损失数额可以根据权利人因被侵权造成销售利润的损失确定；该条第2款还规定，权利人因被侵权造成销售利润的损失，采取递进补位方式确定，即首先可以根据权利人因被侵权造成销售量减少的总数乘以权利人每件产品的合理利润确定；其次销售量减少的总数无法确定的，可以根据侵权产品销量乘以权利人每件产品的合理利润确定。

本案中，张某违反约定及权利人有关保守商业秘密要求，使用K公司的经营信息与S公司进行交易，对权利人造成的损失即减少了其与S公司交易的机会，但考虑到其交易量的减少还可能存在涉案侵权行为以外的其他市场因素，故无法准确确定K公司因被侵权造成销售量减少的总数。因此，按照《司法解释（三）》规定的计算方法的先后次序，K公司因被侵权造成的营业利润的损失，可根据张某与S公司的交易数量乘以K公司产品的合理利润确定。

关于K公司产品的合理利润，审计机构对K公司与S公司交易产品的报关单、合同、出口发票、收汇记录、采购发票、退税明细以及其他费用等财务数据资料按照产品的名称分别计算了商品的利润率，再根据张某与S公司每种产品的交易金额，根据其出口报关单证等证据计算其出口相关产品的收入乘以K公司出口同类产品的利润率计算损失数额，该计算方式系较为客观的认定方式。

此外，参考其他领域司法解释，前述认定也具有合理性。《最高人民法院关于审理不正当竞争民事案件应用法律若干问题的解释》（已失效）第17条第1款规定侵犯商业秘密行为的损害赔偿额可以参照确定侵犯专利权的损害赔偿额的方法。《最高人民法院关于审理专利纠纷案件适用法律问题的若干规定》第 14 条第 2 款规定了侵权人因侵权所获得的利益一般按照侵权人的营业利润计算，对于完全以侵权为业的侵权人，可以按照销售利润计算。本案中张某无论是在职期间还是离职后，均利用 K 公司的经营信息与 S 公司进行交易，且其交易对象有且仅有 S 公司一家，故可以认定张某系以侵权为业，因此以 K 公司交易商品的毛利润作为销售利润来计算损失并无不当。

从利润计算的参考年份来看，审计报告以 K 公司案发前的前十年的平均年利润作为参考（而非案发时或诉讼时的平均利润），由于存在物价上涨、货币通胀等因素，实际上已经属于就低认定、有利被告人，因而相对客观和公平。

综上，K 公司与 G 公司的经营范围基本相同，虽具体成交的产品类型、质量、价格、付款方式等方面存在差异，但本质上仍属于同类竞争，且使用了 K 公司的经营信息而达成交易，从而对 K 公司造成了损失。2023 年 1 月 30 日，N 市 Y 区法院一审判决被告人张某犯侵犯商业秘密罪，判处有期徒刑 4 年，并处罚金人民币 400 万元。被告人张某提出上诉。N 市中级人民法院审理后裁定驳回上诉、维持原判。

使用经著作权登记的“美术作品”生产假冒产品行为的定性*

郭大磊　李　皓**

摘　要《作品登记证书》中的美术作品登记仅有备案效力，美术作品的认定应基于著作权法进行实质判断。实质判定标准关键在于是否符合著作权法意义上的独创性。“独”是指“独立创作、源于本人”，“创造性”标准需要达到富含作者个性、具有艺术美感且非一般人都可以轻而易举能够达成的高度。未达到著作权法中“独创性标准”的文字图形组合若以美术作品的路径保护，会带来滥用著作权保护的后果。

关键词　著作权登记　美术作品　独创性　侵犯著作权罪　刑法定性

[基本案情]“LAKME”（中文译称莱肯）系联合利华旗下品牌。“ ”图样由著作权人 Hindustan Unilever Limited（联合利华）于 2016 年 2 月 26 日在国家版权局登记为美术作品。“LAKME”标识在印度系正式商标，但本案案发时，“LAKME”标识在我国境内因商标抢注纠纷仍处于争议阶段而尚未注册成为我国商标。

---

* 本文为 2024 年度上海市检察官协会重点课题“‘参考性’‘典型案例’司法指引功能的辨析与完善”（SH2024302）的阶段性成果。

** 郭大磊，上海市杨浦区人民检察院第六检察部副主任、一级检察官，法学博士，全国检察机关调研骨干人才；李皓，上海市杨浦区人民检察院第六检察部检察官助理。

2019年起，浙江省义乌市某公司总经理李某某与外籍人员接洽，在未经“著作权人”许可的情况下，约定由该公司为客户生产一批印有“”图样的化妆品（口红、精华套装等）。李某某委托王某等进行商标仿制并安排工厂员工完成具体包装生产以牟取非法利益。2019年9月，公安机关查获涉案公司印有上述图样的化妆品共计12万余件。

一、分歧意见

关于李某某及涉案公司未经许可生产假冒“LAKME”品牌化妆品行为的定性存在不同观点。

第一种观点认为行为人李某某及涉案公司的假冒行为构成侵犯著作权罪。该观点的主要依据是，该化妆品上的图形标识虽然未进行商标注册，但该图形进行了著作权登记，且登记为美术作品，应当认为其具有独创性，系《著作权法》保护的作品，属于《刑法》第217条所规定的“美术作品”，因而可以构成侵犯著作权罪。

第二种观点认为行为人李某某及涉案公司的假冒行为不构成侵犯著作权罪。主要理由是我国的作品登记仅做一般形式审查而不做实质性审查，《作品登记证书》中对于美术作品的登记仅有备案效力。涉案图样能否被认定为作品需要进行实质性判断。“”图样不具有相当程度的著作权意义上的独创性，难以构成著作权法意义上的作品，也就不属于侵犯著作权罪中的犯罪对象，因而无法构成侵犯著作权罪。

二、评析意见

笔者同意第二种意见，本案行为不构成侵犯著作权罪。

（一）涉案“”图样缺乏著作权法意义上的独创性

相对于刑事法而言，民事法具有前置法的性质，因而刑事法的实施在更大程度上受到民事法的制约。[①]基于此，侵犯著作权罪中“作品”的含义应当与《著作权法》中“作品”的含义保持一致。根据《著作

---

① 参见陈兴良:《刑民交叉问题研究》,《华东政法大学学报》2021年第6期。

权法》《著作权法实施条例》相关定义，“作品”认定的各种要件中，最重要、最关键且在理论和司法实践中存在较大争议的是对于作品独创性的认定。正如有学者指出，认定“作品”关键在于独创性的认定，而独创性的“独”要求“独立创作、源于本人”；“创”是要具备起码的艺术美感和智力创造成分。[①]司法实践中，司法机关亦认为，“能否获得著作权法保护的关键在于涉案形象是否构成著作权法意义上的作品。作品的独创性强调独立完成和创作性”[②]。应当明确的是，我国的作品登记仅做一般形式审查而不做实质性审查，《作品登记证书》中的美术作品登记仅有备案效力，不具有证明涉案图样构成作品的证明力，《作品登记证书》中的图样并不等同于《著作权法》上的美术作品。本案中，仅凭《作品登记证书》就认定涉案图样系美术作品缺乏充分证据，涉案“”图样是否属于美术作品的判断标准应对标《著作权法》中美术作品的判断标准。

第一，涉案“”图样不符合著作权法意义上“独”的标准。“独”即“独立创作、源于本人”，要求作品应由创作者独立完成，而非抄袭的成果。实践中，“独立创作、源于本人”意味着作品创作的完成日期、首次发表日期需“先于他人”。而《作品登记证书》中记载的上述日期均为申请人自述，国家版权局对此不进行实质审查。因此，就本案而言，权利人仅凭《作品登记证书》的日期记载，在无创作过程的其他证据，例如作品首次公开发表的相关报道等予以佐证的情况下，尚无法证明涉案图样系“独立创作、源于本人”，进而享有对作品的在先著作权。

第二，涉案“”图样不符合著作权法意义上“创”的标准。“创造性”的判断标准是一个存在较大争议的问题。早期英美法系国家认为“只要劳动成果包含作者独立艰苦劳动并具有实际价值”即可，但因违反《伯尔尼公约》的实质精神而备受质疑。大陆法系国家普遍对“创”的要求更高，《德国著作权法》认为作品应当具有一定的创作高

① 参见王迁:《知识产权法教程》，中国人民大学出版社2016年版，第26、32页。

② 浙江省杭州市中级人民法院民事判决书，(2020)浙01民终1426号。

度，缺少创作高度的作品不具有独创性。《法国著作权法》认为作品应当表现或显示作者的个性。[1]《德国著作权法》专家雷炳德指出：“那些运用普通人的能力就能做到的东西，那些几乎每个人都可以做成的东西，即使这些东西是新的，也不能作为作品受到保护。”[2]我国相关法律规定中并未对“创”的高度进行明文规定。但“作品中必须体现作者的智慧与个性”已逐渐成为学界共识。

从一些民事判决中可以发现，我国司法实践中对独创性审核标准较为严格。例如“红黄搭配的虎头电池包装图因构图过于简单，独创性较低，难以构成我国著作权法上所指的作品”[3]，又如“WMF 标识仅系三个字母的简单叠加，缺乏作品独创性要求”[4]，再如“游戏玩家花费一定时间精力完成捏脸后的人物形象，其个性化程度很弱，不符合独创性的要求”[5]。此外，“原告所采用的元素均是来自日常生活中的素材，且仅系将上述元素简单组合，形成涉案主张权利美术作品，并不能体现出作者的创造性智力劳动”[6]。从上述判决中我们可以发现，司法机关对于“创造性”的判断都要求达到富含作者个性、具有艺术美感的程度，而非一般人都轻而易举能够达成。具体到本案中，涉案“”图样包括两部分，一是“LAKME”字样，二是图形“圈 L”，即简单的图形与字母的组合。“LAKME”字样系常规字体字母的直接排列且同时为商品标识，无法体现作品基本的创造性要求，“圈 L”系实心圆中镶嵌商品标识首字母的组合图形，两者的简单叠加系商标的一般构成思路，符合一般人可以轻易达到的设计高度，无法体现作者无可替代的独特个性，也不能体现出作者的创造性智力劳动。综上所述，涉案图样缺少著作权法意义上的独创性。

---

① See Elizabeth F. Judge & Daniel Gervais, Of silos and constellations: comparing notions of originality in copyright law, Cardozo Arts and Entertainment Law Journal, Vol.27, p.383（2009）.

②［德］雷炳德：《著作权法》，张恩民译，法律出版社 2005 年版，第 49 页。

③ 北京知识产权法院行政判决书，（2019）京 73 行初 212 号。

④ 北京市高级人民法院行政判决书，（2014）高行知终字第 3088 号。

⑤ 浙江省杭州市中级人民法院民事判决书，（2020）浙 01 民终 1426 号。

⑥ 广东省广州知识产权法院民事判决书，（2015）粤知法著知终字第 608 号。

（二）通过“美术作品”的路径保护商标会带来滥用著作权保护的后果

就司法实践中对于侵犯商标犯罪的定罪逻辑而言，制售假冒他人注册商标的行为罪名选择的范围为假冒注册商标罪、销售假冒注册商标的商品罪等，并不会特意对注册商标本身是否为美术作品进行判定，亦不会进行是否构成侵犯著作权罪的考量。究其原因，著作权与商标权各司其职、各有其权利保护范围和侧重，著作权的核心是美感，商标权与专利权的核心是实用，商标的主要作用并非给人带来美感，而是商誉的体现，并在生产和商业流通中产生实用效果。虽然一些商标具备一定美感，但就其作用发挥而言，更为核心及关键的还是区分商品来源以及商标所附着商誉的体现。本案中，涉案“”图样对于一般公众认知而言就是实质意义上的商标，其印在产品外包装上的实际用途即区别商品来源，但涉案图样案发时尚未注册成为我国商标而无法构成侵犯商标类犯罪。但若仅因侵犯商标类型犯罪无法适用就试图寻找适用侵犯著作权罪的入口，将“”图样作为作品予以著作权刑事保护不免有滥用著作权保护的嫌疑。

一方面，认定为侵犯著作权罪的后果可能使得图形商标注册毫无必要，因为只要是图形商标或是图形加文字的商标必然会有一定的设计因素，既然可以作为美术作品保护著作权，那么注册商标就变得基本无意义。正式商标的获得要经过形式审查与严格的实质性审查审理，根据国家知识产权局《商标审查审理指南》的有关规定，对商标首先要进行形式审查，主要是对申请书件、商标图样规格、清晰程度及必要的说明的审查；之后再进行关于“不以使用为目的的恶意商标注册”“不得作为商标标志”“商标显著特征”“商标相同、近似”以及关于“三维标志商标的审查审理”等具体内容的审查。而作品著作权因作者作品创作完成时即自动获得，登记机关受理作品登记时仅做材料齐全方面的一般形式审查。另一方面，一旦类似本案的非注册但实质使用的“商标”能够被认定为作品，侵犯这种实质使用“商标”的行为能够构成侵犯著作权罪，那么今后权利人显然都不会再去申请注册商标保护，而是去申请相关商标图样作为美术作品保护，进而几乎“无成本”地实现更长的保护期限（著作权保护期限系50年，商标保护期限系10年），这会导致《刑法》所规定的侵犯注册商标犯罪被架空。

需要进一步说明的是，本案不构成侵犯著作权罪，同时因在刑事诉讼阶段涉案标识尚未在我国成为注册商标，因而亦无法构成我国《刑法》中所规定的侵犯注册商标类犯罪。此外，本案中扣押的涉案化妆品未发现有商品原料“以次充好”等情形，无法构成生产、销售伪劣产品罪；亦未发现因使用该批次化妆品而发生造成他人容貌毁损等严重后果等情形，因此亦不构成生产、销售不符合卫生标准的化妆品罪。检察机关综合上述法律分析及全案证据，依法对行为人作出了不予批准逮捕的决定。

“法益保护不仅仅通过刑法得以实现，而必须通过全部法律制度的手段才能发挥作用。”[①] 也就是说，并非所有的具有社会危害性的行为都能纳入犯罪刑罚圈中，也无须“想方设法”挤进犯罪刑罚圈。司法者理应遵循立法者搭建的范围和框架而不能有所突破，尤其是知识产权这种侧重于财产属性、民事手段可以较为完善救济的权利，更应注意把握刑事手段干预的范围与尺度，审慎运用刑罚手段介入。

---

① ［德］克劳斯·罗克辛:《德国刑法学总论》（第1卷），王世洲译，法律出版社2005年版，第23页。

专题四

非法经营罪新型疑难问题

非法经营罪中“严重扰乱市场秩序”的教义学解读

——以最高人民法院第97号指导案例为基本视角

崔志伟*

摘　要　非法经营罪中“扰乱市场秩序”与“违反行政管理有关规定”其实是一个问题的两个方面，两者处于重叠状态，关键是看扰乱程度是否“严重”。刑法规范是通过设立行政性管理秩序以达到保护市场参与者权益的目的；指导案例强调的“刑事处罚的必要性”则考虑了合比例原则的要求。因此，在理解“情节严重”“严重扰乱”时，不应持唯数额（量）论立场，而是首先考量行为是否妨害市场管理秩序所服务的目的实现。如果某一行为虽然违反了国家规定，但未对市场参与者权益形成任何危险，则不具备刑事不法之质，也就难以从文义上评价为“严重扰乱市场秩序”，进而不应认定为犯罪。

关键词　非法经营罪　严重扰乱市场秩序　指导案例　刑事处罚必要性　市场参与者权益

*　崔志伟，上海师范大学哲学与法政学院副教授、硕士生导师。

一、问题的导出

［**基本案情**］ 2014年11月至2015年1月，王力军无证（未办理粮食收购许可证、未经工商行政管理机关核准登记并颁发营业执照）收购玉米，并将玉米卖给粮油公司，经营数额20余万元，获利6000元。案发后，王力军自首，并退缴所得。

一审、再审法院的刑事判决乃至最高人民法院（以下简称最高法）的再审决定均肯定了该行为违反国家粮食流通管理有关规定的形式特征，由“有罪”到“无罪”的改判表明，该案的争议焦点并不在于是否具备法定性依据。再审判决书“仿照”了最高法再审决定的改判理据——不具有与非法经营罪相当的社会危害性和刑事处罚必要性，但是，对于这种“社会危害性”“刑事处罚必要性”该作何理解？仅此作为裁判理由显得有些说理粗疏。最高法第97号指导案例在此基础上提供了一种原则性指引，即“判断违反行政管理有关规定的经营行为是否构成非法经营罪，应当考虑该经营行为是否属于严重扰乱市场秩序。对于虽然违反行政管理有关规定，但尚未严重扰乱市场秩序的经营行为，不应当认定为非法经营罪”。由此肯定了“严重扰乱市场秩序”相较“违反行政管理有关规定”的相对独立性，但是，应当如何理解这种“严重”程度？是指收购贩卖所得资金数额还是行为所涉及的地域大小？如果王力军涉案数额巨大或波及地域较广，是否仍有入罪的可能？如果答案是否定的，那么出罪的实质依据何在？在形成机制上，指导案例实际上是以典型案例为契机对案件事实的抽象以及裁判规则的凝练，是归纳之后再演绎的过程，为了增强其可适用性，有必要对这种抽象性规则从教义学视角予以再解读。

二、对“严重扰乱市场秩序”的不同理解及评析

从现有判决来看，司法者在不同的案件类型中对于“严重扰乱市场秩序”会作出不同的解读。其一，从涉案的数额认定“严重扰乱市场秩序”。例如，在藏某泉等非法经营案中，法院认为被告人在既未将涉案土地性质由工业用地变更为居住用地，亦未取得各项建设、施工、预售等许可资质的情况下，擅自在该土地上违法建设并向社会公开销

售公寓小区，其行为已经违反了相关法律规定，且非法经营额高达 1.9 亿余元，严重扰乱了市场秩序。① 这种认定模式属于司法实践的通常做法，既有司法解释在解释本罪“情节严重”“情节特别严重”时大多以涉案数额为界定标准。其二，从违反行政规定行为的次数认定“严重扰乱市场秩序”。例如，翁某喜非法经营案，被告人未经许可在城区违法搭建商铺并以招商为名收取租金，法院认为被告人违反了国家房地产管控、公司登记管理、消防安全检查等多个行政规定，该类行为越多，违反程度越重，就越体现出其扰乱市场秩序的严重程度。被告人在规划、工商、消防等手续均不具备的情况下，为实现“经营”目的，伙同他人先后两次非法招商，其行为属于严重扰乱市场秩序的非法经营行为。② 关于非法经营罪的相关司法解释在界定“情节严重”时也会采取诸如“2 年内因非法经营……受过 2 次以上行政处罚”的标准。其三，从行为实质的社会危害性角度评价是否“严重扰乱市场秩序”。例如，在欧某、关某锦非法从事长途大巴客运经营案中，被告人未取得道路运输经营许可擅自从事长途大巴客运经营，法院认为，非法从事长途大巴客运经营活动，不但严重扰乱道路运输市场秩序和行业秩序，还会危害人民群众的生命财产安全以及引发社会不稳定因素，综合评价其潜在的社会危害严重，属于“严重扰乱市场秩序”。③ 对于以上针对“严重扰乱市场秩序”的不同理解，本文观点如下：

第一，“扰乱市场秩序”与“违反行政管理有关规定”其实是一个问题的两个方面，两者处于重叠状态，关键是看扰乱程度是否“严重”。传统理论认为诸如非法经营罪等行政犯侵犯的法益是刑法所保护的行政管理秩序，包括司法行政管理秩序，工商、税收、金融、海关行政管理秩序，公共安全行政管理秩序等。④ 这是因为，从刑法所从属的前置性行政规范来看，这些行政管理秩序正是相应的行政法律法规意在确立并保护的，只要符合了前置法所描述的不法要件，就可以评

① 参见北京市高级人民法院刑事判决书，(2015) 高刑终字第 410 号。

② 参见《刑事审判参考》第 1042 号案例。

③ 参见《刑事审判参考》第 1121 号案例。

④ 参见黄河：《行政刑法比较研究》，中国方正出版社 2001 年版，第 125 页。

价为对相关秩序的违反。例如，只要生产、销售的“药品”未经主管部门审核批准就违反了药品管理秩序；只要行为所涉枪支被公安机关鉴定为“枪支”，即便没有产生对人身安全的实际威胁，也是违反了国家枪支管理秩序；只要提供的贷款资料不完全属实，即便对信贷资金的归还不产生实际影响，也违反了贷款管理秩序；只要开具了与实际交易不符的增值税专用发票，即便客观上无法申请抵扣税款，也扰乱了国家发票管理秩序等。同样，在非法经营罪中，只要违反了相关国家规定，便扰乱了该规定所确立的特定领域内的市场管理秩序。王力军案中，指导性裁判规则将“严重扰乱市场秩序”与“违反行政管理有关规定”作为两个相对独立的构罪要素，并非意在表明“违反行政管理有关规定可能并未扰乱市场秩序”，而是意在强调需扰乱市场秩序且达到“严重”程度方可评价为犯罪，因此，关键在于如何理解“严重”二字。

第二，以涉案数额或违法次数作为衡量“严重”与否的绝对标准可能并不合适。无论从司法解释的惯有表达还是现实案件的裁判依据来看，涉案数额或者违法次数成为评价“严重”与否的普遍标准，即只要违反了相关国家规定且数额巨大便属于“严重扰乱市场秩序”或“扰乱市场秩序，情节严重”。“数量”标准对统一裁判规则、简化裁判思路来说无疑是有益的，但是，可能会违背处罚实质合理性的要求。尤其以王力军无证收购玉米案为契机来审视这种裁判思维，“数量”标准的问题便非常明显。一方面，一审法院认为王力军非法经营数额21万元，数量较大，其行为构成非法经营罪，法院再审论证时便对这种数额要素不再提及，问题是：这是否表明再审否定了这种数量标准的做法呢？如果答案是否定的，如上文所述，是否意味着再出现类似情形只要数额足够大便仍有入罪的可能？另一方面，在普通公众看来，出入罪的朴素情理依据在于该行为是否“有害”而非所谓的扰乱管理秩序与否。从舆情表现来看，在公众的潜意识中这种粮食收购管理制度或市场管理秩序不应成为认定犯罪的依据，无罪的缘由只有一个：该行为对于民众生活无害有益。

第三，与非法经营罪相当的社会危害性依据何在，这是认定犯罪的关键。指导性案例要求成立非法经营罪应具备相当程度的社会危害性，现实案例表明有的司法者也是从社会危害性角度解释“严重扰乱市场秩序”。但是，从王力军案一审判决来看，法院认为“对其适用缓刑确实不致再危害社会”且以犯罪论处，言外之意是肯定了行为的社会危害性质的。在我国传统的以社会危害性为核心的犯罪论体系中，社会危害性往往成为出入罪的核心依据，但是，“社会”一词自从社会危害性理论的产生，其外延就是不受约束的，对于行政管制、管理秩序的违反都可评价为危害社会，以致无法准确把握社会危害的具体指向及内涵。在上述欧某、关某锦非法从事长途大巴客运经营案中，法官实际上是从他人人身财产安全的角度来理解社会危害性。那么，在非法经营罪认定中，究竟是从行政性市场管理秩序还是市场参与人权益角度认定社会危害的基点？这直接关系着罪与非罪的认定。如果认为破坏市场秩序本身就是一种社会危害，那么便只能从“量”上寻求不可罚的依据；反之，则需要具体探讨行为对秩序背后的某种权益是否造成了危险或实害。在涉枪支类案件认定中也是同样的道理，如果认为违反前置性枪支管理制度便是一种社会危害，那么只要达到一定数量便当然成立犯罪。在赵春华非法持枪案二审中，法院在坚持一审定性的前提下认为，赵春华犯罪行为的社会危害相对较小，对其适用缓刑。[①]但是，这种“社会危害相对较小”结论是如何得出的？如果是针对人身安全得出的，那么就不是危害相对较小而是没有危害；如果是针对枪支管理制度而言的，那么行为已然触犯了前置性枪支管理规定且达到“情节严重”标准，便没有从轻甚至出罪的依据；如果认为是针对人身安全以及枪支管理制度两者而言的，便在认定依据上存在冲突，因为完全可能存在违反枪支管理制度却对人身安全没有危险的情形。就此而言，在非法经营罪的实质认定上，应进一步探究社会危害的指向何在，从王力军案来看，出罪的依据正是对于市场参与者未形成社会危害。

---

① 参见天津市第一中级人民法院刑事判决书，(2017) 津 01 刑终 41 号。

三、“严重扰乱”应以妨碍市场秩序的目的实现为实质标准

王力军案中，在既已具备前置性行政违法根据时，应当着重从“严重扰乱市场秩序”方面探讨认定刑事不法的实质根据。在本文看来，指导案例将《刑法》上的“严重扰乱市场秩序”与“违反行政管理有关规定”区别开来，实际上是肯定了行政规范与刑法规范的区分立场，亦即违反行政管理有关规定便是扰乱了市场管理秩序，只不过《刑法》要求达到“严重程度”方可入罪。

最高人民法院既然以王力军案作为非法经营罪适用的指导性案例，完全能够说明该案的典型性、代表性，以此案切入理解非法经营罪，对于“严重”与否的判断显然不能仅凭涉案数额、数量等量的因素，即量的区分说并不适用于该类案件。其实，结合本案的主要争议点可以推知，指导案例所说的“未达到严重扰乱市场秩序的危害程度”“不具备与非法经营罪相当的社会危害性和刑事处罚的必要性”，实际均指向的是对他人合法权益未形成任何妨害，这一点应当成为判断是否“严重扰乱市场秩序”的核心因素。

（一）刑法规范是通过设立行政性管理秩序以达到保护市场参与者权益的目的

由于我国奉行的是行政处罚与刑罚并行的二元处罚体制，对于行政规范与刑法规范区分标准的讨论由来已久，整体来看，量（程度）的区别说占据主流，在该观点看来，刑法规范与行政规范均意在维护某一领域的管理秩序，两者的区别仅在于不法的量，而这种“量”往往通过涉案数量（数额、次数等）体现。这极易使刑法成为前置法纯粹的情节或结果加重犯，刑事不法判断的独立性完全丧失，刑法的目的就沦为单纯惩治严重的行政不法，刑法成为行政法的工具，将“面临沦为保护纯粹行政利益的风险”①。

其一，整体来看，行政法与司法法的属性并不相同，前者是一种社会管理法，其属性可归结为管理和效率，而刑法作为司法法偏重于

① 何荣功:《社会治理“过度刑法化”的法哲学批判》,《中外法学》2015 年第 2 期。

公正和客观，[①]这决定了刑法与行政法的立法初衷与期待的实际效果并不相同，刑法总归以保护某种法益为价值导向，而行政法力图确认的是一种管理秩序。“如果某种规定只保护特定的秩序，而不去避免具体的损害，那这些规定在刑法中就没有任何地位。”[②]“行为仅侵害行政管理秩序时，即使在行政法上被认为侵害了公法益，但如果没有最终侵害个人法益的，就只是行政违法行为，而不可能成为犯罪行为。”[③]就此而言，对于“两法”规范目的的解读不宜简单等同。

其二，在量的区分说当中，刑法规范与行政规范的区别只能诉诸行为的严重程度，但是，“对秩序的侵害程度则不可计量”[④]，在“秩序”这种抽象的概念之上建立可量化的标准难以实现。并且，很多时候行为的性质不会随着数量的变化而变化，本无危害的行为不可能因量的增加而变为有害，即“无”不能生“有”。此时，借助涉案数量来进行刑事不法认定便难以解决处罚实质合理性问题。

其三，从目的论角度讲，管理秩序的存在仅仅是为了更好地维护人之权益，自身并不是目的。在非法经营罪中，前置性的市场经营管理秩序在刑法层面充其量是一种保护手段，其真正目的是致力于市场参与者权益的保护，只有特定行为在侵犯管理秩序的同时也对这种秩序背后的人之相关权益形成了危害事实，才有助于得出犯罪结论。如未经批准经营证券、期货、保险业务对公众的财产安全形成潜在威胁，非法生产、销售“伪基站”设备会对公民的个人信息等安全造成危害，生产、销售禁止在饲料和动物饮用水中使用的药品会对公众健康造成威胁。但在有些行为类型中则并非完全如此，如未经批准生产、销售烟草、食盐。《食盐专营办法》第 1 条明确了其宗旨:“为了加强对食盐

---

① 参见赵运锋:《行政违法行为犯罪化的检视与应对》,《政法论丛》2018 年第 2 期。

② ［德］乌尔斯·金德霍伊泽尔:《法益保护与规范效力的保障——论刑法的目的》,陈璇译,《中外法学》2015 年第 2 期。

③ 张明楷:《避免将行政违法认定为刑事犯罪：理念、方法与路径》,《中国法学》2017 年第 4 期。

④ 魏昌东:《行刑鸿沟：实然、根据与坚守——兼及我国行政犯理论争议问题及其解决路径》,《中国刑事法杂志》2018 年第 5 期。

的管理，保障食盐科学加碘工作的有效实施，确保食盐质量安全和供应安全，保护公民的身体健康，制定本办法。”非常明显，食盐管理秩序仅仅是一种行政手段，而公民的身体健康才是目的。行为人所经营的食盐，如果不具备“利用井矿盐卤水熬制食盐”“销售不符合食品安全标准的食盐”等情形，而是对人体健康无害，那么就仅仅是扰乱了秩序本身，并无害于秩序背后的目的实现，也就不应评价为“严重扰乱市场秩序”。

其四，将“严重扰乱市场秩序”理解为“妨碍秩序背后的目的实现”并不违背基本的语义和文义的预测可能。因为，上文已述，非法经营罪的规范目的在于通过设立市场管制秩序保护市场参与者的相关权益，两者是手段与目的的关系，仅仅对于手段的违反可以评价为“情节一般”，而妨碍到其目的的实现便可评价为“情节严重”或“严重扰乱”。换言之，扰乱市场秩序本身并无所谓严重与否，只有在撼动到市场管理秩序的目的实现时才意味着达到了“严重扰乱”的标准，这完全在文义射程范围内，也不会脱逸一般人的通常理解。

（二）指导案例强调的“刑事处罚的必要性”实际是考虑了合比例原则的要求

指导案例除了强调行为的社会危害性，还要求行为具有与非法经营罪相当的刑事处罚必要性。理论上一般认为，比例原则包括手段的有效性、规制的必要性以及手段与结果衡量下的效益最大化。[①] 基于比例原则的要求，在刑罚与其他国家手段（尤其是行政手段）进行衡量之后，在能够达到预定目标的前提下，应作出最为缓和的选择。非法经营罪均以前置性法律作为判断构成要件符合性的依据，在现实中可能会出现两种情况：一种是仅仅违反了某种行政禁令或未经行政许可而未对市场参与主体的人身财产权益产生实际危险，这类行为充其量仅仅停留在行政不法的层面，不法性的根据仅仅在于“行政抗命”；另一种是通过实施行政违令行为对秩序背后的与人相关的权益造成了实际

① 参见张明楷:《法益保护与比例原则》,《中国社会科学》2017年第7期。

的损害或威胁。对于前者，通常说其违反了行政性市场管理秩序，但非常明显，这种仅仅冲击管制秩序的行为交由行政性法律法规处理便完全能够达到预定目标，此时如果动用刑法便不甚符合手段的“必要性”要求。只有出现后一情形，行为性质不再仅仅是违反秩序，才有刑法规制的必要。例如，对于未经许可经营烟草买卖的行为，从行为动机来看，没收涉案财物、违法所得以及罚款便可起到抑制此类行为的功效，刑罚的发动就失去了必要性。回归到王力军案，当时的《粮食流通管理条例》（2021年修订之前）第40条规定：“未经粮食行政管理部门许可擅自从事粮食收购活动的，由粮食行政管理部门没收非法收购的粮食；情节严重的，并处非法收购粮食价值1倍以上5倍以下的罚款；构成犯罪的，依法追究刑事责任。”显然，没收非法收购的粮食或者罚款便可起到一般预防及特殊预防的功效。一方面，通过对此行政不法行为予以否定，公众便可从中得知该行为是为整体法秩序所不容忍的，完全不必一律付诸刑法；另一方面，从事经营行为的动机或目的无非是谋利，而没收或罚款正是针对此动机的最佳抑制措施。因此，王力军无证收购玉米行为便不具备刑事处罚的必要性。

从指导案例内容表述来看，志在确立一种“违反行政管理有关规定”与刑法层面上“严重扰乱市场秩序的经营行为”的衔接关系。该规则表明，前置法的违法性是刑事违法性的必要但不充分条件。在入罪维度，需以行政不法作为必要的前提条件，主要体现的是对前置法的依附性，但有了行政不法尚不能得出刑事不法的结论；在出罪维度上，需暂时搁置行政规范的拘束，立足于自身的规范目的作出独立性评价，完全可以在文义规定范围内作出罪处理，主要体现的是其独立性。在对某一非法经营行为进行刑事认定时，定性是定量之前提，即法益侵害首先是“有无”的问题，其次才是“大小”的问题。当不具备危害人之相关权益之“质”时，再大的涉案数额也仅是行政规范的规制对象。因此，在理解“情节严重”“严重扰乱”时，不应持唯数额（量）论立场，而是首先考量行为是否妨害市场管理秩序所服务的目的实现。

总之，在司法解读上，该罪名的规范目的既不在于单纯确立一种行政性市场秩序（这是行政规范的任务）也不在于抑制人的谋利动机，而是通过执行前置法规范来维护市场参与者的人身财产利益。如果某一行为虽然违反了国家规定，但未对这种与人相关的利益形成任何危险，则不具备刑事不法之质，也就难以从文义上评价为“严重扰乱市场秩序”，进而不应认定为犯罪。

涉烟非法经营罪争议问题研究

潘雪峰 *

摘　要　在涉烟非法经营犯罪中，“运输许可证”不应包含在司法解释规定的许可经营的范畴内，无证运输行为不应以非法经营罪论处。从行政犯的本质特征和实质解释的方法来看，持烟草零售许可证从事批发业务属于超范围经营，不宜以非法经营罪追究刑事责任。对于家庭经营、合伙经营、“转证”及“借证”经营的行为是否属于未经许可经营的判断应坚持刑法独立评价，从刑法谦抑性角度看不宜一概入罪处理。

关键词　无证运输　超范围经营　无证经营　行政犯　实质解释

在我国，烟草是最典型的须经国家许可才能经营的专营、专卖产品。司法实践中，涉烟犯罪是经济领域多发犯罪。经对 H 省涉烟犯罪情况进行调研后发现，涉烟非法经营罪不仅在涉烟犯罪中占比最重，而且还占到全部非法经营犯罪案件的七成左右。尽管烟草专卖法律规范体系较为完备，但由于非法经营罪本身的适用问题较为复杂，加上我国烟草专卖体制的特殊性，实践中公安司法机关内部对于相关法律适用问题存在认识分歧，导致涉烟非法经营案件屡屡被作无罪判决或不起诉处理。本文对其中的主要争议问题进行了梳理，并结合具体案

*　潘雪峰，湖北省人民检察院。

例作简要分析。

一、无证运输行为的司法认定

[案例一] 2017年9月25日，徐某某、尤某某驾驶汽车从E市出发到广东拖运卷烟。卷烟装运结束后，徐某某、尤某某在未办理《烟草专卖品准运证》的情况下，驾驶该车从广东返回E市。同月28日凌晨1时许，徐某某、尤某某驾驶该车途经E市某高速公路服务区时，被E市公安局交警和烟草专卖局查获。经现场检查，徐某某、尤某某驾驶的汽车载有“芙蓉王”“黄鹤楼”“红金龙”等7个品牌的卷烟，共计2000条40万支。经E市烟草专卖局核价，上述7个品牌的卷烟共计价值人民币33.4377万元。经烟草产品质量监督检验站检验，上述7个品牌的卷烟均系真品卷烟。

由于是在运输途中查获，无证据表明徐某某、尤某某是该批卷烟的实际经营者，也无法查明二人明知他人非法经营卷烟而受雇进行运输，此类情形下能否以非法经营罪追究刑事责任存在认识分歧。有观点认为，即使二人不是实际贩卖者，由于我国对烟草专卖品的运输同样实施许可制度，二人在未办理《烟草专卖品准运证》情况下实施了无证运输烟草专卖品的行为，也应构成非法经营罪，依据是2010年最高人民法院、最高人民检察院出台的《关于办理非法生产、销售烟草专卖品等刑事案件具体应用法律若干问题的解释》（以下简称《烟草解释》）第1条第5款“未经烟草专卖行政主管部门许可，无烟草专卖生产企业许可证、烟草专卖批发企业许可证、特种烟草专卖经营企业许可证、烟草专卖零售许可证等许可证明，非法经营烟草专卖品，情节严重的，依照刑法第二百二十五条的规定，以非法经营罪定罪处罚”。该规定在对相关许可证明列举后以“等”字结尾，说明是不完全列举，为无证运输行为入罪留有了余地。

但本文不赞同上述观点，将单纯以赚取运费为目的的运输行为评价为经营行为，已超出了法条中“经营”一词的含义范畴，而且烟草专卖品与危化品等其他需要办理运输许可证的物品不同，无证运输烟草的行为并不具有值得科处刑罚的社会危害性。《刑法》中“等”外未列举的行为应当与“等”前列举的行为具有相当性。相当性在具体理解时需要把握两点：一是在社会危害程度上是否相当，二是是否同样有刑法处罚的必要性。相较于无证生产、批发、零售行为，无证运输烟草专卖品的行为尽管违反了行政许可制度，但对市场经营秩序和烟草专卖制度的冲击程度较轻，因此《烟草专卖法》中规定了即使情节严重，无证运输烟草专卖品的也仅给予行政处罚，并未规定刑事责任。故本文认为，《烟草解释》未将准运证与生产企业许可证、零售许可证等并列在条文中表述正是考虑到运输行为毕竟和《刑法》第225条“未经许可，经营法律、行政法规规定的专营、专卖物品”有所不同，因此不宜以非法经营罪论处。

二、超范围经营的司法认定

［案例二］ 2018年9月20日，居住在J市A县的范某某从B县、C县等地收购卷烟运输回J市市区进行销售，在下高速时被J市烟草专卖局查获，现场查获卷烟约1314条，8个品种。经烟草产品质量监督检验站检验，卷烟均为真品卷烟，价值为258710元人民币。经查，范某某具有烟草专卖零售许可证且在有效期内，经营场所为J市A县东风村，这批货准备一次性销售给J市市区几家定点零售户。

本案中范某某的行为除了前述的无证运输行为，还存在以下违反烟草专卖法规的行为：一是从B县、C县等地零售户收购的卷烟属于从非指定烟草专卖部门进货的违法行为；二是范某某准备将1314条香烟运回J市销售给其他经营者，涉嫌无烟草专卖批发企业许可证从事烟草制品批发业务；三是范某某所持烟草专卖零售许可证规定的经营场所为J市A县东风村，但其将1314条香烟运至J市其他地点销售，超过了烟草专卖零售许可证规定的经营地域。这三项违法行为均可归纳为超许可经营，此种情形下能否以非法经营罪追究刑事责任在实践中存在疑惑。

2011年5月6日，最高人民法院以（2011）刑他字第21号文对江苏省高级人民法院做出《关于被告人李明华非法经营请示一案的批复》（以下简称《批复》）：“被告人李明华持有烟草专卖零售许可证，但多次实施批发业务，而且从非指定烟草专卖部门进货的行为，属于超范围和地域经营的情形，不宜按照非法经营罪处理，应由相关主管部门进行处理。”实践中，司法办案人员根据该《批复》的精神，对于类似超范围和地域经营的案件一般都做了出罪处理，理论界和实务界对于超地域经营不属于未经许可经营基本能达成共识，但对于超范围经营的问题则有不同认识。有观点认为上述《批复》所针对的是具体案件，《批复》中所称的“超范围和地域”，只在“李明华案”这个个案中具有特定性，对出罪条件的把握和应用不能无条件扩大到所有涉烟刑事案件中。[①]还有观点认为，《批复》中并没有对超范围经营和改变经营性质的行为进行区分，实践中不能将已经改变经营性质的行为简单认定为超范围经营行为。根据《烟草专卖法实施条例》第24条规定，无烟草专卖批发企业许可证的单位或者个人，一次销售卷烟、雪茄烟50条以上的，视为无烟草专卖批发企业许可证从事烟草制品批发业务。《批复》中的超范围经营应当指虽然超过了烟草专卖法规规定的一次性零售的许可标准，但卷烟直接流入了市场消费领域，因此从本质上看仍然属于零售行为，例如向以操办红白喜事、宴会等一次性消费为目的客户销售50条以上香烟的情形。而如果零售户以其他经营者包括其他批发者、零售者等非消费者为交易对象，则实质上以赚取批发利润为目的，此时就不是超范围经营，而属于未经许可从事烟草批发经营业务，仍然符合《烟草解释》第1条第5款的规定，涉嫌非法经营罪。

本文认为，上述观点虽然存在一定合理性，但并没有领会《批复》的精神内涵。首先，《烟草专卖法实施条例》第24条的规定在法律上属于一种拟制，即将一次性销售卷烟、雪茄烟50条以上的视为无批发许可证而从事批发的行为。但这种以量定性的划分标准来区分批发和零售行为，主要是基于行政管理的需要，并不适用于刑事责任的认定。况且，根据烟草专卖法规，能够取得批发许可证从事烟草批发业务的只能是各级烟草公司，一般经营主体不具有从事合法批发业务的现实可能性。因此，《批复》认为李明华多次实施批发的行为属于一种超许可范围零售的行为具有法理上的依据。其次，非法经营罪属于法定犯，

① 参见魏彤、吕祚成：《论改变经营性质类涉烟犯罪行为刑事违法性的认定》，《中国烟草学报》2017年第12期。

又称行政犯，相对自然犯天然的反伦理性和反社会性，行政犯是国家出于管理、控制社会的需要而在刑法中规定的犯罪。行政犯入罪前必然违反行政法律规范，但行政违法不等同于刑事犯罪，违法概念也不等同于犯罪概念。一般行政违法与刑事违法的实质界分，在于客观上有没有发生值得科处刑罚的法益侵害的结果和具体危险（严重的法益侵害性）。[①]因此对于行政犯的认定应当坚持实质解释的原则，对所侵犯的法益和案件具体事实进行实质评价。刑法并不处罚所有的法益侵害行为，只是处罚严重的法益侵害行为。[②]实践中，由于部分卷烟价值较高，50条以上卷烟的金额就可能达到非法经营罪的入罪数额标准。对于出于获取批发利润为目的，向其他烟草零售者批量销售卷烟的行为从行政法角度看确实涉嫌改变经营性质违法从事批发业务，但从刑法上法益侵害的角度来看，不管销售对象是谁，一次性销售50条以上卷烟的行为并没有对消费者的生命健康权造成危害，也没有造成国家税收损失，对烟草专卖秩序的影响程度也十分有限，没有刑罚处罚的必要。对于以售卖卷烟赚取利润的零售户来说，分批售卖50条和一次性售卖50条卷烟在实质上并无二异，将此作为划分合法和犯罪的界限并不合理，也难以被社会公众所接受。

三、无证经营的司法认定

［案例三］ 2017年4月14日，金某某在W市一路口从一辆商务车上取货时被执法人员查获，当场收缴其非法购进的黄鹤楼卷烟（软蓝）200条，后在金某某家中收缴黄鹤楼等37个品牌规格卷烟704条。经烟草产品质量监督检验站检验，被收缴卷烟均为真品卷烟，货值金额共计人民币129677元。经查实，金某某名下无烟草零售许可证，但金某某的母亲高某某名下有一副食店，并办理了烟草零售许可证，金某某与父母共同生活，并参与该副食店的经营管理。

［案例四］ 2015年1月14日，皮某某在没有取得烟草专卖品零售

① 参见阮齐林:《刑事司法应坚持罪责实质评价》,《中国法学》2017年第4期。

② 参见张明楷:《避免将行政违法认定为刑事犯罪：理念、方法与路径》,《中国法学》2017年第4期。

许可证和烟草专卖品准运证的情况下，开车到河南省L市购得大量卷烟，准备运回湖南省H县销售。2015年1月15日晚，皮某某驾驶其满载香烟车辆从河南返回湖南途经某高速路口出口时，被G县烟草专卖局执法人员当场查获。现场从其车内查获涉案黄盖芙蓉王1200条、白沙（和天下）香烟200条。经烟草产品质量监督检验站检验，该批卷烟为真品卷烟，价值407200元。经查实，皮某某与李某某合伙经营一家烟酒专卖店，二人签订了书面的合伙协议，该店办理了烟草专卖零售许可证并登记在李某某名下，李某某负责店面的日常经营，皮某某负责进货。

［案例五］ 2017年12月31日，W市烟草专卖执法部门在沈某的烟酒专卖店查获中华（软）卷烟75条。经烟草产品质量监督检验站检验，被收缴卷烟均为真品卷烟，价值5.25万元。经查明，该店烟草零售许可证登记在另一名男子杨某名下，2017年5月杨某将涉案烟酒专卖店转让给沈某，同时将烟草零售许可证交给沈某，事后沈某未按规定向当地烟草部门重新申领许可证，但至案发前，当地烟草公司每个月仍然正常地给沈某的烟酒专卖店供货。

上述三个案例，分别涉及家庭经营、合伙经营以及私下转证经营的问题，严格意义上看都涉嫌无证经营问题，但在司法实践中上述情形应认定为非法经营罪中“未经许可经营”还是视为“有经营许可”则存在争议。一种意见认为设立烟草专卖制度的目的就在于限制人员和渠道来进行烟草专卖品买卖，是否属于“未经许可经营”应该严格根据许可证记载的登记人信息来认定；另一种意见认为家庭经营、合伙经营作为市场经营活动中的合法经营形式，并不被烟草专卖法律法规所禁止，即使出现违法经营的情形也应当与典型非法经营卷烟行为相区分。同理，“转让证件”“借证”经营的行为虽然是烟草专卖法律规范中“无证经营”的一种表现形式，但与真正的无证经营的违法性及社会危害性不能等同，“转让证件”“借证”经营行为的违法性完全可以根据行政法律规范来处罚，没必要上升到刑罚层面，不宜作为犯罪处理。

本文赞同后一种意见，行政法的价值在于维护公共秩序、实现令行禁止，采取的是行政许可、强制、处罚等手段。行政违法行为的认定可以基于公共利益的需要进行必要的扩大解释，但《刑法》对犯罪行为的界定及解释在坚持保护法益的同时强调自由保障，因此不宜随意扩张解释。为了维护烟草市场的正常秩序，出于行政管理的需要，在行政执法领域对“无证经营”在较大范围上进行认定存在一定合理性，但行政法上的“无证经营”并不等同于刑法意义上的“未经许可经营”。打击涉烟非法经营犯罪的目的是维护正常的烟草专卖市场秩序，许可证虽然不在行为人名下，但行为人作为家庭成员或合伙人在许可证登记的经营场所实际参与卷烟经营管理，特别是经营收益也归属于共同经营的商户时，与持证人本人经营没有实质区别，应当认为是一种被许可的经营行为。同理，在大多数“转证”“借证”经营情形下，行为人仍然在有许可经营的门店内进行正常的卷烟零售经营，烟草公司也正常地向行为人的店铺供货，在外部看来同样与持证人本人经营无实质区别，而且烟草专卖行政执法部门也没有对此类行为进行及时纠正，虽然行为人违反了相关行政法规范，但应当与典型的非法经营犯罪相区分，换句话说，这类行为并非立法设想的“典型犯罪”，即与典型的未经许可非法倒卖烟草专卖品的贩烟行为在不法程度和社会危害性上不具有相当性。从刑法谦抑性的角度来看，在行政惩罚措施足以规制不法行为时，没有必要再动用刑罚处罚。不过需要注意的是，上述案例中，行为人均在许可证指定的门店里实际参与经营，因此才被视为在许可经营范围内，如果行为人实施了与该许可证毫无关联的贩卖烟草专卖品的行为则仍然可能构成非法经营罪，其他人名下的许可证就不能作为其逃避刑法打击的“护身符”。

烟草专卖品“高需求”“高利润”的特点能带来“高税收”的效应，对国家和地方经济的贡献较大，国家实行烟草专卖制度，成立政企合一的烟草专卖机构进行经营和管控，是符合我国国情的一种经营模式。不过，正是由于这一体制的特殊性，公安司法机关在办案过程中可能会受到来自地方政策方面要求从严打击的压力。刑法是其他法律的保障法，应尽量减少对经济关系、经营活动的干预。从近年来出台的法律和司法解释的规定来看，对非法经营罪的法律适用呈逐步收紧的趋势，司法实践也秉持着审慎的态度。通过《烟草解释》《批复》的规定也可以看出，适用涉烟非法经营罪应该把握的界限是保障和维持烟草专卖经营模式的基本秩序，涉烟非法经营犯罪是典型的行政犯，其本质侵犯的是社会管理秩序之类的团体法益，因此更应该注重对社会危害性的实质评价，只有在发生值得科处刑罚的法益侵害和具体危险时，才能适用刑法处罚。

浅议场外配资行为的刑法规制

任志伟　逄　政*

摘　要　场外配资为投资者炒股提供资金支持，配资方收取一定比例的配资费用，形式上看似借贷行为，但本质上属于非法经营证券公司的融资融券业务，因该项业务缺乏明确的法律依据，能否以非法经营罪定罪处罚在理论界和实务界存在较大争议。2019年修订的《证券法》对融资融券业务的专营性在法律层面上予以进一步明确，未经许可提供股票交易配资服务的单位和个人应适用《刑法》第225条第3项规定，以非法经营罪定罪处罚。

关键词　场外配资　民间借贷　非法经营　刑事犯罪

［**基本案情**］　2019年3月至2020年12月，李某某在经营上海某资产管理有限公司期间，未经国家有关主管机关批准，通过开发“行情精灵”分仓交易软件或者出借证券账户两种模式，以提供1∶3至1∶10比例不等的配资为名，组织业务员通过微信、口口相传等方式招揽投资人从事证券交易，并赚取交易手续费及配资利息。经审计，投资人共投入保证金合计人民币（以下币种同）5700万余元，配资后金额合计4亿余元，李某等人共获利240万余元。

---

*　任志伟，上海市浦东新区人民检察院第七检察部检察官助理；逄政，上海市浦东新区人民检察院党组成员、副检察长。

本案中，涉案公司配资业务有系统分仓、出借账户两种模式，其中系统分仓过程中通过提供交易软件组织投资人从事证券交易，赚取交易手续费及配资利息，而出借账户模式仅赚取配资利息，两种模式有何区别、是否均可认定为“非法经营证券业务”存在争议。结合上述案例及司法实务中涉及场外配资案件的常见问题，本文将进行简要分析。

根据2019年最高人民法院发布的《全国法院民商事审判工作会议纪要》（以下简称《纪要》）的规定，场外配资是将资金融出方、资金融入方即用资人和券商营业部三方连接起来，由配资公司利用计算机软件系统的二级分仓功能将其自有资金或者以较低成本融入的资金出借给用资人的一种配资方式。“场内”“场外”并非法律意义上的分类，一般情况下，证券公司的融资融券业务称为场内配资，其他的配资行为称为场外配资。相较于证券公司融资融券业务，场外配资虽然收取较高利息，但因无开户门槛、无信用资格审查且融资杠杆比例高，故市场需求旺盛，尤其在“行情利好”期间，场外配资吸引大量投机客户加入，不断加大杠杆并撬动股市快速上涨。当然，一旦遇到市场风险，配资人则会强制平仓，不仅严重影响股价，场外配资所引发的民事、刑事纠纷也随之大量发生。

2015年A股上演“千股跌停”被认为是场外配资遭遇市场风险所致，此后，监管部门先后发布《关于清理整顿违法从事证券业务活动的意见》《证券公司外部接入信息系统评估认证规范》等一系列监管文件和措施，落实证券账户实名制管理，严禁账户持有人通过证券账户下设子账户、分账户、虚拟账户等方式违规进行证券交易，对违规违法的场外配资业务进行排查清理。但到目前为止，对场外配资行为以行政处罚为主，场外配资能否以非法经营证券业务进行刑事打击成为理论界和实务界争议焦点。

一、常见场外配资的类型

场外配资根据其交易的真实性可以分为实盘和虚拟盘，虚拟盘是指配资公司接受客户委托后并未将客户委托下单至交易所，而是在配资公司提供的模拟交易系统内交易，资金并未真正进入股市，配资公司亦未真实提供配资资金，而是通过软件输入相应的资金数额并根据虚拟交易情况进行资金结算，其盈利模式系收取高额配资利息、与客户进行对赌或通过操纵交易系统侵占客户资金。实盘配资则包括以下几种形式[①]：

第一种，出借账户模式。指由出资人作为账户和资金出借方，提供其证券账户及配资资金，配资公司作为中介方，赚取配资利息差额。客户将保证金等本金转入出资人账户，配资公司根据配资协议约定预警线和平仓线，并负责对客户交易进行风控盯盘，合同到期或达到平仓线，三方协议终止。

第二种，系统分仓模式。由配资公司开设账户后通过分仓软件进行分仓，根据客户提供的保证金进行配资，将配好资金后的二级账户（子账户、虚拟账户）交给客户使用，配资公司设置预警线及平仓线，监控客户股票投资交易并及时止损。客户通过配资公司提供的客户端系统账户买卖股票，交易委托指令先发至分仓系统，分仓系统再通过一个或多个证券账户委托证券公司下单。配资公司不仅收取配资利息差额，同时收取交易佣金或手续费。

第三种，信托配资模式。信托模式场外配资通常由配资方与信托公司、银行等金融机构合作，结合各自优势，为证券二级市场的投资者提供投、融资服务的结构化证券投资产品。如通过成立结构化证券投资信托、伞形信托进行配资，信托产品成立后，配资方同样以账户分拆的方式将子账户交客户投资交易。此类结构化、伞形信托方式仍违反账户实名制等管理规定，同样属于违法证券业务。

二、场外配资刑法规制的现状

场外配资业务往往与其他行为并存，实践中往往以附属行为或目的行为入罪。具体情况如下：

一是虚拟盘交易模式。配资平台借助第三方交易软件进行虚拟盘操

---

① 参见《75号咖啡 | 场外配资需要进行刑法规制吗？》，载微信公众号“上海检察”，2021年1月10日。

作，实质上并无真实出资的配资行为，也无实际的证券期货交易业务，如平台操控交易软件，或提供反向操作建议、限制出金等行为，非法占有投资人资金，实践中以诈骗罪定罪处罚。

二是非法经营证券投资咨询、证券经纪业务。场外配资机构或者个人在提供配资（无论虚盘还是实盘）的同时，虽无非法占有目的，但提供证券投资咨询服务、发布投资决策建议或者销售证券投资交易软件等变相从事投资咨询业务，或者按照投资人交易金额收取一定比例的交易手续费或者佣金，增加股票交易环节或交易成本，从事类证券经纪业务，实践中以非法经营罪定罪处罚。

三是操纵证券、期货市场。利用场外配资集中资金优势操纵证券、期货交易价格，实践中以操纵证券、期货市场罪定罪处罚。

目前，对于场外配资业务本身以非法经营罪定罪处罚，司法实践中存在较大争议。

争议焦点一：场外配资是否属于融资融券业务。持否定观点的人认为，场外配资不需要提供担保物便可进行融资交易，不同于融资融券业务，系“借钱炒股”的借贷行为。该观点一是认为配资方寻找“金主”出借资金并追求固定收益或者利息差，不承担投资损失亦不获取投资收益，属于民间借贷关系；二是把场外配资理解为出资方以委托人的身份，将资金和账户委托给受托人及配资需求方，由受托人在一定期限内进行管理或者股票投资，并支付一定利息或收益，属于民法调整的委托理财关系。无论场外配资系民间借贷关系或者委托理财关系，均属于民事法律关系。

争议焦点二：非法经营罪系法定犯、行政犯，前提条件是违反国家规定，即便把场外配资业务理解为融资融券中的融资行为，对此，法律并未直接规定为专营或许可业务，2014 年《证券法》第 125 条并未包含融资融券业务，至于融资融券业务能否属于该条第 7 项规定其他证券业务，相关司法解释也未明确规定，故以非法经营罪定罪处罚无法律依据。

笔者认为，融资融券业务属于 2014 年修订的《证券法》第 125 条规定的“其他证券业务”，且需法定许可方可经营。理由如下：2014 年《证券法》第 128 条明确规定未取得《经营证券业务许可证》，证券公司不得经营证券业务；第205条规定证券公司违反规定为客户买卖证券提供融资融券的，没收违法所得，暂停或者撤销相关业务许可，并处以非法融资融券等值以下的罚款。由此可见，《证券法》虽没有明确将融资融券业务直接列入第125条中，但第128、205条已经明确融资融券与证券投资咨询等已列明的业务性质一样，同样需要取得业务许可证，且属于证券公司许可业务。2015年7月证监会发布的《证券公司融资融券业务管理办法》（以下简称《管理办法》）第9条进一步明确该项业务系证券公司需经许可业务，要求证券公司取得《经营证券业务许可证》后，方可开展融资融券业务。该《管理办法》虽系部门规章，但其系对融资融券业务性质的进一步补充规定，系监管部门对贯彻2014年《证券法》具体实施的补充。此外，即使是获得许可的证券公司，在经营该项业务中亦必须遵守相关业务监管规定。

2019年《证券法》实施前，司法实践中未对场外配资作为非法经营融资融券业务进行刑事处罚，场外配资的业务属性以及是否属于法定许可范畴只是问题的一方面。问题另一方面则是，场外配资伴随互联网金融发展而来，相对于其他证券业务属于新兴业务，行政监管部门对该项业务模式本身需要有一定的认识过程并配以相应的监管方案，《管理办法》直至2015年7月发布，在场外配资业务清理整顿过程中，宜以行政处罚为主，刑法应保持谦抑态度，不宜过度扩张。

三、以非法经营罪规制场外配资评析

2019年修订的《证券法》实施后，场外配资行为明确属于融资融券业务，融资融券属于国家特许经营的金融业务，需要经过监管部门批准并获得业务许可。因此，未经依法批准，任何单位和个人非法从事配资业务均具有行政违法性，应当以非法经营罪定罪处罚。

以上述案件为例，在新修订的《证券法》实施后，李某某等人单纯以“出借账户”的模式向社会不特定公众配资炒股，亦可以非法经营罪定罪处罚。理由如下：

（一）行政违法性

出借账户模式中，出资人作为账户和资金出借方，提供其证券账户及配资资金，客户将保证金等本金转入出资人账户，表面看似借贷关系，但实则已违反国家规定从事股票配资业务，构成非法经营融资融券业务。系统分仓模式中，配资公司同时收取交易手续费和利息差，其独立揽客、开户、“代理买卖”行为，增加了股票交易环节，实际上延长了证券经纪业务链条，既符合以“代理买卖”为核心的证券经纪业务特征，亦符合融资融券业务特征，可以非法经营证券经纪业务和融资融券业务定性①。

（二）刑事违法性

配资公司与客户签订的合同多种多样，可能是借款合同、咨询服务合同、委托理财合同等，甚至以公司业务员个人名义与客户签订借款协议。笔者认为，以签署上述合同方式规避“出借账户”模式的法律风险，并不阻却其刑事违法性认定，不宜认定为民事借贷关系或者委托理财关系。首先，相关借款合同目的系为规避法律风险；其次，场外配资的合同并无法律效力。《纪要》明确指出，融资融券依法属于国家特许经营的金融业务，未经依法批准，任何单位和个人不得非法从事配资业务。在案件审理过程中，除依法取得融资融券资格的证券公司与客户开展的融资融券业务外，对其他任何单位或者个人与用资人的场外配资合同，人民法院应认定为无效。最高人民法院发布的《关于为设立科创板并试点注册制改革提供司法保障的若干意见》第12条规定，股票配资属于国家特许经营的金融业务。互联网配资平台、民间配资公司等法人机构未取得特许经营许可的，其与投资者签订的股票配资合同无效。从上述规定看，最高人民法院不仅否定股票配资的民事合同效力，同时也否定了此类行为的合法性。

（三）社会危害性

融资融券交易系证券信用交易，是指客户向具有融资融券业务资

① 参见《75号咖啡 | 场外配资需要进行刑法规制吗？》，载微信公众号“上海检察”，2021年1月10日。

格的证券公司提供担保物，借入资金买入证券或借入证券卖出的行为。因其属于证券信用交易，且系杠杆交易，故证券公司对开通此项业务的客户在证券投资经验、财产与收入状况、证券资产、风险承受能力等方面具有一定门槛要求。但是非法经营场外配资的机构和个人，一般对于客户无融资资质要求及风险测评，只要需方缴纳一定数量的保证金，即可获得数倍甚至十几倍资金。单纯从配资风险的角度出发，资金盲目入市、杠杆不断叠加已经严重扰乱了金融市场秩序，侵害了刑法所保护的金融管理秩序法益。此外，配资方资金一般也非自有资金或者向金融机构借入，配资资金来源鱼龙混杂，很可能涉嫌操纵、洗钱、非法集资等其他违法犯罪活动。因此，随着2019年修订《证券法》对场外配资业务属性的进一步明确，场外配资行为严重侵害金融管理秩序，应当以非法经营罪予以定罪处罚。

四、场外配资案件需明晰的问题

（一）虚盘交易如何认定

对虚拟盘交易模式，有观点认为因资金并未实际进入股市，亦未进行实际配资，行为人虚构投资炒股、配资等事实，目的系诈骗投资人建仓费、递延费及客户亏损资金，应一律认定为诈骗罪。

笔者认为，虚拟配资盘是否认定诈骗罪，仍需结合是否具有反向操作建议、后台限制出金、操控K线图或者交易价格、诱骗投资人频繁操作、限制交易等手段使得平台客户处于大概率亏损状态，以认定行为人具有非法占有目的以及欺骗行为与损害结果之间的因果关系。如无上述行为，仍系根据实时行情或虚拟行情根据客户实际交易进行资金结算，即使与客户“对赌”获利，仍不能直接推定其具有非法占有目的。但上述虚拟盘交易模式中行为人为掩盖其未提供配资资金的事实，往往会借助软件方开设自有交易平台并收取交易手续费，属于提供证券期货交易场所，仍可以非法经营罪定罪处罚。如“赵某某等人非法经营案”中，被告人赵某某指使他人先后成立中建私募证券投资管理（广州）有限公司等，通过设立“中证50”“上证500”等虚拟股票交易平台，以提供配资为诱饵吸引投资者在平台上进行股票交易，从中赚取建仓费、递延费、盈利分成等，因系根据实盘价格交易、无操控价格、限制出金等非法占有目的，最终法院以非法经营罪定罪处罚。

（二）非法经营数额如何认定

当前，实践中场外配资案件非法经营数额是以客户缴纳的保证金数额、配资后总额还是以实际交易总额认定存在争议。笔者搜索中国裁判文书网发现，对于非法经营配资业务案件中的非法经营数额也存在分歧，各地司法机关的认定方式不尽统一。

非法经营融资融券业务侵害的法益是金融管理秩序，其危害程度与实际进入交易市场的资金规模具有相当性，如是实盘交易并提供真实配资资金，则实际进入交易的是配资后的总额，仅仅以客户保证金金额认定并不能覆盖整个犯罪行为，应当以实际配资后的总额认定非法经营数额，对于由此产生的交易数额在量刑时予以考量。如是虚拟盘交易，其只是提供一个虚拟交易场所，因无实际配资在交易场所交易的资金均为客户实际出资，非法经营额应以客户缴纳的保证金为妥。

（三）从犯的刑事责任如何确定

场外配资案件往往采用公司架构，雇用诸多业务员采用微信群、直播间等方式招揽客户，实践中，这些业务员一般认定为从犯，但其犯罪金额争议较大，一种观点认为应对其参与时间段的全案金额负责，一种观点认为其仅对自己招揽客户的金额负责，还有观点认为应对其所在微信群、直播间涉案金额负责。

行为人对多少金额负责，不仅事关刑事责任的轻重，更关系到能否立案追诉，必须予以明晰。行为人仅对自己招揽的客户的金额负责违背了共同犯罪部分行为全部责任的原则，且实践中对一个客户的招揽与维护往往由几个业务员进行，客观上增加了查证困难，此观点最不足取。笔者认为，涉案金额的认定应结合主客观相一致的原则，对于各行为人主观上具有犯意联络，相互知道都是共同犯罪的一个部分，客观上相互协作，就应当以其参与的共同犯罪金额认定。具体而言，一个微信群、直播间的业务员应对该群组的全部金额负责，如果各群组均存在犯意联络与协作配合，则均应对全案金额负责。

涉非法出版物类案件的定性及审查思路

吴晨璐　张　锐[*]

摘　要　“非法出版物”包含内容违法的出版物和出版、发行等相关程序违法的出版物。行为人经营的非法出版物内容涉及《最高人民法院关于审理非法出版物刑事案件具体应用法律若干问题的解释》第1条至第10条的，应根据司法解释适用相应罪名；行为人经营司法解释第1条至第10条规定以外的其他内容违法且严重危害社会秩序的非法出版物，达到“情节严重”标准的，应适用第11条的规定，认定为非法经营罪。行为人经营内容不违法，但出版、发行等相关程序违法的出版物，仅在达到“情节特别严重”标准且“严重扰乱市场秩序”的情况下，才构成非法经营罪，适用5年以下有期徒刑或拘役这一量刑档次，此处的“情节特别严重”是定罪标准而非法定刑升格的条件。

关键词　非法出版物　非法出版行为　非法经营罪　情节特别严重

一、涉非法出版物类案件的定性争议

[基本案情]　2020年初，被告人秦某某、乔某某、王某某经商议，

* 吴晨璐，浙江省杭州市人民检察院第三检察部四级高级检察官；张锐，浙江省杭州市临平区人民检察院第三检察部三级检察官。

购得《浙江学考总复习·学业A·历史》稿件，另向他人购得已正规发行书籍的书号、CIP数据和版权等信息，将上述信息套用在《浙江学考总复习·学业A·历史》稿件上，并命名为《8848学考逐题突破·历史》，2020年3—5月，三被告人通过杭州某图书有限公司在浙江省范围内发行，销售总额109万余元。同年初，三被告人还购得《学业A·历史·浙江选考总复习》稿件，并命名为《一典即通·历史·选考总复习（一轮）》。为尽早销售，三被告人在未获批书号的情况下，2020年3月至7月印刷了《一典即通·历史·选考总复习（一轮）》，并在浙江省范围内发行，销售总额88万余元。经鉴定，上述2套书籍均系非法出版物。

笔者在中国裁判文书网以“非法经营”“书”为关键词，检索出部分以非法经营罪定罪的相关案例。在这些案例的判决中，对于《最高人民法院关于审理非法出版物刑事案件具体应用法律若干问题的解释》（以下简称《非法出版物解释》）中规定的罪名适用，尤其是对第1条至第11条和第15条的理解、上述条文间的适用关系、“情节严重”“情节特别严重”的把握等方面，存在不同观点。

涉非法出版物类案件的疑难问题主要集中在三个方面：其一，对于行为人经营内容违法的出版物的行为，如何区分适用《非法出版物解释》第1条至第10条的特殊罪名和第11条的非法经营罪。其二，如何区分《非法出版物解释》第1条至第11条及第15条的适用条件，一方面是内容违法和程序违法的不同，另一方面是侵犯法益的差异，即“严重扰乱市场秩序”“严重危害社会秩序”在具体案件中应如何把握。其三，“情节特别严重”是《非法出版物解释》第15条的入罪标准还是适用5年以上有期徒刑的量刑标准。基于此，有必要厘清《非法出版物解释》各罪名的适用条件，检视目前非法经营罪的认定思路和判定标准。在此基础上确定非法经营罪的内涵与外延，以期在具体案件办理中区分罪与非罪、此罪与彼罪，以及在何种情况下需要法定刑升格，为非法经营罪的实践认定提供理论支撑。

二、涉非法出版物类案件的罪名适用

（一）“非法出版物”的内涵

在《非法出版物解释》出台时，“扫黄打非”案件中的“非法出版物”也称“违法出版物”，包括含国家法律法规禁止内容的出版物、新闻出版行政部门明令禁止的出版物、侵犯著作权或专有出版权的出版物，以及外观形式等违反相关法律规定的违法出版物，是一种广义上的“非法出版物”，以符合“扫黄打非”工作任务为定义标准。[①]这一规定的外延显然大于《非法出版物解释》中所探讨的非法出版物。从刑法解释角度出发，“非法出版物可以定义为不是国家批准的出版单位出版的在社会上公开发行的图书、报刊和音像出版物，以及违反《出版管理条例》未经批准擅自出版的出版物即为非法出版物……由此可见，此处的非法出版物实质上是形式违法的出版物，即无出版权或未经批准而擅自出版的出版物。此外，还有一类非法出版物是内容违法的出版物，又称为违禁出版物”[②]。根据上述解释，非法出版物包含内容违法的出版物（违禁出版物）和内容合法但出版程序违法的出版物，新闻出版部门认定这两类出版物均为非法出版物。但这两种非法出版物在本质上存在差异，一种是内容本身就违法的出版物，是“非法的出版物”，“非法”用于修饰“出版物”；另一种是内容合法但出版程序违法的出版物，可以理解为拟制的非法出版物，字面含义更接近于“非法出版的物”，即“非法出版”作为形容词来修饰“物”，更通俗的理解是“非法出版的出版物”。

（二）经营内容违法的出版物的罪名适用

一般认为，《非法出版物解释》第 1 条至第 11 条是对内容违法的出版物进行的刑法规制。解释的第 1 条至第 10 条规定了对应的具体罪

① 参见洪啸：《浅析非法出版物鉴定存在的问题及建议》，《出版发行研究》2015 年第 11 期。

② 中华人民共和国最高人民法院刑事审判庭第一、二、三、四、五庭主办：《中国刑事审判指导案例》，法律出版社 2017 年版，第 537 页。

名，故依据内容不同适用不同罪名。经营此外的内容违法的出版物之行为，适用解释第 11 条规定，以非法经营罪定罪处罚。

1. 认定为特定罪名的情形

《非法出版物解释》第 1 条至第 10 条规定，非法出版物的内容含有侵犯著作权、淫秽物品、煽动分裂国家等内容，应当分别以侵犯著作权罪，制作、复制、出版、贩卖、传播淫秽物品牟利罪，煽动分裂国家罪等特定罪名定罪处罚。这类内容违法的非法出版物，涉及非法经营罪与相关罪名之间的选择适用，理论界对于如何处理尚未形成统一认识。有观点认为，该类具体罪名与非法经营罪之间具有法条竞合关系，其中非法经营罪为一般法条，相关罪名为特殊法条，应适用特殊法条定罪处罚。① 也有观点认为，某相关罪名与非法经营罪之间不存在逻辑上从属或是交叉关系，属于想象竞合关系，应遵循从一重之处断原则。② 显然，司法解释更倾向于两者是法条竞合关系，采纳的处理原则是特殊法条优先于一般法条。换言之，针对内容违法的非法出版物，解释将一些具体客体独立出来进行特别规定，但这不能否认其他非法出版物内容的社会危害性，更不能认为在犯罪行为不断更新的当下，以第 1 条至第 10 条的具体罪名穷尽相关犯罪行为，从而排除适用其他罪名的可能。因此，在涉及“非法的出版物”犯罪的认定过程中，应按照特殊优于一般的法律适用原则，优先判断行为是否构成解释第 1 条至第 10 条的特定罪名。而对经营那些特定罪名范畴之外、内容违法的出版物的行为，严重扰乱市场秩序，需追究刑事责任的，才适用解释第 11 条，以非法经营罪定罪。

2. 认定为非法经营罪的情形

《非法出版物解释》第 11 条规定，“违反国家规定，出版、印刷、复制、发行本解释第一条至第十条规定以外的其他严重危害社会秩序和扰乱市场秩序的非法出版物，情节严重的，依照刑法第二百二十五

---

① 参见朱平、王莉君:《非法经营罪的法律适用》,《中国刑事法杂志》2002 年第 5 期。

② 参见胡滢:《单纯内容违法之非法出版物经营行为的刑法定性——以非法经营罪法益为视角》,《云南大学学报（法学版）》2014 年第 2 期。

条第（三）项[①]的规定，以非法经营罪定罪处罚”。根据该规定，构成本罪需要出版、印刷、复制、发行行为达到“扰乱市场秩序”和“情节严重”的程度，且出版物的内容“严重危害社会秩序”，三者缺一不可。

第一，“情节严重”为数额标准，《非法出版物解释》的第12条至第14条有相应具体规定。第二，“严重危害社会秩序”这个要件应进行实质判断。“严重危害社会秩序”要求非法出版物的内容应与《非法出版物解释》第1条至第10条规定的内容具有同质性，因为“‘法律不做无意义的次序编排’，即立法者制定法律文本时并非毫无章法，而是按照事物存在与发展之本质以及文本间的逻辑关联进行有意义的次序编排”[②]。而是否属于“严重危害社会秩序”，还应参照相关法律法规，因为依据刑法体系解释中的次序性规则，应基于刑法体系乃至整个制定法体系解释相应刑法文本。第11条正是运用体系解释来保障刑法乃至整个制定法外在体系连贯协调的关键。[③]例如，《出版管理条例》第62条规定，“有下列行为之一，触犯刑律的，依照刑法有关规定，依法追究刑事责任……（一）出版、进口含有本条例第二十五条、第二十六条禁止内容的出版物的；（二）明知或者应知出版物含有本条例第二十五条、第二十六条禁止内容而印刷或者复制、发行的……”；同时，第25条规定，“任何出版物不得含有下列内容：（一）反对宪法确定的基本原则的……（九）危害社会公德或者民族优秀文化传统的；（十）有法律、行政法规和国家规定禁止的其他内容的”；第26条规定，“以未成年人为对象的出版物不得含有诱发未成年人模仿违反社会公德的行为和违法犯罪的行为的内容，不得含有恐怖、残酷等妨害未成年人身心健康的内容”。这表明不同法条所涉及的同类犯罪行为均可适用非法经营罪。第三，这些非法经营其他内容违法出版物的行为破

---

① 现为第4项。

② 贾银生：《刑法体系解释之解释规则的反思、重构与展开》，《西南政法大学学报》2021年第6期。

③ 参见贾银生：《刑法体系解释之解释规则的反思、重构与展开》，《西南政法大学学报》2021年第6期。

坏平等、信用、法治的社会主义市场经济基本原则，严重扰乱市场秩序，侵犯了国家对市场的管理制度，侵害其他经营者利益，影响经济平稳健康发展，应予以刑事处罚。

综上，当非法出版物的内容不涉及《非法出版物解释》第1条至第10条规定，但与第1条至第10条的规定具有违法的相当性，且达到“严重危害社会秩序”“扰乱市场秩序”“情节严重”时，应适用解释第11条，将行为人的犯罪行为认定为非法经营罪。前文案例中，三名被告人经营的非法出版物内容不违法，因而不能适用《非法出版物解释》第1条至第11条入罪。

（三）经营程序违法的出版物的条文适用

在审查出版物内容是否违法后，若出版物的内容不具有社会危害性，则有必要进一步审查出版物是否履行法定审批程序。《非法出版物解释》第15条和第11条是递进适用的关系。鉴于我国较为严格的出版审批制度，内容违法的出版物无法通过审批流程出版发行，故内容违法的出版物必然在程序上不合法。因此，先实质后程序的审查流程可以实现司法公正与办案效率的有机统一。

1. 第15条为第1条至第11条适用的补充

在区分《非法出版物解释》第1条至第11条及第15条的关系时，最明确的一点是非法出版物分别为内容违法和程序违法，第15条是对第11条的补充。依第15条规定，“非法从事出版物的出版、印刷、复制、发行业务，严重扰乱市场秩序，情节特别严重，构成犯罪的，可以依照刑法第二百二十五条第（三）项[①]的规定，以非法经营罪定罪处罚”。可见该条款未对非法出版物的内容作出要求。该解释表明，在第11条之外，非法出版、印刷、复制、发行内容不具有社会危害性的出版物的行为，也存在入罪的可能。虽然《非法出版物解释》根据非法出版物的内容不同，已经分别设置了不同的入罪标准，但第15条是在第11条之外另设置的入罪门槛和评价标准。对比分析发现，解释第11

① 现为第4项。

条和第 15 条针对的是两类不同的非法出版行为，并按照行为所具有的社会危害性不同，确立了不同的入罪标准和量刑幅度。第 11 条规定的非法出版行为对象为“非法出版物”，而第 15 条规定的非法出版行为的对象为“出版物”。即撇开非法出版行为程序是否违法问题，单就出版物自身的内容分析，前者为非法出版物，后者为出版物。[①] 总之，《非法出版物解释》第 11 条与第 15 条之间起到了较好的互补作用，达到罪刑相适应及量刑平衡。案例中，三被告人经营的 2 套书籍，均未经过正规的出版、发行等审核流程，依照《出版物市场管理规定》，属于“未经批准擅自出版、印刷或者复制的出版物”，即程序违法的出版物。

2. 第 15 条与第 1 条至第 11 条所保护法益的差异

“刑法是规定犯罪与刑罚的法律，将什么样的行为作为犯罪予以刑罚处罚是正当的，这是刑事立法中最基础、最根本的问题，法益概念重点被推移至刑事领域，成为研讨制定新条款或者修改旧条款的重要依据。”[②] 于是，某种社会生活利益应否由刑法保护，莫不以法益概念作为决定性的依据，法益概念成为确定刑法处罚范围的价值判断标准。

解释第 15 条将程序违法的非法出版行为予以刑法规制，符合“市场秩序”法益保护的要求。具体而言，非法经营罪保护包括“市场准入制度”的超个人法益，对一些特殊行业或领域采取市场准入制度，从而事先干预市场主体的行为，这既能克服市场经济自身的盲目性，也能维护公共利益和社会秩序。出版物的出版、发行等行为关乎国家意识形态领域的健康发展，而程序违法的出版物未经正规审批流程，新闻出版部门审核把关缺失，内容是否具有误导性不得而知。因此，不仅内容不健康的出版物会造成恶劣的社会影响，非法出版、发行行为也会侵害社会秩序，有刑事打击的必要。

与此同时，非法经营罪的法益价值也包括保护了遭受非法经营行为影响的个人。“非法经营罪的适用还在一定程度上保护财产法益和商业伦理。非法经营罪的刑法保护，是该罪的实质基础，在超个人法益之

① 参见胡志坚:《论非法出版犯罪的两个问题》,《法学家》2001 年第 6 期。

② 张明楷:《法益保护与比例原则》,《中国社会科学》2017 年第 7 期。

外还应体现对财产法益的保护。为此，非法经营罪主要发挥其兜底功能，补充相关罪名的立法不足，整体上保护商业伦理。”① 未经审批的出版物，侵害了其他图书经营者、出版单位、受众读者等个人法益。对于案例中当事人的非法出版行为，达到严重扰乱市场秩序、情节特别严重的情况，严重侵害了刑法所保护的以上两种类型的法益，不论出版物内容如何，都有刑事处罚的必要性。实践中，非法成立的出版单位或个人为牟利，编造书号、刊号，非法从事出版物的出版、发行等业务，冲击了当前的出版管理体制，致使书刊市场秩序紊乱，是可能引发严重后果的非法经营行为，有必要通过刑罚手段进行打击。②

（四）适用第 15 条以“情节特别严重”作为构罪要件

对于出版内容无社会危害性的非法出版物的行为，情节特别严重及严重扰乱市场秩序是构罪标准。即程序违法的非法出版物仅在达到“情节特别严重”“严重扰乱市场秩序”时，才构成非法经营罪，而非类比第 1 条至第 11 条视为法定刑升格情形。解释第 11 条表述为“出版、印刷、复制、发行本解释第一条至第十条规定以外的其他严重危害社会秩序和扰乱市场秩序的非法出版物，情节严重的……”，这一罪状描述表达了三层含义：首先，该非法出版物的内容必须与解释第 1 条至第 10 条具有严重危害社会秩序的同质性；其次，该非法出版的行为必须严重扰乱了市场秩序，比如影响了其他正版图书经营者的生产、经营，错误、低劣的印刷误导了部分读者等；最后，情节严重是本罪的入罪标准。第 15 条的规定为“非法从事出版物的出版、印刷、复制、发行业务，严重扰乱市场秩序，情节特别严重，构成犯罪的……”，与第 11 条相比，罪状缺少了“严重危害社会秩序”，即以该条款入罪，不需要考虑出版物内容的违法性及是否对社会秩序造成严重危害。相较于第 11 条，第 15 条还有“情节特别严重，构成犯罪的”表述，即该条规定的入罪门槛是“情节特别严重”，提高了入罪标准。

---

① 王安异:《非法经营罪适用问题研究》，中国法制出版社 2017 年版，第 291 页。

② 参见孙军工:《〈关于审理非法出版物刑事案件具体应用法律若干问题的解释〉的理解与适用》,《法律适用》1999 年第 2 期。

也就是说，如果非法出版内容不违法的出版物，需要严重扰乱市场秩序且情节特别严重才构成犯罪。

此外，对“严重扰乱市场秩序”应作实质性评价，即非法经营罪属《刑法》“扰乱市场秩序罪”章节中的罪名，须把那些对市场秩序没有危害或者危害极小的非法出版、发行等行为排除在刑法打击的范围之外。比如，对于那些尚未印刷完成、尚未销售就被查获，或仅在限定范围内向特定对象内部发行的行为，可不认为严重扰乱市场秩序，进而不以非法经营罪论处。正如张明楷教授所言，“对非法经营罪的构成要件行为，应当进行实质解释，必须将没有扰乱市场秩序的行为，排除在构成要件之外。换言之，不能忽略扰乱市场秩序这一结果要件，虽然这一要件难以判断，但司法人员要善于观察社会生活事实，善于进行法益衡量，不能将形式上符合法条字面含义实际上有利于社会的行为或者危害不大的行为认定为非法经营罪”①。本案三被告人的非法出版行为，省去了审校经费，以低价换市场，影响了正规教辅材料的发行，并在省内发行了数万套，可认定为“严重扰乱市场秩序”。

三、办理涉非法出版物类案件的审查思路

办理涉非法出版物类案件时可按以下步骤进行审查。

首先，审查出版物的内容是否涉及《非法出版物解释》第 1 条至第 10 条的规定。如果非法出版物的内容符合解释中的相关规定，那么适用特殊法条，即分别以特定罪名对行为人定罪处罚。

其次，参照《出版管理条例》第 25 条和第 26 条关于非法出版物内容方面的规定，如果非法出版物的内容为《非法出版物解释》第 1 条至第 10 条以外其他严重危害社会秩序的，根据该解释第 12 条和第 13 条的规定，审查是否达到情节严重、情节特别严重的标准，进而依据该解释第 11 条认定是否构成犯罪或法定刑升格。

再次，如经审查，非法出版物的内容不涉及《非法出版物解释》第 1 条至第 10 条及《出版管理条例》第 25 条和第 26 条的规定，即出版

① 张明楷:《刑法学》(第六版)，法律出版社 2021 年版，第 1093 页。

物内容本身不违法，那么就不能适用该解释第1条至第11条定罪量刑。在这种情形下，若涉案出版、发行等行为属于程序违法，需继续审查是否达到了该解释第12条至第14条中关于“情节特别严重”的标准。若达不到该标准或者经审查，非法出版行为没有严重扰乱市场秩序，那么依据上文的论证，该非法出版、发行等行为未满足非法经营罪的构成要件。

最后，如经审查认定，“情节特别严重”和“严重扰乱市场秩序”均已满足，则可把出版程序违法的这类行为，以非法经营罪定罪，处5年以下有期徒刑或拘役。此情形中，犯罪行为适用《刑法》第225条“扰乱市场秩序，情节严重，处5年以下有期徒刑或者拘役”这一条款，仅在非法经营罪的第一档次内量刑。换言之，第15条的“情节特别严重”对应的是《刑法》第225条的“情节严重”。

审查中需要特别注意的是，如果是程序违法的出版、发行等行为，仅达到《非法出版物解释》中“情节严重”的数额标准，那么行为人不构成非法经营罪。也即，经营非法出版物的行为情节严重就构成犯罪，而非法经营出版物的行为则须情节特别严重始构成犯罪。[①]

---

① 参见马松建:《解读非法经营罪之堵截条款》,《郑州大学学报(哲学社会科学版)》2006年第5期。

电商代运营公司为网店虚造交易记录行为的定性

胡公枢*

摘　要　电商代运营公司为网店虚造交易记录的行为并不鲜见，网店虚造交易记录状况也极为普遍，且滋生了大量灰黑产业链和不法行为，如专门的虚造交易记录团队、快递的发空包、侵犯公民个人信息、洗钱、诈骗、非法软件制作等，具有刑事可罚性。但在具体定罪方面，现有的刑法条文在规制方面存在语义确定性不足，故按照扩张解释，在适用非法经营罪还是虚假广告罪的选择时，建议遵循从一轻原则，对于两罪之间的处罚差距、规范与事实的强符合性，应尽快通过立法的方式予以协调。该类行为，仍应加强行政规制，加大需求疏导，并立法完善加以应对。

关键词　非法经营罪　虚假广告罪　虚造交易记录　刷单

［基本案情］　2022年7月22日，冯某某在浙江省乐清市注册成立温州市某网络科技有限公司，为电商平台的网络店铺提供代理运营业务。该公司内设销售部和运营部。销售部的员工负责电话营销，打电话给目标客服询问是否需要刷单、代运营等；运营部的员工按照冯某某的指示，进行“排单”“刷单”，即通过分析店铺浏览量、成交量

*　胡公枢，浙江省乐清市人民检察院第一检察部副主任、一级检察官。

等数据，制作商品需要刷单的金额，发送给客户确认并支付所需资金，包括货款、刷单费、虚拟快递费。客户支付资金后，冯某某将该刷单业务交给市场上专门的刷单团队进行刷单，刷单团队中的“刷手”在店铺下单，随即将订单号发给运营部人员，运营部人员利用“发空包”软件，进行虚假快递寄送，欺骗交易平台。“刷手”确认“收货”后，平台将货款打给网店，以此方式网店店主收回了刷单货款。客户支出的刷单费、虚拟快递费在冯某某、刷单团队和“发空包”软件商三方之间进行利益分配。2022 年 8 月至 2023 年 3 月 13 日，冯某某为提高店铺流量，赚取运营费用，违反国家规定联系刷单团队为公司代理运营的多家网店提供刷单业务，每刷一单收费 8—13 元，刷单商品虚假交易总金额达 378.88 万元，冯某某非法获利 2.09 万元，其还因资不抵债，扣留了客户刷单货款，造成客户损失 12 万余元。

一、分歧意见

关于本案的定性，有三种不同的观点：

第一种观点认为本案构成非法经营罪。根据《最高人民法院、最高人民检察院关于办理利用信息网络实施诽谤等刑事案件适用法律若干问题的解释》（以下简称《司法解释》）第 7 条，违反国家规定，以营利为目的，明知是虚假信息，通过信息网络有偿提供发布信息等服务，扰乱市场秩序，非法经营数额较大，属于非法经营行为“情节严重”，以非法经营罪定罪处罚。本案当中，冯某某以营利为目的，明知是虚假交易信息，仍帮助制造发布，其行为符合司法解释的规定，应以非法经营罪定罪处罚。

第二种观点认为本案构成虚假广告罪。冯某某等人在从事电商代运营过程中为所代运营的电商提供刷单服务，从本质上看，是为电商进行虚假宣传的广告行为；代运营者的角色，实际就是虚假广告罪中广告经营者、广告发布者的角色，故其应认定为虚假广告罪。

第三种观点认为本案行为应审慎入刑，在法律尚未完全明确时，应认定本案行为无罪。无论将本案行为认定为非法经营罪还是虚假广告罪，均存在一定解释的因素。司法解释所描述的“有偿提供发布信息等服务”是否包含本案虚假交易的刷单行为，以及虚构交易提升网店的人气是否应当评价为刑法上的虚假广告行为，并非有明确的结论。对于电商代运营经营主体而言，其在代运营中掺入虚假交易，目的是帮助电商提升网店真实交易，以吸引更多代运营客户，行为虽违反《反不正当竞争法》，但是否达到应当追究刑事责任的标准尚不清晰，故在法律尚未完全明确之时，应认定本案行为无罪。

二、评析意见

关于案件的定性，笔者赞同第二种观点，当前该类案件宜以虚假广告罪规制，不宜以非法经营罪定罪。在结果处理上，须审慎起诉，一般情节轻微的，应相对不起诉，并提出检察意见，由主管部门予以行政处罚。具体分析如下：

（一）本案首先是一种不正当竞争行为

网店运营总体上应当与线下店铺运营遵守相同的法规范要求，不得对其经营情况，包括销售状况进行虚假宣传、虚假展示，这类行为必然形成不正当竞争，也有违诚实信用基本民事活动准则。本案中，冯某某、冯某某代运营的网店客户、冯某某的刷单团队，三方所从事的是一项围绕网店经营的不正当竞争活动。《反不正当竞争法》第 8 条规定：“经营者不得对其商品的性能、功能、质量、销售状况、用户评价、曾获荣誉等作虚假或者引人误解的商业宣传，欺骗、误导消费者。经营者不得通过组织虚假交易等方式，帮助其他经营者进行虚假或者引人误解的商业宣传。”《电子商务法》第 17 条规定：“电子商务经营者应当全面、真实、准确、及时地披露商品或者服务信息，保障消费者的知情权和选择权。电子商务经营者不得以虚构交易、编造用户评价等方式进行虚假或者引人误解的商业宣传，欺骗、误导消费者。”从上述法律规定来看，冯某某及其客户通过虚构交易，对商品销售制作虚假交易数据，该数据会在电商平台进行展示、呈现，对消费者产生引导、误导效果，故其行为符合不正当竞争的行为表现。

（二）本案行为存在多种规制手段

1. 民事规制

网店对其所售商品掺入虚假交易记录，只会让该店铺或商品更容易被消费者关注、选择购买，其效果与广告效果无异，不会产生侵害消费者权益的直接后果，消费者更多的是通过商品本身的介绍、描述、图片或视频展示等综合评判来选择购买商品，且根据《消费者权益保护法》第25条，消费者对绝大部分商品享有7天无理由退货的权利。网店虚造交易记录的行为违反电商平台的运营规则，给电商平台造成价值损失，平台会以违约向网店予以处罚。最高人民法院2022年曾发布"'刷单炒信'不正当竞争纠纷案"典型案例。该案虽然虚造的是点评、点赞等内容，但与本案虚造交易在本质上并无不同，法院认定"青岛简易付公司以营利为目的组织刷单炒信，帮助其他经营者进行虚假的商业宣传，违背了公平、诚实信用原则及商业道德，造成了大众点评平台的相关数据失实，影响了上海汉涛公司的信用评价体系，构成不正当竞争"，并判决"赔偿经济损失及合理支出30万元"。[①]

本案当中，电商代运营公司在为网店代运营过程中，帮助或受托虚造交易记录的行为，虽未直接给消费者造成侵害，但存在一定的民事责任，如上述最高人民法院的典型案例所述，会给平台造成商誉损失，还会误导消费者的购买选择，由于商誉受损和消费者权益侵害是网店和代运营公司共同、紧密的关联行为所造成的，故其民事后果应当由网店和代运营公司共同承担。

2. 行政规制

《反不正当竞争法》对违反该法第8条对商品作虚假宣传、通过组织虚假交易方式帮助虚假宣传等情形，规定了严厉的行政处罚措施，一般情节的，处20万元以上100万元以下的罚款，情节严重的，处100万元以上200万元以下的罚款。其他行政处罚措施还包括责令停

① 参见《最高人民法院发布2021年中国法院10大知识产权案件和50件典型知识产权案例》，国家知识产权局网，https://www.cnipa.gov.cn/art/2022/4/22/art_2863_174920.html，最后访问日期：2023年8月1日。

止违法活动，吊销营业执照等;《电子商务法》第 17 条进一步明确了电子商务经营者不得以虚构交易等方式进行虚假或者引人误解的商业宣传，同时在该法的法律责任章中指出依照相关法律法规处罚；国家市场监督管理总局《网络交易监督管理办法》第 14、43 条规定，网络交易经营者不得虚构交易等行为，违者按《反不正当竞争法》的相关规定进行处罚。从行政法律规定看，当前对虚造交易记录等行为的行政处罚较为严厉，但存在的问题是，行政监管部门在监管网络刷单炒信方面执法力量不足、网络的跨区域执法困难，导致刷单炒信现象易发。2022 年 6 月，最高人民检察院曾发布典型案例“浙江省某市人民检察院督促市场监督管理局依法履职检察监督案”①，该案例是监督行政机关依法履职，也反映出了刷单炒信行为高发，行政监管难。综上，本案冯某某等人行为无论应否入刑，都符合行政处罚的条件。

3. 刑法规制

无论是《反不正当竞争法》《电子商务法》还是《网络交易监督管理办法》，都有“违反本法规定，构成犯罪的，依法追究刑事责任”的表述。显然，对于类似本案虚造交易记录的行为，在达到一定的罪量后，具有入刑的规范依据和法益保护要求。要讨论的是具体行为的入刑是否符合罪刑法定原则，如果符合的话，就要进一步讨论入刑的罪名等问题。

（三）本案行为入罪的规范分析

1. 罪刑法定原则的符合性评价

一是明确性评价——明确性不足。法律条文总是遵循核心语义明确，边缘语义不明确的规律。与非法经营罪相关的《司法解释》第 7 条规定，违反国家规定，以营利为目的，明知是虚假信息，通过信息网络有偿提供发布信息等服务，扰乱市场秩序，非法经营数额较大，属于非法经营行为“情节严重”，以非法经营罪定罪处罚。其中核心的

① 参见《行政检察监督优化营商环境典型案例“检察为民办实事”——行政检察与民同行系列典型案例（第六批）》，最高人民检察院网，https://www.spp.gov.cn/xwfbh/wsfbt/202206/t20220616_559927.shtml#2，最后访问日期：2023 年 8 月 1 日。

内容为“明知是虚假信息，通过信息网络有偿提供发布信息等服务”。从“通过信息网络有偿提供发布信息等服务”的文义表述来看，类似虚假评论的行为更贴近这一条文描述，虚假评论增加发布了信息，而虚构交易是增加了交易记录，并未“发布信息”，两者的含义交集较小。尽管从扩大解释的角度，也可以把将虚构交易记录在网店页面展示、呈现视作一种间接的“发布信息”，但是基于法律的明确性要求而言，这样的文义表述仍显明确性不足。

与虚假广告罪相关的《刑法》第222条规定，虚假广告罪是指“广告主、广告经营者、广告发布者违反国家规定，利用广告对商品或者服务作虚假宣传”的行为。虽然从实质上看，虚造交易记录具有广告的效应，但是与一般理解的广告仍有区别。《反不正当竞争法》第8条、第20条第1款和第2款也对虚构交易方式进行商业宣传与发布虚假广告行为予以区分。因此，以虚假广告罪法律条文内容与本案行为进行明确性测试，两者仍有一定的模糊地带。

二是法益侵害性评价——存在法益侵害性。行为假如符合刑法条文，但却没有法益侵害性，则不应当予以处罚，反之亦然。从法律规定和事实认定来看，本案行为具有法益侵害性。对于网络交易，交易记录对于消费者具有较大的心理暗示、购买引导作用，如果某一网店制造了虚假交易记录，而其他网店没有这样做，就会造成不正当竞争；如果其他网店也这样去做，则将造成市场秩序的不断破坏。为网店虚造交易记录等行为当中，还存在其他刑事犯罪的重大风险，如行为人携款逃跑的诈骗、利用刷单实施的洗钱，以及侵犯公民个人信息等。本案涉案金额相对不大，违法所得2万余元，非法获利14万余元，如果金额增大，法益侵害性将更加明显。如2021年浙江省丽水市莲都区人民法院判决的王某杰等人虚假广告案，案件事实与本案基本相同，违法所得达到1000万余元，法院以虚假广告罪对各被告人定罪处罚。①

2. 案件定性的争议分析

本案行为具有刑事可罚性，但罪量的标准，以及以何罪定罪，仍

---

① 参见浙江省丽水市莲都区人民法院一审刑事判决书，（2021）浙1102刑初69号。

存不少争议。这从另一方面印证了本案行为在罪刑法定符合性评价中明确性不足的认定结论。上述莲都区人民法院 2021 年判决的王某杰等人专门从事虚构交易刷单业务，违法所得 1000 万余元，被以虚假广告罪定罪，总体宣告刑在 10 个月至 1 年 6 个月之间，多数适用缓刑。而 2022 年《人民司法 · 案例》中刊登了孙某等人非法经营案，行为类似，刷单团队拥有会员 3.2 万余人，收取会员入职费 3700 万余元，违法所得 1400 万余元，被以非法经营罪定罪，主犯被判处 8 年有期徒刑。[①] 但是并不能据此得出法院对该类行为定性的产生变更，因为，2023 年 2 月 24 日《人民法院报》刊登类似行为，又以虚假广告罪定罪，“刷单的商品销售金额高达 13.51 亿余元，非法获利合计 2100 万余元”，被告人被判处 9 个月至 1 年 10 个月不等有期徒刑。[②]

认定非法经营罪，主要依据《司法解释》，同时结合《互联网信息服务管理办法》等规定，以《刑法》第 225 条第 3 或 4 项认定构成非法经营罪，引用第 3 项，认为虚构交易的行为也是“非法从事资金支付结算业务”的行为，引用第 4 项，则以《司法解释》为据，适用兜底条款。《司法解释》第 7 条规定：“违反国家规定，以营利为目的，通过信息网络有偿提供删除信息服务，或者明知是虚假信息，通过信息网络有偿提供发布信息等服务，扰乱市场秩序，具有下列情形之一的，属于非法经营行为‘情节严重’，依照刑法第二百二十五条第（四）项的规定，以非法经营罪定罪处罚：（一）个人非法经营数额在五万元以上，或者违法所得数额在二万元以上的；（二）单位非法经营数额在十五万元以上，或者违法所得数额在五万元以上的。[③] 实施前款规定的行为，数额达到前款规定的数额五倍以上的，应当认定为刑法第二百二十五条规定的‘情节特别严重’。[④]”

认定虚假广告罪，依据的是《刑法》第 222 条，对虚构交易的行

① 参见方镇飞：《网络刷单炒信行为的法律定性》，《人民司法》2022 年第 14 期。

② 参见余宁、郑珊珊：《提供虚假“刷单”服务非法获利 2100 万》，《人民法院报》2023 年 2 月 24 日。

③ 处 5 年以下有期徒刑或者拘役，并处或者单处违法所得 1 倍以上 5 倍以下罚金。

④ 处 5 年以上有期徒刑，并处违法所得 1 倍以上 5 倍以下罚金或者没收财产。

为规范认定为一种虚假宣传的广告行为，刷单主体或电商代运营主体，相当于犯罪主体中的广告经营者、广告发布者。该罪构罪标准中较常适用的是2022年《最高人民检察院、公安部关于公安机关管辖的刑事案件立案追诉标准的规定（二）》第67条中的第1项：违法所得10万元以上，法定刑为2年以下有期徒刑或拘役，并处或单处罚金。

虽然行为从扩张解释的视角均符合非法经营罪和虚假广告罪行为类型，且具有刑事可罚性，按照从一重的竞合原则，应当以非法经营罪定罪，但是应注意的是，行为构成要件该当性的基础是建立在扩张解释的基础之上，故这时适用从一轻的原则，更符合刑法不缺位对社会新事物的规范，既兼顾存疑时有利于行为人的实践共识，也为行政规制预留足够的处罚空间。从非法经营罪到虚假广告罪，两罪之间的刑事处遇差距较大，故应尽快从立法上予以修补。将为网店虚构交易、虚造交易记录的行为认定为虚假广告罪行为，从当前的立法情况看，更符合罪刑法定原则要求；从责任的视角看，专门实施该类行为的行为人显然比类似本案中在电商代运营过程中委托他人实施的行为人，更具可责性。

（四）案件延伸的社会治理建议

本案反映出更多的是网络交易、网店代运营、网店广告等新社会行为、社会空间规制手段不完善的问题。为此，建议：一要加强行政规制。在该案调查中发现，某地大量存在电商虚造交易记录的情况，市场监督管理部门明知存在这种现象而未采取有效应对措施和办法，反映出本案并非个案，而是一类社会现象，亟须行政主管部门加强研究，主动介入干预和引导，必要时从更高层面与各大电商平台通报案情，完善规则。二要加大需求疏导。大量网店经营者希望自己的店铺、商品能被消费者所关注，但往往不知道如何广而告之。需求量大，而缺乏有效、经济的广告途径，是本案行为发生的重要诱因。故各电商平台、执法部门应共同努力，为广大网店找到一条合法、便捷、经济的广告途径，以消除这种虚造交易的广告手段。三要规范定罪量刑。建议立法进一步明确本案行为的定罪量刑。可在虚假广告罪条文中，增设以广告为目的，为他人虚造交易记录的犯罪条款，并考虑适当提高法定刑幅度。

依据以上评析意见，办案人员在要求冯某某退缴违法所得后，检察机关对冯某某以虚假广告罪相对不起诉，并向市场监督管理部门发送检察意见，建议对其予以行政处罚。

期货居间人 * 提供期货买卖建议的司法认定

戚永福　王振华 **

摘　要　以《证券、期货投资咨询管理暂行办法》中期货投资咨询概念为大前提，从业务引流、费用协商、返佣分账三个角度穿透审查，认定涉案期货居间人提供期货买卖建议属于期货投资咨询。办理 2022 年 8 月 1 日前实施的本类案件，可以援引《期货交易管理条例》作为《刑法》中的“国家规定”；办理此后实施的本类案件，可以援引《期货和衍生品法》作为《刑法》中的“国家规定”。具体认定违法所得时，应充分考虑期货居间人的合法身份和已经签订期货居间协议的基本事实，在类型化三种情形的基础上，从全部经营所得中析出非法经营犯罪的违法所得，作为本案定罪量刑、判处罚金的依据。

关键词　期货居间人　提供期货买卖建议　非法经营　违法所得　国家规定

---

*　期货居间人，又称期货中介，是指受期货公司委托，为期货公司提供订立期货经纪合同中介服务的自然人或者法人。根据居间合同约定，该服务主要包括向投资者介绍期货公司基本情况、期货投资基本常识、期货投资法律法规等活动。

**　戚永福，上海市奉贤区人民检察院党组成员、副检察长、三级高级检察官；王振华，上海市奉贤区人民检察院第六检察部二级检察官。

［基本案情］ 2019年初，宋某、佘某以从事期货居间为目的成立公司，后以公司名义与期货公司签订居间协议，约定为期货公司提供居间服务并按比例收取客户交易手续费。经营期间，二人为牟取利益，在未经中国证监会批准、未取得期货投资咨询业务资格的情况下，以开展期货居间名义招募刘某（另行处理）等人担任期货交易分析师，黄某、胡某等10余人（均另行处理）担任业务员。二人安排业务员通过网络渠道发布期货行情分析，以承诺提供期货交易辅导吸引客户开立账户；其后，指使分析师、业务员通过微信、视频等向客户提供“买点”“卖点”“止盈点”“止损点”等投资建议，引导、鼓励、促成客户交易，从而产生更多交易费。至2021年底，宋某、佘某向多名客户提供上述服务，从期货公司处分得手续费400万余元。经查证，徐某等3名客户根据宋某、佘某提供的期货投资咨询建议进行交易并缴纳手续费，宋某、佘某从该3人缴纳的手续费中非法获利24万余元。

一、分歧意见

在本案办理中，宋某、佘某及其辩护律师对二人在提供期货居间服务期间曾向客户提供期货买卖指导建议的基本事实并无异议，但对该行为的定性及处理，存在较大争议。

（一）是居间伴随行为还是期货投资咨询行为

有一种意见认为，宋某、佘某在居间过程中虽然提供了一些期货买卖指导建议（俗称“喊单”），但居间活动是主要行为，违规“喊单”属于期货居间活动的伴随行为；有“喊单”不等于提供期货投资咨询业务，因此不属于非法经营（期货业务）罪的规制对象，即使“喊单”存在违法之处，也是民事侵权或者行政违法范畴，并非犯罪行为。另一种意见认为，宋某、佘某的“喊单”行为，应认定为期货投资咨询行为，属于未经批准非法经营期货业务的行为类型，且违法所得达到情节严重标准，已经构成非法经营罪，应当承担刑事责任。

（二）行政违法行为是否违反“国家规定”

有一种意见认为，即使认定宋某、佘某的“喊单”行为属于期货投资咨询，也不能以非法经营罪追究刑事责任，因为尚无刑法意义上的“国家规定”对该行为作出明确规定。1997年发布的《证券、期货投资咨询管理暂行办法》（以下简称《暂行办法》）第3条虽然明确禁止该行为，但该办法系部门规章，不符合2011年《最高人民法院关于准确理解和适用刑法中“国家规定”的有关问题的通知》（以下简称《“国家规定”通知》）的要求。另一种意见认为，即使《暂行办法》不属于《刑法》中的“国家规定”，亦可以援引国务院2017年修订的《期货交易管理条例》作为《刑法》中的“国家规定”。

（三）犯罪所得具体金额如何确定

对经济类犯罪进行定罪量刑，离不开具体犯罪金额的认定。有意见认为，本案宋某、佘某涉及的期货买卖交易金额都是非法经营的犯罪数额，其收到的所有收入都是违法所得。也有意见认为，由于合法期货经营与违法“喊单”行为混同，难以通过恰当方式区分认定具体犯罪金额，因而难以认定“情节严重”并据此追究非法经营的刑事责任。

二、评析意见

党的二十大报告提出，加强和完善现代金融监管，强化金融稳定保障体系，依法将各类金融活动全部纳入监管，守住不发生系统性风险底线。近年来，期货居间人为牟取利益，通过视频、在线聊天软件为客户提供期货买卖指导建议的现象越来越多，且有演变成行业乱象的趋势[①]，侵害投资者合法权益，扰乱期货市场秩序，亟须刑法规制。本案系全国首例期货居间人提供期货买卖建议被以非法经营罪追究刑事责任的案件[②]，笔者认为，宋某、佘某向客户提供期货买卖指导建议的

---

① 据中证资本市场法律服务中心统计，2021年，其调解结案数据中，期货居间“喊单”纠纷占期货纠纷的比重首次过半，数量较2020年增长192.59%。参见杨美：《中证资本市场法律服务中心：居间人管理办法促进期货行业健康发展》，《期货日报》2022年10月26日。

② 参见江苏烨、潘志凡、傅杰：《首例！在线“喊单”诱导交易的期货居间人获刑》，《检察日报》2023年3月28日。

行为，属于变相从事期货投资咨询，已经违反《刑法》中的“国家规定”，构成非法经营罪，具体理由如下：

（一）向客户提供期货买卖指导建议属于期货投资咨询

认定向客户提供期货买卖指导建议是否属于非法经营罪规制的期货投资咨询业务，应当以从涉金融行政法规等权威出处寻找概念作为大前提，以审查认定的事实为小前提，穿透表面掩饰得出正确结论。据此路径，可以认定宋某、佘某的涉案行为，就是期货投资咨询行为。

1997年国务院批准、原证券委员会公布的《暂行办法》第2条规定，“本办法所称证券、期货投资咨询，是指从事证券、期货投资咨询业务的机构及其投资咨询人员以下列形式为证券、期货投资人或者客户提供证券、期货投资分析、预测或者建议等直接或者间接有偿咨询服务的活动:（一）接受投资人或者客户委托，提供证券、期货投资咨询服务;（二）举办有关证券、期货投资咨询的讲座、报告会、分析会等;（三）在报刊上发表证券、期货投资咨询的文章、评论、报告，以及通过电台、电视台等公众传播媒体提供证券、期货投资咨询服务;（四）通过电话、传真、电脑网络等电信设备系统，提供证券、期货投资咨询服务;（五）中国证券监督管理委员会认定的其他形式”。该规定为认定期货投资咨询提供了权威且重要的指引：其一，行政法规监管视角下的期货投资咨询活动，是有偿咨询的服务活动，对于无偿的帮助行为，如亲友、同事之间的咨询指导，不予认定；其二，有偿情形包括间接有偿，因此，对于表面无偿、实际有偿的行为，可以进行认定。以上关于有偿、变相有偿的认定逻辑，在金融案件，特别是非法集资案件中，都有非常明显的体现，为司法实践所充分认可。

本案中，涉案人员以公司名义与正规期货公司签订居间协议，其后凭借居间协议从期货公司处获取相应佣金，看似“免费”，但全面审查居间人“喊单”牟利模式就会发现，当客户接受投资咨询服务并为此向期货公司缴纳手续费时，对应的手续费金额实质上就是期货居间人提供投资咨询服务的对价，所谓“免费”只不过是变相有偿的幌子。

首先，在居间业务引流过程中，宋某、佘某指使业务员向客户宣传“有买卖点位辅导、攻略，可以提高胜算”内容，吸引客户至指定期货公司开户。多名在案投资人证言均能与之印证，证明选择该居间公司开户，甚至从其他居间公司转到这里开户，就是看中其能够提供期货买卖建议。其次，在商谈居间费用过程中，宋某、佘某根据期货居间协议得到授权，能够代表期货公司与投资客户确定期货交易费的缴纳比例。利用该机会，宋某、佘某设定了较一般比例更高的收费标准，使得其“喊单”行为具备了交易对价，有的客户就为何收费高进行问询时，其以提供了投资咨询需要付费为理由进行答复。在案投资人证言也能证明，其愿意接受较高的交易费用标准，主要是因为业务员承诺开户后会提供“攻略”与“服务”。就上述投资人而言，其关注的不是投资咨询是否付费，而是付费所得收益能否覆盖付费成本。最后，从返佣分账结构和渠道看，该模式为间接有偿服务提供了变现通道。浮动制是期货交易费的特点，根据相关规定，期货居间人与投资人可以在交易所规定费用标准1—5倍以内协商确定具体收费比例，在期货居间人系列案件中，期货交易所根据规定，先代收所有费用，然后将超过1倍的部分退还给期货公司。根据期货居间人与期货公司居间协议约定，退还部分的80%—90%由期货公司作为居间费用支付给期货居间人。该支付、返佣模式，在期货居间市场具有一定的普遍性，并非涉案期货居间人所创造。但是，该模式的存在确实为间接、变相从投资交易人处收取费用提供了一个具体的渠道。本案宋某、佘某正是利用该渠道，提供期货投资咨询服务，并因此收取到服务费用。

以上三点贯穿了本案系列行为的开始与终点并相互印证，证明宋某、佘某表面在从事期货居间服务并获得期货公司佣金，实际上，其主责主业就是违规违法提供期货投资咨询服务，并从交易中收取费用。所谓投资咨询系免费提供的辩解，与实际并不相符。宋某、佘某完全可以借用返佣分账通道，从投资人处获得投资咨询业务的对应费用。

（二）向客户提供期货买卖指导建议违反“国家规定”

区分宋某、佘某的“喊单”行为是行政违法行为，还是非法经营罪行为类型，关键在于认定行为是否违反《刑法》中的“国家规定”。具体到本案，需要明确未经批准擅自经营期货投资咨询行为违反的具体内容。笔者认为，无论是从形式上还是实质上，都可以论证宋某、佘某提供期货买卖建议的行为违反《刑法》中的“国家规定”，是非法经营罪规制的行为类型：

首先，不宜否定《暂行办法》属于行政法规。考察背景可知，1997年《暂行办法》由当时设立在国务院的证券委员会（现已改革为中国证监会）起草，报国务院批准后实施；2000年《立法法》颁布实施，对我国立法体制作了全面规定和进一步完善，行政法规由国务院根据宪法和法律制定；2001年《国务院关于废止2000年底以前发布的部分行政法规的决定》，专门确认《暂行办法》属于行政法规序列。因此，在《立法法》未规定如何认定其颁布生效之前法律法规性质时，简单以修订后的《立法法》规定否定《暂行办法》属于行政法规的观点，是不妥当的。

其次，不宜认定《暂行办法》属于《刑法》中的“国家规定”。如前所述，虽然可以认定《暂行办法》属于行政法规，系广义国家规定的范畴，但是刑事司法认定有独立性，《刑法》中的“国家规定”与行政法意义的“国家规定”概念并不完全一致。如前所述，2011年《“国家规定”通知》对《刑法》中的“国家规定”作了严格限定，将经国务院批准、由部委制发一类文件划出“国家规定”范围，故在此之后，不宜将《暂行办法》再认定为《刑法》中的“国家规定”。

最后，可以援引《期货交易管理条例》作为《刑法》中的“国家规定”。笔者认为，所谓本案“喊单”行为未违反《刑法》中的“国家规定”的观点，未全面梳理期货法律法规，忽略了国务院2007年制定、2017年修订的《期货交易管理条例》。该条例第17条规定，期货公司除申请经营境内期货经纪业务外，还可以申请经营境外期货经纪、期货投资咨询以及国务院期货监督管理机构规定的其他期货业务；第74条第2款规定，非法设立期货公司及其他期货经营机构，或者擅自从事期货业务的，予以取缔，没收违法所得；第79条规定，违反本条例，构成犯罪的，依法追究刑事责任。根据上述规定足以认定，期货投资咨询属于期货业务，未经批准、擅自提供期货投资咨询的行为显然违反《期货交易管理条例》，据此即可得出，本案“喊单”行为已经违反《刑法》中的“国家规定”，属于非法经营罪规制对象的结论。

值得补充的是，新修订的《期货和衍生品法》已于2022年8月1

日起生效实施，其中第 63 条以更加直接的方式将期货交易咨询列为期货业务之一，并规定“未经国务院期货监督管理机构核准，任何单位和个人不得设立或者变相设立期货公司，经营或者变相经营期货经纪业务、期货交易咨询业务……”。综上所述，将未经批准、擅自提供期货投资咨询行为认定为违反《刑法》中的“国家规定”并以非法经营罪进行规制，完全符合我国《刑法》规定，有利于维护期货投资者合法权益和期货交易市场秩序。

（三）犯罪所得可以认定且达到情节严重标准

具有期货居间人身份，提供了期货居间活动，原本可以依法获取一定报酬，是本类案件的特点。笔者不赞同将宋某、佘某涉及的期货买卖交易金额笼统认定为非法经营犯罪数额、将收到的所有收入笼统认定违法犯罪所得的观点，原因有三个方面：其一，忽视宋某、佘某实际提供了合法的期货居间服务，与事实不符；其二，未履行证明具体犯罪金额的责任，违反证据原则；其三，可能造成打击面扩大后果，背离罪刑相适应原则。笔者立足案情，提出分类考察三种情形认定的思路，可以较为妥当地解决犯罪所得金额认定问题。具体分析如下：

依据调查事实进行合理推论，涉案投资咨询行为至少存在以下三种情形：一是投资人经中介开户后，主要依据知识、经验交易，未接受涉案人员提供的期货投资咨询服务或者接受比例很少；二是投资人经中介居间开户后，偶尔看一看、听一听涉案人员提供的期货投资咨询建议，接受内容较少，受期货居间人交易指导影响较小；三是投资人经中介居间开户后，较为相信涉案人员的期货投资咨询建议，接受并参照建议去交易期货。

对第一、二种情形，虽然有提供期货投资咨询的意愿和行为，但由于期货交易者并未实际接受被告人一方提供的投资咨询建议，因此相关违规行为并未对期货交易产生实质影响。从法益侵害角度而言，不宜将该类具有行政违法属性的行为笼统认定为犯罪行为。对于第三种情形，则应当追究相应刑事责任。在此情形下，投资咨询行为的提供方和接收方形成对应关系，违反期货交易规定，扰乱期货交易市场秩序，损害期货投资者合法权益。

根据以上思路，立足行为人供述、期货公司财务数据以及投资者证言等证据，全面梳理分析投资者与行为人签订居间协议原因与过程、签订协议后接受并听取被告人投资咨询的具体情况以及交易盈亏实际情况等，完全可以较为准确地区分出不同情形，并合理认定具体数额。本案中，在取得投资人适格证言印证后，根据期货公司提供的佣金返现数据，可以认定宋某、佘某因实施非法经营犯罪行为，从在案3名投资人处收取留存手续费20万余元的事实。本案中，非法经营期货投资咨询服务行为没有进货费、材料费、加工费等直接用于经营活动的项目，缺少常见扣除的支出项目，实际支付的人工费、房租费、水电费等费用与经营行为不具有直接性，依法作为犯罪成本不予扣除。[①]因此，上述20万余元可以全部认定为犯罪所得。

综上分析，最终上海市奉贤区人民检察院以宋某、佘某涉嫌非法经营罪向区人民法院提起公诉，法院采纳检察机关全部指控犯罪事实和量刑建议，以非法经营罪判处被告人宋某有期徒刑1年，并处罚金30万元；判处被告人佘某有期徒刑8个月，并处罚金10万元；同时禁止宋某、佘某自刑罚执行完毕之日起3年内从事期货居间人职业。二被告人认罪认罚，当庭悔罪，未提起上诉，判决已经生效。

---

① 参见刘晓虎、赵靓:《"违法所得"概念的界定和司法认定》,《人民法院报》2018年7月4日。